21世纪法学系列教材

合 同 法

Contract Law

第二版

主　编　李少伟　张晓飞

撰稿人　李少伟　张晓飞
以撰写章节先后为序　袁　震　叶名怡

法律出版社
——北　京——
始创于1954年

好书，同好老师和好学生分享

图书在版编目(CIP)数据

合同法 / 李少伟，张晓飞主编. -- 2 版. -- 北京 :
法律出版社，2024
ISBN 978-7-5197-8925-1

Ⅰ. ①合… Ⅱ. ①李… ②张… Ⅲ. ①合同法－中国
－高等学校－教材 Ⅳ. ①D923.6

中国国家版本馆 CIP 数据核字(2024)第 052509 号

合同法(第二版)
HETONGFA(DI-ER BAN)

主　　编　李少伟　张晓飞
责任编辑　陈　慧
编辑统筹　法律教育出版分社
装帧设计　凌点工作室
责任校对　裴　黎
责任印制　刘晓伟
出　　版　法律出版社/北京市丰台区莲花池西里 7 号(100073)
网　　址　www.lawpress.com.cn
总 发 行　中国法律图书有限公司/北京市丰台区莲花池西里 7 号(100073)
经　　销　新华书店
印　　刷　固安华明印业有限公司
版　　本　2024 年 3 月第 2 版
印　　次　2024 年 3 月第 1 次印刷
字　　数　500 千
开　　本　787 毫米×1092 毫米　1/16
印　　张　22.25
定　　价　52.00 元
书　　号　ISBN 978-7-5197-8925-1
投稿邮箱　info@lawpress.com.cn
举报盗版邮箱　jbwq@lawpress.com.cn
销售电话　010-83938349
客服电话　010-83938350
咨询电话　010-63939796

出 版 说 明

法律出版社作为中国历史悠久、品牌积淀深厚的法律专业出版社，素来重视法学教育图书之出版。

原“21 世纪法学规划教材”系列作为本社法学教育出版的重心，延续至今已有十余年。该系列一直以打造新世纪新经典教材为己任，遍揽名家新秀，因其卓越品质而颇受瞩目并广受肯定。当前，根据法学教育发展变化的客观需要，本社将原有教材系列调整重组，形成新编“21 世纪法学系列教材”，以便更好地为法学师生服务。

中国的法学教育正面临深刻变革，未来的法学教育势必以培养高素质法律人才为目标，以知识教育与应用教育相结合、职业教育与素质教育相结合、精英教育与大众教育相结合为导向，法学教育图书的编写与出版也将由此进入变革与创新的时代。

为顺应未来法学教育的改革方向和发展趋势，本社将应时而动，为不同学科、不同层次、不同阶段、不同需求的法学师生量身打造法学教材及教学辅助用书。在教材方面，将推出课堂教学系列、实训课程系列、通识课程系列、简明本系列、双语教学系列等；在教学辅助用书方面，将推出案例教程系列、法规教程系列、练习与测验系列、法学讲座系列、专业培训系列等。或革新，或全新，以厚基础、宽口径、多元化、开放性为基调，力求从品种、内容和形式上呈现崭新风采，为法学师生提供更好教本与读本，同享教材规划之盛。

“好书，同好老师和好学生分享。”本社在法学教育图书出版上必将继往开来，以精益求精的专业态度，打造全新“21 世纪法学系列教材”，传播法学知识，传承法学理念，辅拂法律教育事业，积累法律教育财富，服务万千法学师生和明日法治英才。

法律出版社

2015 年 1 月

作者简介

李少伟　教授、法学博士，博士研究生导师，西北政法大学民商法学院民法学省级教学团队带头人，校私法文化与法典化研究所所长。先后兼任中国民法学研究会常务理事、陕西省法学会民法学研究会副会长、陕西省法学会理事、仲裁员和律师等职。主要研究方向为私法文化、民商法基础理论、债与合同法理论。撰写《法律文化与法制现代化》《法律文化导论》《交易风险的成因、防范及救济》《私法文化：价值诉求与制度构造》《现代文化与现代私法》《现代民法文化与中国民法法典化》6 部专著，主编《私法文化与人本价值》等 3 部论文集，主编《合同法》《民法学教程》2 部教材，在《法律科学》《法学杂志》等学术期刊发表学术论文 40 余篇。主持并完成包括国家社科基金研究项目在内的科研项目多项。先后获得陕西省高等教育教学成果奖一等奖、二等奖和哲学社会科学优秀成果三等奖，获得陕西省高等学校教学名师奖和“陕西省优秀中青年法学家”荣誉称号。

张晓飞　法学博士，西北政法大学民商法学院特聘教授，西北政法大学民商事判例研究所所长，兼职律师。主要研究方向为民商法学与中国近代商法史。主编《合同法》《公司法》教材各一部，出版专著 2 部，在《法律科学》《当代法学》等学术期刊上发表文章 20 余篇。主持并完成国家法治与法学理论研究项目 1 项。

袁　震　法学博士，教授，应用经济学博士后。西北政法大学物权与土地制度研究所所长，陕西省民法学研究会不动产法研究委员会主任。法国巴黎第一大学、英国谢菲尔德大学访问学者。2018 年入选“陕西省普通高校青年杰出人才”。主要研究方向为农村土地产权制度、民法学。出版专著 4 部，发表论文 30 余篇。主持国家社科基金项目 2 项，省部级项目 10 余项。获陕西省哲学社会科学优秀成果奖、北京市优秀博士论文奖等奖项。

叶名怡　中国社会科学院研究生院民商法学博士，法国巴黎第一大学访问学者。现任上海财经大学法学院教授、博士生导师、家事法研究中心主任。研究方向为民法、公司与证券法、信托法等。工作外语为英语、法语和德语。参编教材多部，在《法学》《中外法学》《法商研究》等学术刊物上发表文章 30 余篇。主持国家社科基金项目和中国法学会项目各 1 项，其他省部级课题 6 项。

修 订 说 明

本次修订以最高人民法院《关于适用〈中华人民共和国民法典〉合同编通则若干问题的解释》的颁布为背景，将解释的内容及时反映进教材。

本次修订贯彻了中国共产党第二十次全国代表大会会议精神。

本次修订在课后训练题中增加了法考真题，部分替换了原司考的真题，及时更新了内容，对课后训练题的分析均以现行有效的立法与司法解释为准。

本次修订由主编负责完成。

张晓飞

2024 年 1 月 1 日

编写说明

《中华人民共和国民法典》（以下简称《民法典》）颁布施行后，笔者对《合同法理论与实务》教材进行了全面修订。

本次修订有以下特点：

第一，为增强本教材与《民法典》合同编的对应性和适用性，将教材名称改为《合同法》。

第二，原教材中，凡与《民法典》规定不一致的地方，均予修改。

第三，将《民法典》的新增内容，结合相应司法解释，修订、添加进合同法的具体制度中。

第四，在概念使用和语言表述上，向《民法典》看齐，如将“要求”改为“请求”，将一些“期间”的表述改为“期限”，将“但”改为“但是”，将“损害赔偿责任”改为“赔偿责任”，等等。

第五，保留了司法资格考试的真题及课后的思考题。

第六，新增了第十三章“保证合同”、第十六章“保理合同”、第二十四章“物业服务合同”、第二十七章“合伙合同”四章内容。

本书撰写分工为：

李少伟　第一章、第三章；

张晓飞　第二章、第四章、第五章、第八章至第十三章、第十八章至第二十七章；

袁　震　第六章、第十四章；

叶名怡　第七章、第十五章至第十七章。

尽管做了很大的努力，但错误在所难免，请各位同仁及广大读者批评指正。

编者

2020 年 11 月 16 日

缩 略 语 表

◆主要法律法规及缩略语

《中华人民共和国民法典》	《民法典》
《中华人民共和国民法总则》	《民法总则》
《中华人民共和国民法通则》	《民法通则》
《中华人民共和国合同法》	《合同法》
《中华人民共和国担保法》	《担保法》
《中华人民共和国反不正当竞争法》	《反不正当竞争法》
《中华人民共和国保险法》	《保险法》
《中华人民共和国海商法》	《海商法》
《中华人民共和国消费者权益保护法》	《消费者权益保护法》
《中华人民共和国著作权法》	《著作权法》
《中华人民共和国专利法实施细则》	《专利法实施细则》

◆主要司法解释及缩略语

最高人民法院《关于审理买卖合同纠纷案件适用法律问题的解释》	《买卖合同解释》
最高人民法院《关于审理商品房买卖合同纠纷案件适用法律若干问题的解释》	《商品房买卖合同解释》
最高人民法院《关于审理城镇房屋租赁合同纠纷案件具体应用法律若干问题的解释》	《城镇房屋租赁合同解释》
最高人民法院《关于审理民间借贷案件适用法律若干问题的规定》	《民间借贷规定》
最高人民法院《关于审理融资租赁合同纠纷案件适用法律问题的解释》	《融资租赁合同解释》
最高人民法院《关于适用〈中华人民共和国民法典〉有关担保制度的解释》	《担保制度解释》
最高人民法院《关于审理建设工程施工合同纠纷案件适用法律问题的解释(一)》	《建设工程施工合同解释(一)》

最高人民法院《关于审理物业服务纠纷案件适用法律若干问题的解释》	《物业服务纠纷解释》
最高人民法院《关于审理技术合同纠纷案件适用法律若干问题的解释》	《技术合同解释》
最高人民法院《关于适用〈中华人民共和国民法典〉物权编的解释(一)》	《物权编解释一》
最高人民法院《关于适用〈中华人民共和国民法典〉总则编若干问题的解释》	《总则编解释》
最高人民法院《关于适用〈中华人民共和国民法典〉合同编通则若干问题的解释》	《合同编通则解释》
《全国法院民商事审判工作会议纪要》	《九民纪要》

目　　录

第一章　合同与合同法概述 …………………………………………………… (1)
第一节　合同的含义与种类 …………………………………………………… (1)
第二节　合同法的概念与基本原则 ………………………………………… (12)

第二章　合同订立 ……………………………………………………………… (25)
第一节　合同订立的概念与特点 …………………………………………… (25)
第二节　合同订立的程序 …………………………………………………… (27)
第三节　合同成立的时间和地点 …………………………………………… (46)
第四节　合同的内容、形式和条款 ………………………………………… (49)
第五节　合同的解释 ………………………………………………………… (54)
第六节　格式条款 …………………………………………………………… (58)
第七节　缔约过失责任 ……………………………………………………… (61)

第三章　合同的效力 …………………………………………………………… (67)
第一节　合同的效力概述 …………………………………………………… (67)
第二节　合同的有效要件 …………………………………………………… (68)
第三节　附条件与附期限的合同 …………………………………………… (72)
第四节　无效合同 …………………………………………………………… (76)
第五节　可撤销合同 ………………………………………………………… (80)
第六节　可追认合同 ………………………………………………………… (86)
第七节　合同无效、被撤销或者确定不发生效力的法律后果 …………… (89)

第四章　合同的履行 …………………………………………………………… (93)
第一节　合同履行概述 ……………………………………………………… (93)
第二节　合同履行原则 ……………………………………………………… (95)
第三节　合同履行的具体规则 ……………………………………………… (96)
第四节　双务合同履行中的抗辩权 ………………………………………… (102)

第五章　合同的保全 …………………………………………………………… (113)
第一节　代位权 ……………………………………………………………… (113)
第二节　撤销权 ……………………………………………………………… (117)

第六章 合同的变更和转让 …………………………………………（122）
第一节 合同变更 …………………………………………………………（122）
第二节 合同转让 …………………………………………………………（125）

第七章 合同的消灭 ……………………………………………………（135）
第一节 概述 ………………………………………………………………（135）
第二节 清偿 ………………………………………………………………（136）
第三节 抵销 ………………………………………………………………（141）
第四节 提存 ………………………………………………………………（143）
第五节 免除 ………………………………………………………………（146）
第六节 混同 ………………………………………………………………（147）
第七节 合同解除 …………………………………………………………（148）

第八章 违约责任 ………………………………………………………（158）
第一节 违约责任概述 ……………………………………………………（158）
第二节 违约形态 …………………………………………………………（162）
第三节 违约责任形式 ……………………………………………………（164）

第九章 买卖合同 ………………………………………………………（172）
第一节 买卖合同概述 ……………………………………………………（172）
第二节 买卖合同的效力 …………………………………………………（173）
第三节 特种买卖合同 ……………………………………………………（178）

第十章 供用电、水、气、热力合同 ………………………………………（184）
第一节 供用电、水、气、热力合同概述 ……………………………………（184）
第二节 供用电合同 ………………………………………………………（185）

第十一章 赠与合同 ……………………………………………………（190）
第一节 赠与合同概述 ……………………………………………………（190）
第二节 赠与合同的内容 …………………………………………………（190）
第三节 赠与合同的撤销 …………………………………………………（191）
第四节 附负担赠与 ………………………………………………………（193）

第十二章 借款合同 ……………………………………………………（198）
第一节 借款合同概述 ……………………………………………………（198）
第二节 金融机构的借款合同 ……………………………………………（203）
第三节 自然人之间的借款合同 …………………………………………（205）

第十三章　保证合同 ……………………………………………………（208）
第一节　保证合同概述 ……………………………………………（208）
第二节　保证责任 …………………………………………………（211）
第三节　特殊保证 …………………………………………………（216）

第十四章　租赁合同 ……………………………………………………（220）
第一节　租赁合同概述 ……………………………………………（220）
第二节　租赁合同的内容 …………………………………………（224）
第三节　租赁合同的变更与终止 …………………………………（231）

第十五章　融资租赁合同 ………………………………………………（236）
第一节　融资租赁合同概述 ………………………………………（236）
第二节　融资租赁合同的内容 ……………………………………（239）

第十六章　保理合同 ……………………………………………………（245）
第一节　保理合同概述 ……………………………………………（245）
第二节　保理合同的内容 …………………………………………（247）

第十七章　承揽合同 ……………………………………………………（251）
第一节　承揽合同概述 ……………………………………………（251）
第二节　承揽合同的内容 …………………………………………（252）
第三节　承揽合同的终止 …………………………………………（255）

第十八章　建设工程合同 ………………………………………………（257）
第一节　建设工程合同概述 ………………………………………（257）
第二节　勘察、设计合同的内容 …………………………………（258）
第三节　施工合同的内容 …………………………………………（261）
第四节　监理合同 …………………………………………………（263）

第十九章　运输合同 ……………………………………………………（265）
第一节　运输合同概述 ……………………………………………（265）
第二节　客运合同 …………………………………………………（266）
第三节　货运合同 …………………………………………………（268）
第四节　多式联运合同 ……………………………………………（270）

第二十章　技术合同 ……………………………………………………（272）
第一节　技术合同概述 ……………………………………………（272）
第二节　技术开发合同 ……………………………………………（276）

第三节 技术转让合同和技术许可合同 …………………………………………（281）
第四节 技术咨询合同和技术服务合同 …………………………………………（286）

第二十一章 保管合同 ……………………………………………………………（291）
第一节 保管合同概述 ……………………………………………………………（291）
第二节 保管合同的内容 …………………………………………………………（292）

第二十二章 仓储合同 ……………………………………………………………（295）
第一节 仓储合同概述 ……………………………………………………………（295）
第二节 仓单 ………………………………………………………………………（297）
第三节 仓储合同的内容 …………………………………………………………（299）

第二十三章 委托合同 ……………………………………………………………（303）
第一节 委托合同概述 ……………………………………………………………（303）
第二节 委托合同的内容 …………………………………………………………（305）

第二十四章 物业服务合同 ………………………………………………………（310）
第一节 物业服务合同概述 ………………………………………………………（310）
第二节 物业服务合同的内容 ……………………………………………………（312）
第三节 物业服务合同的终止与继续服务 ………………………………………（315）

第二十五章 行纪合同 ……………………………………………………………（319）
第一节 行纪合同概述 ……………………………………………………………（319）
第二节 行纪合同的内容 …………………………………………………………（321）

第二十六章 中介合同 ……………………………………………………………（323）
第一节 中介合同概述 ……………………………………………………………（323）
第二节 中介合同的内容 …………………………………………………………（324）

第二十七章 合伙合同 ……………………………………………………………（327）
第一节 合伙合同概述 ……………………………………………………………（327）
第二节 合伙合同的内容 …………………………………………………………（328）
第三节 合伙合同的到期与终止 …………………………………………………（332）

参考文献 …………………………………………………………………………（336）

第一章　合同与合同法概述

第一节　合同的含义与种类

一、合同的概念与特征

（一）合同的概念

“合同”的概念经历了从《合同法》到《民法典》的发展过程。2021 年 1 月 1 日，《中华人民共和国民法典》施行，这是中国特色社会主义法律规范体系的及时性、系统性、针对性、有效性的生动体现。《民法典》的颁布施行，顺应了时代发展要求，体现了我国社会主义性质，符合人民利益与愿望，是全面贯彻习近平法治思想、坚定不移走中国特色社会主义法治道路的生动实践，体现了鲜明的中国特色、实践特色、时代特色。《民法典》颁布实施后，《合同法》同时废止，原《合同法》第 2 条关于合同概念的界定由《民法典》第 464 条予以规定。

作为法律用语的“合同”，有劳动法上的合同、行政法上的合同、民法上的合同与国际法上的国家合同之分。在此主要在民法范围内讨论合同问题。民法上的合同概念也有广义与狭义之分。广义的合同泛指一切以发生私法上效果为目的的合意，包括以发生债权、债务为目的的债权合同，以物权设立、变动为目的的物权合同（如设定抵押权的合同、移转房屋所有权的合同）和以身份关系的成立或变动为目的的身份合同（如结婚协议、收养协议等）。狭义的合同，即债权合同，专指以发生债权、债务关系为目的的合意。

《民法典》第 464 条规定：“合同是民事主体之间设立、变更、终止民事法律关系的协议。婚姻、收养、监护等有关身份关系的协议，适用有关该身份关系的法律规定；没有规定的，可以根据其性质参照适用本编规定。”由此规定可知：(1)我国民法上的合同仍取狭义合同之义，即债权合同。合同法原则上不调整“有关身份关系的协议”。(2)“有关身份关系的协议”应优先适用“有关该身份关系的法律规定”。(3)当法律没有对某一身份关系或者某一身份关系的某个方面作出规定时，可以参照适用《民法典》合同编的规定。“有关身份关系的协议”“参照适用”合同编是《民法典》不同于《合同法》的新规定。

探讨　“合同”概念：两大法系的差异与趋同

大陆法系的合同概念与英美法系的合同概念存在显著的差异。在大陆法系的传统学理上，合同被认为是一种“合意”或者“协议”。在罗马法中，不仅存在私法上的契约，也存在公法上的契约,私法的契约主要是指“得到法律承认的债的协议”。[1] 从《学说汇纂》的内容来看,契约这一概念在物权、亲属、继承等领域均有应用,物权的设立和移转、婚姻关系的成立、分割遗产的协议等,凡能发生私法效果的当事人的一切协议均可用契约来指称。公元前2世纪以后,债的协议受市民法保护的,称为契约;不受市民法保护的,称为“简约”(Pactum)。[2]《法国民法典》基本上继承了罗马法关于契约为合意与契约产生债权债务的思想,其第1101条规定:“契约为一种合意,依此合意,一人或数人对于其他一人或者数人负担给付、作为或不作为的债务。”该立法例对许多国家的民事立法均产生了深远影响。19世纪末20世纪初,受到德国法学家萨维尼力倡广义合同概念以及德国潘德克顿法学形成抽象法律行为概念的影响,《德国民法典》将合同归入法律行为的范畴之中,将合同视为法律行为的一种放在了总则第三章第三节中,合同的概念可以在债务关系法、物权法、亲属法和继承法等领域适用。因此,德国私法上的合同不仅限于债权合同,还包括物权合同、身份合同等,它是指一切意思的合致。在英美法中,一般认为合同是一种允诺(a promise),但并不是一切允诺都可以成为合同,只有法律上认为能够强制执行的允诺,才能成为合同。美国《合同法重述》(第2版)第1条规定:“合同是一个允诺或一系列允诺,对于该允诺的违反,将由法律给予救济;履行该允诺,被法律加以某种方式确认为一种义务。”英美法的允诺说是在其特定的历史传统中形成的,这种观念实际上已经向强调双方债务间的牵连性方面转化了。近年来,英美法系不断有人将协议说运用到合同的定义中去,使英美法与大陆法在合同概念问题上不断接近了。[3]《美国统一商法典》第1~201条总定义中第11项给合同下的定义是,“合同是指由双方依本法和其他有约束力的法律达成的合意而引起的全部法律上的债务”,也再次说明了英美法中的合同概念与大陆法上的合同概念日益接近。

(二)合同的特征

一般认为,合同具有如下特征:

1. 合同行为是一种民事法律行为。合同以意思表示为核心要素,法律最终按照当事人意思表示之内容赋予其相应的效果,所以合同行为是一种民事法律行为,而不是事实行为。合同以外的一些行为如侵权行为也能在当事人之间产生权利义务关系,但是由于这些行为不具有意思表示的要素,法律后果也不是当事人所期望的后果,因此不是合同行为。

2. 合同是两方或多方当事人意思表示一致的民事法律行为。民事法律行为,按照当事人意思表示的多少可以分为单方法律行为、双方法律行为和多方法律行为。只有单方的意思表示即可以成立的法律行为为单方法律行为,必须有两方甚至多方的意思表示才能成立的法律行为为双方或者多方法律行为。由于合同的成立必须有两方或者多方当事人的意思表示并达成一致,因此,合同行为明显区别于单方的民事法律行为,为双方或者多方的法律行为。

3. 合同是以设立、变更、终止民事权利义务关系为目的的民事法律行为。作为一种民事

---

[1] [意]彼德罗·彭梵得:《罗马法教科书》,黄风译,中国政法大学出版社1992年版,第307页。

[2] 周枏:《罗马法原论》,商务印书馆1994年版,第564页。

[3] 韩世远:《合同法总论》,法律出版社2008年版,第2~3页。

法律行为,合同的目的在于设立、变更、终止民事权利义务关系。所谓"设立"是指合同使当事人之间形成民事权利义务关系,即产生债权债务的效果;所谓"变更"是指合同使已经形成的民事权利义务关系发生变化;所谓"终止"是指合同使当事人之间已经有效成立的民事权利义务关系归于消灭。就合同的目的而言,旨在设立民事权利义务的最多,旨在变更者次之,旨在终止者较少。合同的目的为产生一定的权利义务关系,使合同明显不同于社交中的约定行为,因为一般社交活动中的约定行为并不产生法律上的权利义务关系。

4. 合同是当事人在平等互利的基础上的行为。平等是指当事人在合同关系中的法律地位是平等的,不存在谁服从谁的问题,不允许任何一方将自己的意志强加给对方。互利是指双方当事人的经济往来要按公平、有偿的原则进行,即除了极少数无偿合同外,当事人取得一定的经济利益,就必须付出对等的代价。平等互利是合同关系与以命令、服从为特征的行政关系的根本区别。[4]

探讨 "合同"与"契约"

"合同"与"契约"两个名词在语义与用法上都有所区别。今天汉语中普遍使用的"合同",在中国古代原本称为"契约",而且在中国古代曾经出现过比较发达的契约制度。从民法学理的角度来探析,合同指数个当事人之间平行并列意向同一的意思表示一致的合意,如合伙合同。契约,是指双方当事人之间意向交叉利益对应的意思表示一致的合意,如买卖契约、租赁契约。[5] 在合同行为中行为人具有共同的目的,在契约行为中行为人不具有同一目的,一方之所得为另一方之所失。民法学说史上的合同行为之观念源于德国学者孔策(Kuntze)的力倡,为学者基尔克(Gierke)所赞同。当事人为多数人这点,使合同行为显著不同于一方行为;当事人的意思非对立而并列平行这一点,使合同与契约特异。契约为个人法上法律行为之典型,而合同为团体法上法律行为之典型。[6] 契约与合同的区分具有一定的理论价值,这也曾经为我国20世纪上半期的民法所继受。在现实生活中,契约类合意通常要多于合同类合意,理应以契约代替合同,但约定俗成,我国立法最终以合同一语替代了契约,并为我国现行的《民法典》所继承。

二、合同的分类

合同的分类是指基于一定的标准将合同区分为不同的类型。标准不同,合同的分类自然也不同。大陆法系与英美法系的合同法由于历史传统与基本理论不同,在合同分类方面也存在显著差异。本书主要以传统大陆法系理论为依据,结合我国的法律对一些具有实际意义的合同分类进行探讨。

(一)典型合同与非典型合同

典型合同又称有名合同,是指因其在社会生活中频繁出现而又具有典型意义,法律赋

---

〔4〕 彭万林主编:《民法学》,中国政法大学出版社2002年版,第478页。

〔5〕 寇志新等:《民法学》,陕西人民出版社1998年版,第670页。

〔6〕 史尚宽:《民法总论》,中国政法大学出版社2000年版,第310~311页。

予其特定名称并对其作出详细规定的合同。我国《民法典》中规定了19类典型合同,即买卖合同,供用电、水、气、热力合同,赠与合同,借款合同,保证合同,租赁合同,融资租赁合同,保理合同,承揽合同,建设工程合同,运输合同,技术合同,保管合同,仓储合同,委托合同,物业服务合同,行纪合同,中介合同,合伙合同。合同法是贯彻民事主体意思自治的一个重要领域,合同法中的大多数规范都为任意性规范而非强制性规范,当事人完全可以以特约的形式来排除它们的适用。因此,《民法典》合同编规定典型合同的目的不是限制当事人的意思自治,而是指导当事人订立合同、补充当事人之间的相关约定,最终达到节约交易成本、明确当事人之间的权利义务的目的。典型合同在现实生活中应用广泛,其规则也相对比较成熟,法律对其作出规定可以起到降低交易成本、促进交易完成的实践效果。随着人们认识的不断提高和立法技术的不断进步,典型合同的类型也会日益丰富。

非典型合同又称无名合同,是指因其在社会生活中并不经常出现或者并不非常典型,法律未对其作出详细规定的合同。非典型合同在实践中同样也是存在的,关于其具体的类型,学者一般将其归纳为三类:[7](1)纯粹非典型合同。纯粹非典型合同是指以法律全无规定的事项为内容,即其内容不符合任何典型合同要件的合同。广告使用他人肖像或姓名的合同,属于此类。(2)合同联立。合同联立,是指数个合同因具有相互结合的关系而共同存在于一个合同中。合同联立的一种情况是单纯的外观结合,即数个独立的合同仅因缔约行为而结合,相互之间不存在依存关系;合同联立的另一种情况是依当事人的意思,一个合同的效力或存在依存于另一个合同的效力或存在。(3)混合合同。混合合同在实务中较为常见,是指数个典型合同或非典型合同的部分内容相互结合成为一个独立的合同。

区分典型合同与非典型合同的意义主要在于法律的适用。对于典型合同,如果当事人无特别约定排除相关规定的适用,则该典型合同的相关规定将会自动成为合同的一部分。对于非典型合同而言,其成立、生效及其纠纷解决除适用民法关于法律行为和合同的一般规定外,还可以就合同的目的及当事人的意思,类推适用与之类似的典型合同的法律规定。

由于法律在特定的时期所规定的合同种类总是有限而明确的,所以在特定的时期典型合同与非典型合同的区分也是明确的,但是却不能因此而将典型合同与非典型合同完全对立起来。随着人类社会的发展,各种新的合同形式会随着经济与社会的发展而不断涌现,这些新的合同开始时不为法律所规范,以非典型合同的形式存在。但当一些非典型合同日益发展达到相对定型化与成熟化之后,这些合同就会为法律所规定,成为典型合同。因此,典型合同总是从非典型合同发展而来,典型合同与非典型合同的区分是相对的,而不是绝对的。

(二)双务合同与单务合同

根据合同当事人双方权利义务的分担方式不同,可以将合同区分为双务合同与单务合同。双务合同是指当事人双方相互承担对待给付义务的合同,即合同当事人都享有权利和负有义务的合同。在双务合同中,合同每一方当事人都既是债权人又是债务人,既享有债权也负担债务,且享有债权是以同时负担债务为对价的。我国《民法典》中规定的绝大多数

---

〔7〕 魏振瀛主编:《民法》,北京大学出版社、高等教育出版社2000年版,第385~386页。

合同都是双务合同,买卖合同、租赁合同、承揽合同、运输合同等均为双务合同。

单务合同是只有一方当事人承担给付义务的合同,即合同当事人之间并不存在相互享有权利和承担义务的情况,而是一方享有权利而另一方承担义务。赠与合同、借用合同、无偿保管合同等均为单务合同。在实践中,存在典型的单务合同与非典型的单务合同之区分。在典型的单务合同中,只存在一方负担义务的情况;在非典型的单务合同中,合同一方承担合同的主要义务,另一方不承担对待给付义务,但却要承担一定的附属义务。在附义务的赠与中,受赠人在接受赠与时还要承担一定的义务,但是这并不能影响并改变该合同的单务合同性质。例如,甲将归其所有的拖拉机赠送给乙,但约定一切过户费用都要由乙来承担。在此合同中,虽然乙也要承担一定的义务,但是这种义务与甲转移拖拉机所有权之间并不存在对待给付的关系,因而此赠与合同依然为单务合同。

区分双务合同与单务合同的主要意义在于合同的履行与风险负担方面。双务合同中存在对待给付及同时履行抗辩权等特殊规则,而单务合同不存在上述问题。除当事人有特别约定或者法律有特别规定外,双务合同以同时履行为原则,即双务合同的当事人享有同时履行抗辩权,在一方未履行或未提供履行担保时,对方有权拒绝自己的给付。同时履行抗辩权的行使以当事人之间存在对待给付义务为前提,单务合同的当事人不能行使该项权利。区分双务合同与单务合同的另一重要意义在于风险负担方面。对于特定物,单务合同的风险由所有人负担,但对方有过失的除外。双务合同的风险负担存在三种情况:其一,在发生不可抗力而使双方不能同时履行时,任何一方均不得要求对方履行,债务人即免除义务;如一方已经履行的,对方应予返还,否则就构成不当得利。其二,由于可归责于债务人的原因而致使不能同时履行时,债务人无权要求对方履行,对方有权要求解除合同并请求赔偿损失。其三,由于可归责于债权人的原因而使合同不能履行时,债务人有权要求对方履行并赔偿因此而遭受的损失。另外,双务合同的债权人因对方的过失致合同不能履行的,可解除合同;单务合同的债权人则为撤回,而不存在解除的问题。〔8〕

(三)要式合同与不要式合同

根据法律对合同形式是否有特别要求,可以将合同分为要式合同和不要式合同。要式合同是指法律规定必须具备一定的形式和手续的合同。不要式合同是指法律不要求必须具备一定的形式和手续的合同。对于要式合同与不要式合同的区分,美国合同法专家柯宾指出,要式合同是法律效果依赖于它的做成形式或者表达方式,而不依赖于交换中给付的充分对价,也不依赖于信赖它的受要约人的任何地位变化之合同;不要式合同为法律效果不依赖于其做成形式或者表示方式,而大多依赖于为换取允诺的充分对价之合同。〔9〕柯宾虽然是从英美合同法理论的角度来区分要式合同与不要式合同,但是其基本精神与大陆法系的观念有相似之处。在合同法发展的初期,法律对合同成立的形式有较严格的要求,合同以要式为原则,甚至可以说是合同的形式创造了合同的效力。近现代合同法为了适应市场经济关于交易便捷和交易安全的双重需要,合同以不要式为原则,只是对某些特殊合同

---

〔8〕 周枏:《罗马法原论》,商务印书馆1994年版,第710页。

〔9〕 [美]A. L. 柯宾:《柯宾论合同》,王卫国译,中国大百科全书出版社1998年版,第13页。

仍然采取方式强制,以达到警告目的、证据或者内容明确的目的、确保合同关系的公开性和促进一定债权的流通性等法律政策的保护目的。警告目的能使当事人了解合同的意义与利害关系,避免仓促、轻率地签订合同。证据或者内容明确的目的有助于确定合同是否成立与其内容。[10] 现在很多国家为了保护交易安全,均规定买卖不动产的合同应为要式合同,并采取书面或者公证的形式。

区分要式合同和不要式合同的法律意义在于,二者的成立要件不同。一般情况下,要式合同非采用法律规定的形式不能成立有效,不要式合同的形式可由当事人自由决定,无论采取何种形式,均不影响合同的效力。我国《民法典》第 490 条第 2 款规定:"法律、行政法规规定或者当事人约定合同应当采用书面形式订立,当事人未采用书面形式但是一方已经履行主要义务,对方接受时,该合同成立。"该规定表明我国《民法典》在要式合同与不要式合同的区分方面采取了更加开放且务实的态度。

(四)诺成合同与实践合同

诺成合同与实践合同是以合同成立除当事人的意思表示一致以外,是否还以物的交付为必要之标准进行的分类。不需要标的物的交付,在双方当事人意思表示一致时即可成立的合同为诺成合同,又称为不要物合同;双方当事人在达成合意之外,还须交付标的物才能成立的合同为实践合同,又称为要物合同。罗马法上有名称的要物合同主要有消费借贷、使用借贷、寄存(寄托)、质权和信托等,要物合同在交付标的物前,当事人可以任意撤销其约定,除非该合同用书面订立才得例外。[11] 根据英国法律史学家梅因对早期契约史的考察,诺成合同是在罗马法后期作为一种契约成立方式而产生的。[12] 在传统民法中,买卖合同、租赁合同、雇佣合同、承揽合同、委托合同等属于诺成合同;借用合同、借贷合同、保管合同等属于实践合同。[13] 在现代合同法中,只有少数合同属于实践合同,而且一些以前认为是实践合同的情形也随着现代生活的发展逐渐演变为了诺成合同。因此,实践合同一般要由法律作出规定,法律若没有作出特别规定,则均为诺成合同。

区分诺成合同与实践合同,对于确定合同成立具有重大意义。对于实践合同,在判断合同是否成立时,除需按照合同法的一般规定进行考察外,还需要注意合同当事人是否已经交付了合同标的物,即诺成合同在合意达成时成立,而实践合同在交付标的物时成立。实践合同中,在实物交付前当事人可撤回其同意,而在诺成合同中,当事人一经合意,合同即正式成立。

(五)有偿合同与无偿合同

以当事人之间的权利义务是否互为对价,可以将合同划分为有偿合同与无偿合同。双方当事人互为对价给付的合同为有偿合同,如买卖、租赁、保险合同等;双方当事人之给付不成对价关系的合同为无偿合同,如赠与合同。在立法例上,《法国民法典》中有有偿契约

---

〔10〕 王泽鉴:《民法总则》,台北,三民书局 2000 年版,第 328 页。

〔11〕 周枏:《罗马法原论》,商务印书馆 1994 年版,第 710 ~ 711 页。

〔12〕 [英]梅因:《古代法》,沈景一译,商务印书馆 1996 年版,第 188 页。

〔13〕 王家福:《中国民法学·民法债编》,法律出版社 1991 年版,第 274 页。

与恩惠契约的规定，分别对应有偿合同与无偿合同。《法国民法典》第1106条规定：“当事人双方相互承担给付某物或者某事的义务时，此种契约为有偿契约。”第1105条规定：“当事人一方无代价给付他方利益时，此种契约为恩惠契约。”在实践中，大多数合同为有偿合同，无偿合同极少，德国哲学家康德认为无偿合同主要有（无偿）保管、借用和捐赠这三种。[14]

区分有偿合同与无偿合同具有如下意义：

1. 主体要求不同。有偿合同的订约主体原则上应为完全民事行为能力人，限制民事行为能力人非经其法定代理人同意或者追认而订立的重大有偿合同将会因当事人欠缺必要的行为能力而无效。对于纯获利益的合同，或者与限制行为能力人年龄、智力、精神健康状况相适应的合同，限制民事行为能力人可订立并发生相应的法律效力。

2. 区分有偿合同与无偿合同的最大意义在于决定当事人履行合同时的注意义务与责任大小。一般情况下，义务人在履行有偿合同时所负的注意义务要多于无偿合同。在有偿合同中，义务人应当对故意和一切过失负责；在无偿合同中，义务人一般仅对故意及重大过失负责。例如，在赠与合同中，当赠与财产有瑕疵造成受赠人损失时，赠与人仅在故意不告知瑕疵或者保证无瑕疵的情形下，才向受赠人承担赔偿责任（《民法典》第662条第2款），而一般有偿合同以严格责任为原则。又如保管人因保管不善造成保管物毁损、灭失，若为有偿保管，就应承担赔偿责任；若为无偿保管，只在故意或者重大过失情形下，才承担赔偿责任（《民法典》第897条）。再如，无偿委托合同的受托人仅因故意、重大过失造成委托人损失的，才承担赔偿责任，有偿委托合同的受托人承担过错责任（《民法典》第929条）。

3. 有偿合同与无偿合同的区分对法律适用与合同解释均具有一定的意义。在法律适用时，对于有偿合同，如果法律没有特别规定，则可适用买卖合同的规定以及其他相关规定；若为无偿合同，则其债务人通常不负权利瑕疵担保与品质瑕疵担保责任（特殊情况例外）。在合同解释时，对于无偿合同应当按义务较轻的含义解释，而对于有偿合同应就双方的义务作出较公平的解释。

4. 可否行使撤销权不同。如果债务人将其财产无偿转让给第三人，严重减少债务人的责任财产，害及债权人的债权，债权人可以直接请求撤销该无偿行为（《民法典》第538条）。但对于有偿的明显不合理低价的处分行为，只有在债务人及第三人实施交易行为有加害债权人的恶意时，债权人方可行使撤销权（《民法典》第539条）。

5. 不当得利的得利人转让取得的利益时，第三人的返还责任不同。当得利人有偿转让取得的利益给第三人时，第三人对该利益的取得是善意的，第三人原则上不对受损失的人负返还义务；当得利人无偿转让取得的利益给第三人时，原则上第三人应对受损失的人负在相应范围内的返还义务（《民法典》第988条）。

（六）为自己利益订立的合同与为第三人利益订立的合同

根据合同订立是为了谁的利益，可以将合同分为为自己利益订立的合同与为第三人利益订立的合同。为自己利益订立的合同又可称为束己合同、利己合同，指订约当事人订立

---

〔14〕［德］康德：《法的形而上学原理——权利的科学》，沈叔平译，商务印书馆1997年版，第106页。

合同是为了自己的利益,是为自己设定权利和义务,最终使自己直接取得、享受某种利益或承担某种义务的合同。为第三人的利益订立的合同又可称为利他合同,是指为第三人设定了合同权利,由第三人取得合同利益的合同。通常当事人订立合同都是为了实现自己的特定利益,属于为自己利益订立的合同;但是在特殊情况下当事人也会为第三人的利益而订立合同。在我国民法中,为第三人利益订立的合同具有如下特征:(1)第三人不是订约人,不需要自己或者通过其代理人参与合同的订立。(2)合同只能为第三人设定权利,而不能为其设定义务。(3)合同成立后,第三人可以接受该合同权利,也可以拒绝接受该权利。

区分为自己利益订立的合同与为他人利益订立的合同是由于,一方面两类合同的目的不同,另一方面两者在合同效力方面存在差异。为自己利益订立的合同完全符合合同相对性原则,为合同中的常态;为第三人利益订立的合同在一定程度上突破了合同的相对性,因此,其须适用特殊的规则,即只能为第三人设定权利而不能设定义务。另外,为第三人利益订立的合同虽然对合同相对性原则有所突破,但不能认为其已经完全背离这一原则。因为在为第三人利益订立的合同中,第三人仍然没有成为合同的一方当事人,在发生违约的时候,仍须贯彻合同相对性原则,由债务人向债权人承担违约责任。

(七)主合同与从合同

根据合同相互之间的主从关系,可以将合同区分为主合同与从合同。对于有相互关联的合同,凡不以其他合同的存在为前提而能独立存在的合同,为主合同;必须以其他合同的存在为前提,自己不能独立存在的合同,为从合同。抵押合同、质押合同、保证合同、定金合同与被担保的合同之间的关系,为主从合同关系。例如,在互相关联的借款合同与保证合同中,借款合同能够独立存在,而不以保证合同的存在为条件,借款合同是主合同;但是,保证合同是为了担保借款合同的正常履行而存在的,没有借款合同,保证合同就没有存在的意义。因此,保证合同为从合同。

这种分类的法律意义在于:从合同以主合同存在为前提,主合同履行完毕,从合同消灭;主合同不履行,从合同发挥效力。主合同发生相应的变更,从合同也会发生相应的变化。要注意主从合同关系的相对性以及从合同的独立性问题。马克思主义系统观告诉我们,在学习运用主合同与从合同时,应统筹兼顾,把握主合同和从合同之间的关系。

(八)实定合同与射幸合同

以合同的效果在合同订立时是否确定为标准,合同可以分为实定合同与射幸合同。实定合同,是指在合同订立时,合同的法律效果已经确定的合同。实定合同在合同订立时,合同的权利义务即已确定地由双方当事人负担。射幸合同又称机会合同,是指合同的法律效果在订约时不能确定,需依赖于某一偶然事件的发生与否才能最终确定当事人之间的权利义务的合同。对于射幸合同,《法国民法典》设有明确的规定,其第1104条第2款规定:"对于当事人各方根据不确定的事件而取得利益或遭受损失方面存在偶然性时,此种契约为射幸契约。"现实生活中绝大多数合同都为实定合同,只有保险合同、彩票合同、押赌合同、有奖抽奖或有奖销售等合同才为射幸合同。保险合同是典型的射幸合同,因为在保险合同中,投保人支付保险费的义务在合同成立时已经确定,但是保险人支付保险金的义务却不确定，其需依赖于特定的危险事故的发生与否来最终确定；彩票合同也是射幸合同，因为彩票的购买人在购买彩票时，不能确定自己能否中奖，中奖与否取决于摇奖或者抽奖等当事人无法控制的因素，当事人购买彩票的结果可能是一无所获，也可能是获得巨额回报。射幸合同法律效果的确定规则在合同订立时就已经确定了。

区分实定合同与射幸合同的法律意义主要在于，实定合同一般要求等价有偿，若不等价，一方当事人可以提出撤销的请求。射幸合同一般不能从等价与否来衡量合同是否公平。另外，由于射幸合同具有一定的风险性，涉及公序良俗、公平竞争等重大问题，法律为了避免特定的风险，通常会对射幸合同作出特殊的规定。例如按照我国《反不正当竞争法》第10条第3项的规定，抽奖式的有奖销售，最高奖的金额不得超过5万元。

（九）预约与本约

以合同的目的是否为了将来签订一项合同为标准，可以将合同区分为预约与本约。预约是约定将来订立一项合同的合同，本约则为履行该项预约而订立的合同。在预约中，双方当事人互负订约义务的预约为“双务预约”或“双方预约”；仅以一方当事人负有订约义务的预约，为“单务预约”或“一方预约”。我国《民法典》第495条规定：“当事人约定在将来一定期限内订立合同的认购书、订购书、预订书等，构成预约合同。当事人一方不履行预约合同约定的订立合同义务的，对方可以请求其承担预约合同的违约责任。”我国立法将预约称为预约合同，是一类特殊的合同。

预约的目的在于成立本约，当事人之所以不直接订立本约，其主要理由当系因法律或事实上的理由，致使订立本约的条件未臻成熟，于是先订立预约，使对方受其约束，以确保本约的订立。例如，甲拟向乙借钱，乙表示在一个月后才有资金，甲乃与乙订立借款合同的预约，约定一个月后再订立借款合同这一本约。再如，甲拟向乙承租某屋，因乙一年后始能收回该屋，于是乙先与甲订立房屋租赁的预约。[15] 预约的成立，须遵循合同法关于合同订立的一般规则，预约的生效将对当事人产生将来订立本约的义务。预约生效以后，当事人负有履行预约所规定的订立本约的义务，只要本约未订立，就是预约没有履行。认定预约合同的成立，应遵循合同成立的一般规则。当事人以认购书、订购书、预订书等形式约定在将来一定期限内订立合同，或者为担保在将来一定期限内订立合同交付了定金，能够确定将来所要订立合同的主体、标的等内容的，应当认定预约合同成立。当事人通过签订意向书或者备忘录等方式，仅表达交易的意向，未约定在将来一定期限内订立合同，或者虽然有约定但是难以确定将来所要订立合同的主体、标的等内容，应当认定预约合同不成立。[16]

究竟是预约，还是本约，关键要看当事人约定的内容。当事人订立的认购书、订购书、预订书等已就合同标的、数量、价款或者报酬等主要内容达成合意，符合法律规定的合同成立条件，未明确约定在将来一定期限内另行订立合同，或者虽然有约定但是当事人一方已实施履行行为且对方接受的，应当认定本约合同成立。[17]

---

〔15〕 王泽鉴：《债法原理》（第1册），中国政法大学出版社2001年版，第147～148页。

〔16〕《合同编通则解释》第6条第1、2款。

〔17〕《合同编通则解释》第6条第3款。

当事人一方违反预约合同的行为包括拒绝订立本约,或者在磋商订立本约时违背诚信原则导致未能订立本约合同。[18] 违背诚信原则是指明显背离预约合同约定的内容以及未尽合理努力进行协商。

对于违反预约合同的损失赔偿责任承担,有约定从约定,无约定时应当综合考虑预约合同在内容上的完备程度以及订立本约合同的条件的成就程度等因素酌定。[19]

区分预约与本约具有理论与实践意义。首先,预约与本约为当事人设定了不同的义务。预约为合同当事人设定的是将来订立本约的义务,而本约为当事人设定的是一般合同义务。预约具有一定程度的担保功能,即预约可以担保当事人在将来订立本约,从而实现自己的利益。其次,当事人违约的法律责任与救济方式不同。依法成立的预约对当事人具有法律约束力,当事人不履行预约要承担相应的违约责任,此种责任主要为订立本约的责任;而当事人违反本约,一般要承担继续履行、赔偿损失等违约责任。在我国台湾地区,权利人得诉请预约的债务人履行订立本约的义务,法院应命债务人为订立本约的意思表示,债务人不为意思表示者,视为自判决确定时已为意思表示。本约成立后,债权人即有请求给付的权利,基于诉讼经济原则,债权人得合并请求订立本约及履行本约。[20] 此种做法值得我国大陆司法实践借鉴。

(十)一时性合同与继续性合同

根据时间因素是否对合同给付义务的内容及范围产生影响,可将合同区分为一时性合同与继续性合同。一时性合同又称为一次给付合同或单发合同,指合同的内容因一次给付即可实现的合同;继续性合同指合同的内容并非一次给付就可以完结,而是持续地得到实现的合同。一时性合同的特点在于给付的内容自始确定,一时性合同中的一次给付在形态上既包括一次履行完毕,也包括分期履行。买卖、赠与、互易、承揽等合同为一时性合同。分期付款的买卖与分批交付标的物的买卖都不改变买卖合同一时性的特征。因为合同的总给付是自始确定的,虽采取分期给付的方式,但时间因素对给付内容及范围并没有影响。[21] 继续性合同的特点是,时间因素在债的履行上居于重要地位,总给付的内容取决于应给付时间的长度。[22] 合伙、租赁、雇用、消费借贷、使用借贷、保管、委托等合同为继续性合同。买卖原则上为一时性合同,但继续性供给契约,如水电、天然气、订阅报刊等,虽为买卖,但在性质上为继续性契约。[23]

一时性合同与继续性合同区分的主要意义在于,履行以及发生履行障碍时的后果不完全一样。对于一时性合同,原则上债务人一经履行,债权关系即归于消灭;对于继续性合同,在合同约束的期间内,其履行呈持续状态,债权关系并不立即消灭,被称为“继续的给付”。

---

〔18〕《合同编通则解释》第 7 条。

〔19〕《合同编通则解释》第 8 条。

〔20〕王泽鉴:《债法原理》(第 1 册),中国政法大学出版社 2001 年版,第 150 页。

〔21〕王泽鉴:《债法原理》(第 1 册),中国政法大学出版社 2001 年版,第 132 页。

〔22〕Christodoulou, Vom Zeitelement im Schuldrecht, Vorstudien aus Sicht des Dauersschuldverhaeltnisses, Diss. Hamburg (1986). 转引自王泽鉴:《债法原理》(第 1 册),中国政法大学出版社 2001 年版,第 132 页。

〔23〕林诚二:《民法债编总论——体系化解说》,中国人民大学出版社 2003 年版,第 49 页。

对于一时性合同，合同的无效或者被撤销将使合同自始没有法律效力；而对于继续性合同需限制无效或者撤销的溯及力，尽量使合同的无效或者撤销对将来产生效力。在合同解除时，一时性合同的消灭具有恢复原状的可能性，可发生恢复原状的义务；继续性合同被解除的，或无恢复原状的可能性，或不宜恢复原状，故通常不产生恢复原状的义务。[24] 另外，在继续性合同的期限届满时，当事人可采取默示的方式延长合同期限，如《民法典》第 734 条第 1 款规定：租赁期限届满，承租人继续使用租赁物，出租人没有提出异议的，原租赁合同继续有效，但是租赁期限为不定期。

（十一）普通合同与格式合同

根据合同的主要条款是否要由当事人协商拟定，可将合同分为普通合同与格式合同。普通合同是指合同的重要条款均由当事人协商拟定的合同。格式合同是指双方当事人采用格式条款或者一方当事人预定的合同条款而缔结的合同。格式条款是指当事人一方为重复使用而预先拟定的，并在订立合同时未与对方协商的条款。由于各国立法与学说对格式合同的认识各异，格式合同在法国、日本被称为"附和合同"，在德国被称为"一般条款合同"（allgemine geschaftsbedingung），在英美被称为"标准合同"（standard form contract）。

区分普通合同与格式合同的意义在于，法律一般对格式合同适用特殊的规则，对其进行规制以期达到保护特定相对人的目的。

（十二）强制合同与非强制合同

根据合同的订立是否具有强制性，可以将合同区分为强制合同与非强制合同。凡是当事人对合同的订立没有选择自由的合同为强制合同；凡是当事人可以根据自己的自由意志而订立的合同为非强制合同。强制合同大多是法律为达到贯彻社会政策的目的而作出的强制规定。在我国，强制合同有劳动保险合同、机动车强制保险合同等。强制合同为限制合同自由原则的产物，具有保护特定社会群体、防止经济强者欺凌经济弱者的功效。强制合同可以分为强制要约之合同与强制承诺之合同，前者如公车之行驶，后者如医生之允诺。[25]

阅读　债权合同、物权合同与身份合同

对于广义的合同，根据合同的目的与法律效果之不同可以将合同区分为债权合同、物权合同与身份合同。债权合同是指以产生、变更和消灭债之关系为目的的合同，我国《民法典》所规定的典型合同都是债权合同；物权合同是指包含物权变动的意思并直接产生物权变动效果的合同，包括直接设定土地承包经营权、抵押权的合同等；身份合同是以形成与变动身份关系为目的的合同，结婚、收养、离婚均为身份合同。债权合同的基础为意思自治，法律规定仅为补充性规定，虽然为保护交易安全等原因受到一定限制，但其所受法律限制远远少于物权

---

〔24〕　韩世远：《合同法总论》，法律出版社 2008 年版，第 56 页。

〔25〕　林诚二：《民法债编总论——体系化解说》，中国人民大学出版社 2003 年版，第 50 页。

合同与身份合同。物权合同因涉及物权变动关系与第三人之保护问题,身份合同因涉及基本社会人伦生活关系,强行规定色彩较浓,合同自由原则限制较多。另外,属于财产性合同的债权合同多为有因合同,而属于财产性合同的物权合同为无因合同。

——思　考——

1. 合同的含义与基本特征是什么?
2. 将合同区分为典型合同与非典型合同、双务合同与单务合同、要式合同与不要式合同、诺成合同与实践合同、有偿合同与无偿合同、为自己利益订立的合同与为第三人利益订立的合同、主合同与从合同、实定合同与射幸合同、预约与本约、一时性合同与继续性合同、普通合同与格式合同、强制合同与非强制合同的依据是什么? 意义何在?

第二节　合同法的概念与基本原则

一、合同法的概念

(一)合同法的含义

合同法即有关合同的法律规范的总称,是调整平等主体之间的交易关系的法律。它包括界定合同的法律规范、订立合同的法律规范、合同成立条件的法律规范、合同内容的法律规范、合同效力的法律规范、合同履行的法律规范、合同保全的法律规范、合同担保的法律规范、合同变更和转让的法律规范、合同终止的法律规范、合同解释和适用的法律规范、违约责任的法律规范、各类典型合同的法律规范等。[26]

狭义的合同是产生债的最重要的一种法律行为,因此,在大陆法系中合同法是债法的一个重要内容,是传统民法典债编的重要组成部分。在英美法系,因其没有如大陆法系的法典化体系,合同法自成体系,是与财产法、侵权行为法、信托法、家庭法等并列的独立法律部门。

在我国,合同法不是一个独立的法律部门,而是《民法典》之一编,是民法的一个组成部分。1999 年《合同法》颁布以前,我国关于合同的法律规范格局是,在《民法通则》的统领之下,并存三个合同法:《经济合同法》(1981 年 12 月 13 日颁布,1982 年 7 月 1 日生效,1993 年修正并重新颁布);《涉外经济合同法》(1985 年 3 月 21 日公布,同年 7 月 1 日生效);《技术合同法》(1987 年 6 月 23 日公布,同年 11 月 1 日生效)。另外,在《保险法》《海商法》等单行法中,均有关于合同的规定。《合同法》颁布以后,《合同法》与其他民商事法律、法规及立法、司法解释中的合同规范,如《著作权法》中的合同规范、《担保法》中的合同规范、最高人民法院司法解释中的合同规范等,共同构成了我国合同法律规范的整体。《民法典》颁行

---

〔26〕 崔建远主编:《合同法》,法律出版社 2007 年版,第 2 页。

后,我国形式意义上的合同法由通则、典型合同与准合同三分编构成。通则分编设有:第一章一般规定;第二章合同的订立;第三章合同的效力;第四章合同的履行;第五章合同的保全;第六章合同的变更和转让;第七章合同的权利义务终止;第八章违约责任。典型合同分编设有:第九章买卖合同;第十章供用电、水、气、热力合同;第十一章赠与合同;第十二章借款合同;第十三章保证合同;第十四章租赁合同;第十五章融资租赁合同;第十六章保理合同;第十七章承揽合同;第十八章建设工程合同;第十九章运输合同;第二十章技术合同;第二十一章保管合同;第二十二章仓储合同;第二十三章委托合同;第二十四章物业服务合同;第二十五章行纪合同;第二十六章中介合同;第二十七章合伙合同。准合同分编设有第二十八章无因管理和第二十九章不当得利。

从合同法律的表现形式来看,我国合同法的渊源主要有:

1. 全国人民代表大会及其常务委员会制定的法律,即《民法典》《保险法》《海商法》《消费者权益保护法》《著作权法》等单行民事立法中调整合同关系的法律规范。

2. 国务院制定的行政法规与国务院各部委发布的行政规章中的合同法律规范。国务院及各部委为规范市场秩序所发布的行政法规、国务院部门规章中所涉及的有关合同规范方面的内容,是合同法的渊源。

3. 立法解释与司法解释,即由全国人大常委会所颁布的有关合同法律方面的解释和由最高人民法院颁布的涉及具体法律法规适用的解释、对具体案件的处理意见以及其他相当于司法解释效力的文件。涉及合同问题的立法解释,到目前为止仍实属罕见,因此,目前最重要的有权解释为最高人民法院颁布的司法解释。最高人民法院所颁布的涉及合同法的司法解释数量多,体系庞杂。

4. 地方性法规、自治条例和地方政府规章。地方性法规是指由省级或者较大的市级人民代表大会及其常务委员会制定颁布的规范性文件;自治条例是指民族自治地方的人民代表大会及其常务委员会制定的规范性文件。地方性法规和自治条例中有关合同的内容构成合同法的渊源。省级人民政府或者较大的市制定的规范性文件为地方政府规章,如北京市政府颁布的《北京市劳动合同规定》,其中包含的涉及合同方面的规定也为合同法的渊源。

5. 习惯。习惯是一种事实上的惯行,是指多数人对同一事项,经过长时间反复而为的同一行为。习惯通行于一个地方的为地方习惯;通行于全国的为一般习惯。习惯为一般人所信行的为普通习惯;适用于特定身份与职业的为特别习惯。现代各国均承认习惯为法源之一,认为习惯有补充法律规定不足之效力。[27] 我国地域广阔,不能无视交易习惯的存在,《民法典》条文中多次出现“习惯”“交易习惯”等词,事实上承认了习惯对合同法律的补充功效。

6. 国际合同公约与合同惯例。我国已经参加的有关合同的国际公约,以及为世界各国普遍承认和接受的有关合同的国际惯例也是合同法的渊源。前者如《联合国国际货物销售合同公约》,后者如国际统一私法协会制定的《国际商事合同通则》。

---

〔27〕 梁慧星:《民法总论》,法律出版社 1996 年版,第 22 页。

阅读 合同法的历史沿革

从合同法发展的历史脉络来看,可以将合同法区分为古代合同法、近代合同法与现代合同法。古代合同法一般指前资本主义时期(奴隶社会—封建社会)的合同法。古代合同法大体经历了从原始部落的交易习惯到罗马法,再从日耳曼封建法到罗马法复兴的历史过程。[28] 古代的合同与合同法具有如下法律特征:第一,法律对合同主体进行严格限制,只赋予极少数人订立合同的资格;第二,法律特别重视订立合同的形式,订立合同必须履行一定的仪式;第三,国家对合同关系严格干涉和限制;第四,对违约者处罚极严,往往以行政制裁和刑罚手段处罚违约人。[29] 古代合同法的最高成就当属罗马法中的合同制度。罗马法中的合同制度重视商品经济的内在要求,较早地确立了合同的概念,对合同进行了详尽的分类并形成了诸多的具体合同制度,对后世合同法产生了深远的影响。近现代合同法主要是指自由资本主义时期的合同法,它伴随梅因所称的"从身份到契约"的社会进步进程而登上历史舞台,以《法国民法典》中的合同法规范为典型。近代合同法完全摆脱了身份关系的束缚,在启蒙思想与自由经济思想的浸渍下,摒弃了合同形式主义的规定,高高扬起了契约自由旗帜与权利本位精神。进入20世纪以后,随着社会化大生产的发展,垄断取代自由竞争,社会连带主义思想兴起与新的立法趋向转变,具体人格登场,合同自由原则最终受到限制,诚信原则日益在合同法中确立了地位,合同法进入了现代法时期。

由于传统的中国社会是一个获得超稳定结构的农业社会,专制主义思想盛行,长期推行"重农抑商"的政策和"重义轻利"的观念,商品经济不发达,形成了重刑轻民、民刑不分的法制传统,因此,中国古代虽存在契约的实践,但不存在完备的契约制度,中国古代的合同关系主要不是由法律而是由礼制来调整,历代律令中的合同规范均是零散并多附着于刑律的。[30] 清末民初,中国开始引进西方的民事法律制度,1928年到1931年陆续颁布的《中华民国民法》参酌德国、瑞士等国立法例,设定了较为完备的合同法律制度。中华人民共和国成立后,宣布废除旧法统,我国合同法律制度进入了一个重新建设的历史时期。20世纪50年代初期,我国曾经颁布了一些合同方面的法律法规与部门规章,如政务院财政经济委员会曾颁布《机关、国营企业、合作社签订合同契约暂行办法》。20世纪50年代后期至70年代,由于我国实行计划经济体制、"文化大革命"的进行等原因,合同法律制度的建设进程一度放缓甚至中断。改革开放以后,合同法的立法进程伴随着我国商品经济发展和市场经济体制的建立与完善而不断推进,最终于1999年制定了统一的《合同法》。《合同法》的颁布,标志着中国合同法的发展进入了一个新的历史时期。2020年5月28日,《民法典》公布,自2021年1月1日起施行。《民法典》合同编将我国合同立法提升到了一个新的历史高度。

《民法典》是"社会生活的百科全书",是市场经济的基本法,是民事权利保护的宣言书,是新中国民事立法的集大成者。它的颁布在我国法治建设历史上具有里程碑意义,必将对我国法治国家、法治政府、法治社会建设带来更积极、更全面、更规范的影响,也会对坚持和

---

〔28〕 邱鹭风、叶金强、龚鹏程:《合同法学》,南京大学出版社2000年版,第57~62页。

〔29〕 寇志新等:《民法学》,陕西人民出版社1998年版,第672页。

〔30〕 王家福主编:《民法债权》,法律出版社1991年版,第15~17页。

完善中国特色社会主义制度，推进国家治理体系和治理能力现代化，保障人民群众美好幸福生活提供充分的法律保障。习近平总书记指出，“民法典在中国特色社会主义法律体系中具有重要地位，是一部固根本、稳预期、利长远的基础性法律”。[31]

（二）《民法典》合同编的属性

在我国，《民法典》合同编具有如下属性：

1.《民法典》合同编为私法。在法律发展史上，罗马法学家乌尔比安最早提出了公法与私法的划分，他认为公法“有关国家的稳定”，私法“涉及个人的福利”。[32] 在人类社会进入近现代社会以后，公私法划分的观念普遍为大陆法系各国所采纳，成为对法律领域进行划分的最基本观念与技术。《民法典》合同编以权利为本位，主要采取确立与维护主体的平等地位、实行意思自治的方法调整私人之间为实现自己利益所进行的交易关系等特征，都说明了《民法典》合同编是典型的私法。

2.《民法典》合同编为自治法中的任意法。《民法典》的私法属性决定了《民法典》合同编必须奉行合同自由原则，允许当事人自己做主、自由决定自己的事情，因此，《民法典》合同编是自治法。从《民法典》合同编规范的表现形式来看，《民法典》合同编规范多为任意性规范，这些规范或为指引当事人的行为，或为补充当事人意思不完备。《民法典》合同编很少设定强制性规范，在适用上也更多地取决于当事人的援引，是具有高度任意性的自治法。

3.《民法典》合同编为财产法中的财产交易法。在私法中，有涉及财产关系的，有涉及人身关系的。《民法典》合同编通常并不涉及人身关系而主要涉及当事人之间的财产关系，故为财产法。在财产法中，有规范财产归属与变动关系的法律，如物权法；有规范因财产流转而产生的负担性权利义务关系的法律，如债权法。由于财产交易过程中产生的负担性权利义务关系为财产流转过程中产生的负担性权利义务关系的绝大多数，这些权利与义务在法律层面上的表现为合同，因此，《民法典》合同编具有交易法的属性。

4.《民法典》合同编具有统一化的趋势。《民法典》合同编是表达商品经济基本要求的法律，是市场经济运行中最为重要的法律之一。市场经济在世界各国的表现形式与发达程度虽有差别，但是其基本规律与法律要求却基本一致，这使《民法典》合同编随着世界经济一体化趋势的加强日益呈现出统一的趋势。两大法系合同概念的趋同性也从理论侧面印证了合同法统一趋势的存在。随着《关于国际货物销售合同成立的统一法公约》《联合国国际货物销售合同公约》等公约的制定，以及国际统一私法协会《国际商事合同通则》的制定，《民法典》合同编的统一趋势在日益加强。

习近平总书记强调：“社会主义市场经济本质上是法治经济。”[33] 党的二十大报告把“社会主义市场经济体制更加完善”作为未来五年我国发展的主要目标任务，对构建高水平社会主义市场经济体制作出了战略部署。坚持推动经济发展在法治轨道上运行，营造市场化、法治化、国际化一流营商环境，需要深入认识法治对发展社会主义市场经济的重要作

〔31〕 习近平：《充分认识颁布实施民法典重大意义　依法更好保障人民合法权益》，载《求是》2020年第12期。
〔32〕 ［意］彼德罗·彭梵得：《罗马法教科书》，黄风译，中国政法大学出版社1992年版，第9页。
〔33〕 《社会主义市场经济本质上是法治经济》，载《人民日报》2023年5月23日，第9版。

用,充分发挥法治建设对构建高水平社会主义市场经济体制的保障作用。

二、合同法的基本原则

《民法典》规定了七项民法的基本原则,其中与《民法典》合同编的适用关系密切的有:平等原则(第4条)、自愿原则(第5条)、公平原则(第6条)、诚信原则(第7条)、公序良俗原则(第8条)等五项原则。

(一)平等原则

平等是社会主义的本质要求,是现代社会的基本特征,是衡量人类文明进步的重要标准,《民法典》中的平等原则是社会主义核心价值观中平等价值的体现,平等原则对于完善中国特色社会主义法治体系、建设中国特色社会主义事业具有重要意义。《民法典》第4条规定:"民事主体在民事活动中的法律地位一律平等。"此即民法上的平等原则。平等原则基本含义是,参加民事活动的当事人,无论其是自然人、法人或非法人组织,无论其经济实力强弱,亦无论其所有制性质为何,它们在法律上的地位一律平等,任何一方不能把自己的意志强加给对方,同时法律也给双方提供平等的法律保护。平等原则反映了合同法所调整的社会关系的本质特征,是民法平等原则在合同法中的具体贯彻与体现。

宪法是国家的根本法,是治国安邦的总章程,是全面依法治国的总依据,是党和人民意志的集中体现,具有最高的法律地位、法律权威、法律效力。我国宪法第33条第2款规定,中华人民共和国公民在法律面前一律平等。《民法典》所讲的平等特指合同当事人之间"法律地位的平等",是宪法"法律面前人人平等"原则在民法领域的具体表现。合同当事人之间法律地位的平等并不意味着合同当事人之间的经济地位或经济实力的相同,也不意味着合同主体在具体的民事法律关系中享有的民事权利和承担的民事义务的均等,而是指他们相互独立,彼此互不隶属。平等原则首先意味着在订立合同时,无论当事人经济实力的强弱,无论当事人是法人还是自然人,无论企业的所有制性质有何差别,《民法典》都将其视为地位完全平等的主体,不允许一方以其权力或实力强迫另一方在违背自己真实意愿的情况下订立合同,只有在平等协商,双方当事人意思表达一致时,双方的合同关系才符合法律的要求。平等原则还意味着合同当事人在履行合同、承担合同责任与受法律保护时地位平等。合同依法成立后就对当事人产生了约束力,双方当事人必须按照合同的约定全面履行合同的义务,任何一方不得擅自变更或解除合同;在履行合同的过程中,任何一方在没有法定与约定的免责事由情形下未按照合同的约定履行自己的义务的,均应承担合同责任。不同主体在参加具体的合同关系时,不仅受法律的约束,也同样受法律的保护,无论是国家的合同利益、集体的合同利益还是个人的合同利益,在受法律保护方面都是没有任何差别的,平等原则要求民事主体受法律平等的保护。

应当注意,《民法典》所讲的法律地位平等仅仅为形式上的平等,它是法律对每一个参加合同关系的当事人人格进行抽象的结果,现实生活中的诸多因素对实际缔约过程与履行过程的影响并没有被考虑进去。《民法典》确立平等原则的主要用意在于为合同自由原则的贯彻构筑平等的人格前提,确保合同当事人可以依照自己的意志自由建立并变更合同关系,最终实现合同的公平与正义。现代社会中人与人之间事实人格的差异对法律地位平等原则提出了挑战,如拥有巨额资金的跨国公司与普通的劳动者、消费者难以实现真正平等,于是立法者不得不借助于其他手段或者具体规则,来弥补法律地位平等原则之不足,以实现合同的实质公平与正义。

(二)合同自由原则

《民法典》第5条规定:"民事主体从事民事活动,应当遵循自愿原则,按照自己的意思设立、变更、终止民事法律关系。"该条尽管使用的是"自愿"一词,但实际上所确立的则是合同法中最重要、最基本的原则——合同自由原则。合同自由原则是指合同当事人在法律允许的范围内享有完全的自由,可以按照自己的自由意志决定缔结合同关系,为自己设定权利或对他人承担义务,任何机关、组织和个人不得非法干预。〔34〕

合同自由原则是近代民法的三大原则之一,是《民法典》的灵魂所在。合同自由原则的理论基础主要是自由主义、个人主义思想,特别是卢梭等思想家的社会契约论以及经济方面的自由放任主义思想,其认为,这个社会是由生而自由平等的个人依其自由意志组成的,每个人都有独立的人格和完全的思考能力,每个人都完全有能力(只有少数例外,如幼儿和精神病人)认识自己行为的利害所在,从而决定自己的行动;每个人在平等的地位上进行自由竞争,可以促进社会繁荣,国家和政府应对经济活动采取完全的放任主义,只需在极有限的范围内干涉个人的事务。〔35〕 外国法关于合同自由原则的规定首先见于《法国民法典》第1134条规定:"依法成立的契约,在缔结契约的当事人间具有相当于法律的效力。前项契约,仅得依当事人相互的同意或法律规定的原因取消之。"其次是《匈牙利民法典》(1979年修订)第200条规定:"双方当事人拥有决定合同内容的自由。双方当事人协商一致,可以违反主管机关有关合同的安排;但法规对此有禁止规定的除外。"其他国家民法虽没有对合同自由原则进行明文规定,但在理论与实务上均一致承认合同自由原则为民法的基本原则。20世纪以来,受到社会本位思潮的影响,合同自由原则虽受到一定的限制,但其基本原则的地位并未动摇。〔36〕 合同自由原则不仅是合同法的基本原则,也是市场经济的基本规则。市场经济天然要求合同自由,没有合同自由,真正的市场经济就不可能形成。在市场交易中,当事人是自身利益的最佳判断者,其利用自己的知识和才能作出判断,对自己的行为负责,并承担由此带来的风险。合同自由原则及其支撑的自由竞争经济能够不断促进科技革新与经济发展,并能为消费者带来最大的经济利益。在现代市场经济条件下,合同自由原则虽受到一定的限制,但仍不失为合同法的一项基本原则。

合同法中的自愿原则,是"以人民为中心"法治思想的生动体现。"以人民为中心"即"以人民为主体",亦即"法治为民",这是社会主义法治最核心的价值,是中国特色社会主义法治价值体系的基石。坚持法治的人民主体价值,就是要坚持法治为了人民、依靠人民、造福人民、保护人民,把实现好、维护好、发展好最广大人民根本利益作为法治建设的根本目的,把体现人民利益、反映人民意愿、维护人民权益、增进人民福祉、促进人的全面发展作为

---

〔34〕 施天涛主编:《合同法释论》,中国人民公安大学出版社1999年版,第11页。

〔35〕 谢怀栻:《谢怀栻法学文选》,中国法制出版社2002年版,第9~10页。

〔36〕 梁慧星:《民法总论》,法律出版社1996年版,第41页。

法治建设的出发点和落脚点。合同法强调“意思自治”,民事主体可以按照自己的意志设立、变更、终止民事法律关系,这恰恰是“体现人民利益、反映人民意愿、维护人民权益”在合同法中的具体体现。

合同自由原则的内容相当广泛,通说一般认为合同自由包括如下几个方面:

1. 缔结合同的自由。缔结合同的自由是指当事人可以自由决定是否与他人订立合同,任何单位和个人都不得违背当事人的意愿强迫当事人签订或者不签订合同。现代社会中,合同是满足人们各种社会需要的重要法律手段。只有允许当事人自由决定是否与他人订立合同,才能满足当事人不同的利益需求。缔结合同的自由在合同自由原则中占有十分重要的地位,是合同内容等方面自由的前提。

2. 选择合同相对人的自由。选择相对人的自由指当事人可以自由决定与何人订立合同,任何人都不能强迫当事人与自己或者他人订立合同,即使是一些垄断行业也是如此。在市场经济条件下,选择不同的交易相对人进行交易,所得到的交易利益会明显不同,因此,为了维护当事人的自主与利益,法律允许当事人自由选择交易相对人。

3. 决定合同内容的自由。当事人在法律允许的范围内,可以自由决定合同的具体内容,设定当事人之间的权利义务关系,合同的成立、履行、违约责任等都可依当事人的自由意志来确定。

4. 决定合同形式的自由。当事人依法享有选择合同形式的自由,当事人在订立合同时,以不要式为原则,除法律另有强行规定,可以自由选择自己认为合适的合同形式,可以采取书面、口头或其他形式订立合同。

5. 变更和解除合同的自由。在合同成立以后,当事人可以自由协商变更合同的条款,或者解除合同。法律既然允许当事人借助合同来安排自己的生活,也自然允许当事人在合同成立以后根据情况的变化对合同的内容进行相应的调整,以实现当事人的目的与利益。

6. 选择争议解决方式的自由。合同当事人有权选择是通过诉讼方式还是仲裁方式解决合同争议。在涉外合同中,当事人还可以选择解决合同纠纷所适用的法律。

阅读 对合同自由的限制〔37〕

社会生活中出现了一些新的现象无法用传统的原则去说明,贯彻传统的合同自由原则会产生许多始料不及的后果,合同自由原则在合同法中的贯彻日益受到限制。关于“普通合同条款”的立法,关于反垄断的立法与关于保护消费者的立法成为限制合同自由原则的三个主要方面。由于反垄断的立法与保护消费者的立法已经在一定程度上超出了传统合同法的探讨范围,因此,普通合同条款就成为合同法对合同自由原则进行限制的一个主要方面。各国大多采取立法、司法、行政各种方式对普通合同条款加以限制,例如在立法方面有联邦德国的《普通合同条款法》(1976 年)、英国的《货物供应默示条款法》(1973 年);在司法方面各国都有不同的判例,运用各种原则(权利滥用、违反公序良俗、违反诚信等)限制不公平条款的效力,特别是普通合同条款中的免责条款;在行政方面各国都由行政官厅对重要事项的条款作

〔37〕 谢怀栻:《谢怀栻法学文选》,中国法制出版社 2002 年版,第 30 ~ 33 页。

出规定,甚至实行批准制度,以事先防止不适当条款。除此以外,其他对合同自由的限制主要表现在如下方面:

1. 对订立合同自由的限制。按照合同自由原则,当事人一方提出订约要求后,对方有是否承诺的自由。但是对于某些特定的人或者企业,特别是一些公用服务的企业,国家规定在其业务范围内有承诺订约的义务。此外,某些国家的法律规定特定的物资生产者必须将其产品卖给国家,日本《农地法》规定农地的买卖须经官厅批准等都是对订约自由进行限制的实例。

2. 对选择合同相对方自由的限制。现在很多国家的法律都规定特定的当事人必须与特定的人订立合同,事实上限制了当事人选择合同相对方的自由。例如有的国家法律规定企业不得雇用非工会会员的工人或者规定企业必须雇用工会会员。

3. 对合同内容的限制。各国禁止垄断的法律中都有禁止订立垄断合同、禁止订立不正当限制竞争的合同、禁止企业合并或转让的合同。这些禁止性规定对合同的内容形成了明显的限制。

4. 对合同形式自由的限制。现在很多国家的法律要求特定合同的订立必须采取书面形式,甚至还要经过主管官厅登记或批准,形成被一些学者所说的形式主义复兴的趋势。

对合同自由的限制,已经成为存在于各主要市场经济国家的一个普遍事实。但是,对合同自由的限制并不意味着消灭了合同自由,只是对合同自由采取了另外一种形式。

(三)公平原则

《民法典》第6条规定:“民事主体从事民事活动,应当遵循公平原则,合理确定各方的权利和义务。”该条所确定的就是公平原则。

平出于公,公出于道。公平正义是司法的灵魂和生命。习近平总书记指出,“公平正义是法治的生命线。公平正义是我们党追求的一个非常崇高的价值,全心全意为人民服务的宗旨决定了我们必须追求公平正义,保护人民权益、伸张正义。全面依法治国,必须紧紧围绕保障和促进社会公平正义来进行”。[38] 随着中国特色社会主义进入新时代和我国社会主要矛盾的深刻变化,坚持和完善中国特色社会主义法治体系必须努力满足人民在民主、法治、公平、正义、安全、环境等方面日益增长的要求。公平原则体现了民法促进并维护社会公平正义的价值理念,对指导并规范民事主体的行为有着重要作用。

所谓公平原则,就是在合同的订立和履行过程中,要以公平理念来调整合同当事人之间的权利义务关系。所谓公平理念,主要是指以利益是否均衡作为价值判断标准来确定当事人之间的利益关系,追求公平与合理的目标。现代民法设立公平原则之目的,在于对于市场交易的合同关系要求兼顾双方的利益,并为诚信原则、情事变更原则、显失公平规则树立判断基准。[39]

合同的履行主要受诚信原则的支配,公平原则的内容则主要体现在确定合同内容方

---

〔38〕 习近平:《在省级主要领导干部学习贯彻党的十八届四中全会精神全面推进依法治国专题研讨班上的讲话》,载《习近平关于全面依法治国论述摘编》,中央文献出版社2015年版,第38页。

〔39〕 梁慧星:《民法总论》(第5版),法律出版社2017年版,第49页。

面。具体地讲,公平原则在我国《民法典》中的贯彻主要体现在如下几个方面:[40]

1. 我国《民法典》中贯彻公平原则的一个重要方面是强调双务合同中当事人之间的给付与对待给付具有一定的等值(价)性。判断是否等值的标准,有客观说与主观说之分。一般而言,在当事人意思表示真实的情况下,以主观等值说为基础进行判断更为得当;只有在存在欺诈、胁迫等原因而导致意思表示不真实的情况下,才援用客观说来判断是否等值。给付与对待给付是否相当,例如,特定的商品应当支付多少价金、特定的房屋应当支付多少租金、特定的贷款应当支付多少利息才能称为公平,涉及许多因素的考量,欠缺明确的判定标准。因此,现代民法基本上采取所谓的主观等值原则来判断,即当事人主观上愿以此给付换取对待给付,即为已足,客观上是否相当在所不问,法院不能扮演"监护者"的角色,以自己的价值判断变更合同的内容。[41]

2.《民法典》贯彻公平原则的另一个重要方面表现为《民法典》为合同当事人设定了较为合理的风险分配规则。首先,对于买卖合同中标的物的毁损灭失风险,过去我国实务与理论上多倾向于采取所有人主义,《民法典》改采更为合理的交付主义。其次,《民法典》对于承揽、保管、仓储、运输等合同中的风险负担问题都给予了更多的关注。

3. 我国《民法典》中贯彻公平原则的第三个重要方面主要表现在其他类型合同负担的合理分配、附随义务的合理配置、损害赔偿的合理归责、免责条款的法律规则等方面。

另外,对于现实生活中普遍存在的由当事人一方或者第三方确定合同内容的情形,如依一方预先制定的格式合同条款签约,该合同的内容也要符合公平原则才能发生效力。这是公平原则在《民法典》中贯彻的当然结果。

(四)诚信原则

《民法典》第7条规定:"民事主体从事民事活动,应当遵循诚信原则,秉持诚实,恪守承诺。"这是《民法典》关于诚信原则的规定。诚信原则,是指合同当事人在行使权利、履行义务时,都应本着诚实、善良的态度,恪守信用,不得滥用权利及规避法律或合同约定的义务。[42] 诚信原则是在合同履行的过程中逐渐发展起来的《民法典》的基本原则,该原则被有些学者称为《民法典》的"帝王原则"。该原则的确立对于保持与弘扬传统的诚信伦理和童叟无欺的商业道德、保障合同的顺利履行与维护市场经济秩序均具有重大意义。

社会主义核心价值观是社会主义法治建设的灵魂。把社会主义核心价值观融入法治建设,是坚持依法治国和以德治国相结合的必然要求,是加强社会主义核心价值观建设的重要途径,为全面依法治国注入了鲜活的力量。

人无信不可,民无信不立,国无信不威。诚实守信是中华民族自古以来的优良品质,诚信是社会主义核心价值观的重要范畴,诚信原则是社会主义核心价值观指导社会主义法治建设的生动体现。合同法为经济交易提供准则,诚信原则作为合同法的基本原则之一,指导合同的磋商、订立、履行等各个方面,对于保护合同当事人合法权益、维护正常交易秩序、

---

〔40〕 韩世远:《合同法总论》,法律出版社2008年版,第32页。

〔41〕 王泽鉴:《债法原理》(第1册),中国政法大学出版社2001年版,第74~75页。

〔42〕 施天涛主编:《合同法释论》,中国人民公安大学出版社1999年版,第13页。

规范交易活动具有重大意义。

阅读　诚信原则的沿革〔43〕

诚信的观念起源于罗马法(罗马法谓之 bona fides),此观念体现在罗马人的一般恶意抗辩权之中。诚信在法国民法中谓之 bonne foi(善意、诚实),《法国民法典》未采取罗马法一般恶意抗辩权,仅在第 1134 条第 3 款规定"合同应以善意履行之"。其所谓"善意",即诚信。但是,由于《法国民法典》的制定正值自由资本主义时期,自由放任为时代的潮流,上述条文在法律实践中难以发挥真正的实际意义。及至德国和瑞士制定民法典时,立法思潮已有所改变,开始注意社会本位,明文规定了诚信原则,〔44〕德国民法将诚信作为债之履行的基本原则,瑞士民法则进一步扩大到一切权利和一切义务的履行。这时诚信原则已成为全部民法的一个原则。我国民国时期制定现施行于我国台湾地区的"民法"中曾规定,行使权利,履行义务应依诚信方法,其在 20 世纪 80 年代初修订时则在第 148 条增设第 2 款规定:行使权利,履行义务,应依诚实及信用方法。

诚信原则为市场经济运行中的基本道德准则。诚信原则的法律化的实质为道德原则的法律化,其作为一般条款的意义在于:当立法未预见的新情况、新问题出现时,法院可以以诚信原则行使公平裁量权,直接调整当事人之间的权利义务关系。〔45〕诚信原则在合同法中的贯彻可以起到指导当事人以善意方式行使权利和履行义务,平衡当事人之间的各种利益冲突和矛盾,解释、补充法律和合同的功能。〔46〕一般说来,合同是建立在当事人相互信赖的基础之上的,相互信赖为合同的基础,按照具体情况衡量双方的利益被社会上认为是不公平的,就是不符合诚信。具体地讲,诚信原则在实践中的发展表现出以下几种情况:(1)在订立合同时,无论合同是否有效成立,一方有过失而使他方受损害时,应负损害赔偿义务。(2)在合同存续过程中,如果发生当事人一方不可预见的情事变化,当事人可以请求变更合同或解除合同,即从诚信原则出发,形成"情事变更原则"。(3)当事人在解除合同方面应当诚信。例如在长期的房屋租赁中,承租人偶然一次欠交房租,出租人立即解除合同,即违反诚信原则。〔47〕

诚信原则体现并贯彻于我国民法的始终。首先,我国《民法典》合同编依据诚信原则确立了进入磋商阶段当事人之间的先合同义务,包括向对方提供必要的信息(《民法典》第 500 条),为对方保守秘密(《民法典》第 501 条),为了保护对方的合理信赖而限制要约的撤销(《民法典》第 476 条)等。当事人一旦违反先合同义务,给对方造成损失,应当承担相应的赔偿责任。其次,合同一旦订立,当事人应当按照诚信原则来履行合同,承担各种附随义务,并依据诚信原则解释合同。在合同订立以后,尚未履行以前,当事人双方都应当依据诚信原则,认真做好各种履行准备,在已经出现或者可能出现履行障碍时应当及时通知对方。在合同进入现实履行阶段后,当事人除了应履行法律和合同规定的义务外,还应履行依诚信原则所产

〔43〕 韩世远:《合同法总论》,法律出版社 2008 年版,第 33 页。

〔44〕 《德国民法典》第 242 条规定,债务人须依诚信,并照顾交易惯例,履行其给付。《瑞士民法典》第 2 条规定,无论任何人行使权利履行义务,应依诚信为之。

〔45〕 梁慧星:《民法总论》,法律出版社 1996 年版,第 44 页。

〔46〕 徐德敏主编:《合同法论》,陕西人民出版社 1999 年版,第 25 页。

〔47〕 谢怀栻:《谢怀栻法学文选》,中国法制出版社 2002 年版,第 34 ~ 35 页。

生的各种附随义务,如相互照顾和协作义务、重要事情告知义务、忠实义务等。《民法典》第509条第2款规定,“当事人应当遵循诚信原则,根据合同的性质、目的和交易习惯履行通知、协助、保密等义务”。据此,当事人一方因不可抗力不能履行合同或者不能按期履行合同时,应当及时向对方通知有关情况,以避免给对方造成更大的损失。文字的多义性往往会造成合同当事人对具体合同条款内涵的争议,在争议条款的解释上,应首先探求当事人的真意,但也应顾及交易习惯及依诚信原则解释之。[48] 在法律和合同规定的义务内容不明确或欠缺规定的情况下,如当事人之间的合同在履行标的、履行时间、履行地点、履行数量与履行方法等方面欠缺明确的规定,当事人应依据诚信原则履行义务。最后,在合同解除时与合同终止后也应遵循诚信原则。如在长期的继续性合同中,任何一方根据法定或者约定的原因解除合同,都应当提前通知对方,使对方有充足的时间做好准备。在合同的权利义务终止后,当事人也应遵循诚信等原则,根据交易习惯履行通知、协助、保密、旧物回收等义务(《民法典》第558条)。

(五)公序良俗原则

《民法典》第8条规定:“民事主体从事民事活动,不得违反法律,不得违背公序良俗。”该条确立了守法原则与公序良俗原则。《民法典》立足中国国情,明确弘扬社会主义核心价值观,这是贯彻落实习近平新时代中国特色社会主义思想,坚持依法治国与以德治国相结合的生动实践。公序良俗原则是社会主义核心价值观在民法典中的重要体现,离开了公序良俗,经济社会健康发展就会成为空中楼阁。公序良俗原则与《民法典》合同编的适用关系密切。

公序良俗是公共秩序与善良风俗的合称,它是现代民法的一项重要的基本原则。公序良俗原则在很多国家与地区都有明文规定,如《法国民法典》第6条规定:个人不得以特别约定违反有关公共秩序和善良风俗的法律。《德国民法典》第138条规定:违反善良风俗的行为无效。我国台湾地区“民法”第72条规定:法律行为,有悖于公共秩序或善良风俗者,无效。我国《民法典》第8条规定:“民事主体从事民事活动,不得违反法律,不得违背公序良俗”,在民法上直接确立了公序良俗原则,并且将“不得违背公序良俗”作为民事法律行为的有效要件。在市场经济条件下,该原则具有维护国家利益、社会公共利益及一般道德观念的功能。因为立法者在立法时不可能预见一切损害国家利益、社会公益和社会道德秩序的行为而作出详尽的禁止性规定,故设公序良俗原则,以弥补禁止性规定之不足。公序良俗原则为授权型规定,目的在于遇有损害国家利益、社会公共利益和社会道德秩序的行为,而又缺乏相应的禁止性规定时,法院可直接适用该原则判决该行为无效。[49] 公序良俗原则主要是针对法律行为是否发生法律效力所确定的原则,违背公序良俗原则的行为是无效的行为。这一规定的法律效果十分强硬,反映了民法对道德价值予以维护的精神。[50] 因此,在《民法典》合同编中公序良俗原则的贯彻主要体现在对合同行为效力的判断方面,违背公序良俗的合同行为无效。

---

〔48〕 史尚宽:《民法总论》,中国政法大学出版社2000年版,第460页。
〔49〕 梁慧星:《民法总论》,法律出版社1996年版,第45页。
〔50〕 孙宪忠主编:《民法总论》,社会科学文献出版社2004年版,第50~51页。

哪些情形构成违背公序良俗呢?《合同编通则解释》第 17 条第 1 款规定了三种情形:(1)合同影响政治安全、经济安全、军事安全等国家安全的;(2)合同影响社会稳定、公平竞争秩序或者损害社会公共利益等违背社会公共秩序的;(3)合同背离社会公德、家庭伦理或者有损人格尊严等违背善良风俗的。该条第 2 款认为,认定是否违背公序良俗,应当以社会主义核心价值观为导向,综合考虑当事人的主观动机和交易目的、政府部门的监管强度、一定期限内当事人从事类似交易的频次、行为的社会后果等因素,并在裁判文书中充分说理。另外,《九民纪要》第 31 条将违反规章的合同是否有效的判断标准确定为公序良俗原则。违反规章一般情况下不影响合同效力,但该规章的内容涉及金融安全、市场秩序、国家宏观政策等公序良俗的,应当认定合同无效。人民法院在认定规章是否涉及公序良俗时,要在考察规范对象基础上,兼顾监管强度、交易安全保护以及社会影响等方面进行慎重考量,并在裁判文书中进行充分说理。

训　练

【案例】广东四建公司是"皖江明珠"工程的总承包人,广东四建公司将该工程非法转给化州二建公司施工,段某某是该工程的实际施工人。段某某因工程施工所需,向梁某某等借款 1000 万余元。梁某某等以民间借贷纠纷为由,诉请段某某归还借款,并诉请广东四建公司承担连带偿还责任。湖南省高级人民法院(2014)湘高法民一终字第 22 号民事判决书支持了原告梁某某等的诉请,广东四建公司申请最高人民法院再审。最高人民法院经再审审查后认为:广东四建公司作为转包人对合同无效具有明显过错。广东四建公司对于段某某自己组织资金,以"广东四建公司繁昌县工程部"的名义进行施工,并在工地上悬挂"广东四建公司繁昌县工程部"的招牌应当是明知的,但广东四建公司并未在施工过程中予以制止,直至停工之后才责令段某某销毁私自刻制的公章。为此,广东四建公司应承担相应的法律责任。即使广东四建公司不承担借款的还款责任,也应向实际施工人对工程的投入支付工程款。因此,依据公平原则,由工程总承包人广东四建公司承担用于工程借款的连带还款责任,并无不妥。据此,最高人民法院裁定驳回广东四建公司的再审申请。[51]

【解析】本案适用公平原则,弥补了判决广东四建公司承担连带还款责任的事实依据不足及法律依据不足的缺陷,在裁判方法的适用上有待商榷。

思　考

1. 合同法的含义与基本属性是什么?
2. 合同法的基本原则有哪些? 具体的含义是什么?

重点问题梳理

1. 我国合同法意义上的合同主要为债权合同,涉及婚姻、收养、监护等有关身份关系的协议,

---

〔51〕 参见最高人民法院(2014)民申字第 604 号民事裁定书。当然,适用公平原则裁判案件在学术上可以商榷。读者可参见《民法典》第 178 条第 3 款"连带责任,由法律规定或者当事人约定"的规定对本案做进一步延伸思考。

原则上应当先适用该身份关系的法律规定。只有当该身份关系的法律规范没有规定时,方可根据其性质参照适用《民法典》合同编的规定。

2. 按照我国《民法典》合同编的规定,需采取书面形式的一般要式合同包括以下六类:非自然人之间的借款合同(《民法典》第668条)、融资租赁合同(《民法典》第736条)、建设工程合同(《民法典》第789条)、技术开发合同(《民法典》第851条)、技术转让合同和技术许可合同(《民法典》第863条)。

3. 按照我国《民法典》的相关规定,自然人之间的借贷合同(《民法典》第679条)、保管合同(《民法典》第890条)为实践合同。

4. 按照我国《民法典》的规定,赠与合同(《民法典》第657条)为无偿合同;保管合同(《民法典》第889条)、自然人之间的借贷合同(民间借贷)(《民法典》第680条)可以为无偿也可以为有偿,但若当事人无特别约定或依交易确定,原则上应推定为无偿。

5. 合同自由原则是合同法最为重要的原则,其具体内容是当事人享有缔结合同的自由、选择相对人的自由、决定合同内容的自由、决定合同形式的自由、变更和解除合同的自由与选择争议解决方式的自由。目前,合同自由原则虽受到一定的限制,但并没有丧失其存在的价值和意义。

第二章　合同订立

第一节　合同订立的概念与特点

一、合同订立的概念

合同订立也称“缔约”，是指当事人为了建立合同关系而通过相互的意思表示形成合意的过程。

合同订立这个概念，是一个表示动态过程的概念，[1]这一概念强调的是，双方当事人通过怎样的商谈过程、经过哪些程序就可以在法律上认定一个合同已经成立。不同的国家、同一国家不同的发展时期，对于合同订立的程序和步骤的要求是不同的。一般而言，合同法的早期阶段，法律对于合同订立都有比较严格的形式上的要求，法律往往规定当事人之间需要履行指定的行为，通过比较严格的程序订立的合同才能受到法律的保护，无论当事人真实的内心意思是什么，如果没有严格按照法律的程序，即使形成的协议内容确属当事人的一致意思，法律也不承认这种协议的效力。如梅因在《古代法》中描述罗马法上合同订立就是如此。近代以来的合同法在契约自由原则的影响下，放松了对合同订立的各种限制，包括合同所采取的形式、订立合同的步骤和程序等重大内容都交由当事人自己决定。除了一些特殊的合同之外，法律一般采取意思自治原则，不对合同订立的形式作硬性规定。

二、合同订立的特点

合同法上关于合同订立的规范，其意义在于给予当事人以明确的指导，使当事人能在法律的指引下，准确表达其真实意思，按照法律所规定的程序和步骤以及合同形式来表达自己的愿望，实现其所欲达到的经济目的。社会成员之间总是在不断地交流，以表达他们的愿望和情感，但是，怎样交流、何种愿望、通过什么程序就会形成相关当事人之间的“合同关系”，这些内容都需要通过法律以明确的条文加以规定，以便经济交易生活有序化。合同订立，具有以下几个特点：

1. 合同订立是在两个或两个以上当事人之间进行的。合同是合意的结果，合意就是两个或两个以上当事人之间的一致意思表示。单个人的意思表示无所谓合意。《民法典》第464条第1款规定：“合同是民事主体之间设立、变更、终止民事法律关系的协议。”这一规定就清楚地表明了合同是建立在两个或两个以上的民事主体之间的民事法律关系。

---

〔1〕 王利明主编：《合同法要义与案例析解》，中国人民大学出版社2001年版，第37页。

2. 参与订立合同的当事人必须要有订约目的。所谓订约目的就是双方当事人欲在他们之间形成一种以前不曾有过的新的权利义务。关于订约目的的有无,应当遵循相对客观的解释,而不能以任何一方当事人自己的理解为限。具有订约目的,表面看来仅仅是对当事人行为意图的要求,但是,如果仅仅把有订约目的理解成当事人意欲订立合同则是不正确的,还要求当事人意欲订立的合同关系必须是法律上的权利义务关系而非其他(如道德上的)关系。如果从狭义的角度来讲,也仅仅是指当事人之间欲订立的法律上的民事权利义务关系。

3. 合同订立是当事人之间意思互动的过程。合同是双方意思一致的结果。合同订立需要双方通过充分的意思交流,来达到合意的形成。现实中很多合同最终的成立并非一蹴而就,而是经过当事人之间多次反复的磋商和讨价还价,这种磋商和讨价还价的过程是当事人在自主意思的支配下,以一个理性经济人的态度,为自己的利益而努力的过程。"互动"表达了双方意思的相互交流和平等协商,是一种信息的双向流动。

4. 合同订立是一个动态的过程。合同订立是一个动态意义上的概念,它注重的是当事人之间的意思协商,双方努力的最终目标是形成一个一致的合意,以便实现他们预期的经济目的。这一概念和作为结果意义上的合同的成立是有显著区别的。没有合同订立,也就无所谓合同的成立。但是,即使有合同订立,却未必都能在当事人之间成立一个合同。

训　　练

【司考】甲公司、乙公司签订的《合作开发协议》约定,合作开发的 A 区房屋归甲公司,B 区房屋归乙公司。乙公司与丙公司签订《委托书》,委托丙公司对外销售房屋。《委托书》中委托人签字盖章处有乙公司盖章和法定代表人王某签字,王某同时也是甲公司法定代表人。张某查看《合作开发协议》和《委托书》后,与丙公司签订《房屋预订合同》,约定:"张某向丙公司预付房款 30 万元,购买 A 区房屋一套。待取得房屋预售许可证后,双方签订正式合同。"丙公司将房款用于项目投资,全部亏损。后王某向张某出具《承诺函》:如张某不闹事,将协调甲公司卖房给张某。但甲公司取得房屋预售许可后,将 A 区房屋全部卖与他人。张某要求甲公司、乙公司和丙公司退回房款。张某与李某签订《债权转让协议》,将该债权转让给李某,通知了甲、乙、丙三公司。因李某未按时支付债权转让款,张某又将债权转让给方某,也通知了甲、乙、丙三公司。

请回答:关于《委托书》和《承诺函》,下列哪些说法是正确的?(2015 年)

A. 乙公司是委托人

B. 乙公司和王某是共同委托人

C. 甲公司、乙公司和王某是共同委托人

D.《承诺函》不产生法律行为上的效果

【答案】 D

【解析】《承诺函》没有在当事人之间形成民事权利义务关系,《承诺函》不是民事法律行为,不是合同。D 项"《承诺函》不产生法律行为上的效果"属于正确选项。理由是:首先,《承诺函》只是作出承诺的一方——王某所作出的单方意思表示,没有相对人张某的意思表示,没有形成合意;其次,《承诺函》没有在甲方和张某之间形成合意。《承诺函》没有甲方的意思表示,没有在甲方和张某之间产生民事权利义务关系。

综上,本题的答案为D。

【案例】2016年10月,某酒业公司领导4人、职工代表11人、酒业公司所在地政府工信局领导2人共同签署了《关于某酒业公司职工诉求的解决方案》(以下简称《方案》)。《方案》载明:针对企业股权转让期间,原国企身份职工维权问题,经2016年10月7日下午3点30分公司领导、职工代表、工信局领导召开见面会,双方达成一致共识,具体解决方案如下:"一、某酒业公司49%的小股东一次性拿出陆佰万元人民币,用于2006年企业改制期间在职、内退职工二次分配,由公司董事会主导制定分配方案,征求职工意见后,指定专门机构发放。二……三、在投资人资金到位的前提下,力争10月底按照第一条优先兑现职工。"《方案》并未得到执行。2018年4月,公司职工代表委托的律师拟依照《方案》规定的内容提起民事诉讼,以维护职工权益。问题:《方案》是不是合同?

【解析】《方案》参与各方不具有订立合同的目的,《方案》不是法律行为,没有在当事人之间形成民事法律关系的目的,无法作为民事诉讼的事实依据。

——思　考——

1. 什么是合同订立?
2. 合同订立的特点是什么?

第二节　合同订立的程序

当事人之间订立的合同要得到法律的保护,获得法律上的效力,必须遵守一定的法律程序,按照法律规定的步骤,完成整个订约过程,才能取得预期的法律后果。现实中合同的订立程序或复杂或简单,不一而足。有的合同订立和履行在瞬间同时发生,而另外一些合同订立的过程就很漫长,有时需要经过艰苦的磋商和反复的讨价还价,甚至无果而终。但是,合同法上所规定的合同的订立程序,是以典型的交易实践为模式的,这个典型的模式人为地简化了现实中各种合同订立中繁杂的协商过程,而是在综合全部合同订立的程序的基础上总结出合同订立的一般程序,这一程序一般包括要约和承诺两个阶段。我国《民法典》第471条规定:"当事人订立合同,可以采取要约、承诺方式或者其他方式。"这一规定表明,我国合同法和世界其他各国一样,规定合同的订立一般需要经过要约和承诺两个阶段。

一、要约

(一)要约的概念

《民法典》第472条规定:"要约是希望和他人订立合同的意思表示。"可见,要约是当事人一方以订约为目的所作的意思表示。在商业习惯上,要约通常也称为发盘、发价、报价等。发出要约的一方当事人称为要约人,接受要约的一方当事人称为受要约人。

关于要约,英美法系和大陆法系虽然在用语上有所不同,但是,两者的实质是相同的,都是订约一方向对方作出的意思表示,而此种意思表示的目的就在于希望对方承诺从而与其建立合同关系。美国《第二次合同法重述》第24条规定,要约为对于立即进行交易的意愿的表达。这一表达能使一个通情达理处于受要约人地位的人相信,其只要对要约表示同意,即接受该要约,就可进行这一交易。我国香港特别行政区法律规定,要约是一方当事人(要约人)向另一方当事人(受要约人)作出的愿意在法律上受所建议的合约条款约束的意思表示。[2] 由此可见,英美法上的要约与我国合同法的规定在本质上是一样的,表达了作出要约意思表示的要约人,其向对方作出的意思表示包含两层意思:(1)要约的内容具有一定程度的明确性;(2)要约人一经受要约人的承诺,即将接受其所作出的意思表示的约束。

(二)要约的性质

要约的性质为何,这是要约概念必须首先要作出回答的。传统上,大陆法系学界通说认为要约属于意思表示,而非法律行为。我国台湾地区学者郑玉波先生认为,“要约者,乃以缔结契约为目的,而唤起相对人承诺之一种意思表示也”。[3] 美国合同法教授科宾说:“要约是这样一种行为,通过它,一个人赋予另一个人以在他们两人之间产生合同关系的权利。”[4]法律行为虽然以意思表示为要素,但是法律行为不等同于意思表示,其和意思表示是有区别的。要约是一种意思表示,是当事人内心愿望的外在表现,这种外在表现一般在形式上包括口头语言或者书面语言。在有些情况下,即使当事人没有通过语言来表达自己的内心意愿,但是,如果一个一般有理智的人依然能通过其举动来证明当事人有某种缔约意图的,则该种举动同样会被认为是一个有效的要约。例如,出租车停靠在指定的乘客上车的停车位,并且车内没有其他乘客,这种行为按照社会通行的观念,通常会被认为是一个有效的要约,亦即出租车等待载客,如果乘客拉门上车,则一个旅客运输合同便自然订立,只不过此时双方都是以动作来完成其内心的意思表示,因为这样的动作丝毫不会引起误解,因此,在观念上认为这也是一种要约意思表示的方式。

没有受要约人的承诺,单单要约人的要约并不会产生合同关系,也不能产生当事人所期望的法律效果。但是,这绝非意味着要约不产生任何法律上的效果,要约一经作出,无论对于要约人还是受要约人,都将产生一定的拘束力。只不过要约在未经受要约人承诺之前合同未成立,当事人之间还无所谓合同上的权利和义务。但是,要约一经作出,本身会产生一定的法律上的效力。例如,要约人在发出要约时,经常会对受要约人的承诺作出时间上的限制,这种限制无疑对要约人自己也是一种有效的约束,如果受要约人超过承诺时间作出“承诺”,则一般被认为不是承诺,而是受要约人发出的一个新的要约,既然是新的要约,那么,现在的受要约人(原来的要约人)就没有必须承诺的义务。不但如此,现代社会契约法中所发展起来的缔约过失责任,也对缔约中的当事人规定了一定的义务。当双方当事人进入磋商后,即使合同并未成立,他们彼此之间就已经开始向对方承担起相应的义务。对这种义务的违反,同样也要承担相应的法律责任。即使后来他们之间并未成立合同,也不妨碍缔约过失责任的成立。

---

〔2〕 李永军:《合同法原理》,中国人民公安大学出版社1999年版,第82~83页。

〔3〕 郑玉波:《民法债篇总论》,中国政法大学出版社2004年版,第43页。

〔4〕 [美]科宾:《要约与承诺及其产生的法律关系》,载《耶鲁法学杂志》1917年第20期。转引自王利明、崔建远:《合同法新论·总则》,中国政法大学出版社1996年版,第141页。

（三）要约的有效要件

要约是一种意思表示，该种意思要在法律上成为一个合法的要约，产生要约的法律效力，就必须满足一定的条件。这些条件包括以下几个方面：

1. 要约必须是特定人作出的意思表示。要约人作出要约，其目的就在于希望受要约人能通过承诺而和自己建立合同关系，因此，要约人必须是特定的。“特定”在这里指的是受要约人或者社会公众可以通过一定的客观事实，来确定究竟是谁意欲和相对人建立合同关系。这样，受要约人才可以对要约人的资信状况加以调查，以便确定是否需要对要约作出承诺，从而建立合同关系。同时，确定要约人的另一层含义在于：虽然就当事人而言，合同刚开始进入订立阶段，双方自然无所谓合同上的权利和义务，但这并不意味着双方无任何法律权利和义务。现今各国合同法都认为，只要双方一旦进入订约状态，相互之间就负有一定的义务，这是自德国学者耶林提出以来被各国合同法所公认的“前契约义务”，对这一义务的违反，虽然不承担违约责任，但是，当事人应当承担缔约过失责任。由此可见，无论从双方当事人未来合同责任的承担，还是就前契约义务来看，都要求要约人必须是特定的。

2. 要约必须是以缔结合同为目的的意思表示。要约的最终目的在于希望与受要约人进行即时的或者将来的交易行为，因此，一个合格的要约中必须包含有订立合同的意图。按照学术界通常的理解，所谓“有订立合同的意图”是指一个特定人所作出的意思表示，会被社会公众合理地认定为该意思表示是出于订约的目的，而非贸易洽谈的邀请、单纯的初步协商甚至戏谑。判断一个意思表示是否具有订约的意图，作为要约表示方式的语言或者动作当然是值得重视的，但是当事人说话（或者作出某种具有要约意义的动作）的特定背景有时也具有重要的参考意义。

探讨　判断要约人向受要约人发出的意思表示有无缔结合同的目的

这是一个需要综合考虑各种因素才能作出准确判断的问题。包括：(1)要约人发出意思表示时的情形。一个理性的人，在正常的环境下所发出的要约，会被认为是一个具有缔结合同目的的意思表示；反之则不能认为具有缔结合同的目的。(2)要约实际使用的语言文字的含义。通过对于作出意思表示的人互相之间来往的书信、言辞等的分析，来认定当事人有无缔结合同的目的，具有明显征求意见和探询意思的话语就不能认定为具有缔结合同的目的，而应认为是协商的过程。(3)意思表示作出的对象。如果作出意思表示的对象是特定人，就倾向于认定为有缔结合同的目的，如果针对不特定人，文字上也是一般性的推广和描述，则不宜认定为有缔结合同的目的。[5]

3. 要约必须是向相对人所作的意思表示。这里的相对人是指要约人希望与之订立合同的受要约人，要约向谁发出，就意味着要约人希望和谁订立合同。值得注意的是相对人是否需要特定化的问题，亦即受要约人必须是特定的人，还是不特定的人也可以充当受要约

---

〔5〕 崔建远主编：《合同法》（第5版），法律出版社2012年版，第43页。

人?一般来讲,相对人当然必须特定化,因为如果要约所指向的相对人缺失或者无法特定化,则意味着合同的订立无法继续进行下去:包括要约人在内的所有人都不知道究竟谁有权承诺,谁的承诺构成和要约人之间的合同关系。相对人的特定化意味着要约人在发出要约的时候并非随意针对任何社会成员,而是经过慎重的考虑之后才作出的决定。但是,在例外的情况下,即使相对人不是特定的人,学理和法律上也认可不特定人作出的承诺,从而认定合同关系成立。如悬赏广告,要约人是特定的,但是其所针对的相对人则是不特定的,但是各国合同法一般均认为,只要相对人完成了悬赏广告所指定的行为,则其和要约人之间的合同关系即告成立。

4. 要约的内容必须确定、完整,具备特定合同的必要条款。要约人作出要约,就是希望受要约人能承诺,从而建立合同关系。因此,要约人发出的要约信息必须确定和完整,符合一个合同的必要条款的要求。这一要求表明:(1)要约的用语必须是没有疑问的,不存在含混不清的容易让人产生歧义的表述,事关未来合同的重大条款应当是清楚准确的而不是似是而非的,例如,如果要约人向相对人发出一个出卖大米的合同,如果在数量上表明的是"若干""一批"等这样的模糊用语,则受要约人就无从判断。除此之外,物的质量、履行地点、时间、价款等表述也要求清楚明了、准确无误,以便相对人能在接到要约之后,仅仅通过要约本身就足以决定是否有必要承诺。(2)就一个规范合同的标准来衡量,要约人发出的要约信息不能存在重要条款的缺失,有学者称之为要约的充分性。〔6〕要约人发出要约的目的在于希望对方承诺而订立合同,因此,这就从客观上要求要约人所提供的信息必须是事关合同权利义务的所有重要的信息,只有这样,受要约人才能据此来决定是否需要承诺。可见,要约的准确性要求的是用语清楚无误,没有含混,完整性则是强调要约的内容全面齐备,没有遗漏。

探讨　要约的一些特殊问题

1. 对不完整的要约,受要约人的承诺是否导致合同的成立?

当一个要约是完整的,符合未来所要订立的合同的基本条款时,受要约人承诺,合同即告成立,这是没有疑问的。但是,如果要约不完整,当事人可否承诺,或者如果承诺了,这样的"合同"在法律上会被认为是一个已经成立了的"合同"进而得到法律的保护,还是会被认为合同从根本上未成立?关于这个问题,以前《经济合同法》的规定以及当时学界对此一般都认为,合同因为缺少重要条款导致合同不成立,即使当事人之间已经签订了这样的合同,也被认为是无效合同。这种观念是当时国家对整个经济和社会生活控制的产物,在那个特定的历史时期,过多强调的是社会经济生活的秩序,而不是当事人的主观意愿,国家对个体的即使是属于私人的经济生活关系也加以强制性干预。现行合同法的指导思想已经作出调整,本着鼓励交易的原则,对于没有重大瑕疵的合同关系,应当着眼于维护合同的效力,通过当事人之间的再次协商或者法院变更的方式,谋求合同效力的维续。同时,合同中的所有条款并非同等重要,有些条款对于合同是必要的,有些并非必要,即使是必要的条款,在当事人订立合同时没

〔6〕谢怀栻等:《合同法原理》,法律出版社2000年版,第41页。

有约定的，也不宜一概认为合同没有成立或者无效，而应当尽力补救。《民法典》第510条规定，当事人就合同的质量、价款或者报酬、履行地点等内容没有约定或者约定不明确的，可以协议补充；不能达成补充协议的，可以按照合同相关条款或者交易习惯来确定。这种规定比较合理。它最大限度地给予了当事人意思自治的自由，有利于节约交易费用。通过对合同的补充使合同得以履行，当事人通过合同已经花费的人力、物力和时间的耗费得以实现。

司法实践中对于合同成立的认定，应该重证据而不是重形式，即如果有充足的证据能够表明当事人之间就合同最重要的条款（当事人、标的和数量）已经达成一致，人民法院应该认定为合同已经成立，不应因合同条款不齐全而认定合同未成立。当然，对于法律另有规定或者当事人另有约定的则不在此列。[7]

2. 要约也可以向不特定的人即社会公众发出，这种向公众发出的要约称为“共同性要约”。[8]

要约向不特定人作出的，一般都需要表明自愿承担由此产生的后果。这种内心态度一般并不容易判断，但是，如果有人在向相对人作出意思表示时，明确说明“广告所列商品不作为发货依据，实际发货以当日柜台展示为准”“本广告不构成要约”等语言明确排除要约适用的，就不能认为是要约。[9]

（四）要约与要约邀请

要约是要约人向相对人发出的希望对方承诺，从而建立合同关系的意思表示，而要约邀请则是意思表示者唤起对方的注意，希望对方向自己发出要约的意思表示。这种意思表示如果最终引起了相对人的注意，并且相对人向发出要约邀请的人发出了要约，则承诺权就掌握在当初发出要约邀请的人的手中。当然，承诺人并没有必须承诺的义务，是否承诺是受要约人的权利。要约邀请的目的仅在于引诱他人向自己发出要约，有的学者把要约邀请称为一种貌似要约的、不具有以自己的主动提出订立合同为目的的行为。[10] 要约与要约邀请的区别在于：

1. 要约是当事人主动作出的，希望和对方缔结合同的意思表示；而要约邀请的目的不是缔结合同，而是邀请对方当事人向自己发出要约的意思表示，是当事人订立合同的预备行为。“是否具有缔约目的，是要约与要约邀请的主要区别。”[11]

2. 要约中含有当事人愿意承受要约拘束的意图，要约人将自己置于一旦对方承诺、合同即成立的无可选择的地位；而要约邀请则不含有当事人愿意承受拘束的意图，邀请人希望自己处于一种可以选择是否接受对方要约的地位，其本身不具有法律意义。

3. 要约的内容必须具备足以使合同成立的必要条款；而要约邀请不必具备此类必要条款。所谓足以使合同成立的必要条款，是指要约人所作出的要约包含一个特定合同的主要条款，受要约人依据这些内容就可以决定是否承诺从而与要约人建立合同关系。而要约邀

---

〔7〕《合同编通则解释》第3条第1款规定：“当事人对合同是否成立存在争议，人民法院能够确定当事人姓名或者名称、标的和数量的，一般应当认定合同成立。但是，法律另有规定或者当事人另有约定的除外。”

〔8〕尹田：《法国现代合同法》，法律出版社1995年版，第44页。

〔9〕王利明、崔建远：《合同法新论·总则》，中国政法大学出版社1996年版，第145页。

〔10〕韩世远：《合同法总论》，法律出版社2004年版，第85页。

〔11〕谢怀栻等：《合同法原理》，法律出版社2000年版，第39页。

请仅仅是个“引诱”,邀请人虽然提出了合同的主要条款却不愿意受到该等条款的约束,或者需要受邀请的人主动提出合同主要条款。

4. 要约邀请一经发出,邀请方可以不受自己的要约邀请的约束,即受要约邀请而发出要约的一方当事人,无权要求要约邀请方必须接受要约。

探讨 要约与要约邀请的区分

根据我国《民法典》第473条的规定,要约邀请是希望他人向自己发出要约的表示。拍卖公告、招标公告、招股说明书、债券募集办法、基金招募说明书、商业广告和宣传、寄送的价目表等为要约邀请。商业广告和宣传的内容符合要约条件的,构成要约。

该条规定了要约邀请的概念,以及常见的要约邀请的形式。通常情况下,上述形式的信息发送都应该被认定为要约邀请,但是,对此也不可绝对教条化地理解,即使是商业广告和宣传,如果从内容上看,符合一个要约的要求,则该商业广告和宣传应该被视为要约。可见,区分要约和要约邀请,既要把握一般的原则性规定,也要根据具体的实际情况灵活掌握,具体问题具体分析。

(五)要约的效力

要约的效力又称要约的拘束力,是指要约的生效及对要约人、受要约人的拘束力。要约的法律效力分为对受要约人的效力和对要约人的效力两个方面。

1. 对受要约人的效力

要约生效后,受要约人取得依其承诺而使合同成立的法律资格。它实际上是法律赋予受要约人以承诺的权利(资格)。但受要约人没有承诺的义务。受要约人不为承诺的,只是使合同不能成立,受要约人并不负任何责任。除法律有特别规定或者双方事先另有约定外,受要约人不为承诺时也不负通知的义务;即使要约人单方在要约中表明不为通知即为承诺,该声明对受要约人也没有拘束力。

2. 对要约人的效力

要约是一种意思表示,要约人发出要约,一般会在要约中指明要约答复的期限。这个期限又称为要约的有效期限。在要约有效期内,要约人要受要约的约束。这种约束主要表现在:其一,受要约人如果接受要约,要约人有签订合同的义务。其二,在出售特定物的情况下,要约人不能再向受要约人以外的其他人发出相同内容的要约或者签订相同内容的合同。其三,要约人在要约有效期限内不得随意撤销或变更要约。因为在要约的有效期限内受要约人可能因接到该要约而拒绝了第三人发来的相同内容的要约而不向第三人作出承诺,或者为承诺要约后的履行合同已经做了准备,如果允许要约人随意撤销或变更要约,则可能使受要约人受到损失,也不利于维护正常的经济秩序。当然,在一定条件下,法律也允许要约人撤回、撤销或变更要约的内容。

3. 要约效力的存续期间

要约效力的存续期间和承诺期限是一个问题的两个面向。对要约效力存续期间的认定,与承诺的有效性有关。一般来说,承诺应当在要约的存续期间内到达要约人,否则,承诺无效。《民法典》第481条规定:“承诺应当在要约确定的期限内到达要约人。要约没有确定承诺期限的,承诺应当依照下列规定到达:(一)要约以对话方式作出的,应当即时作出承诺;(二)要约以非对话方式作出的,承诺应当在合理期限内到达。”要约效力的存续期间,首先是由要约人单方确定的。只有当要约人在要约中没有规定存续期间的,方可适用法定的认定规则。对话式要约规定了承诺期限的,于承诺期限内有效;未规定期限的,受要约人如果没有立即承诺,要约即失效。对于非对话式要约,若有承诺期限的,在承诺期内有效;未定期限的,在依通常情形能够收到承诺所需的一段合理的期间内,要约有效。关于合理期限的确定,需要考虑以下三个方面的因素:一是要约到达受要约人的时间;二是作出承诺所需要的必要调查、了解和考虑权衡的时间;三是承诺通知到达要约人所需要的时间。受要约人作出拒绝承诺的表示的,要约即失去效力。

4. 要约的生效时间

要约的生效就是指要约从何时开始对要约人具有拘束力,同时也和承诺期限的起算有关系。因此,要约生效的时间在合同的订立过程中是一个很重要的时间点。从世界范围来看,要约的生效有两种不同的立法例:第一种称为发信主义,这是英美法系国家立法所确认的要约生效时间,亦即只要要约人的要约已经发出,就对要约人产生法律拘束力;第二种称为到达主义,这是大陆法系国家规定的要约生效时间,即要约到达受要约人方为生效。

我国《民法典》关于要约生效的时间适用意思表示生效时间的一般规则,即《民法典》第137条之规定。该规定较之《合同法》要约生效的规则要科学合理得多。《民法典》第137条规定:“以对话方式作出的意思表示,相对人知道其内容时生效。以非对话方式作出的意思表示,到达相对人时生效。以非对话方式作出的采用数据电文形式的意思表示,相对人指定特定系统接收数据电文的,该数据电文进入该特定系统时生效;未指定特定系统的,相对人知道或者应当知道该数据电文进入其系统时生效。当事人对采用数据电文形式的意思表示的生效时间另有约定的,按照其约定。”以“对话方式”作出的要约,不是到达受要约人生效,而是受要约人“知道其内容时生效”。以“非对话方式作出的采用数据电文形式的意思表示”,应当在“相对人知道或者应当知道该数据电文进入其系统时生效”。法律同时允许当事人就“采用数据电文形式的意思表示的生效时间”进行特别约定。当事人要知道法律赋予自己的这一权利,合理行使,以减少纷争。

(六)要约的撤回与撤销

1. 要约的撤回

要约的撤回是指要约人在发出要约后,在该要约生效前取消要约。撤回要约的通知应当在要约到达受要约人之前或者与要约同时到达受要约人。我国合同法有关要约撤回的规则适用《民法典》总则部分意思表示撤回的一般规则。《民法典》第141条规定,行为人可以撤回意思表示。撤回意思表示的通知应当在意思表示到达相对人前或者与意思表示同时到达相对人。由于撤回是在要约到达受要约人之前或者与要约同时到达受要约人时作出的,撤回时要约并未生效,因此,一般而言,撤回要约不会影响受要约人的利益。允许要约人撤回要约也是对其利益和意志的尊重。要约的撤回必须满足以下条件:

(1)撤回要约的表示必须在要约发生法律效力以前作出。要约人撤回要约本身是得到法律支持的,但是,这种支持在法律上是有条件的,其中之一就是时间上的限制,要约人撤回要约必须在要约生效之前。那么,何为要约生效呢?按照我国法律规定,一般情况下,要约到达受要约人即为生效,可见,要约以到达受要约人的时间为生效时间,因此,这就意味着,要约人的撤回通知只能在要约到达受要约人之前或者同时与要约到达受要约人方为有效。如果要约已经到达受要约人,则因为要约本身已经产生法律效力,当然就不能撤回了。

(2)如果要约人在发出要约以后马上又以比发出要约更快的方式发出撤回的通知,按照通常情况,撤回的通知应当先于或最迟与要约同时到达受要约人,但如果因为其他原因耽误了,撤回的通知在要约到达之后才到达受要约人,在这种情况下,受要约人应当及时向要约人发出通知,告知其撤回的通知已经迟到,要约已经生效。如果受要约人怠于通知,则要约人撤回要约的通知视为未迟到,仍发生撤回要约的效力。

(3)在撤回的方式上,法律是否应当作出限制?这一点各国法律规定不一致,按照一般学理,要约撤回作为一种对于要约的否决意思表示,应当以不低于要约意思表示效力的方式作出为宜。

探讨　要约到达

要约撤回通知要在要约到达受要约人之前为之,撤回方为有效。那么何谓"到达"?一般认为,到达是指要约已经可以为相对人了解的状态,并非指相对人的占有,因此,要约或者要约撤回的通知如果送达相对人之居住场所或者营业所在地,即为到达,至于相对人阅读与否,则在所不问。如果属于挂号信送达,相对人不在,未能受领,到达的时间如何确定,理论上有三种见解:一是邮差送达时;二是通知书所载最早可能领取信件的时间;三是实际领取信件的时间。王泽鉴先生认为,在这三种情况下,第二种观点兼顾了双方当事人的利益,值得赞同。[12]

阅读　要约撤回的特殊情况

我国民法规定,要约在到达受要约人之前可以撤回,但是,有些特殊的要约,判断撤回时需要特别注意。这些要约包括:(1)口头要约,也称以对话方式作出的要约。由于口头要约的即时性,这种要约被相对人"知道其内容时生效",因此,口头要约一般无法撤回。(2)数据电文形式的要约,已经发出即到达对方指定的特定的收件系统,其间的时间是十分短的,因此,这种要约和口头要约一样,也无法撤回。(3)悬赏广告明码标价的商品以及自动售货机。这些形式的要约,因为受要约人为不特定人,无法准确判断要约到达受要约人的时间、地点,实际的情况是,可能要约到达一些受要约人,但是未到达另外一些受要约人。因此,对此类要约,要约人只能行使撤销权,而不能撤回。

2. 要约的撤销

要约的撤销,是指要约人在要约生效后,将该要约取消,从而使其效力归于消灭。撤销

---

〔12〕　王泽鉴:《债法原理》(第1册),中国政法大学出版社2001年版,第162页。

要约的通知应当在受要约人发出承诺通知之前到达受要约人。要约的撤销和撤回都意味着取消要约,并且都只能在承诺作出之前实施。二者的区别在于撤回发生在要约生效之前,而撤销发生在要约已经到达并生效但受要约人尚未作出承诺的期限之内。

允许要约人撤销要约能够有效地保护要约人的利益,减少不必要的损失,但是也应顾及受要约人的利益,根据《民法典》第 476 条的规定,在下列情况下,要约不得撤销:其一,要约人以确定承诺期限或者其他形式明示要约不可撤销;其二,受要约人有理由认为要约是不可撤销的,并已经为履行合同做了合理准备工作。《民法典》第 477 条规定,撤销要约的意思表示以对话方式作出的,该意思表示的内容应当在受要约人作出承诺之前为受要约人所知道;撤销要约的意思表示以非对话方式作出的,应当在受要约人作出承诺之前到达受要约人。这与意思表示生效的规则保持了一致:对于以对话方式作出的意思表示,其生效的前提是意思表示的内容为相对人所知道;非对话方式作出的意思表示,仍以意思表示送达相对人为生效条件。

探讨　不可撤销的要约

要约人规定了承诺期限或者以其他形式明示要约不可撤销,或者受要约人有理由认为要约是不可撤销并且已经为履行合同做了准备工作的,要约也不可撤销。何谓"受要约人有理由认为要约是不可撤销",一般应当按照交易习惯,结合受要约人的知识和经验以及受要约人和要约人之间的关系来判定。例如,受要约人对要约人有所了解,或者以前在商业上就有来往等,因此相信要约人的要约不可撤销。这种相信乃是源于双方以往交易所形成的交易基础的习惯,因此,可以被认定为有理由相信要约不可撤销。

(七)要约的失效

根据《民法典》第 478 条规定,有下列情形之一的,要约失效:

1. 要约被拒绝。这是指受要约人拒绝接受要约所规定的条件。拒绝的形式包括受要约人明确表示拒绝要约的条件以及推定拒绝要约的条件。

2. 要约被依法撤销。要约在受要约人发出承诺通知之前,要约人依法撤销了要约,则要约失去法律拘束力。

3. 承诺期限届满,受要约人未作出承诺。在要约规定的承诺期限内,受要约人未作出承诺表示的,在法律上一般被推定为拒绝要约。

4. 受要约人对要约的内容作出实质性变更。承诺应当是受要约人对要约完全同意的意思表示,因此,如果受要约人对要约的内容作出实质性变更,应该认为这是受要约人发出的新要约,原要约自然失效。

二、承诺

(一)承诺的概念

承诺是受要约人同意要约的意思表示。

(二)承诺的构成要件

承诺应具备以下要件:

1. 承诺必须由受要约人向要约人作出。要约和承诺都是向相对人发出的意思表示,要约原则上是向特定的人发出的,所以,只有作为要约相对人的受要约人(或其代理人)才有权(资格)作出承诺。受要约人以外的第三人无资格向要约人作出承诺,其所作出的"承诺"只能视为发出了一项新的要约。

探讨　受要约人的继承人可否承诺?

法律上对此问题无规定。依据合同法原理,本书认为,这个问题应该视要约人有无反对的意思,以及合同的性质来决定。如果要约人明确言明只有受要约人本人才可承诺的,或者虽然要约人未声明,但依据合同的性质,只能由受要约人本人才具有承诺资格的,则其继承人不能为承诺;反之,继承人应当可以为承诺。

2. 承诺必须向要约人作出。承诺是受要约人对要约的回应,只有受要约人向要约人作出的承诺才能使双方意思表示一致,从而使合同成立。如果受要约人向要约人以外的其他人作出承诺,只能视为向其他人发出了一项要约。

3. 承诺的内容应当与要约的内容一致。承诺是对要约的同意,所以只有承诺的内容与要约的内容一致时,才构成双方意思表示的一致即合意,从而使合同成立。《民法典》第488条前半部分明确要求"承诺的内容应当与要约的内容一致"。但为鼓励交易,世界各国的合同法在这一问题上引入了"实质性变更"标准。如果承诺没有对要约的内容作出实质性变更,承诺原则上是有效的。首先,"实质性变更"这一标准取决于要约人的意思,要约人可以在要约中表明"承诺不得对要约的内容作出任何变更",受要约人对要约内容的"任何变更"都会导致承诺无效。即便要约人在要约中未表明"承诺不得对要约的内容作出任何变更",受要约人对要约内容的变更也属于法定的"非实质性变更",但要约人仍然有权通过"及时表示反对"来否定承诺的效力。[13] 其次,"实质性变更"标准由法律补足规定。《民法典》第488条后半部分规定:"有关合同标的、数量、质量、价款或者报酬、履行期限、履行地点和方式、违约责任和解决争议方法等的变更,是对要约内容的实质性变更。"受要约人对要约的内容作出上述变更的,会被法律认为是实质性变更,承诺无效。承诺对上列内容之外的"非实质性变更",只有在要约人未"及时表示反对,或者要约表明承诺不得对要约的内容作出任何变更"的情况下才能够被认定为有效。

《民法典》合同编明文规定"承诺的内容应当与要约的内容一致",即受要约人必须同意要约的实质内容,不得对要约的内容作实质性的更改,否则在法律上只能将其视为一项新的要约,即"反要约"。

4. 承诺必须在要约的有效期限内作出。《民法典》第481条第1款规定:"承诺应当在

〔13〕《民法典》第489条。

要约确定的期限内到达要约人。”凡要约规定了承诺期限的，承诺即应在规定的期限内到达；凡没有规定承诺期限的对话要约，承诺人须即时作出承诺；而非对话要约则应当在合理期限内作出并到达要约人，否则，承诺不产生法律效力。

5. 承诺应当以通知的方式作出。《民法典》第 480 条规定，承诺应当以通知的方式作出；但是，根据交易习惯或者要约表明可以通过行为作出承诺的除外。由此可见，承诺应以通知方式作出是一般规定，以行为作出承诺的例外情形应有交易习惯的依据或者要约的要求，否则应属无效之承诺。

探讨 承诺的主体与内容

承诺的主体一般应该是受要约人，非受要约人作出的意思表示并非承诺，而是向要约人发出的要约。所谓“承诺的内容应当与要约的内容一致”，在理解时既要尊重意思表示本身的意思，同时也应该参照交易习惯和特定要约的性质加以判断。

阅读 沉默与承诺

受要约人一方单纯的沉默不是承诺，除非受要约人在有合理的机会拒绝接受要约时，仍对要约人提供的财产行使所有权，或者享受提供的服务，或者要约人有理由相信受要约人的沉默就是承诺。[14]

（三）承诺的生效

根据《民法典》的规定，以通知方式作出的承诺，承诺生效按照意思表示生效的一般规则处理，区分为对话方式与非对话方式两种情形，以对话方式作出的意思表示，相对人知道其内容时生效。以非对话方式作出的意思表示，到达相对人时生效。如承诺不需要通知的，根据交易习惯或者要约的要求作出承诺的行为时生效。而以非对话方式作出的采用数据电文形式的意思表示，相对人指定特定系统接收数据电文的，该数据电文进入该特定系统时生效；未指定特定系统的，相对人知道或者应当知道该数据电文进入其系统时生效。当事人对采用数据电文形式的意思表示的生效时间另有约定的，按照其约定。

（四）承诺的撤回

承诺的撤回是受要约人（承诺人）在发出承诺之后承诺生效之前采取一定的行为将承诺取消，阻止承诺发生法律效力。承诺撤回实际上是受要约人通过自己的自主意思阻止承诺的生效。允许受要约人在一定条件下撤回承诺符合其意志，也有利于使当事人根据市场交易的变化作出是否缔约的决定，以实现其利益。根据《民法典》第 141 条的规定，撤回承诺的通知应当在承诺到达要约人前或者与承诺同时到达要约人，才能阻止承诺生效。

撤回的通知如果迟于承诺到达要约人，因承诺已经生效，不发生承诺撤回的效力。

---

〔14〕［美］亨利·马瑟：《合同法与道德》，戴孟勇、贾林娟译，中国政法大学出版社 2005 年版，第 196 页。

我国《民法典》第486条规定:“受要约人超过承诺期限发出承诺,或者在承诺期限内发出承诺,按照通常情形不能及时到达要约人的,为新要约;但是,要约人及时通知受要约人该承诺有效的除外。”《民法典》第487条规定:“受要约人在承诺期限内发出承诺,按照通常情形能够及时到达要约人,但是因其他原因致使承诺到达要约人时超过承诺期限的,除要约人及时通知受要约人因承诺超过期限不接受该承诺的外,该承诺有效。”这两条分别规定的是因主观原因导致的逾期承诺和因客观原因导致的逾期承诺。对于前者,承诺不产生法律拘束力,除非要约人自己及时承认要约有效。而对于后者,除非要约人及时通知受要约人不接受承诺外,承诺有效,合同成立。比较这两条规定,区别在于法律对待要约人的义务规定不同。主观原因导致的承诺迟延,要约人既可以明确拒绝不接受承诺,也可以沉默,这两种行为产生同样的法律后果——“承诺”被视为新的要约。只有在要约人及时通知该承诺有效时,承诺方为有效。而对于后者,要约人如果沉默,其效果等同于明确接受承诺,合同即告成立。要约人欲使承诺不生效力,就必须及时通知受要约人该承诺迟到,其不接受承诺。

三、几种特殊订立合同的方式

(一)悬赏广告

1. 悬赏广告的概念

悬赏广告是悬赏人以公开方式声明对完成特定行为的人支付报酬的意思表示行为。悬赏广告具有独特的功能与效用:其一,能迅速调动最多数人的广泛参与,激发和利用众人智慧与能力;其二,能以最优的效率、方式和时间完成所指定行为、事项;其三,在平等互利基础上,悬赏人与行为人之间能进行有效、及时的利益资源的交换配置。悬赏广告具有内在的法经济效益,具有其他法律制度难以替代的地位。

2. 悬赏广告的法律性质

关于悬赏广告的性质,一种观点认为它是单独行为,另一种观点认为应该将其理解成合同或者契约行为,后一种是我国法学界的通说。我国《民法典》合同编对悬赏广告的性质未作界定。在我国司法实践中,一般将悬赏广告认定为契约行为或合同行为,这种理解比较符合实际。反之,如果将悬赏广告理解为单方行为,则不特定人即使完成了悬赏广告中所指定的行为,也不能当然成立合同从而依照合同索取相应的报酬,这对完成悬赏行为的一方显然不公平。

3. 悬赏广告的撤回

悬赏广告的悬赏人在悬赏行为完成前,可以撤回悬赏,从而使悬赏广告的效力消灭。悬赏广告的效力消灭之后,其后即使有人完成了广告中所指定的行为,也无权要求报酬。但是,如果在悬赏广告撤回前,有人已经开始实施广告中指定的行为,且为此而有一定的花费,即因为悬赏广告的撤回所造成的损失,可否要求悬赏人赔偿?法律对此无明文规定。但是,本着诚信原则,除非悬赏人能证明该行为已经不能完成的以外,对于善意的行为人,应当在确定的报酬范围之内为一定的赔偿。[15]

---

〔15〕 郑玉波:《民法债编总论》(修订第2版),中国政法大学出版社2004年版,第58~59页。

4. 优等悬赏广告

优等悬赏广告是指以广告的方式声明,对于完成一定行为的人,在一定期间内,经过评定达到优等者给予一定报酬的意思表示。优等悬赏广告仍然是悬赏广告,因而,其具备悬赏广告的一般特征。但是,它和一般的悬赏广告也有一些不同,表现在以下两个方面:(1)优等悬赏广告中的行为人,其获取报酬的条件是,行为的结果最终被评定为优等,这一点和一般的悬赏广告明显不同。一般的悬赏广告只要求完成广告指定的行为即可。(2)一般均有应募期间,一般的悬赏广告则没有。这是因为,所谓的"优等"是一个相对的概念,如果不限定应募期间,则应募人数不断增加,人员范围不断扩大,从而使所谓的"评优"遥遥无期。

5. 悬赏广告的报酬请求

行为人的报酬请求权是悬赏广告的最核心问题之一,最容易滋生争议纠纷。行为人完成广告指定行为时,具有向悬赏人请求取得广告所定报酬的权利;悬赏人对完成该行为的人,负有给付报酬的义务,即双方之间存在债权债务关系。

探讨　悬赏广告的效力

第一,既然悬赏广告被理解成合同行为,那么,如果一个无行为能力人或者限制行为能力人,当他完成广告中所指定的行为时,其合同的效力是否受到限制?第二,一个不知道悬赏广告的人,却实际上完成了广告中指定的行为,他有没有权利索取相应的报酬?对于第一个问题,应该认为合同的效力是不受影响的。本着公平的原则,虽然完成行为的人在民事主体资格上有欠缺,但是,在此对于主体资格的要求应该适当从宽解释。对于第二个问题,我国一般都认为应该适用悬赏广告的规定,肯定行为人享有报酬请求权,悬赏人不应因对方不知道有悬赏广告而拒绝支付报酬。对此,《民法典》已经作出了肯定的回答。当然,也有学者认为悬赏广告属单方行为,并认为将悬赏广告认定为单方行为比将其认定为要约更加合理。[16]

(二)招标、投标

1. 招标、投标的概念和特征

招标、投标是一种订立合同的方式。招标、投标是指商品或者服务的买受人为获取最优交易条件,而通过向多个同类商品或者服务的提供者(出卖人)发出邀请,由提供者提出交易条件,买受人从提供者提供的交易条件中择优以缔结合同的交易方式。买受人称招标人,提供者称投标人。

招标、投标的订立合同方式具有以下法律特征:

(1)招标、投标方式会在投标人之间形成公平竞争。招标、投标不是一对一的谈判,而是一对多的谈判。招标人提出的交易条件对投标人是公开的,投标人从招标人处获取信息的机会是均等的,招标程序是程式化的。同类商品或者服务的提供者提出的交易条件会集中公开展示在招标人和投标人面前,由招标人根据自己的需要择优确定。因此,投标人一

〔16〕　李永军:《合同法》,法律出版社2004年版,第88~89页。

定会在标书中充分展示自己的优势,通过专业特长帮助招标人,以实现招标人利益最大化,取得订立合同的机会。投标人之间会有竞争,甚至会是激烈的竞争,但这些竞争都是建立在公平、公开的条件和程序下。

(2)招标、投标方式的交易条件是由投标人提供的。招标人如果能够确定全部的交易条件,就无须招标了,直接抛出全部条件,谁接受条件,就跟谁订立合同。但事实并非如此,招标人不是商品或者服务的提供者,其对于这一领域可能是完全陌生的,招标人在招标文件中有时只会提一些他们认为重要的几个条件,要求投标人把这些条件贯彻(响应)到标书中去。交易的全部条件归根结底是由投标人完整提供的。因此,招标人的招标文件只是要约邀请,而投标人的标书才属法律上的要约。

(3)招标、投标方式是由招标人根据自己的需要和法律的规定采用的。招标、投标方式需要经过复杂的程序,花费一定的时间、金钱、精力,因此,只有招标人认为确有必要时或者法律认为必须采用时才会采用。招标人是一个理性的经济人,其一定会通过各种方式使自己在交易中获得的利益最大化,要不要采用这种方式自然无须他人置喙。法律强制招标的机理有二:一是牵涉社会公共利益时,需要通过强制招标、投标,以确保商品或者服务的质量;二是对财政公共资金使用进行规范,以预防腐败。如果招标、投标流于形式,反而会使串通分赃、中饱私囊的犯罪行为披上合法外衣,得到庇护。

(4)招标、投标方式是招标人为获取最优交易条件,而非采用最低价格。无论是购买商品还是服务,价格只表现为交易条件的一部分,但价格是其他交易条件综合的结果,价格与其他交易条件一定是同向运动。卖方价格下降,其他交易条件也会跟着向下运动。这是市场交易的常识。在为预防腐败而强制要求的招标、投标活动中,招标人的董事、理事、高级管理人员等常常通过最低价中标来彰显自己的清廉,岂不知这样做的结果是以牺牲商品或工程质量、工期、服务等为代价的,社会并没有因为他的"清廉"而最终获益。

2. 招标、投标的程序

《招标投标法》规定的招标、投标程序主要适用于依法必须采用招标、投标方式的项目。自愿采用招标、投标方式的招标人可以灵活选择适用这些程序。

(1)招标

招标是招标人的行为,招标人是根据法律规定提出招标项目、进行招标的法人或者非法人组织。招标人就招标项目实施招标前,应当依法办理完批准手续,必须落实招标项目必需的相应资金或者已经落实资金来源。

招标可以采用公开招标和邀请招标两种方式。公开招标,是指招标人以招标公告的方式邀请不特定的法人或者非法人组织投标。邀请招标,是指招标人以投标邀请书的方式邀请特定的法人或者非法人组织投标。招标人采用公开招标方式的,应当发布招标公告。招标公告应当载明招标人的名称和地址,招标项目的性质、数量、实施地点和时间以及获取招标文件的办法等事项。依法必须进行招标的项目的招标公告应当通过国家指定的报刊、信息网络或者其他媒介发布。招标人采用邀请招标方式的,应当向三个以上具备承担招标项目的能力、资信良好的特定的法人或者其他组织发出投标邀请书。

招标人应当根据招标项目的特点和需要编制招标文件。招标文件应当包括招标项目的技术要求、对投标人资格审查的标准、投标报价要求和评标标准等所有实质性要求和条件以及拟签订合同的主要条款。招标文件不得要求或者标明特定的生产供应者以及含有倾向或者排斥潜在投标人的其他内容。招标人不得以不合理的条件限制或者排斥潜在投标人,不得对潜在投标人实行歧视待遇。

招标人不得向他人透露已获取招标文件的潜在投标人的名称、数量以及可能影响公平竞争的有关招标、投标的其他情况。招标人设有标底的,标底必须保密。

(2)投标

投标是投标人响应投标、参加投标的行为。投标人可以是法人、非法人组织,在允许个人参加投标的科研项目招标中,个人也可以成为投标人。投标人的条件和范围是由招标人确定的。

投标人投标时,应当按照招标文件的要求编制投标文件。投标文件应当对招标文件提出的实质性要求和条件作出响应。招标项目属于建设施工的,投标文件的内容应当包括拟派出的项目负责人与主要技术人员的简历、业绩和拟用于完成招标项目的机械设备等。

投标人应当在招标文件要求提交投标文件的截止时间前,将投标文件送达投标地点。招标人收到投标文件后,应当签收保存,不得开启。投标人少于三个的,招标人应当依法重新招标。投标人在招标文件要求提交投标文件的截止时间前,可以补充、修改或者撤回已提交的投标文件,并书面通知招标人。补充、修改的内容为投标文件的组成部分。投标人根据招标文件载明的项目实际情况,拟在中标后将中标项目的部分非主体、非关键性工作进行分包的,应当在投标文件中载明。

两个以上法人或者非法人组织可以组成一个联合体,以一个投标人的身份共同投标。联合体各方均应当具备承担招标项目的相应能力。国家有关规定或者招标文件对投标人资格条件有规定的,联合体各方均应当具备规定的相应资格条件。由同一专业的单位组成的联合体,按照资质等级较低的单位确定资质等级。

联合体各方应当签订共同投标协议,明确约定各方拟承担的工作和责任,并将共同投标协议连同投标文件一并提交招标人。联合体中标的,联合体各方应当共同与招标人签订合同,就中标项目向招标人承担连带责任。招标人不得强制投标人组成联合体共同投标,不得限制投标人之间的竞争。

投标人不得相互串通投标报价,不得排挤其他投标人的公平竞争,损害招标人或者其他投标人的合法权益。投标人不得与招标人串通投标,损害国家利益、社会公共利益或者他人的合法权益。禁止投标人以向招标人或者评标委员会成员行贿的手段谋取中标。投标人不得以低于成本的报价竞标,也不得以他人名义投标或者以其他方式弄虚作假,骗取中标。

(3)开标、评标和中标

开标由招标人主持,邀请所有投标人参加。开标应当在招标文件确定的提交投标文件截止时间的同一时间公开进行。开标地点应当为招标文件中预先确定的地点。开标时,由投标人或者其推选的代表检查投标文件的密封情况,也可以由招标人委托的公证机构检查并公证;经确认无误后,由工作人员当众拆封,宣读投标人名称、投标价格和投标文件的其他主要内容。招标人在招标文件要求提交投标文件的截止时间前收到的所有投标文件,开标时都应当当众予以拆封、宣读。开标过程应当记录,并存档备查。

评标由招标人依法组建的评标委员会负责。依法必须进行招标的项目,其评标委员会由招标人的代表和有关技术、经济等方面的专家组成,成员人数为5人以上单数,其中技术、经济等方面的专家不得少于成员总数的2/3。专家应当从事相关领域工作满8年并具有高级职称或者具有同等专业水平,由招标人从国务院有关部门或者省、自治区、直辖市人民政府有关部门提供的专家名册或者招标代理机构的专家库内的相关专业的专家名单中确定。一般招标项目可以采取随机抽取方式,特殊招标项目可以由招标人直接确定。与投标人有利害关系的人不得进入相关项目的评标委员会;已经进入的应当更换。评标委员会成员的名单在中标结果确定前应当保密。招标人应当采取必要的措施,保证评标在严格保密的情况下进行。任何单位和个人不得非法干预、影响评标的过程和结果。评标委员会可以要求投标人对投标文件中含义不明确的内容作必要的澄清或者说明,但是澄清或者说明不得超出投标文件的范围或者改变投标文件的实质性内容。评标委员会应当按照招标文件确定的评标标准和方法,对投标文件进行评审和比较。设有标底的,应当参考标底。评标委员会完成评标后,应当向招标人提出书面评标报告,并推荐合格的中标候选人。招标人根据评标委员会提出的书面评标报告和推荐的中标候选人确定中标人。招标人也可以授权评标委员会直接确定中标人。

中标人的投标应当能够最大限度地满足招标文件中规定的各项综合评价标准;能够满足招标文件的实质性要求,并且经评审的投标价格最低,但是投标价格低于成本的除外。在确定中标人前,招标人不得与投标人就投标价格、投标方案等实质性内容进行谈判。评标委员会成员应当客观、公正地履行职务,遵守职业道德,对所提出的评审意见承担个人责任。评标委员会成员不得私下接触投标人,不得收受投标人的财物或者其他好处。评标委员会成员和参与评标的有关工作人员不得透露对投标文件的评审和比较、中标候选人的推荐情况以及与评标有关的其他情况。

中标人确定后,招标人应当向中标人发出中标通知书,并同时将中标结果通知所有未中标的投标人。中标通知书对招标人和中标人具有法律效力。中标通知书发出后,招标人改变中标结果的,或者中标人放弃中标项目的,应当依法承担法律责任。

(4)签约

招标人和中标人应当自中标通知书发出之日起30日内,按照招标文件和中标人的投标文件订立书面合同。招标人和中标人不得再行订立背离合同实质性内容的其他协议。中标人应当按照合同约定履行义务,完成中标项目。中标人不得向他人转让中标项目,也不得将中标项目肢解后分别向他人转让。中标人按照合同约定或者经招标人同意,可以将中标项目的部分非主体、非关键性工作分包给他人完成。接受分包的人应当具备相应的资格条件,并不得再次分包。中标人应当就分包项目向招标人负责,接受分包的人就分包项目承担连带责任。

(三)拍卖

1. 拍卖的概念和法律特征

拍卖,是指以公开竞价的形式,将特定物品或者财产权利转让给最高应价者的买卖方式。拍卖的法律特征有:

(1)拍卖是由出卖人主动采取的一种买卖方式。这与招标、投标是由买受人主动采取的一种买卖方式正好是相对的。在出售国有资产时要求采用招标、投标方式是不恰当的做法。

(2)拍卖是确定市场价格的一种买卖方式。商品或者商业服务都应当具有市场定价的机制,定价机制的科学合理才能形成公允的市场价格,交投才会活跃。出卖人和买受人都需要借助一个定价机制来确定合理的市场价格,以此价格完成交易才是公平的。拍卖人会根据拍卖标的及市场行情,与出卖人协商确定一个保留价,然后再在保留价以下或者以保留价确定起拍价。如果拍卖标的的起拍价低于市场价格,就会有人应价,应价超过保留价的,取价高者得;如果拍卖标的的起拍价高于市场价格,就会无人应价,或者应价低于保留价,出现流拍的现象,只得折价再拍。

(3)拍卖标的具有特殊性。拍卖标的要么是独一无二的珍贵物品,如文物或者艺术品,无法通过比价的方式确定市场价格;拍卖标的要么是罚没物品或者强制执行的物品,需要通过拍卖的方式以规范公权运行,彰显公平。一般说来,出售公鸡无须通过拍卖的方式,而出售一只会下蛋的公鸡就应当通过拍卖的方式,交易价格才会使买卖双方信服。

(4)拍卖是由中介机构按照法定的程序独立实施的。中介机构即法律上的拍卖人,拍卖人依法独立实施拍卖。出卖人拟通过拍卖方式出售标的物,应当委托拍卖人去实施。拍卖人的行为属于典型的商事代理,出卖人与买受人不直接实施交易。交易的有效性是由法定的程序来保障的。只要各方严格遵守了法定的拍卖程序,拍卖的结果就是有效的,是难以被推翻的。拍卖制度能够直观地呈现民法与商法之间的区别。

2. 拍卖的程序

(1)拍卖委托

出卖人(委托人)欲通过拍卖方式出售其物品或者财产权利,应当委托拍卖人实施。出卖人委托拍卖人时,应当提供身份证明和拍卖人要求提供的拍卖标的的所有权证明或者依法可以处分拍卖标的的证明及其他资料。拍卖人应当对委托人提供的有关文件、资料进行核实。拍卖人认为需要对拍卖标的进行鉴定的,可以进行鉴定。鉴定结论与委托拍卖合同载明的拍卖标的状况不相符的,拍卖人有权要求变更或者解除合同。

拍卖人接受委托的,应当与委托人签订书面委托拍卖合同。委托拍卖合同应当载明以下事项:"(一)委托人、拍卖人的姓名或者名称、住所;(二)拍卖标的的名称、规格、数量、质量;(三)委托人提出的保留价;(四)拍卖的时间、地点;(五)拍卖标的交付或者转移的时间、方式;(六)佣金及其支付的方式、期限;(七)价款的支付方式、期限;(八)违约责任;(九)双方约定的其他事项。"

(2)拍卖公告与展示

拍卖人应当于拍卖日 7 日前发布拍卖公告。拍卖公告应当载明下列事项:"(一)拍卖的时间、地点;(二)拍卖标的;(三)拍卖标的展示时间、地点;(四)参与竞买应当办理的手续;(五)需要公告的其他事项。"拍卖公告应当通过报纸或者其他新闻媒介发布。拍卖人应当在拍卖前展示拍卖标的,并提供查看拍卖标的的条件及有关资料。拍卖标的的展示时间不得少于 2 日。

(3)拍卖的实施和成交

拍卖师应当于拍卖前宣布拍卖规则和注意事项。拍卖标的无保留价的,拍卖师应当在拍卖前予以说明。拍卖标的有保留价的,竞买人的最高应价未达到保留价时,该应价不发生效力,拍卖师应当停止拍卖标的的拍卖。竞买人的最高应价经拍卖师落槌或者以其他公开表示买定的方式确认后,拍卖成交。拍卖成交后,买受人和拍卖人应当签署成交确认书。

拍卖人进行拍卖时,应当制作拍卖笔录。拍卖笔录应当由拍卖师、记录人签名;拍卖成交的,还应当由买受人签名。拍卖人应当妥善保管有关业务经营活动的完整账簿、拍卖笔录和其他有关资料。账簿、拍卖笔录和其他有关资料的保管期限自委托拍卖合同终止之日起计算,不得少于5年。拍卖标的需要依法办理证照变更、产权过户手续的,委托人、买受人应当持拍卖人出具的成交证明和有关材料,向有关行政管理机关办理手续。

(4)佣金的支付

委托人、买受人可以与拍卖人约定佣金的比例。委托人、买受人与拍卖人对佣金比例未作约定,拍卖成交的,拍卖人可以向委托人、买受人各收取不超过拍卖成交价5%的佣金。收取佣金的比例按照同拍卖成交价成反比的原则确定。拍卖未成交的,拍卖人可以向委托人收取约定的费用;未作约定的,可以向委托人收取为拍卖支出的合理费用。

拍卖人拍卖罚没物品,或者法院强制执行的物品,可以向买受人收取不超过拍卖成交价5%的佣金。收取佣金的比例按照同拍卖成交价成反比的原则确定。拍卖未成交的,拍卖人可以向委托人收取约定的费用;未作约定的,可以向委托人收取为拍卖支出的合理费用。

阅读 拍卖的种类及区别

拍卖包括有保留价格的拍卖和无保留价格的拍卖。二者的区别在于,前者如果竞买人的最高出价未达到保留价格的,该出价不产生效力,拍卖人有权停止拍卖。而后者则在竞拍人出价后,拍卖人就应当将拍卖的标的物拍给出价最高的竞买人,事实上,这意味着只要有人出价竞买,拍卖人就丧失收回拍卖物的权利。[17]

(四)招股说明书

招股说明书是供社会公众了解发起人和将要设立公司的情况,说明公司股份发行的有关事宜,指导公众购买公司股份的规范性文件。招股说明书应当附有发起人制定的公司章程,并载明下列事项:发起人认购股份数;每股的票面金额发行价格;无记名股票的发行总数;认购人的权利、义务;本次募股的起止期限及逾期未募足时认股人可撤回所认股份的说明。由于公司每次发行的股份是有限的,而潜在的购买者却是无限的,无法具体确定,这表明,公司并不能保证每个股份认购者都能如愿购得股份,因此,招股说明书不能认定为要约,否则发售人就必须满足每一个认购股份者的意愿而与之订立合同。各国一般都将招股说明书界定为要约邀请。

(五)商店明码标价的商品

超市购物如今是公众购物的重要渠道之一,对于超市中明码标价的商品,应该认定为

〔17〕 李永军:《合同法》,法律出版社2004年版,第89~90页。

要约邀请还是要约,各国法律和学术上的观念不同。德国认为是要约邀请,而英美国家则认为,如果店主拒绝将商品卖给顾客,则属于服务质量而非合同问题。[18] 我国《民法典》合同编未对此加以规定,学界通说认为应该将明码标价的商品认定为要约,只要顾客挑选了商品并支付价款,即为承诺,买卖合同成立。

——训　练——

【司考】方某将一行李遗忘在出租车上,立即发布寻物启事,言明愿以2000元现金酬谢返还行李者。出租车司机李某发现该行李及获悉寻物启事后即与方某联系。现方某拒绝支付2000元给李某。下列哪一表述是正确的?(2013年)

A. 方某享有所有物返还请求权,李某有义务返还该行李,故方某可不支付2000元酬金

B. 如果方某不支付2000元酬金,李某可行使留置权拒绝返还该行李

C. 如果方某未曾发布寻物启事,则其可不支付任何报酬或费用

D. 既然方某发布了寻物启事,则其必须支付酬金

【答案】 D

【解析】出租车司机是否有权主张悬赏广告中行为人的权利是本题认定的关键点。方某与出租车之间存在运输合同关系。方某离开时将行李遗忘在出租车上,出租车司机负有返还义务。方某之所以发布悬赏广告,是因为无法确定是哪一辆出租车或者无法确定行李遗忘的地点,如果方某能够确定行李是遗忘在出租车上,并能确定是司机李某的车,自然不会去发布悬赏广告。

认为答案应当为D项的理由是:遗失人在遗失后,如果没有发布悬赏广告,此时,拾得人应当返还,如果拾得人为寻找失主支出了必要费用,构成无因管理,遗失人应当向拾得人支付必要费用,故C项错误。发布悬赏广告后,则在悬赏的遗失人和拾得人之间形成债的关系,但无论理解为单方允诺之债,还是理解为合同之债,此时,当拾得人将遗失物送还时,遗失人均应当按照悬赏的内容来履行,故A项错误,D项正确。《民法典》第447条第1款规定:"债务人不履行到期债务,债权人可以留置已经合法占有的债务人的动产,并有权就该动产优先受偿。"据此,要构成留置权,则必须是合法占有债务人财产,拾得人拾得遗失物,占有为无权占有,没有正当理由,因此,不是合法占有,故不能行使留置权,故B项错误。

综上,本题的答案为D。

【案例】2018年5月5日,空姐李某某在郑州乘坐滴滴顺风车遇害,警方锁定犯罪嫌疑人为滴滴顺风车司机刘某某。2018年5月10日,北京小桔科技有限公司(以下简称滴滴公司)发布公告称:因涉及重要事项,滴滴公司向全社会公开征集线索,寻找一位名为刘某某的顺风车司机。对提供线索的热心人,滴滴将视线索重要程度给予最高100万元人民币的奖励。同时公布了滴滴顺风车司机刘某某的个人信息、滴滴公司的线索征集电话。

经专案组调取事发地附近多路监控,追踪显示犯罪嫌疑人刘某某作案后弃车跳河。2018年5月11日下午,河南郑州红十字水上义务救援队(以下简称救援队)的队员们开始在周边河道搜索打捞。2018年5月12日凌晨4时30分许,救援队在距离警方认定的犯罪嫌疑人跳河点下游约50公里处的郑州市西三环附近一河渠内打捞出一具尸体。经过牙齿、纹身等外部特征辨认符合犯罪嫌疑人体貌特征。"空姐乘滴滴遇害案"正式告破。

---

〔18〕 李永军:《合同法》,法律出版社2004年版,第91页。

救援队委托律师向滴滴公司索要100万元人民币的奖金。2018年6月1日,滴滴公司公开回应称:"在寻人启事发出后,短短两天时间里平台接到了三千多条线索,我们选取了当中可能有效的信息随时同步给公安部门,由于目前有多个团体和个人向平台提出领取奖金的要求,希望相关申领人能够尽快提供切实有效的证据,并经公安机关确认对案件侦破确有重大帮助,一经核实我们将尽快把奖金给到最合适的个人或团队。"

请问:救援队应否得到滴滴公司的奖金?

【解析】救援队无法获得滴滴公司的奖金。滴滴公司的公告只是一种危机公关的手段,公告在内容上不具体、不确定,缺乏衡量"线索重要程度"的具体标准,且100万元人民币仅为"最高"奖励,缺乏线索重要程度与奖励具体金额之间的匹配关系,公告不构成要约。因此,救援队的行为也不会是承诺,双方之间没有成立合同关系,救援队从滴滴公司获得奖金没有事实依据。

——思　考——

1. 什么是要约?
2. 要约的构成要件是什么?
3. 要约的撤回和撤销区别何在?
4. 什么是承诺?
5. 承诺的构成要件是什么?
6. 要约和承诺的效力是什么?

第三节　合同成立的时间和地点

一、合同成立的时间

合同成立,就意味着双方当事人之间合意的达成,也就是受要约人对要约作出承诺的意思表示。我国《民法典》第483条规定,"承诺生效时合同成立,但是法律另有规定或者当事人另有约定的除外"。由此可见,一般而言,承诺生效的时间就是合同成立的时间。承诺生效时合同成立,是合同成立的通常时间。但合同成立传统上还有三种方式,一是交叉要约,二是同时表示,三是意思实现。

交叉要约,是指合同当事人采取非直接对话的方式,作出了为订立同一内容合同的要约。如甲对乙作出为订立合同的要约,而乙对甲也作出了同样内容的要约。此时双方意思表示的内容完全一致,而且双方均有订立合同的意思表示,并且发出要约的时间也几乎在同时。既然双方有相同的意思表示,法律即可推定其必互有承诺的结果,所以认定合同成立。合同成立的时间以后一个要约到达对方当事人的时间为准。

同时表示与交叉要约在本质上相同,交叉要约是在非直接对话的方式下发生的,而同时表示是在对话的方式下发生的。同时表示指对话的当事人双方毫无先后之别,同时向对方为同一内容的要约的意思表示。例如,买卖的条件符合当事人双方之意时双方同时拍手,或对于第三人所作成的合同方案,当事人同时表示同意。此种情况下,当事人同时表示同意的时间，为合同成立的时间。

意思实现，是指按照习惯或事件的性质，不需要承诺通知，或者要约人预先声明承诺无须通知，要约人在相当时间内如有可以推断受要约人有承诺意思的客观事实，则可以据此成立合同。按照习惯或事件的性质不需要承诺通知的，如订旅馆房间、订饭店席位等，不需要表明承诺，如不承诺则需要告知。推断受要约人有承诺的客观事实，一般是指受要约人不进行口头或书面承诺，但按照要约人的要求履行合同义务，如受委托开始处理委托事务、发运要约人欲购的货物等。此种情形下，合同成立的时间为意思实现之时。

探讨　意思实现与默示意思表示的区别

意思实现与默示意思表示非常相似，因而很容易混淆。但是，意思实现是以客观事实的存在为要件，仅仅于事实存在之时合同成立。而默示的意思表示仍然是意思表示，此种意思在非对话情形下到达对方当事人，或者非对话情形下为对方当事人了解时，合同即告成立。[19]

一般而言，承诺生效的时间就是合同成立的时间。但应注意以下特殊情形：

1. 当事人采用合同书形式订立合同的，“自当事人均签名、盖章或者按指印时合同成立”。要注意是“均”签名、盖章或者按指印时，合同成立。

2. 当事人采用合同书形式订立合同的，在签名、盖章或者按指印之前，“当事人一方已经履行主要义务，对方接受时，该合同成立”。

3. 当事人采用信件、数据电文等形式订立合同要求签订确认书的，“签订确认书时合同成立”。确认书其实类似于合同书。

4. 当事人一方[20]通过互联网等信息网络发布的商品或者服务信息符合要约条件的，对方[21]选择该商品或者服务并提交订单成功时合同成立，但是当事人另有约定的除外。[22]这是《民法典》有关网购合同的规定。

5. 采取招标方式订立合同的，合同自中标通知书到达中标人时成立。合同成立后，当事人拒绝签订书面合同的，应当依据招标文件、投标文件和中标通知书等确定合同内容。

采取现场拍卖、网络拍卖等公开竞价方式订立合同，合同自拍卖师落槌、电子交易系统确认成交时成立。合同成立后，当事人拒绝签订成交确认书的，应当依据拍卖公告、竞买人的报价等确定合同内容。

产权交易所等机构主持拍卖、挂牌交易，其公布的拍卖公告、交易规则等文件公开确定了合同成立需要具备的条件，合同自该条件具备时成立。[23]

6. 关于预约合同的成立。当事人以认购书、订购书、预订书等形式约定在将来一定期限

〔19〕邱聪智：《新订民法债编通则》（上），中国人民大学出版社2003年版，第32页。
〔20〕相当于卖方，亦称电商。
〔21〕相当于买方，亦称网络消费者。
〔22〕《民法典》第491条第2款。
〔23〕《合同编通则解释》第4条。

内订立合同,或者为担保在将来一定期限内订立合同交付了定金,能够确定将来所要订立合同的主体、标的等内容的,预约合同成立。

当事人通过签订意向书或者备忘录等方式,仅表达交易的意向,未约定在将来一定期限内订立合同,或者虽然有约定但是难以确定将来所要订立合同的主体、标的等内容,预约合同不成立。

当事人订立的认购书、订购书、预订书等已就合同标的、数量、价款或者报酬等主要内容达成合意,符合合同成立条件的,未明确约定在将来一定期限内另行订立合同,或者虽然有约定但是当事人一方已实施履行行为且对方接受的,本约合同成立。[24]

二、合同成立的地点

合同成立的地点是确定合同纠纷案件管辖的标准之一,涉外贸易中,合同的成立地点经常是准据法选择的重要依据。

合同成立的地点与合同成立的时间具有密切的关系,合同成立的地点有一般的确定原则,也有特殊的情况,分述如下:

1. 确定合同成立地点的一般原则

根据我国《民法典》第492条的规定,承诺生效的地点为合同成立的地点。采用数据电文形式订立合同的,收件人的主营业地为合同成立的地点;没有主营业地的,其住所地为合同成立的地点。当事人另有约定的,按照其约定。

2. 合同成立地点的特殊情况

一般来说,承诺生效合同成立的,承诺生效的地点为合同成立的地点。而法律规定或者当事人约定采用特定形式成立合同的,特定形式完成地点为合同成立的地点。如当事人在合同成立前要求采用确认书、合同书等书面形式的,确认书从签订生效时起合同成立,合同成立时的地点为合同成立的地点。合同书从签字、盖章或者按指印时起成立,签字、盖章或者按指印的地点为合同成立的地点。法律、行政法规规定或者当事人约定必须经过公证合同才成立的,公证的地点为合同成立的地点。采用数据电文形式订立合同的,收件人的主营业地为合同成立的地点;没有主营业地的,其住所地为合同成立的地点。当事人另有约定的,按照其约定。

非要式合同一般以承诺生效地点为合同成立的地点。要式合同以要式达成的地点为合同成立的地点。如果当事人以要约与承诺达成合同或有协商签订合同书的,除非当事人另有约定,合同已于承诺生效时成立,承诺生效的地点为合同订立的地点。

——训　练——

【司考】张某和李某采用书面形式签订一份买卖合同,双方在甲地谈妥合同的主要条款,张某于乙地在合同上签字,李某于丙地在合同上按了指印,合同在丁地履行。关于该合同的签订地,下列哪一选项是正确的?(2010年)

---

〔24〕《合同编通则解释》第6条。

A. 甲地　　B. 乙地　　C. 丙地　　D. 丁地

【答案】 C

【解析】根据《民法典》第493条规定，当事人采用合同书形式订立合同的，最后签名、盖章或者按指印的地点为合同成立的地点，但是当事人另有约定的除外。本案双方采用书面形式签订了一份买卖合同，合同一方张某于乙地在合同上签名，合同另一方李某于丙地在合同上按指印，合同自李某在合同上按指印时成立。李某按指印的地点是丙地，丙地为本案所涉合同的签订地。

综上，本题的答案为C。

思　考

1. 合同成立的时间有什么意义？
2. 合同成立地点的法律意义何在？
3. 以电子形式订立的合同，在成立的时间和地点上与传统的合同有何不同？

第四节　合同的内容、形式和条款

一、合同的内容

合同的内容，是指合同关系中的权利义务，即合同权利与合同义务。

合同权利即债权，是合同当事人依法享有的请求合同对方为给付的权利。合同权利的内容主要为给付请求权。合同权利是典型的债权，它具有债权的一般属性，即相对性、平等性等特征。

合同义务即债务，是合同当事人所负有依法向合同对方应履行给付行为的义务。合同义务可分为主给付义务和从给付义务。主给付义务是合同关系本身所固有的、用以决定合同类型的基本义务。对主给付义务的违反构成根本违约。从给付义务是指具有辅助主给付义务实现的功能，其存在的价值在于使合同权利人的权利获得最大限度的满足。

合同义务人所负有的合同义务是一个义务群，义务相互配合、互相作用，共同促进权利的最大限度实现。

二、合同的条款

合同条款是合同内容的载体。合同条款依其作用可分为合同的主要条款和次要条款。合同中的条款并非具有同等的重要性，有些条款是合同的主要条款，这类条款的欠缺将导致合同不成立。合同主要条款的认定要结合具体类型的合同，不能一概而论。一般来讲，合同"能够确定当事人名称或者姓名、标的和数量的"，应认定合同成立。但法律另有规定或者当事人另有约定的除外。除了这些条款之外的条款是合同的次要条款，它包括以下类型：(1)法律未规定的条款；(2)当事人未写入合同中，但基于当事人的行为或基于合同的明示条款，理应存在的合同条款；(3)特意待定条款。

合同立法还列举了几种特殊的合同条款，如格式条款、非格式条款、独立存在的有关解决争议方法的条款、免责条款、结算和清理条款等。

为指导当事人订立合同的行为，《民法典》从示范角度规定了合同应当具备的一般条款。《民法典》第470条规定："合同的内容由当事人约定，一般包括下列条款：(一)当事人的姓名或者名称和住所；(二)标的；(三)数量；(四)质量；(五)价款或者报酬；(六)履行期限、地点和方式；(七)违约责任；(八)解决争议的方法。当事人可以参照各类合同的示范文本订立合同。"政府行业主管机关从管理的角度制定一系列合同的示范文本，供本行业交易各方选择适用。

下面着重介绍合同的一般条款。

(一)当事人的姓名或者名称和住所

这是合同必须具备的首要条款。当事人为自然人的，其身份信息除了在身份证上标明的姓名外，还应同时注明其公民身份证号码，以示区分。当事人为法人或者非法人组织的，应以其在登记机关登记的名称为准，并应同时注明其统一社会信用代码。《民法典》第25条规定："自然人以户籍登记或者其他有效身份登记记载的居所为住所；经常居所与住所不一致的，经常居所视为住所。"住所对于法人或者非法人组织而言，是指其主要办事机构所在地。《民法典》第63条规定："法人以其主要办事机构所在地为住所。依法需要办理法人登记的，应当将主要办事机构所在地登记为住所。"

(二)标的

这里的标的其实指的是合同法律关系的客体，是合同权利义务指向的对象，是债务人的给付行为。标的是合同法律关系必须具备的条款，是合同成立的基础，合同标的必须明确、具体、肯定，没有标的或标的不明确，将导致合同当事人的权利义务无所依靠，合同无法履行，合同则根本不能成立。

(三)数量

数量是指以一定的数字方式和计量单位表示商品质量、个数、长度、面积、容积等的量。数量是衡量标的的指标，可以确立双方当事人权利义务的范围和大小。合同中对标的数量、计量单位和计量方法必须确定。有些标的物由于自身的产品属性可能会产生自然增减的情况，因此，在合同中，应当明确记载合理磅差，正负尾数、超欠幅度、自然损耗率等，切忌使用"一批""一堆"等含混不清的表述。

(四)质量

质量是标的的内在素质(物理的、机械的、化学的、生物的等)和外观形象的综合，它包含品种、型号、等级、规格、名称、质地等具体内容。合同的质量要求和标准必须明确、详细、具体，有国家和行业标准的按国家和行业标准签订、执行，无国家和行业标准或等级标准的按照产地地方标准或者企业标准履行。一般不得签订没有技术或等级标准的合同。在合同中必须写明执行的标准代号、编号和标准名称。如果当事人一方无特殊要求的，按供需双方在合同中商定的技术条件、样品或补充的技术要求执行，对于约定提交的样品可封存，以作为验收凭证。

（五）价款或者报酬

价款或者报酬通常称为"价金"，指一方当事人履行义务时另一方当事人以货币形式支付的代价。在以物为标的的合同中，这种代价称为价款；在以劳务、智力成果为标的的合同中，这种代价称为报酬。价金除必须执行国家定价的以外，由当事人设定；除法律、法规另有规定的以外，必须以人民币计算和支付；除国家允许用现金履行义务的以外，价金应通过银行转账结算。

价金是提供商品或者服务一方所提供的与商品或者服务有关的一系列主从给付义务的综合反映。价金的增减意味着主从给付义务中可以自由约定部分的增减。价金反映的是非货币给付义务的全貌，而非局部。

（六）履行期限、地点和方式

履行期限，是指履行合同标的和价金的时间界限。履行期限既是一方当事人请求对方当事人履行义务的依据，又是判断合同是否已经得到履行的标准。因此，履行期限是合同的主要内容之一，当事人双方在签订合同时，应当明确约定履行期限，即将合同履行期限规定清楚、明确。

履行地点，是指合同一方当事人履行义务，另一方当事人接受履行义务的地点。履行地点是合同纠纷案件一般管辖权确定的依据之一。但问题在于，合同中有多少个义务，就会有多少个履行地点。在确定履行地点时必须考虑：一是当事人的约定优先。当事人可以在合同中明确约定履行地点，约定的履行地点就是义务履行的地点和确定管辖权的地点。二是应当按照法定的补足规则来确定履行地点。法定的补足规则就是《民法典》第 511 条第 3 项之规定："履行地点不明确，给付货币的，在接受货币一方所在地履行；交付不动产的，在不动产所在地履行；其他标的，在履行义务一方所在地履行。"

履行方式，是指采取什么方法来实现合同所规定的双方当事人的义务，它包括标的的交付方式和价金的结算方式。以物为标的的交付方式通常包括送货方式、自提方式、代运方式。结算方式，除国家允许以现金履行义务的以外，必须通过银行转账结算。合同履行是一次履行还是分期履行，由当事人亲自履行还是允许他人代为履行，应在合同中根据客观需要具体约定。

（七）违约责任

违约责任，是指违反合同义务的当事人应当依法承担的法律责任，即合同当事人不履行或者不完全履行合同义务所引起的不利法律后果。当事人可以在合同中约定，一方违反合同时，向另一方当事人支付一定数额的违约金；或者约定对于违反合同而产生的损失赔偿额的计算方法。即使合同中没有约定违约条款，只要是未依法免除违约责任，违约方仍应负违约的民事责任。

(八)解决争议的方法

当事人在合同中约定,合同在履行过程中发生争议时是通过仲裁方式解决,还是通过诉讼方式解决。由于仲裁与诉讼属于两种不同的争议解决方法,如果当事人选择了仲裁,就不能再向人民法院起诉,即仲裁条款排除了法院的管辖权,所以要求当事人在订立合同时约定解决争议的方法。如果合同中没有约定,也可以事后协商解决争议的方式。

阅读 特定合同条款

《民法典》第470条规定的条款并非每个合同都必须具备的,特定合同应具备哪些条款是根据不同合同的需要而定的,因此,该条规定只具有提示的意义,并无任何强制效力。如果一个合同缺少了第470条规定的任何一个或者几个条款,不能认为合同当然未成立,当事人可以采取以下几种方式来补充:一是协议补充;二是按照合同的其他条款确定;三是依照交易习惯确定。这是由合同法鼓励交易原则决定的。当然,任何方式的补充都必须在合法的前提之下,合同的效力才能得到法律的维护。

三、合同的形式

合同的形式,是指订立合同的当事人达成协议体现当事人权利义务的方式。《民法典》第469条第1款规定:"当事人订立合同,可以采用书面形式、口头形式或者其他形式。"

(一)书面形式

书面形式,是指合同书、信件和数据电文(包括电报、电传、传真、电子数据交换和电子邮件)等可以有形地表现所载内容的形式。对这一概念的理解应注意:(1)合同内容被有形记载且可以调取查看。书面形式是合同内容的载体,承载着合同内容。通过合同的有形载体,可以发现并阅读合同条文,了解合同关系。合同载体是认识合同关系的重要路径。(2)合同的有形载体不应成为认识合同关系的唯一途径,这会阻碍全面客观地认识合同关系。当事人虽然订立书面形式的合同,但通过口头证词、其他事实能够认定合同的实际约定与书面形式的记载不同的,应当以实际约定为准,不应拘泥于书面形式。(3)数据电文的形式在不断丰富,规模在不断扩大。电报、电传、传真、电子数据交换、电子邮件,以及客户端等都是数据电文的形式。通过互联网等信息网络签订的合同称为电子合同。

无论是法定还是约定,当事人应当采用书面形式而没有采用书面形式,但一方已经履行主要义务,对方接受的,该合同成立。以合同书形式订立合同的,合同成立时间一般为签字或者盖章时。在签字或者盖章之前,当事人一方已经履行主要义务,对方接受的,该合同成立。当事人非以合同书形式订立书面合同,而是采用信件、数据电文等形式订立合同的,可以在合同成立之前签订确认书,签订确认书时合同成立。当事人违反法定或者约定,没有采用书面形式订立合同的,合同关系不一定不成立。《民法典》第707条规定:"租赁期限六个月以上的,应当采用书面形式。当事人未采用书面形式,无法确定租赁期限的,视为不定期租赁。"在此种情形下,租赁合同是成立的。

书面形式有一般书面形式与特殊形式。一般书面形式即载明合同一般条款和主要条款的合同文本、信件、电报、电传、图表、与该合同履行有关的背景资料、可行性报告书、评价报告、项目书、照片、数据(包括电子数据),并由双方以上当事人签名盖章的合同的形式。特殊的书面形式指不仅需要有两方以上当事人签字或盖章,还必须办理特殊的法律手续才能生效的合同形式。该种书面形式主要有:(1)公证形式,由国家公证机关对合同的真实性和合法性进行审查,并以公证文件加以确认和证明的形式。(2)签证形式,由国家合同管理机关对合同内容的真实性与合法性进行审查、鉴定和证明的形式。(3)批准形式,指法律规定某些类别的合同须采取经国家有关主管机关审查批准的一种合同形式。凡是法律规定必须批准的合同,不经过批准就不发生法律效力。(4)登记形式,指当事人约定或依照法律规定,采取将合同提交国家登记主管机关登记的方式,登记形式一般常用于不动产的买卖合同、船舶转让合同、转让专利权合同,这些合同只有经主管机关登记、公告,才能生效。(5)合同确认书,即当事人采用信件、数据电文等形式订立合同,双方签订确认书的,书面确认书是一种特殊的合同形式。

(二)口头形式

口头形式,是指当事人通过口头交谈或电话交谈等语言表述方式体现合同内容的形式。这种合同方式在民间交易中采用得较多,如集市上的现货交易、商店里的零售买卖,一般都采用这种方式。但是,比较重要的合同,合同标的数额大、价金高的合同,一般不采用口头形式。

(三)其他形式

其他形式,是指采用除书面形式、口头形式以外的方式来表现合同内容的形式。其他形式一般包括推定形式和默示形式。

推定形式,是指当事人没有口头表示也没有文字意思表示,而是通过实施某种行为来进行意思表示。如房屋租赁合同期满时,合同双方既没有口头也没有书面提出续约,而由承租人继续承租付租金,出租人接受租金,从此行为中可推定此房屋租赁合同继续有效。

默示形式,是指当事人采用沉默不语的方式进行意思表示。例如,在试用买卖合同中,试用人在试用期内购买标的物,在试用期届满对购买标的物不作反对表示的,视为购买。再如,随着人工智能技术的日益发达,大量自助交易终端出现,消费者常常通过自助交易终端完成交易。

对于合同形式的效力,根据法理,一般书面形式优于口头形式,特殊的书面形式优于一般的书面形式。如果当事人之间同一合同有好几种形式,则应该依据这一原理对形式的冲突加以取舍。

——训　练——

【司考】方某、李某、刘某和张某签订借款合同,约定:“方某向李某借款100万元,刘某提供房屋抵押,张某提供保证。”除李某外,其他人都签了字。刘某先把房本交给了李某,承诺过几天再作抵押登记。李某交付100万元后,方某到期未还款。下列哪一选项是正确的?(2015年)

A. 借款合同不成立

B. 方某应返还不当得利

C. 张某应承担保证责任

D. 刘某无义务办理房屋抵押登记

【答案】 C

【解析】李某交付100万元借款给方某,方某接受,合同成立。A项错误。本案中方某取得借款基于合法有效的借款合同,不属于不当得利,B项错误。张某保证意思表示真实,且在借款合同上签字,保证成立,C项正确。刘某关于抵押担保的意思表示真实,应当继续履行办理抵押登记的合同义务,D项错误。

综上,本题的答案为C。

【案例】2006年4月21日,广州青年许某来到广州市天河区黄埔大道某银行的ATM(取款机)取款。结果取出1000元后惊讶地发现银行卡账户里只被扣了1元。狂喜之下,许某于当晚连续取款合计17.5万元。2007年12月,广州市中级人民法院以盗窃罪判处许某无期徒刑,后改判为5年有期徒刑。

请问:许某在ATM的取款行为是否成立合同?为什么?请从民法角度予以分析。

【解析】许某与银行之间存在存款合同关系,许某持有银行签发的真实的银行卡。ATM是银行设置的人工智能交易终端,许某持有真实的银行卡,输入正确的密码,双方均在履行合同。许某不是在与ATM交易,ATM不是法律上的主体,ATM是由银行控制的智能交易终端,导致记账错误的原因是银行智能交易系统的故障,不是许某的行为。许某消极利用了银行的错误,获取的不当利益应予返还。

——思　考——

1. 合同的内容主要包括哪几个方面?
2. 合同法上规定的合同的形式有哪几种?

第五节　合同的解释

一、合同解释的概念和意义

(一)合同解释的概念

合同解释是对合同及其相关资料的含义所作的分析和说明。广义上的合同解释,任何人均可进行。狭义上的合同解释,专指有权解释,即受理合同纠纷的法院或仲裁机构对合同及其相关资料的含义所作的有法律拘束力的分析和说明。

合同解释的客体,即合同解释工作指向的对象。合同解释的客体不仅仅是发生争议的合同中所使用的语言文字,没有争议的合同文字也同样需要解释。而且,需要解释的不仅是合同条文或所用文句的正确含义,而是要全面考虑与交易有关的环境因素。狭义的合同解释必须符合法律的要求方能生效。

(二)合同解释的意义

合同是当事人追求经济利益的法律形式,是确定当事人权利义务的法律依据。一个理想的合同应当是条款完整齐备、语言准确无误的法律文本,并且当事人双方以及法官对合同文本的理解没有异议,如此,合同的履行才可能较少受阻。但是,事实上这样的合同永远不可能存在。由于语言本身的局限性,即使面对同一合同文本,各人对该合同文本的解读很有可能会存在很大的差异,人们在理解合同时必然会对文本内容产生歧义和争执,因此,合同的解释在所难免。同时,人的理性预测能力总是有限的,这就不可避免地导致合同订立中对重要的事情有所遗漏。因此,为了明确合同条文的含义,对合同作出相应的解释就是非常必要的。

二、合同解释的原则

结合《民法典》第466条第1款及第142条第1款的规定,当事人对合同条款的理解有争议的,应当按照合同所使用的词句,结合相关条款、行为的性质和目的、习惯以及诚信原则,确定合同争议条款的含义。由此规定可以看出,合同解释应当遵循下列原则:

(一)以合同文义为出发点,客观主义结合主观主义原则

解释合同须先由文义解释入手。文义是指合同用语或用词用一般的语言习惯理解的含义。在对合同进行解释时,基于私法自治的精神,解释者必须首先从合同语句的可能文义出发。否则,如果所作的解释超出该语句的可能文义范围,那它就超出了解释的范畴,属于合同漏洞的补充了。由此可见,解释合同时,首先应确定文义涵盖的范围。一般情况下,须按照词句的通常含义进行解释。但有证据证明当事人之间对合同条款有不同于词句的通常含义的其他共同理解的除外。[25]

(二)体系解释原则

该原则要求在解释合同时,应把合同的所有条款和构成部分看作相互衔接、具有严密逻辑性的统一整体。各个条款相互解释,切忌断章取义。不得仅注意或偏重于某一特定条款,而应从合同的全部内容及此种合同订立的总体联系分析、理解和说明当事人争议的合同内容和含义。体系解释方法的运用必须适度,否则可能会造成法律适用的错误。体系解释方法应在法律规定之间出现冲突,或者在法律规定之间出现漏洞而无法进行有效衔接的

---

〔25〕《合同编通则解释》第1条第2款。

时候运用,不能在法律规定非常明确,可以直接依法而断时进行运用。体系解释的方法同时要求解释权的主体合法、行为符合程序、解释结果与已颁的法律有涵盖关系,至少不能违背法律的明确规定。

(三)目的解释原则

目的解释,是指解释合同时,如果合同所使用的文字或某个条款可能作两种解释时,应采取最适合于合同目的的解释。目的解释的理由在于,民法遵循意思自治原则,当事人的真实意思应当得到充分的尊重。因此,解释合同自应符合当事人所欲达成之目的。如果当事人意思表示的内容前后矛盾或不明确,应通过解释使之协调明确,以符合当事人之目的。

(四)参照习惯原则

习惯解释,是指合同所使用的文字、词句有疑义时,应参照有关的交易习惯进行解释。习惯解释的依据在于,人们的行为除受法律的支配外,往往还受习惯的支配。各地有各地的习惯,各行业有各行业的习惯,如不违反法律、行政法规强制性规定和公序良俗,应可作为解释法律行为当事人真实意思的依据。例如,在合同内容有歧义时,应依据习惯予以明确;在合同约定不完全导致权利义务难以确定时,应依据习惯予以补充。

此外,合法原则、诚信原则也是合同解释的原则。

根据《合同编通则解释》第1条第1款的规定,除了上述法定的解释参考因素外,还应参考缔约背景、磋商过程、履行行为等因素确定争议条款的效力。

三、合同漏洞补充

(一)合同漏洞补充

合同漏洞,是指合同的内容没有包括某种应处理的事项。具体来说:一是合同的内容存在遗漏,即对一些合同的条款,在合同中并没有作出约定;二是合同中的约定不明确,或者约定前后矛盾,例如合同中对履行地点、方式约定不明确。

严格地说,合同漏洞的存在一般不应影响合同的成立。如果合同的必要条款出现漏洞,则可能因为该条款的欠缺而导致合同不能成立。例如,在买卖合同中缺少标的条款。在合同根本不成立的情况下,也就不存在所谓的合同漏洞问题,更没有必要对漏洞进行填补了。只有在当事人对合同的非必要条款未作出约定或者约定不明确的情况下,可以认定合同已经成立,可以依据合同的性质、交易习惯以及法律的任意性规范对合同作出解释,从而填补合同的漏洞。

(二)合同漏洞补充和合同解释的区别

合同漏洞补充与合同解释之间的区别,主要表现在:

1. 内涵不同。所谓合同漏洞补充是指当合同没有就当事人争议的事项作出明示的约定时,依一定的规则对此予以补充,从而明确双方的权利义务。所谓合同解释是指对合同中的词语的含义加以确定,从而决定其法律上的效果。

2. 发生的原因不同。合同漏洞是指缔约人关于合同某事项应有约定而未约定的情况。

通常这种现象发生的原因有:(1)基于缔约人法律知识的欠缺,在订立合同时对某些条款会有所疏忽;(2)缔约人为了能尽快达成协议,也会疏漏某些条款,同意将来再行协商;(3)缔约人约定的某些条款由于违反强制性规定或公序良俗、诚信等而无效,从而造成合同漏洞。合同解释是因缔约人对条款有不同的理解或条款前后矛盾等原因产生解释之必要,同时词义本身具有含糊性,以及合同前后或主文与附件自相矛盾,这也是导致合同需要解释的原因。

3. 指向的对象不同。合同漏洞补充涉及合同没有作出明示约定的情况,是对合同未约定的事项进行补充,它所针对的是合同的"空白点";合同解释涉及合同已就当事人争议的事项作了约定,但该约定没有明确地表达出缔约人的意思,是对合同已有约定的条款进行解释。

4. 判断当事人的效果意思方式不同。合同漏洞补充是对当事人意思的推定,把这种推定的意思视为当事人的效果意思;合同解释是通过对当事人意思表示的解释,判断当事人应有的效果意思。

5. 弥补当事人意思表示所遵循的规则不同。合同漏洞补充是法官依照法律规定步骤进行补充,其步骤有:(1)依当事人默示表达的真实意思进行补充。其与依当事人真实意思解释合同十分相似,但区别在于合同是否有规定,如果合同无规定或规定不全面时需要对合同进行补充;如果合同有规定但规定不明确时需要对合同进行解释。(2)依法官推定的当事人应当具有的意思补充。其含义为法官根据合同的其他条款、交易过程、交易习惯推定空缺条款应包含的内容。依推定意思补充并不旨在依当事人的真实期望补充合同,而是依一种客观标准补充合同,即推定一个通情达理的人或第三人处于合同当事人的地位本应具有的期望,法官依据交易习惯或善意义务等原则确定其期望。我国《民法典》第 510 条规定:"合同生效后,当事人就质量、价款或者报酬、履行地点等内容没有约定或者约定不明确的,可以协议补充;不能达成补充协议的,按照合同相关条款或者交易习惯确定。"该条明确规定法官可以依当事人应当具有的意思补充合同内容。(3)依法律的规定补充,法律规定是合同中的法定补足条款。

我国《民法典》第 511 条的规定是法官补充合同漏洞的依据。该条规定:(1)质量要求不明确的,按照强制性国家标准履行;没有强制性国家标准的,按照推荐性国家标准履行;没有推荐性国家标准的,按照行业标准履行;没有国家标准、行业标准的,按照通常标准或者符合合同目的的特定标准履行。(2)价款或者报酬不明确的,按照订立合同时履行地的市场价格履行;依法应当执行政府定价或者政府指导价的,按照规定履行。(3)履行地点不明确,给付货币的,在接受货币一方所在地履行;交付不动产的,在不动产所在地履行;其他标的,在履行义务一方所在地履行。(4)履行期限不明确的,债务人可以随时履行,债权人也可以随时请求履行,但应当给对方必要的准备时间。(5)履行方式不明确的,按照有利于实现合同目的的方式履行。(6)履行费用的负担不明确的,由履行义务一方负担;因债权人原因增加的履行费用,由债权人负担。

合同解释是依照法律规定的规则进行解释,要求依照合同文本、合同的整体参照订约目的、交易习惯,以及诚信原则对合同予以解释。由此可见,在实务中不能将合同漏洞补充与合同解释混淆,只有确切掌握二者之间的区别,才能正确确定当事人间的权利义务。

四、免责条款的解释

免责条款的解释基本上也适用合同解释原则。但有下列特别解释原则：

1. 免责条款不得违反合同的主要目的。目的是合同当事人订立合同的意义所在，是当事人经济利益的体现。因此，对于免责条款的解释不能违背合同的目的，否则当事人为合同所做出的一切努力都将无意义。

2. 不得将“免责条款之合意”视为“自甘冒险”。一切合同当事人在法律意义上应该被推定为在合法的前提下，追求自己的正当利益，作为一种体现自由意志的交易行为，任何一方当事人的正当权益应该受到保护。因此，当事人不能通过免责条款给对方增添额外的风险或者伤害。例如，如果免责条款虽然未明确是免除违约责任还是侵权责任，但是在解释上只能理解为仅仅免除违约责任，而侵权责任不能免除，亦即不能认为一方当事人对对方的侵权行为也是合同中免责条款事先所排除的。

3. 非为企业合理化经营所必需的免责条款应从严规制。企业合理化经营是企业自身发展的需要，也是企业作为当事人一方履行合同义务的基本前提，因此，法律对于企业合理化经营是支持和保护的。但是，合理化经营以外的免责条款，既非企业的基本生存所需，也往往出乎对方当事人之所料，因此，对这部分条款的解释应该从严规制，以免产生合同陷阱，损害对方当事人的利益。

此外，在条款利用人可能负过错责任和无过错责任的情况下，如果免责条款未指明所免除的责任是否包括过错责任时，从不利于条款制作人解释的原则出发，只解释为免除无过错责任。免责条款适用于“隐蔽性瑕疵责任”抑或“不符合特定目的所生责任”不明确时，根据不利于条款制作人解释的原则，不能同时免除两种责任，只能免除其中之一，即只免除“隐蔽性瑕疵责任”。

——思　考——

1. 合同为什么需要解释?
2. 合同的解释通常有哪些方法?
3. 合同为什么会存在漏洞?
4. 合同的漏洞如何填补?
5. 合同漏洞和合同解释的区别何在?
6. 免责条款的解释，应该注意哪些方面的问题?

第六节　格式条款

一、格式条款的概念

格式条款是当事人一方为了重复使用而预先拟定，并在订立合同时未与对方协商的条款。格式条款具有单方事先决定的特点，实践中多为提供商品或服务的一方制定并提出，将类似的交易行为用相同的标准订立合同，节省了大量的时间，减少了交易成本。格式条款具有广泛性、重复性、不变性，并以书面明示为原则，对于交易发生频繁重复合同的订立，无疑是有效率的。但是，采用格式条款的一方往往在经济方面占有绝对的优势，如我国公用事业、全国性、行业性、地区性垄断经营的企业，它们往往利用地位的优势，可能会将预定的合同条款强加给对方。这种合同更多地考虑制定者自己的利益，它们尽可能地将自己的权利在格式条款中加以陈述，并尽量减轻自己的责任，而对另一方的权利考虑较少或者附加种种限制条件，甚至加重对方责任。

对格式条款的认定，要注意两点：一是合同虽然系依据示范文本制作或者双方已经明确约定不是格式条款，但符合"为了重复使用而预先拟定"，并在订立合同时"未与对方协商"的基本特征的，应认定为格式条款；二是要将"为了重复使用"与"未实际重复使用"区分开来，只要具备"为了重复使用"而单方拟定格式条款的目的，即使在合同实践中"未实际重复使用"，也会构成格式条款。因此，"有证据证明""不是为了重复使用而预先拟定"的，不构成格式条款。[26]

二、对格式条款的限制

为了更好地保护对方当事人的合法权益，特别是保护消费者的合法权益，《民法典》合同编对提供格式条款的一方作了限制：要求其应当遵循公平原则确定当事人之间的权利义务，要求拟定格式条款的一方不能利用自己的优势地位，在格式条款中享有大量的权利而只承担极少的义务，或者确定对方承担大量的义务却只享有极少的权利。这是违反公平原则的。格式条款的提供者应当采取合理的方式（通常足以引起对方注意的文字、符号、字体等）作出明显标识，提示对方注意免除或者减轻其责任、排除或者限制对方权利等与对方有重大利害关系的异常条款，并按照对方的要求，对该条款予以说明。如果提供格式条款的一方当事人没有履行上述提示和说明义务，尽管合同已经成立，但对方可以主张该条款不成为合同的内容。

提示义务与说明义务是提供格式条款一方的法定义务。提供格式条款的一方在合同订立时采用通常足以引起对方注意的文字、符号、字体等明显标识，提示对方注意免除或者减轻其责任、排除或者限制对方权利等与对方有重大利害关系的异常条款的，可以认定其已经履行了法定的提示义务。提供格式条款的一方按照对方的要求，就与对方有重大利害关系的异常条款的概念、内容及其法律后果以书面或者口头形式向对方作出通常能够理解的解释说明的，可以认定其已经履行了法定的说明义务。提供格式条款的一方对其已经尽到提示义务或者说明义务承担举证责任。对于通过互联网等信息网络订立的电子合同，提供格式条款的一方仅以采取了设置勾选、弹窗等方式为由主张其已经履行提示义务或者说明义务的，该主张无效，但是其举证符合"明显标识""解释说明"等前述规定的除外。[27]

---

〔26〕《合同编通则解释》第9条。
〔27〕《合同编通则解释》第10条。

三、格式条款的无效

根据《民法典》第497条之规定,格式条款无效的情形包括:

1. 具有《民法典》总则编第六章第三节规定的情形的:(1)使用格式条款与无民事行为能力人订立合同的;(2)恶意串通,损害他人合法权益的;(3)以虚假意思表示订立合同的;(4)违背公序良俗的合同;(5)违反法律、行政法规的强制性规定的。

2. 符合《民法典》第506条规定的情形的。根据《民法典》第506条的规定,提供格式条款一方利用格式条款免除其造成对方人身损害的责任,或者免除其因故意或者重大过失造成对方财产损失的责任的,该格式条款无效。

3. 提供格式条款一方不合理地免除或者减轻自己的责任、加重对方责任、限制对方主要权利的。从立法上下文意思来看,格式条款"免除或者减轻其责任、加重对方责任、限制对方主要权利"是一个应当同时具备的条件,单纯地"免除或者减轻其责任"无法独立成为无效的情形。格式条款不合理的扩大己方权利或过分限缩对方权利,这是违反公平原则的。

4. 提供格式条款一方排除对方主要权利。排除的是对方的主要权利,是为维护合同目的实现以及救济其合法利益的合同权利。

四、格式条款的解释

由于格式条款是一方当事人事先拟定的,所以合同成立后,在履行过程中,对合同条款的含义往往会发生争议,此时就需要对争议的格式条款进行解释。《民法典》规定了对格式条款发生争议的解决办法:对格式条款的理解发生争议的,应当按照通常理解予以解释。对格式条款有两种以上解释的,应当作出不利于提供格式条款一方的解释。格式条款和非格式条款不一致的,应当采用非格式条款。

—— 训　　练 ——

【法考】2019年1月,张某去健身房花5000元办了一张1年期的卡,健身房规定该卡不能以任何理由中止中断,1年内可无限次使用。4月,该健身房要装修,于是通知张某该卡延长1个月。6月,张某要出国培训,于是向健身房主张顺延1个月,但健身房不同意。关于本案,下列哪些说法是正确的?(2019年)

A. 该规定违背公平原则,无效

B. 该规定违背公平原则,对张某无效

C. 健身房的通知构成违约

D. 健身房拒绝顺延构成违约

【答案】 BD

【解析】健身卡"不得中止中断"的规定属于格式条款,该条款因提供者未履行提示说明义务,及限制了消费者的主要权利,违背公平原则而对张某无效。

综上,本题的答案为BD。

——思　考——

1. 什么是格式条款?
2. 格式条款和非格式合同中的条款在解释上有何不同?

第七节　缔约过失责任

一、缔约过失责任的概念

缔约过失责任,是指在合同订立过程中,一方当事人故意或者过失地违反先合同义务,造成对方当事人信赖利益的损失时,依法应当承担的民事赔偿责任。缔约过失责任制度是民事责任制度中一个重要的组成部分。

缔约过失责任理论由德国著名法学家耶林最早提出。1861 年,耶林在其主编的《耶林学报年报》第四卷发表了《缔约上过失,契约无效与不成立时之损害赔偿》一文。他认为,契约的缔结产生了一种履行义务,若此种效力因法律上的障碍而被排除时,则会产生一种损害赔偿义务。因此,所谓契约无效者,仅指不发生履行效力,并非指不发生任何效力。简言之,当事人因自己的过失致使契约不成立时,对信其契约为有效成立的相对人,应赔偿基于此信赖而产生的损害。耶林关于缔约过失责任的理论被誉为法学上的发现,对各国立法和判例产生了深远的影响。

二、缔约过失责任的特点

1. 缔约过失责任是缔结合同过程中产生的民事责任。缔约过失责任发生在缔约过程中而不是发生在合同成立之后,只有在合同尚未成立,或者虽然成立,但因为不符合法定的生效要件而被确认无效或被撤销时,缔约人才承担缔约责任。在合同成立之后,当事人如果未按照合同约定履行义务,则只能成立违约责任而不能成立缔约过失责任。缔约过失责任和违约责任在成立时间上具有严格的不同。

2. 缔约过失责任是以民法的诚信原则为基础的民事责任。根据诚信原则,缔约当事人在缔约的过程中负有一定的与合同成立与否无关的附随义务,这些附随义务包括互相协作、互相照顾、互相保护、互相告知、互相忠诚、不得隐瞒瑕疵、不得欺诈等。当缔约人一方违背了其应负有的上述义务并破坏了缔约关系时,就应该由其承担缔约过失责任。

3. 缔约过失责任保护的是信赖利益的损失。信赖利益又称消极利益或消极的契约利益,一般是指无过错合同一方当事人因合同无效、不成立等原因遭受的实际损失。所以该责任的确定应以受到信赖利益的损失为前提条件,只有因合同一方当事人的缔约过失行为而给对方造成信赖利益损失的,缔约过失责任才成立。

4. 缔约过失责任是一种弥补性的民事责任。当事人的民事义务一般包括法定义务和约定义务。对于前者的违反,当事人承担侵权责任;而对于后者的违反,则承担违约责任。缔约过失责任承担者的行为,既不是对于法律明确规定的违反,也不是对当事人约定的违反,它违反的是民法中的诚信原则。因此,从这一意义上说,缔约过失责任是在不能适用侵权责任和违约责任的情况下所采纳的一种责任。

三、缔约过失责任与违约责任、侵权责任的区别

(一)缔约过失责任与违约责任

1. 责任形成的条件不同。从责任形成条件上来看,违约责任是违反有效合同而产生的责任,它以合同关系的存在为前提条件。缔约过失责任则适用于合同订立中及合同不成立、无效和被撤销的情况。所以区分违约责任与缔约过失责任的一个重要标准就是要看合同关系是否有效成立。如果存在的是有效的合同关系,则应适用违约责任,而不必考虑适用缔约过失责任。如果不存在有效的合同关系,则可以考虑适用缔约过失责任。

2. 责任性质不同。从所违反义务的性质和类型上来看,违约责任是违反合同债务,是一种约定义务,其核心为给付义务;而缔约过失责任则是违反了先合同义务,是一种法定义务,其核心是附随义务。由于这两种债务在性质上存在较明显的差异,因此也成为违约责任与缔约过失责任之间的一个显著区别。

3. 责任承担形式不同。违约责任既可以由当事人约定责任承担形式,例如约定违约金的数额或比例,也可以约定定金条款等。但由于缔约过失责任是一种法定责任,所以不能由当事人进行约定,只能由法律直接进行规定,而且只能是损害赔偿责任。

4. 归责原则不同。违约责任主要适用无过错责任原则,例外或补充适用过错推定原则。如果当事人未能依照约定履行义务,除非当事人有合法的免责理由,否则就必须承担违约责任。而缔约过失责任只能适用过错责任原则,即只有在缔约人一方有过错的情况下,才会产生缔约过失责任。如果缔约当事人一方在缔约过程中没有过错,就不承担缔约过失责任。

5. 赔偿范围不同。违约损害赔偿主要指履行利益的赔偿,要受到可预见规则的限制;而缔约过失责任的赔偿主要指信赖利益的赔偿,在某些特殊情况下可不受可预见规则的限制。

(二)缔约过失责任与侵权责任

基于缔约过失责任而产生的请求权与侵权行为的请求权有许多共同之处,例如违反的都是法定的义务、一般都以行为人的过失为必要条件等。但这两种责任也存在显著的区别,主要表现为:

1. 责任形成的基础和条件不同。缔约过失责任以当事人之间通过接触而形成一种特殊的信赖关系为前提,但侵权责任发生在一般的社会交往中,并不需要当事人之间存在任何关系,而且一般与合同无关。只有当侵权行为发生时,当事人之间才产生损害赔偿等法律关系。所以侵权行为责任不存在缔约过失责任所要求的前提和基础,这是两种责任的重要区别。

2. 行为所违反的义务的性质不同。缔约过失行为在本质上都是违反了依诚信原则而产生的附随义务,而侵权行为则违反了不得侵害他人财产和人身的一般义务,因违反这些义

务而使侵权行为具有不法性。

3. 损害赔偿范围不同。缔约过失的赔偿范围是信赖利益的损失,此种利益的损失既不是现有财产的毁损灭失,也不是履行利益的丧失,而是因为相信合同的有效成立而导致的信赖利益的损失。而侵权责任的损害赔偿范围包括现有财产的灭失和可得利益的丧失,而且依法享有所谓的非财产损害赔偿问题。

4. 归责原则也存在区别。缔约过失责任中所适用的是过错责任原则。但在侵权责任中,一般适用过错责任原则;在一些特殊侵权行为中,也适用无过错责任原则与公平责任原则。

5. 具体承担责任的类型或形式也存在较大的差异。根据法律规定,缔约过失责任形式只能是赔偿损失,没有其他责任类型或形式;但侵权责任的承担形式除赔偿损失外,还有停止侵害、排除妨碍、消除危险等责任形式。而侵害人格权的,则需承担消除影响、恢复名誉、赔礼道歉等民事责任。

四、缔约过失责任的构成要件

1. 缔约当事人违反先合同义务。缔约过失责任作为一种法律责任,其成立必须以先合同义务的存在及违反作为前提。先合同义务,是指合同成立之前,订立合同的当事人依据诚信原则所承担的协助、通知、保护、保密等义务。先合同义务不同于合同义务,其产生的基础不是依法成立的合同,而是诚信原则。民事主体一旦进入缔约过程中,就应当推定在双方之间形成一种合理的信赖,即一方当事人依据诚信原则给予对方以照顾、忠实于对方、告知对方与合同有关并涉及对方财产、人身安全的事由。先合同义务的产生以双方进入订立合同过程为标志。如果民事主体之间没有形成缔约关系,则当然不发生缔约过失问题。

2. 缔约相对人受有损失。民事责任一般以损害事实的存在为成立条件,缔约过失责任也不例外,只有缔约一方违反先合同义务造成相对人损害时,才能产生缔约过失责任。缔约过失责任中的损失主要是指信赖利益的损失,即无过错的当事人信赖合同有效成立,但因法定事由发生,致使合同不成立、无效、被撤销等造成的损失。这种信赖利益的损失包括直接损失和间接损失。这些损失必须是在可预见的范围内,必须是基于信赖利益而产生的损失。如果不是基于信赖利益而产生的损失,即使一方支付了大量的费用而造成了损失,也不能视为信赖利益的损失。如果仅有一方的过失行为,而无对方受有损失的事实,则无所谓赔偿。

3. 违反先合同义务的一方有过错。过错是民事责任的构成要件,缔约过失责任作为民事责任的一种也不例外。过错具体表现为故意和过失两种基本形态。故意是指缔约人预见到自己的行为会产生合同无效、不成立或被撤销,将给相对人造成损失的后果,而仍然进行这种民事行为,希望或放任违法后果的发生。过失是指缔约人应当预见自己的行为可能产生合同无效、不成立或被撤销,造成相对人信赖利益损失,因疏忽大意而没有尽到协助、通知、保护、保密等义务,虽然预见到了但轻信其不会发生的主观心理状态。因此,无论故意或过失,只要具有过错就要承担责任,无过错就不承担责任。如果缔约过程中发生的损失是相对人、不可抗力等原因造成的,则违反先合同义务的一方也不承担缔约过失责任。

4. 过错与损失之间有因果关系。这里的因果关系是指一方当事人的过错与对方遭受的信赖利益的损失之间存在必然的联系。损害结果的出现系缔约过错行为所必然引起,若对方遭受的损失非因一方的过错,即使发生在缔约过程中,即使出现了信赖利益的损害,也不产生缔约过失责任。缔约过失责任的因果关系应适用民法一般因果关系加以认定。

五、缔约过失责任的主要类型

我国《民法典》第 500 条、第 501 条规定了缔约过失责任,包括:

1. 假借订立合同,恶意进行磋商。这是指当事人根本没有订立合同的目的,假借订立合同而损害相对人利益的行为。所谓恶意,特别是指一方当事人在无意与对方达成协议的情况下,开始或继续进行谈判。例如,故意与对方谈判使对方丧失与他人交易的机会,假借与对方谈判而取得非法利益等,都属于缔约中的恶意磋商。

2. 故意隐瞒与订立合同有关的重要事实或者提供虚假情况。在订立合同的过程中,当事人负有如实告知的义务。一方故意隐瞒关于其自身的财产状况、履行能力,故意隐瞒出卖的标的物的缺陷以及其出卖的产品的性能和使用方法,或者向对方提供不存在的虚假情况,从而给对方造成损失的,即产生缔约过失责任。

3. 泄露或者不正当地使用在订立合同过程中知悉的商业秘密或者其他应当保密的信息。《民法典》第 501 条规定:"当事人在订立合同过程中知悉的商业秘密或者其他应当保密的信息,无论合同是否成立,不得泄露或者不正当地使用;泄露、不正当地使用该商业秘密或者信息,造成对方损失的,应当承担赔偿责任。"

4. 有其他违背诚信原则的行为。在订立合同过程中,当事人之间应依诚信原则履行协助、通知、保护、保密等义务,对此等先合同义务的违反,造成对方损失的,应承担缔约过失责任。

六、缔约过失责任的主要情形

由于缔约过失责任的基础在于违反了诚信原则所要求的互相协助、互相照顾、互相告知、互相保护、互相诚实、互相保密等法定义务,也即先合同义务,所以根据这些义务的具体内容及缔约人是否尽到必要的注意(是否存在过错),可以将缔约过失责任分为以下几种情形:

1. 给付自始客观不能时的缔约过失责任。当事人在订立合同时明知给付不能或应当知道给付不能的,对于非因过失信赖其合同有效而遭受损害的对方当事人应负赔偿责任。有的学者将这种情况称为"合同给付不能而无效"的情形。

2. 合同不成立时的缔约过失责任。在合同双方当事人意思表示不一致而不能成立时,有过失的一方当事人应对对方因信赖合同成立所受损失负赔偿责任。

3. 合同无效或被撤销时的缔约过失责任。合同因一方当事人的过失而导致无效或被撤销时,有过错的一方应赔偿他方因此而受到的损失。

4. 违反法定附随义务或先合同义务时的缔约过失责任,主要表现在:(1)缔约时未尽通知义务而导致对方遭受财产上损失的;(2)缔约时未尽告知义务而导致对方遭受财产上损失的;(3)缔约时未尽保护义务而导致对方遭受财产上损失的;(4)缔约时未尽忠诚义务、保密义务等而导致对方遭受财产上损失的。

5. 缔约时缔约人擅自撤回或撤销要约时的缔约过失责任。要约人违反有效要约而给对方造成财产损失的，应承担缔约过失责任。

6. 缔约人因无权代理行为而产生的缔约过失责任。因缔约人一方的无权代理行为而导致合同无效后，对方因信赖代理人有代理权而受到的信赖利益的损失，应当由无权代理人予以赔偿（而且这种损失也无法通过合同法或侵权行为法予以保护）。

训　练

【法考】李某在某居民区开了家水果店生意很好，戴某就想也开一家，正好李某水果店旁边店铺的主人鲁某要出租门面，戴某就和鲁某商量租他的门面，李某知道之后害怕戴某开水果店抢自己的生意，就跟鲁某商量用高于戴某出价的20%的价格承租鲁某的店铺三年，马上签订书面合同，并预交了1万元的订约定金，然后鲁某就跟戴某说不再租给他了。李某知道后，也就不再理会鲁某。关于本案，下列哪些说法是正确的：(2021年)

A. 鲁某与李某没有成立租赁合同关系

B. 李某不得要求鲁某返还1万元定金

C. 戴某可要求李某赔偿未能订约的损失

D. 鲁某可要求李某赔偿未订立合同造成的损失

【答案】　ABD

【解析】这是关于缔约过失责任的案例。《民法典》第500条规定："当事人在订立合同过程中有下列情形之一，造成对方损失的，应当承担赔偿责任：（一）假借订立合同，恶意进行磋商；（二）故意隐瞒与订立合同有关的重要事实或者提供虚假情况；（三）有其他违背诚信原则的行为。"本案中李某的行为属于第1项规定的情形，李某应向鲁某承担缔约过失责任。

关于A项，双方有要订立书面合同的预约，但书面合同确实没有订立，A项正确。关于B项，既然是订约定金，违约方不订立合同的，应承担定金责任，所以正确。关于C项，缔约过失赔偿责任说的是李某与鲁某之间的事，与戴某没有关系，所以错误。关于D项，属于缔约过失责任的应有之义，正确。

综上，本题的答案是ABD。

思　考

1. 什么是缔约过失责任？缔约过失责任的设立对于合同的意义何在？
2. 缔约过失责任有什么特点？
3. 缔约过失责任的构成要件包括哪些？
4. 缔约过失责任的主要类型有哪几类？
5. 缔约过失责任与侵权责任、违约责任的区别何在？

重点问题梳理

1. 合同的订立强调合同订立的过程，而合同的成立则强调合同订立的结果。
2. 要约实际上是指允诺者作出的假定被要约人接受要约并支付或允诺支付的"价款"，其将去做或者放弃做某事的允诺。[28]

3. 这里的"法律有特别规定或者双方事先另有约定",一般是指非要约人和受要约人之间定有预约合同,或者依法受要约人不得拒绝(如强制缔约的情形),此种情况下,受要约人有承诺的义务。

4. 要约的撤回是要约生效之前要约人单方取消要约,而撤销则是要约生效之后要约人取消要约。

5. 单纯的沉默一般不能认为是承诺。

〔28〕 [英]阿迪亚:《合同法导论》,赵旭东等译,法律出版社2002年版,第55页。

第三章　合同的效力

第一节　合同的效力概述

一、合同的生效

合同的生效即合同开始发生法律效力，是指已经成立的合同，因符合法律的要求而在合同当事人之间产生法律约束力。我国《民法典》第119条规定："依法成立的合同，对当事人具有法律约束力。"合同有效就是指合同具有法律约束力。

虽然大部分已经成立并有效的合同在合同成立时就发生法律效力，但是合同的成立并不同于合同的生效。合同成立，是指合同当事人的意思表示达成一致，即达成合意，它是要约、承诺这一合同订立过程的完成，标志着合同已经存在。成立的合同要想受到法律保护，产生法律效力，需要具备法律规定的生效要件。如果已经成立的合同具备了合同生效要件，则该合同当然发生法律效力；若已经成立的合同不具备生效要件，则该合同不能生效。

从法理逻辑上分析，在合同成立与合同生效之间还存在一个合同是否有效的判断，合同中还存在一种已经成立、有效，但未生效的状态。由于区分合同成立未生效与合同有效而未生效的实践意义并不显著，因此，在此着重探讨合同的成立与生效的问题。合同的成立侧重于要求当事人意思表示必须一致，这是一个事实性判断。而合同的生效则要求当事人已经达成一致的意思表示必须真实，同时也体现出法律对合同关系的肯定或否定评价，以及对合同关系的干预。所以，合同的成立与生效明显不同，合同的成立是合同生效的事实基础和逻辑前提，合同生效是已经成立的合同经过法律评断的结果，必须在理论上与实践中对二者予以区分。

探讨　合同成立与合同生效的区别

合同成立与合同生效的区别主要在于：(1)判断价值取向不同。合同成立是意思表示的事实判断，合同生效包含了对合同的价值判断。(2)判断的要素不同。合同的成立是以当事人的意思表示一致为判断标准，合同的生效以行为人的行为能力、意思表示的真实、行为内容的合法性等为判断标准。(3)发生的时间不同。从逻辑上看，先有合同的成立，再有合同的生效。在很多情况下，合同在成立时也依法发生法律效力。对此，《民法典》第502条第1款规定，依法成立的合同，自成立时生效。但是在某些情况下，合同会首先成立，然后再经过一段时间才发生效力，例如附延缓条件的合同，通常要在合同成立后，所附延缓条件成就时才能生效。(4)效力不同。合同生效会实际引起当事人欲实现的法律效果，当事人如违反此约定则要承担违约责任;合同不成立或者虽成立却被撤销,在当事人之间可能产生缔约过失责任,但不会产生违约责任。

二、合同的效力的含义与内容

合同的效力,亦即合同的法律效力,是指合同对合同当事人的约束力及在法律上的强制力。合同的效力是合同生效后在法律上产生的必然结果。

合同作为债的发生原因,通常产生债的效力。债的效力表现为债权的效力和债务的效力,即对债权人的效力和对债务人的效力。债权的效力包括债权的请求力、执行力和保持力,债务的效力主要是指债务人的给付义务。债的目的是为实现债权,而债权的实现须以债务人履行债务为条件。为了使债务人能够履行债务,从而使债权人的债权能够得以实现,法律赋予了债权人一系列权利,以帮助其实现债权,诸如请求债务人履行债务,受领并保持履行利益,在债务人不履行义务时请求国家强制力保护等权利。同时,法律对债务人规定了义务,促使其履行债务以满足债权;在债务人不履行债务时,债务人须接受国家强制,以救济债权。对于合同之债的债务人履行债务的义务,我国《民法典》第 509 条第 1 款规定:“当事人应当按照约定全面履行自己的义务。”

债的关系的相对性决定了合同之债原则上只在合同当事人之间发生效力,即只对因合同所生之债的债权人与债务人发生约束力。对债权人而言,有请求和接受债务人履行债务的权利;对债务人而言,必须按照法律的规定或合同的约定履行债务,如果债务人违反合同义务则应承担违约责任,即由国家强制力强制其履行义务。合同的相对效力,意味着合同所确认的权利和义务只能由当事人享有或者承担,而不能使第三人成为债权人或债务人,第三人不能向合同当事人主张合同上的权利,也不承担合同上的义务,即合同原则上对第三人不产生约束力。由于合同作为一个事实不可能孤立存在,合同的履行不能不受到第三人行为的影响。因此,合同的效力也包含了对第三人的约束力,即为了保证合同的履行和维护当事人的利益,合同也具有排斥第三人非法干预和侵害的效力。如果遇有此种情形,合同当事人具有排斥此种妨害及对债权造成的侵害要求赔偿损失的权利。另外,合同对第三人的效力还表现在合同之债的保全上,即债权人可在特定情况下通过主张代位权和撤销权以保全合同利益。

—— 思　考 ——

合同成立与合同生效、合同有效之间存在何种关系?

第二节　合同的有效要件

合同的有效要件,是指合同具有法律效力所应具备的条件。《民法典》第 143 条规定:“具备下列条件的民事法律行为有效:(一)行为人具有相应的民事行为能力;(二)意思表示真实；(三)不违反法律、行政法规的强制性规定，不违背公序良俗。”《民法典》规定的有效要件当然适用于合同这一具体的法律行为。根据此规定与法理，合同的有效要件为：合同当事人在缔结合同时应具备相应的缔结合同的行为能力，合同当事人意思表示真实，合同不违反法律、行政法规的强制性规定，不违背公序良俗以及合同的标的必须确定和可能。

一、缔约能力

缔约能力，是指合同当事人在缔结合同时应当具备的缔结合同的行为能力，即《民法典》规定的“具有相应的民事行为能力”。合同是当事人就债权债务关系达成的合意，它以意思表示为基础，并且以产生一定的法律效果为目的。这要求当事人在缔结合同时，必须具备与所缔结的合同相适应的民事行为能力，即当事人必须具备相应的意思能力，能够正确理解自己行为的性质和后果，形成内在的效果意思，并能独立表达自己的意思。

对于纯获利而不需要承担法律义务的合同，限制民事行为能力人可以成为该类合同的主体。我国《民法典》第 145 条第 1 款前半部分规定：“限制民事行为能力人实施的纯获利益的民事法律行为或者与其年龄、智力、精神健康状况相适应的民事法律行为有效；实施的其他民事法律行为经法定代理人同意或者追认后有效。”也就是说，限制民事行为能力人订立的纯获利益的合同，或者与其年龄、智力、精神健康状况适应的合同，不必经其法定代理人追认而当然有效，其实施的其他民事法律行为须经法定代理人同意或者追认后有效。

二、意思表示真实

合同是一种双方法律行为，当事人双方意思表示一致，合同即告成立。然而，合同是否有效还要看这种意思表示是否真实。意思表示真实是合同生效的重要构成要件。

意思表示，是指行为人把进行某一民事法律行为的内心效果意思，以一定的方式表达于外部的行为。[1] 意思表示由效果意思和表示行为两个要素构成。效果意思是表意人内心所欲发生一定的效果的意思，它以当事人欲实现的生活目的为基础；表示行为是表意人将其效果意思表达于外部，以便使相对人或社会其他人可以得知其意思内容的行为。所谓意思表示真实，是指表意人的表示行为应当真实地反映其内心的效果意思，即表示行为与效果意思相一致。意思表示真实就是要求行为的外部表示要真实地反映其内心的意思。在意思表示真实的基础上所产生的当事人的合意即合同，才能体现出当事人的真实意思，才能符合法律的规定，依法产生法律约束力。

根据瑕疵是否由于表意人本身的原因所造成，可将其分为意思与表示不一致和不自由的意思表示两类。意思与表示不一致是指表意人的表示行为与其内心的效果意思不一致，此不相一致系由表意人有意或怠于注意所致，而并非外部因素所致，其通常的表现形式有真意保留、通谋、伪装、错误和误解。对于意思表示不一致的效力认定，各国立法和学说有三种不同的观点：(1)意思主义，主张以内心效果意思为准来认定其有效或无效，注意尊重表意人的意思而求其真意；(2)表示主义，主张以外部表示行为为准来认定其效力，因为行为人的内心意思如何，并不是局外人所能知道的，注重相对人利益的保护；(3)折中主义，主张

---

〔1〕 魏振瀛主编：《民法》，北京大学出版社、高等教育出版社 2000 年版，第 142 页。

以意思主义为主表示主义为辅,或以表示主义为主意思主义为辅,既考虑行为人的内心意思,也考虑其外部表示,兼顾表意人与相对人的利益。我国民法理论倾向采取表示主义为主、意思主义为辅的原则,侧重于维护交易安全,防止表意人以意思表示不真实为借口主张合同失效,损害相对人利益,但同时也兼顾表意人的利益。不自由的意思表示是指由于表意人之外的原因,即由于他人的不正当干涉致使其未能表达真实意思,表意人的效果意思并非其真实的效果意思。其表现形式有因受诈欺、胁迫、乘人之危而为的意思表示。

对于意思表示不真实的效力认定,我国《民法典》作出了有效或者可撤销的规定。对因重大误解而为的意思表示,我国《民法典》作出了可撤销的规定。对于因不自由的意思表示导致意思表示不真实,如欺诈、胁迫,《民法典》作出了可撤销的规定。此方面的内容将在无效合同、可撤销合同及其法律后果中讨论。

三、不违反法律、行政法规的强制性规定,不违背公序良俗

当事人的合意只有符合法律规定时,才能得到法律保护并具有法律效力,当事人预期的法律效果才可能实现,即要求合同必须符合法律、行政法规的规定。这里的“法律”是由全国人大及其常务委员会制定的,“行政法规”是由国务院制定的。这里的“不违反”应当是不违反法律、行政法规的强制性规定。强制性规定不同于任意性规定,它排斥当事人的意思自由,要求当事人必须严格遵守,不能通过协议而加以改变;任意性规定不要求人们必须执行,是由当事人选择适用的。如果合同违反强制性规定,则该合同将会因违反法律而无效。《民法典》第153条第1款规定:“违反法律、行政法规的强制性规定的民事法律行为无效。但是,该强制性规定不导致该民事法律行为无效的除外。”合同违反法律、行政法规的强制性规定即无效,除非法律、行政法规的强制性规定本身明确指出,违反本规定并不导致合同无效。这在法律条文的表述中几乎是不存在的。

《民法典》第153条第2款规定:“违背公序良俗的民事法律行为无效。”不“违背公序良俗”是合同有效的条件。“公序良俗”应解释为我国社会生活的基础、条件、环境、秩序、目标和道德准则及良好的风俗习惯,即大陆法系所谓公共秩序及善良风俗。[2]

四、合同的标的必须确定、可能

合同的标的是合同当事人意思表示效果意思指向的目的,是当事人实施法律行为所欲发生的事项。当事人订立合同的目的在于追求某种合同利益的实现,因此合同的标的必须确定、可能,合同目的才有可能实现,合同才能发生效力。

1. 合同的标的必须确定是指合同的标的在合同成立时,必须确定或可能确定。合同的标的只有确定,或虽不确定但可确定,才能使合同利益的实现有所保障。这是因为合同的标的是合同当事人借以确定各自权利义务的根据,如果合同的标的始终处于不确定或无法确定的状态,那就谈不上合同的权利义务。因此,法律要求合同的标的必须确定或者可能确定。所谓处于可得确定的状态是说或者在合同中约定了将来确定的方法,或者依照法律规定、商业习惯、交易习惯可以确定合同的标的,或者由法院或仲裁机构依据对合同行为的

---

〔2〕 王家福主编:《中国民法学·民法债权》,法律出版社1991年版,第356页。

解释最终能够确定合同的标的。

2. 合同的标的须具有可能性。合同的标的必须可能实现，如果将不可能实现的事项作为合同的标的，即为理论上的标的不能。当合同的标的为事实不能、自始不能、客观不能、永久不能时，合同不能生效。以不能给付作为合同的标的，该种合同原则上是无效的，因此而给对方造成损失的应予赔偿，此即所谓缔约上的过失责任。如果不能之情形可以除去，当事人订约时已经预期于不能之情形除去后为给付者，合同仍为有效，例如房屋尚未建造以前，出卖人仅凭设计图之记载将其出卖，约定由出卖人建造完成后给付。对于附停止条件或始期的合同，如果在条件成就或者期限届至前，不能之情形已经除去，其契约也应为有效。〔3〕

阅读　标的不能

标的不能有以下几种情形：〔4〕

1. 事实不能与法律不能。事实不能又称为自然不能，如约定买卖不存在又不能制造的物等；法律不能指由于法律有禁止性规定而不能，如约定非法买卖毒品。标的的事实不能产生效力；法律不能本质上构成合同违法。

2. 自始不能与嗣后不能。前者指合同成立时，标的已不可能实现；后者指合同成立后，标的才发生不能实现的情形。在自始不能的情况下，合同不发生效力；而嗣后不能，则为合同解除的原因。

3. 主观不能和客观不能。前者是指当事人个人无法实现，后者是指任何人均无法实现的情形。在客观不能的情形下，合同不能生效。

4. 一时不能和永久不能。前者是指在短时期内其标的不可能实现，而不能之情形于嗣后可以消除；后者指不能的情形永久持续，不能实现。在永久不能的情形下，合同不能产生效力。

五、合同必须具备法律所要求的形式

关于合同的形式是否为合同的有效要件存在一定的争议。《民法典》第 135 条规定："民事法律行为可以采用书面形式、口头形式或者其他形式；法律、行政法规规定或者当事人约定采用特定形式的，应当采用特定形式。"依此规定，法律、行政法规规定或者当事人约定采用特定形式的合同应当依照法律、行政法规的规定或者当事人的约定。但如果合同未采取特定的形式，是否就是无效合同呢？对此不能一概而论。事实上法律对合同形式的规定，有些是对合同成立要件的规定，有些是对生效要件的规定。因此，法律对合同形式的规定，是否为合同生效要件，应当根据合同的性质以及法律规定的内涵来具体确定。〔5〕

《民法典》第 502 条第 2 款规定："依照法律、行政法规的规定，合同应当办理批准等手

〔3〕 孙森焱：《民法债编》（下册），法律出版社 2006 年版，第 574 页。

〔4〕 施天涛主编：《合同法释论》，中国人民公安大学出版社 1999 年版，第 69 页。

〔5〕 王利明、崔建远：《合同法新论·总则》，中国政法大学出版社 1996 年版，第 196～197 页。

续的,依照其规定。未办理批准等手续影响合同生效的,不影响合同中履行报批等义务条款以及相关条款的效力。应当办理申请批准等手续的当事人未履行义务的,对方可以请求其承担违反该义务的责任。"依此规定,如果法律、行政法规规定合同应当办理批准等手续的,则应当办理该手续,这种对合同形式的规定,既是对合同成立要件的规定,也是对合同生效要件的规定,因此当事人如果不依法律规定办理有关手续,则合同既不能成立,也不能生效。中外合资经营合同、中外合作经营合同需要经过审批机关的审批才能生效。在这种情况下,因为法律、行政法规规定合同应当办理批准手续,或者办理批准、登记手续才能生效,当事人未办理登记等手续,人民法院应当认定该合同未生效。还有些合同,虽然法律、行政法规规定应当办理登记手续,但如果法律、行政法规并没有规定登记后生效的,当事人未办理登记手续不影响合同的效力,合同的标的物所有权和其他物权将不能实现转移。

对于法律、行政法规规定应当采用书面形式的合同,应依其规定。但是,如果当事人未采用书面形式是否意味着合同当然无效呢?当然也并非如此。《民法典》第 490 条第 2 款规定:"法律、行政法规规定或者当事人约定合同应当采用书面形式订立,当事人未采用书面形式但是一方已经履行主要义务,对方接受时,该合同成立。"《民法典》第 490 条第 1 款规定:"当事人采用合同书形式订立合同的……在签名、盖章或者按指印之前,当事人一方已经履行主要义务,对方接受时,该合同成立。"可见,在这里法律所要求的应当采用书面形式,是作为证据要素起作用的,其目的在于证明合同关系的存在,证明当事人就合同内容达成了一致协议,即证明合同已经成立。而当事人未采用书面形式,但通过对合同主要义务的履行的事实证明合同关系存在以及合同的具体内容时,或者以其他事实证明合同关系存在及其内容时,则不能认定合同不成立,而应认定合同成立。如果该合同符合有效要件时,则应确认其法律效力。

第三节　附条件与附期限的合同

一、附条件与附期限的合同概说

附条件的合同和附期限的合同,其法理依据源于法律行为的附款理论,即民事法律行为的附条件和附期限理论。人们在实施法律行为时,可以基于其预期目的,拟使民事法律行为在所附条件成就时生效或使已经生效之民事法律行为在所附条件成就时失效。依意思自治原则,法律允许当事人在为民事法律行为时规定上列附款,以使民事法律行为的效力依当事人的意志施以限制。《民法典》第 158、159、160 条对附条件和附期限民事法律行为作出了规定。附条件的民事法律行为的效力状况取决于所附条件的成就与否。根据所附条件对法律行为的效力影响不同,可区分为附停止条件的法律行为和附解除条件的法律行为。停止条件是决定民事法律行为效力发生的条件,该条件成就,法律行为即发生效力;解除条件是决定已生效之民事法律行为失却其效力的条件,该条件成就,法律行为失效。合同作为民事法律行为之重要表现形式,自然适用附条件法律行为制度,因之也就有了附条件的合同,具体也可分为附停止(附生效)条件的合同和附解除条件的合同。

附期限的民事法律行为的效力状况取决于所附期限是否到来。根据所附期限对法律行为的效力的影响不同,区分为附始期的民事法律行为和附终期的民事法律行为。附始期的民事法律行为在所附期限届至时,法律行为始发生效力;附终期的法律行为在所附期限届满时,已生效的法律行为失却其效力。合同作为民事法律行为的重要表现形式,也可附期限,合同附期限就成为附期限的合同,具体表现为附始期的合同和附终期的合同。

二、附条件合同

(一)附条件合同的概念

根据我国《民法典》第158、159条之规定,附生效条件的合同,自条件成就时生效。附解除条件的合同,自条件成就时失效。当事人为自己的利益不正当地阻止条件成就的,视为条件已经成就;不正当地促成条件成就的,视为条件不成就。由此规定可见,附条件的合同,是指当事人在合同中规定一定的条件,以此条件的成就与否来决定合同效力的发生或消灭之合同。

(二)附条件合同中的条件

附条件合同中的"条件",是指当事人所约定的决定合同生效或解除的特定事实,既可以是事件,也可以是行为。条件应当具备如下特征:

1. 须是将来发生的事实。能够作为附条件合同所附条件的必须是当事人在实施法律行为时尚未发生的事实,过去的、已经发生的事实不能成为条件。

2. 须是不确定的事实。合同所附的条件,应是在将来可能发生也可能不发生的不确定的事实。如果是将来必定会发生或者将来必不发生的事实,不能作为所附条件。

3. 须是当事人约定的而不是法定的事实。条件作为合同的附款是合同当事人意思表示内容之一,其目的在于限制合同之效力。所附条件应是当事人所约定的,法律规定或者合同的性质决定的事实不能作为所附条件。

(三)附条件合同的分类

1. 以条件成就对合同效力的影响功能不同,附条件的合同通常可以分为附生效条件的合同与附解除条件的合同。

生效条件又称为停止条件、延缓条件,是指具有延缓民事法律行为效力发生功能的条件。附生效条件的合同即是在所附条件成就时合同效力始得发生的合同。在所附条件成就以前合同虽经当事人意思表示一致而成立,其效力却并未发生,处于停止状态,须待所附条件成就时,合同才发生效力。如果条件终未成就,合同仍不生效力。因此,《民法典》第158条规定,"附生效条件的民事法律行为,自条件成就时生效"。例如,甲乙达成一个合同约定:如果甲的女儿能够成功出国留学,则甲就将其收藏的字画按照约定的价格卖给乙,以筹措女儿留学的生活费用。这里甲的女儿成功出国留学就是生效条件,这一条件使甲乙之间已经成立的字画买卖合同之效力处于停止状态,只有在甲的女儿成功出国留学后,该合同才能生效。

与生效条件相反,决定法律行为效力消灭的条件为解除条件。附解除条件的合同,在所附解除条件成就时失却其效力。此类合同不仅成立,且已生效,合同所确定的权利、义务已在当事人之间产生。但由于合同附加了解除条件,所以该条件成就时,已经生效的合同效力归于消灭,当事人之间的权利、义务关系即行解除。如果所附条件最终不能成就,则合同效力仍然得以保持。因此,《民法典》第158条规定,“附解除条件的民事法律行为,自条件成就时失效”。如甲乙约定,甲的女儿留学归来就解除甲乙之间的房屋租赁合同。这里所附的甲的女儿留学归来就是一个解除条件。

2. 依合同所附的条件是客观事实的发生还是不发生,可以将附条件的合同分为附积极条件的合同和附消极条件的合同。

以将来的事实发生为成就条件的合同,为附积极条件的合同。例如甲乙签订房屋租赁合同,出租人甲考虑到其女儿申请出国留学不成功还需此房居住,在合同中附加了“如其女儿成功出国留学,则租赁合同生效”的条件。

以将来的事实不发生为成就条件的合同,为附消极条件的合同。

(四)合同条件成就、不成就及其拟制

1. 合同条件成就与不成就

合同条件的成就与不成就是指作为合同条件的事实发生与不发生,即当事人意思表示选定的事实状态最终是否实现。积极条件以条件事实的发生为成就;消极条件以条件事实的不发生为成就。与之相对应,积极条件以条件事实的不发生为不成就;消极条件则以条件事实的发生为不成就。对于附生效条件的合同,条件的成就将使该合同发生效力;对于附解除条件的合同,条件的成就将使该合同的效力归于消灭。

2. 合同条件成就与不成就的拟制

合同所附之条件是否成就,涉及合同当事人的利益。对于合同条件的成就问题,当事人应当听任其自然发展,而不应为了自己的利益而恶意地促成所附条件的成就或者恶意地阻止所附条件的成就,否则相关当事人的利益就会受到严重损害。为了防止当事人恶意促成或者阻止条件的成就,《民法典》规定了条件成就之拟制和条件不成就之拟制制度,即《民法典》第159条规定,“当事人为自己的利益不正当地阻止条件成就的,视为条件已经成就;不正当地促成条件成就的,视为条件不成就”。所谓条件成就之拟制,是指因条件成就而可能受有不利益的当事人,如果以不当行为恶意阻止条件成就的,视为条件已成就。其目的是制裁不正当行为,保护因条件成就而应获得利益的当事人。所谓条件不成就之拟制,是指因条件成就而获得利益的当事人,如果以不正当行为恶意促成条件成就,则视为条件不成就。其目的仍是制裁不正当行为,保护对方当事人的利益。

三、附期限合同

根据《民法典》第160条之规定,当事人对合同的效力可以约定附期限。附生效期限的合同,自期限届至时生效。附终止期限的合同,自期限届满时失效。

(一)附期限合同的概念

期限是合同当事人约定的将来确定到来的事实。附期限合同是指以当事人意思表示

选定的将来确定发生的事实——一定期限的届至作为决定合同效力发生或者终止依据的合同。期限作为民事法律行为的附款,其功能也在于对法律行为效力进行限制,以使法律行为能够按照当事人的约定有计划地进行。期限同条件一样,都是当事人在合同中约定的。但条件的成就或者不成就是当事人不能预知的,作为条件的事实将来可能发生也可能不发生,是不确定的。而期限却是当事人所能预见的,它以将来确定事实之到来为内容,是确定要发生的事实。

在实践中,应注意区分条件与期限。其区分的根本标准在于:期限是将来确定发生的事实,即必成事实;而条件则是将来发生与否并不确定的事实。在实践中,对期限的确定可采用历法上的期日、期间,如某年某月某日或某年某月某日到某年某月某日;也可以将某种将来肯定会到来的事实的发生日期作为期限,如“下次下雨”“本次航行终了之时”等。

(二)附期限合同的分类

根据合同所附的期限对合同效力的影响,附期限合同可以分为附始期的合同与附终期的合同。

1. 附始期的合同。始期是当事人约定的以其届至决定法律行为发生效力的期限。合同中约定了将来确定发生之事实出现时,合同始发生效力,即为附始期的合同。在始期届至前,合同虽已成立,但并不发生效力,合同效力处于停止状态,只有在所附期限届至时,合同才产生效力。对此,《民法典》第 160 条规定:“附生效期限的民事法律行为,自期限届至时生效。”

2. 附终期的合同。终期是当事人约定的以其到来决定法律行为效力消灭的期限。合同中约定了在将来确定发生的事实出现时,已经生效之合同即行丧失其效力,即为附终期的合同。在终期届满前,合同已成立,并已发生效力,而待所附期限届满时,合同即失却其效力,使合同之效力归于消灭。故《民法典》第 160 条规定:“附终止期限的民事法律行为,自期限届满时失效。”

阅读　条件和期限

条件是指当事人所约定的决定合同生效或解除的特定事实,该事实必须是当事人约定而非法定的,将来可能发生也可能不发生的不确定事实;期限是当事人所约定的决定合同生效或解除的将来确定到来的事实。

条件和期限作为合同的附款对合同效力产生的影响:附生效条件的合同,自条件成就时生效。附解除条件的合同,自条件成就时失效。当事人为自己的利益不正当地阻止条件成就的,视为条件已成就;不正当地促成条件成就的,视为条件不成就。当事人对合同的效力可以约定附期限。附生效期限的合同,自期限届至时生效。附终止期限的合同,自期限届满时失效。

训 练

【案例】2008年3月,甲、乙方签署协议,约定:“甲方同意,在其竞买‘欢乐世界项目’定点范围内的国有土地使用权成功,办理完毕土地使用证,按照本协议约定,与乙方签订上述70亩商业用地土地使用权的转让合同。”甲方未参加该项目地块的竞买,无法向乙方转让土地,乙方诉至法庭,请求甲方继续履行合同。甲方辩称,甲方向乙方转让70亩土地的约定是附条件的,而甲方最终未能取得该项目用地,所附条件未成就。

请问:甲方要不要向乙方承担违约责任?

【解析】甲乙双方订立的协议是国有土地使用权转让协议的预约,而非国有土地使用权转让协议,双方之间未订立国有土地使用权转让协议。甲方应向乙方承担的是违反预约的违约责任,包括继续履行签订国有土地使用权转让协议的责任,或者赔偿因不履行签订国有土地使用权转让协议给乙方造成的损失等。

思 考

作为合同附款的条件与期限会对合同效力产生什么影响?

第四节 无效合同

一、无效合同概述

(一)无效合同的概念

无效合同,是指欠缺合同的有效要件,根本不能产生当事人意思表示欲求的民事法律效果,在法律上确定、当然、完全不具有法律效力的合同。

无效合同是相对于有效合同而言的,它是指合同虽然已经成立,但因欠缺合同的有效要件,因而被确认无效。至于欠缺何种要件时合同被确认为无效,由法律明文规定。无效合同不具有法律效力并非指不发生任何法律效果,而是指不发生合同当事人所追求的法律效果。

(二)无效合同的特征

1. 无效合同不具备民事法律行为的有效条件。例如,行为人不具备民事行为能力、违反了法律和行政法规的强制性规定或者违背了公序良俗。因为该类合同不具备民事法律行为的有效条件,因而法律对其进行否定的价值评判,使该类合同不发生法律效力,使当事人所预期的法律效果不能得以产生。

2. 无效合同具有不得履行性。因为合同不具有效力,因而无效合同的当事人不得履行合同。对于无效合同,没有履行的不得履行,正在履行的应当停止履行,已经履行的应当通过返还财产、折价补偿、赔偿损失等方式使当事人的财产恢复到合同订立时的状态。

3. 无效合同是确定的、绝对的、自始的无效。确定的无效是指无效合同的无效状态是不可改变;绝对无效是指无效合同无须任何人主张,也无须法律或仲裁机关宣告就是无效的;自始无效是指无效合同从成立时起就没有法律效力。

二、无效合同的种类

(一)无民事行为能力人订立的合同

《民法典》第144条规定:"无民事行为能力人实施的民事法律行为无效。"由此可知,无民事行为能力人订立的合同是无效的。根据我国民法的规定,无民事行为能力人包括:(1)不满八周岁的未成年人。不满八周岁的未成年人为无民事行为能力人,应由其法定代理人代理订立合同。[6] (2)不能辨认自己行为的成年人。这类人亦应由其法定代理人代理订立合同。[7] (3)不能辨认自己行为的八周岁以上的未成年人。八周岁以上的未成年人一般属于限制民事行为能力人,但如果不能辨认自己行为的,归入无民事行为能力人,应由其法定代理人代理订立合同。[8] 无民事行为能力人未经过其法定代理人代理,直接订立的合同,属无效合同。

(二)恶意串通订立的合同

恶意串通,是指当事人为谋取不正当利益而合谋实施的违法行为。公平正义是社会主义法治的价值追求,是社会主义法治的生命和灵魂。合同当事人恶意串通订立的合同往往会给他人合法权益造成损害,因而为法律所禁止,故因恶意串通订立的合同为无效合同。《民法典》第154条规定:"行为人与相对人恶意串通,损害他人合法权益的民事法律行为无效。"

恶意串通具有以下特征:(1)当事人出于恶意,即当事人明知其串通行为会给他人合法权益造成损害而故意为之。其本质在于通过损害他人合法权益为自己谋取非法利益。所谓恶意串通是指当事人双方都有恶意,如果一方当事人不应知其行为后果,则不构成恶意。(2)当事人有相互串通行为,即当事人共同实施或者相互配合实施了该非法行为。(3)当事人的目的是谋取不法利益。当事人互相串通实施非法行为,其共同目的是通过损害他人合法权益而为其谋取非法利益。

(三)以虚假的意思表示订立的合同

《民法典》第146条规定:"行为人与相对人以虚假的意思表示实施的民事法律行为无效。以虚假的意思表示隐藏的民事法律行为的效力,依照有关法律规定处理。""虚假的意思表示"因其不符合民事法律行为的有效条件而不生效力。当事人之所以"以虚假的意思表示"订立合同,目的在于隐藏其真实的意思表示,隐藏其真实的法律行为,《合同法》将该

---

[6] 《民法典》第20条。

[7] 《民法典》第21条第1款。

[8] 《民法典》第21条第2款。

行为表述为“以合法形式掩盖非法目的”。“以合法形式掩盖非法目的”的表述中只有“掩盖”是确切的,合法、非法、目的、形式的概念均具有程度不同的模糊性,是错误的立法语言。

真实的合同被虚假的合同所隐藏,虚假的合同是无效的,被隐藏的真实的合同不一定是无效的。被隐藏的真实的合同的效力不能因当事人实施了“隐藏”行为而断然认定为无效,当事人“隐藏”行为不一定是非法的。由此,被隐藏的真实的合同的效力,还应另当别论,依法认定。这比《合同法》一概无效的判定要科学得多。

(四)违背公序良俗的合同

《民法典》第153条第2款规定:“违背公序良俗的民事法律行为无效。”“公序良俗”由抽象的民法基本原则转化为具体的民事法律行为的效力制度,成为可直接援引的裁判依据。违背公序良俗的合同为无效合同。

违背公序良俗的合同大体包括:(1)危害国家公序的行为。如以从事犯罪或帮助犯罪行为作为内容的合同、规避课税的合同。(2)危害家庭关系的行为。如约定断绝亲子关系的合同、婚姻关系中的违约金条款等。(3)违反性道德的行为。如婚外同居人所作出的赠与和遗赠合同等。(4)非法射幸合同,如赌博合同。(5)违反人格和人格尊重的行为。如以债务人人身为抵押的合同条款、规定企业有权对顾客或雇员搜身检查的格式合同条款。(6)限制经济自由的行为。如限制职业自由的条款。(7)违反公平竞争的行为。如拍卖或招标中的串通行为,以贿赂方法诱使对方雇员或代理人与自己订立的合同。(8)违反消费者保护的行为。如利用欺诈性的交易方法致使消费者遭受重大损害等。(9)违反劳动者保护的行为。如规定“工伤概不负责”及女雇员一旦结婚立即辞退等合同。(10)暴力行为。[9] 一般来看,行为人如果订立了上述合同,可以归入“公序良俗”情形,认定为无效合同。

认定合同是否违背公序良俗,应当以社会主义核心价值观为导向,综合考虑当事人的主观动机和交易目的、政府部门的监管强度、一定期限内当事人从事类似交易的频次、行为的社会后果等因素,并在裁判文书中充分说理。一般而言,合同虽然不违反法律、行政法规的强制性规定,但是有下列情形之一,应认定合同因违背公序良俗而无效:(1)合同影响政治安全、经济安全、军事安全等国家安全的;(2)合同影响社会稳定、公平竞争秩序或者损害社会公共利益等违背社会公共秩序的;(3)合同背离社会公德、家庭伦理或者有损人格尊严等违背善良风俗的。认定公序良俗,应从严把握,不应失之宽泛。

(五)违反法律、行政法规的强制性规定的合同

《民法典》第153条第1款规定:“违反法律、行政法规的强制性规定的民事法律行为无效。但是,该强制性规定不导致该民事法律行为无效的除外。”

法律规范有强制性规范与任意性规范之分。对于涉及国家利益、社会秩序、市场交易安全和直接关系第三人利益的事项,法律、行政法规设强制性规定,以排斥当事人的自由意志;而对涉及当事人自己利益的事项,则设任意性规定,允许当事人以自由意志协商确定。

---

〔9〕 梁慧星:《市场经济与公序良俗原则》,载《民商法论丛》第1卷,法律出版社1994年版,第57~58页。

因此，只有违反法律、行政法规的强制性规定的合同，才能确认其无效，而不是任何违反任何法律、法规的合同都无效。

一般而言，合同违反法律、行政法规的强制性规定的，即无效。除非法律、行政法规明确规定，违反该强制性规定并不导致合同无效的除外。那么，如何认定合同所违反的具体的"强制性规定"并不会导致合同无效呢？《合同编通则解释》第 16 条第 1 款认为，合同违反法律、行政法规的强制性规定，相关当事人依法承担行政责任或者刑事责任能够实现强制性规定的立法目的的，可以认定该合同不因违反强制性规定无效。具体情形包括：(1)强制性规定虽然旨在维护社会公共秩序，但是合同的实际履行对社会公共秩序造成的影响显著轻微，认定合同无效将导致案件处理结果有失公平公正；(2)强制性规定旨在维护政府的税收、土地出让金等国家利益或者其他民事主体的合法利益而非合同当事人的民事权益，认定合同有效不会影响该规范目的的实现；(3)强制性规定旨在要求当事人一方加强风险控制、内部管理等，对方无能力或者无义务审查合同是否违反强制性规定，认定合同无效将使其承担不利后果；(4)当事人一方虽然在订立合同时违反强制性规定，但是在合同订立后其已经具备补正违反强制性规定的条件却违背诚信原则不予补正；(5)法律、司法解释规定的其他情形。

三、合同免责条款的效力问题

合同的免责条款就是当事人以协议排除或限制其未来责任的合同条款。免责条款以意思表示为要素，基于当事人的约定，当免责条款成为合同的组成部分并确认为有效时，免责条款所约定的事由出现，即发生排除或限制有关当事人承担民事责任的效果。合同的免责条款要产生免责的效果，要求免责条款必须有效。免责条款即便成为合同的组成部分，也并不意味着它一定有效，是否有效还要根据法律的规定予以确认。

根据《民法典》第 506 条的规定，合同中因故意或者重大过失给对方造成财产损失和造成对方人身损害的免责条款是无效的。也就是说，合同当事人在合同中约定的一方因故意或者重大过失给对方造成财产损失的免责条款和合同一方造成另一方人身损害的免责条款均无效。因为无论因故意或重大过失给对方造成财产损害的行为，还是给对方造成人身损害的行为，都是法律所应谴责和否定的行为，若认定此类免责条款有效，即意味着对该类行为的放任，这不利于维护社会道德风尚、督促义务履行和保障权利实现，也不利于维护社会秩序。因此，应使实施这种行为并给合同对方当事人的财产或人身造成损害的一方当事人承担民事责任，而不允许合同当事人协议排除或限制此民事责任的承担。

——训　练——

【司考】居民甲经主管部门批准修建了一排临时门面房，核准使用期限为 2 年，甲将其中一间租给乙开餐馆，租期 2 年。期满后未办理延长使用期限手续，甲又将该房出租给了丙，并签订了 1 年的租赁合同。因租金问题，发生争议。下列哪些选项是正确的？（2017 年）

A. 甲与乙的租赁合同无效

B. 甲与丙的租赁合同无效

C. 甲无权将该房继续出租给丙

D. 甲无权向丙收取该年租金

【答案】 BCD

【解析】《城镇房屋租赁合同解释》第3条第1款规定:“出租人就未经批准或者未按照批准内容建设的临时建筑,与承租人订立的租赁合同无效。但在一审法庭辩论终结前经主管部门批准建设的,人民法院应当认定有效。”因此,本题除A项外,均为正确答案。

综上,本题的答案为BCD。

【司考】甲房地产开发公司开发一个较大的花园公寓项目,作为发包人,甲公司将该项目的主体工程发包给了乙企业,签署了建设工程施工合同。乙企业一直未取得建筑施工企业资质。现该项目主体工程已封顶完工。就相关合同效力及工程价款,下列哪些说法是正确的?(2017年)

A. 该建设工程施工合同无效

B. 因该项目主体工程已封顶完工,故该建设工程施工合同不应认定为无效

C. 该项目主体工程经竣工验收合格,则乙企业可参照合同约定请求甲公司支付工程价款

D. 该项目主体工程经竣工验收不合格,经修复后仍不合格的,乙企业不能主张工程价款

【答案】 ACD

【解析】《建设工程施工合同解释一》第1条第1款规定:“建设工程施工合同具有下列情形之一的,应当依据民法典第一百五十三条第一款的规定,认定无效:(一)承包人未取得建筑业企业资质或者超越资质等级的;(二)没有资质的实际施工人借用有资质的建筑施工企业名义的;(三)建设工程必须进行招标而未招标或者中标无效的。”本题乙企业未取得施工企业资质,施工合同无效。故A项正确,B项错误。C项、D项依照当时的司法解释,应为正确选项。即使依照现行司法解释的基本精神,亦为可选择适用的规则。

综上,本题的答案为ACD。

—— 思　考 ——

1. 无效合同具有什么特征?
2. 什么是恶意串通? 什么是公序良俗?
3. 无效合同的种类有哪些?

第五节　可撤销合同

一、可撤销合同概述

(一)可撤销合同的概念

可撤销合同,是指因当事人在订立合同时意思表示不真实,法律允许撤销权人通过行使撤销权而使已经生效的合同归于无效的合同。

(二)可撤销合同的特征

1. 可撤销合同是意思表示不真实的合同。合同是当事人意思表示一致的结果,它要求当事人的意思表示真实。然而,由于某些原因的存在,可能导致合同当事人的意思表示不真实。法律为了维护合同当事人意思表示的真实,将意思表示不真实的合同规定为可撤销合同,赋予意思表示不真实的当事人以撤销权,通过行使撤销权使合同归于无效。欺诈、胁迫、乘人之危致使显失公平、重大误解等原因均可导致合同当事人之间的意思表示不真实,最终使合同效力处于可撤销状态。

2. 撤销权人是否行使撤销权撤销合同,由撤销权人自主决定。撤销权人原则上为基于具有撤销原因之行为而直接取得法律效果的人,故撤销权人通常为意思表示不真实的表意人本人。由于可撤销合同主要涉及当事人意思表示不真实的问题,而当事人意思表示是否真实,局外人难以知晓判定,即使局外人已得知一方当事人因意思表示不真实而受到损害,也不能主张将该合同予以撤销。只有属于合同当事人的撤销权人才可以意思表示不真实为依据,在全面权衡利害关系的基础上,最终作出予以撤销还是不予撤销的决定。

3. 可撤销合同在撤销前,应为有效。撤销权人在未行使撤销权撤销合同前,合同是有效力的,并不因为合同存在可撤销的因素就认为其无效,当事人应依据合同的约定履行义务。但当撤销权人行使撤销权撤销了合同后,该合同归于无效,产生与无效合同相同的法律后果。此点既与无效合同相区别,亦与效力可追认合同相区别。对于效力可追认合同而言,在追认权人未予追认以前,其处于未生效状态;而对于可撤销合同而言,在撤销权人未行使撤销权以使合同归于无效前,合同是有效的。

二、可撤销合同的种类

我国《民法典》规定的可撤销合同种类包括:

(一)因重大误解订立的合同

《民法典》第147条规定:“基于重大误解实施的民事法律行为,行为人有权请求人民法院或者仲裁机构予以撤销。”因重大误解订立的合同属于可撤销合同。

误解又称错误,是指行为人的外部表示与其内心真意不相一致的行为。这种不一致的原因是由于行为人在意思表示时不知或误解。如误认借贷为赠与,出卖人误将某一标的物当作另一物等情况。

误解的构成要具备以下条件:(1)须意思表示成立,即表意人有效果意思和表示行为。如果意思表示不能成立,就不存在误解的问题。(2)须效果意思与表示行为不相一致。如果一致则为意思表示真实,所谓误解正是效果意思与表示行为不一致。(3)效果意思与表示行为的不一致须是由表意人的不知或误认造成的。如果这种不一致是由表意人的故意造成的,则不构成误解。(4)表意人的不知或误认是由于自己的原因造成的。在通常情况下,都是由表意人的过失行为造成的,即由其不注意、不谨慎造成的。

由于误解通常是由误解者本人造成的,对方当事人对此并无责任,因而,法律将误解作为影响合同效力的原因是有条件的,即法律只承认“重大误解”是影响合同效力的原因。所谓重大误解,是指行为人在作出意思表示时,对涉及合同效果的重大事项存在认识的显著缺陷,其后果是使误解者的利益受到重大损失,或者误解者未达成订立合同的目的。根据一般理解,重大误解包括以下几种情形:(1)对合同性质的误解。例如,将出租误认为出卖,将借贷误认为赠与。(2)对对方当事人的误解。如将甲公司误认为乙公司而与之订立合同。(3)对标的物的误解,包括对标的物的品种、质量、规格、数量等的误解。其一,对标的物品种的误解,如误将二锅头当作茅台酒购买等。其二,对标的物质量的误解,如将赝品当作原作购买等。其三,对标的物规格的误解,如误把千吨水压机当作万吨水压机等。其四,对标的物的数量、包装、履行方式、履行期限等内容的误解会给误解者造成重大损失的,也构成重大误解。这些只是一般的指引,是否真正成立重大误解应具体案件具体分析。

(二)因乘人之危致使显失公平的合同

《民法典》第151条规定:"一方利用对方处于危困状态、缺乏判断能力等情形,致使民事法律行为成立时显失公平的,受损害方有权请求人民法院或者仲裁机构予以撤销。"一方明知对方处于危困状态,或者缺乏判断能力,利用这种有利条件,把不合理的交易条件强加给对方,致使合同的交易条件明显不公平,获取不正当利益,使对方为此遭受了损失的,这类合同应当被撤销。《民法典》的这一规定,合并了《合同法》上原有的"乘人之危"与"显失公平"两类情形,将"乘人之危"作为原因要件,"显失公平"作为结果要件,只有这两个要件同时具备,此类合同才是可撤销的。

(三)以欺诈手段订立的合同

欺诈是指以使他人陷入错误为目的而为意思表示,故意陈述虚假事实或隐瞒真实情况的行为。

欺诈的构成要件如下:(1)欺诈人主观上有欺诈的故意。欺诈人明知其向对方陈述的是虚假事实,会使对方陷入错误的认识,并基于这种错误认识而为意思表示,仍希望或者放任这种结果发生即为欺诈人的故意。这种故意并不以欺诈人有谋取财产上的不法利益为要件,只要妨碍了他人自由地为意思表示,都可构成欺诈。(2)欺诈人有欺诈的行为。欺诈人故意陈述虚假事实或者故意隐瞒真实情况使他人陷入错误的行为即为欺诈行为。欺诈行为表现为虚假陈述和隐瞒真相。前者如甲方向乙方购买字画,乙方将赝品说成真迹;后者是指一方当事人有义务向对方告知某种真实情况而故意不告知。如果一方当事人有义务向对方告知真实情况时,沉默也构成欺诈。(3)受欺诈人因欺诈而陷入错误。受欺诈人的错误源于欺诈人的欺诈行为,欺诈行为与受欺诈人的错误有因果关系。如果一方当事人的错误并非由另一方当事人的欺诈所致,则不构成欺诈。受欺诈人的错误是指其对合同内容及其他重要情况的认识有缺陷,如因受欺诈将有瑕疵的标的物认为是无瑕疵的标的物。(4)受欺诈人因错误而为意思表示。欺诈人因受到欺诈而陷入错误,并基于该错误认识为意思表示而订立了合同,此时才构成欺诈。如果受欺诈人虽因受到欺诈而陷入错误,然而并未因此而为意思表示,则不构成欺诈。

《民法典》将以欺诈手段订立的合同区分为两种情形:(1)一方欺诈。《民法典》第148条规定:"一方以欺诈手段,使对方在违背真实意思的情况下实施的民事法律行为,受欺诈方有权请求人民法院或者仲裁机构予以撤销。”合同当事人一方欺诈合同另一方，该情形与《合同法》规定的欺诈情形相同。(2)一方利用第三人欺诈。《民法典》第149条规定：“第三人实施欺诈行为，使一方在违背真实意思的情况下实施的民事法律行为，对方知道或者应当知道该欺诈行为的，受欺诈方有权请求人民法院或者仲裁机构予以撤销。”这是《民法典》新增加的撤销情形。第三人实施了对对方的欺诈行为，一方明知且利用了第三人的这一欺诈行为，与对方订立了合同的，该类合同是可以撤销的。

(四)以胁迫手段订立的合同

胁迫，是指合同一方或者第三人以将要发生的损害或以直接施加损害相威胁，使对方产生恐惧并因此作出意思表示的行为。胁迫包括威胁和强迫。威胁是指行为人一方或者第三人以未来的不法损害相恐吓，使表意人陷入恐惧，并因此作出意思表示的行为。强迫是指行为一方或者第三人以现实的身体强制，使表意人处于无法反抗的境地而作出意思表示的行为。

胁迫的构成要件如下：(1)胁迫人有胁迫的故意。胁迫人有通过实施胁迫行为而使受胁迫人陷入恐惧，并基于恐惧而作出意思表示的故意。胁迫人的故意，并不要求其有取得财产上的利益或使受胁迫人蒙受财产上的损失的意思。(2)胁迫人有胁迫行为。胁迫人实施了以将来要发生的损害或以直接施加损害构成威胁的行为。只要胁迫人实施胁迫行为给受胁迫人造成了恐惧即构成胁迫。如果受胁迫人并未因受到胁迫而发生恐惧，或者虽有恐惧，但并非由于胁迫而生者，则不构成胁迫。(3)受胁迫人因胁迫而订立合同。受胁迫人因受到胁迫而产生恐惧或处于无法反抗的境地，并基于此而为不真实的意思表示，与胁迫人订立合同，即恐惧与意思表示不真实之间有因果关系。(4)胁迫行为具有违法性。胁迫人所实施的胁迫没有法律根据。如果一方或者第三人有合法的根据对另一方施加某种压力，则不构成胁迫。如一方或者第三人向另一方提出，如果对方不按时履行合同就要提起诉讼，因诉讼为救济权利的合法手段，则不构成威胁。

《民法典》第150条规定：“一方或者第三人以胁迫手段，使对方在违背真实意思的情况下实施的民事法律行为，受胁迫方有权请求人民法院或者仲裁机构予以撤销。”一方或者第三人以胁迫手段，迫使对方订立的合同，是可以撤销的合同。

三、撤销权的行使与消灭

(一)撤销权的概念及其行使

撤销权，是指合同当事人享有的依法撤销合同的权利。撤销是使违背当事人意思表示的整个合同之效力归于消灭。撤销权可以看作撤销权人依其单方的意思表示使合同等民事法律行为溯及既往地消灭的权利。由于撤销权人仅凭单方的意思就可以使相关的民事法律关系发生变动，因此，撤销权在性质上属于形成权。《民法典》将撤销权人依次规定为“行为人(误解人)”“受欺诈方”“受胁迫方”“受损害方”。

关于撤销权的行使，我国民法规定由享有撤销权的当事人请求人民法院或者仲裁机构撤销。这与德国、日本等国家的规定并不相同。按照这些国家的规定，撤销权人可通过向对方当事人为撤销的意思表示以行使撤销权。依我国法律的规定，撤销权的行使应当采取请求撤销之诉或仲裁申请的方式为之。如果撤销权人不采取向法院起诉或向仲裁机构申请的方式为之,而直接向对方当事人以意思表示为之,则不发生撤销权行使的效力。同时,撤销权的行使须在法律规定的期限内行使。按照《民法典》第152条第1款之规定,享有撤销权的当事人应当在知道或者应当知道撤销事由之日起1年内行使撤销权;重大误解的当事人应当在自知道或者应当知道撤销事由之日起90日内行使撤销权;受胁迫的当事人,应当自胁迫行为终止之日起1年内行使撤销权。

撤销权行使的后果为撤销合同。可撤销合同一旦被撤销即发生溯及力,使合同自始不发生效力。

(二)撤销权的消灭

《民法典》第152条规定:"有下列情形之一的,撤销权消灭:(一)当事人自知道或者应当知道撤销事由之日起一年内、重大误解的当事人自知道或者应当知道撤销事由之日起九十日内没有行使撤销权;(二)当事人受胁迫,自胁迫行为终止之日起一年内没有行使撤销权;(三)当事人知道撤销事由后明确表示或者以自己的行为表明放弃撤销权。当事人自民事法律行为发生之日起五年内没有行使撤销权的,撤销权消灭。"由此规定可知,撤销权的消灭存在下列具体情形:

1. 撤销权因存续期间届满而消灭。撤销权的存续期间属于除斥期间,是一个不变期间,是权利的存续期间,权利因期限届满未行使而消灭,权利应当在该期限内行使。撤销权的存续期间有三类:(1)一般情况下,撤销权的存续期间是当事人自知道或者应当知道撤销事由之日起1年。结合法条的后半部分,该1年存续期间是指欺诈、乘人之危致使显失公平两种情形下的撤销权。(2)重大误解情形下撤销权的存续期间是当事人自知道或者应当知道撤销事由之日起90日内。此种情形的撤销权存续期间比1年存续期间要短,系因重大误解仅属误解人自身原因,不可归责于对方当事人的特殊性质所决定。(3)胁迫情形下撤销权的存续期间是自胁迫行为终止之日起1年。权利人因胁迫处于不自由状态,只有胁迫行为终止后,权利人才有机会行使权利。因此,该情形下撤销权的行使期限自胁迫行为终止之日起算。

2. 撤销权因被权利人放弃而消灭。撤销权作为民事权利可依权利人的意思表示而放弃。《民法典》第152条第1款第3项规定,当事人知道撤销事由后明确表示或者以自己的行为表明放弃撤销权,撤销权消灭。撤销权人在除斥期间经过前放弃撤销权的,该撤销权消灭,可撤销合同因此成为完全有效的合同。关于撤销权人放弃撤销权的意思表示形式,法律规定了两种:(1)撤销权人知道撤销事由后以明示的方式放弃撤销权,即明确、直接表示放弃撤销权。这种放弃撤销的意思表示应向相对人为之。(2)撤销权人以自己的行为表示放弃撤销权。所谓"以自己的行为"应理解为作为的默示,即推定行为,指撤销权人实施明示形式(语言、文字等)以外的积极行为,通过此积极行为即可推定出其放弃撤销权的意思表示,如虽无明确地放弃撤销权的意思表示,但却积极地依合同约定履行合同。

训 练

【法考】某日,古玩爱好者王某在经常光顾的古玩街花费数万元购买了一对青铜烛台,疑为明代真品。后经鉴定,该烛台为现代仿品,仅值数百元,对此,下列哪一说法是正确的?(2022年)

A. 王某可主张存在重大误解,请求撤销合同

B. 王某意思表示真实有效,无权请求撤销合同

C. 王某可主张存在显失公平,请求撤销合同

D. 王某可主张其被出卖人欺诈,请求撤销合同

【答案】 B

【解析】本题考查的是可撤销合同的基本规则。首先,重大误解是指行为人对行为的性质、对方当事人或标的物的品种、质量、规格、价格、数量等产生错误认识,按照通常理解如果不发生该错误认识,行为人就不会作出相应意思表示。据此可知,重大误解的本质是"行为人因自身原因对合同的主要内容认识错误"。《总则编解释》第19条第2款规定:"行为人能够证明自己实施民事法律行为时存在重大误解,并请求撤销该民事法律行为的,人民法院依法予以支持;但是,根据交易习惯等认定行为人无权请求撤销的除外。"本题考查的就是"根据交易习惯等认定行为人无权请求撤销的除外"情形。由于双方当事人交易的标的物是"古玩",属于特殊商品,古玩市场向来存在"买卖全凭眼力,真假各安天命"的行业惯例,即由买受人通过实物查看,自行判断商品价值,并与出卖人达成交易合意,即便买受人确实对商品质量存在误判,也不构成法律上的重大误解。因此,王某的意思表示真实有效,无权请求撤销合同。故A项错误,B项正确。其次,显失公平是指一方利用对方处于危困状态、缺乏判断能力等情形,致使合同成立时显失公平。本题中,虽然王某花费数万元购买了仅值数百元的青铜烛台,客观上价格相差悬殊。但是,主观上,出卖人并未"利用"王某处于危困状态、缺乏判断能力的情形,因此,不符合显失公平的主观构成要件,不属于显失公平。故C项错误。最后,欺诈是指故意告知虚假情况,或负有告知义务的人故意隐瞒真实情况,致使当事人基于错误认识作出意思表示的行为。本题中,王某自己对青铜烛台的价值存在误判,出卖人并未实施任何欺诈行为,买卖合同合法有效。故D项说法不正确。

综上,本题的答案为B。

【法考】2019年年初,张某游学出国前将珍藏的一幅齐白石名作委托给好友李某代为保管。半年后李某意外去世,其子李俊根据李某的遗嘱继承了李某的全部遗产。一日,李俊的好友画家王某来访,看到画后觉得应该是齐白石真迹,便向李俊询价购买,李俊误认为是其父临摹之作,以3000元卖与王某。两年后,张某游学归来,向李俊索要其画。李俊此时才知该画原系张某所有,且为名家真迹。对此,下列哪些说法是正确的?(2021年)

A. 李俊可以重大误解为由,请求法院撤销与王某的买卖合同

B. 李俊可以无权处分为由,请求法院确认与王某的买卖合同无效

C. 李俊善意取得该画的所有权

D. 王某善意取得该画的所有权

【答案】 A

【解析】所谓重大误解,根据《总则编解释》第19条第1款规定,行为人对行为的性质、对方当事人或者标的物的品种、质量、规格、价格、数量等产生错误认识,按照通常理解如果不发生该错误认识行为人就不会作出相应意思表示的,人民法院可以认定为《民法典》第147条规定的重大误解。

本题中王某利用了李俊无经验而低价购买,符合重大误解的条件。因重大误解撤销合同的除斥期间为90日或者5年,前者从知道或者应当知道之日起算,后者从行为发生之日起算,故而本题的除斥期间并未超过。A项正确。根据《民法典》第597条规定,无权处分合同是有效的,故B项错误。李俊是基于继承而不是有偿转让行为取得画的"所有权",所以与善意取得无关,C项错误。王某利用对方没有经验而低价购买,构成重大误解。重大误解的合同可被撤销,一经撤销,自始无效,买受人不得主张善意取得。因为构成善意取得的前提条件不仅要发生无权处分且该无权处分合同必须是有效的。对此,《物权编解释一》第20条规定,具有下列情形之一,受让人主张依据《民法典》第311条规定取得所有权的,不予支持:(1)转让合同被认定无效;(2)转让合同被撤销。因此,D项错误。

综上,本题的答案是A。

思　考

1. 可撤销合同的特征有哪些?
2. 何谓重大误解、欺诈、胁迫、乘人之危致使显失公平?
3. 撤销权该如何行使?

第六节　可追认合同

一、可追认合同的概念

可追认合同,是指已成立的合同,因不符合有关合同生效要件的规定,其效力尚未发生,而有待于有权人追认后才能生效的合同。

可追认合同是一种已经成立的合同。该合同虽已经成立,但由于其不符合有关合同生效要件的规定,所以其处于未生效状态。其既可能因享有形成权的第三人(有权人)的追认而生效,转变为有效合同,也可能因享有形成权的第三人(有权人)的拒绝追认而不生效。如果享有形成权的第三人的追认使可追认合同成为有效的合同,该合同将溯及合同成立时发生效力;如果享有形成权的第三人不予追认,则该合同将不生效。

可追认合同与无效合同和可撤销合同是有区别的。对于无效合同而言,其不发生效力,自始已经确定,并不会因其他行为而使之再生效力;而可追认合同在被追认前是未生效的,而要待享有形成权人为相关行为后方可生效。对于可撤销合同而言,在其未被撤销以前应被认定为有效,在撤销权人行使撤销权最终撤销该合同后,该合同最终归于无效;而可追认合同,须待追认权人为追认的意思表示方可产生效力。

二、可追认合同的种类

根据《民法典》的规定,可追认合同有两类:一是限制民事行为能力人订立的合同;二是无权代理订立的合同。此两类合同分别是由于有关当事人缺乏缔约能力、缺乏代理订立合同的资格(权限)造成的,如果赋予有关当事人追认权,使之能够以其利益判断作出追认而使合同有效,或者拒绝而使合同确定不生效,往往是有利于权利人的利益,有利于促进交易的。因此,将这两类合同规定为可追认的合同,而不是简单地将其宣告为无效合同,是符合权利人的意志和利益的。

(一)限制民事行为能力人订立的合同

1. 限制民事行为能力人订立合同的效力状况

依照《民法典》的规定,无民事行为能力人从事民事活动应由其法定代理人代理。因此,无民事行为能力人不能独立地订立合同,否则在法律上是无效的。限制民事行为能力人可以独立实施纯获利益的行为,或者与其年龄、智力、精神健康状况相适应的民事活动,其他民事活动由其法定代理人代理,或者要征得其法定代理人的同意或者追认。如果限制民事行为能力人订立的纯获利益的合同,或者是与其年龄、智力、精神健康状况相适应的合同,即其对订立合同的行为、合同的性质与后果等能够完全理解,则所订立的合同应为有效。若非此情形所订立之合同,如果事先取得了其法定代理人的同意,亦为有效;如果事先未取得其法定代理人的同意,则须在订立合同后取得法定代理人的追认。法定代理人若追认,则为有效;若不追认,则不生效。

对限制民事行为能力人而言,纯获利益的合同或者与其年龄、智力、精神健康状况相适应而订立的合同,不必经其法定代理人追认而当然有效。因为法律规定其不能独立订立的合同,是为了避免其遭受损害,而纯获利益的合同如接受赠与、遗赠等并不会给其带来损害,因而应允许其独立订立此类合同,并承认其法律效力,而无须其法定代理人的追认。至于与其年龄、智力、精神健康状况是否相适应,应从行为与本人生活相关联的程度、本人的智力或精神健康状态能否理解其行为并预见相应的后果,以及行为标的的数额等方面认定。如购买零食、生活日用品、文具,满足其日常生活以及学习需要,实施此类行为与他人订立的合同,不需经过其法定代理人的追认即可生效。除上述情形之外,限制民事行为能力人订立的合同须经法定代理人追认才有效。

2. 相对人的催告权和撤销权

因限制民事行为能力人所订立的合同在其法定代理人未予追认前,其效力处于未生效状态,为保护相对人的利益,法律赋予了相对人以催告权和撤销权。与限制民事行为能力人订立合同的相对人有权在合同订立后,催告法定代理人是否追认。依照《民法典》第 145 条第 2 款的规定,相对人可以催告法定代理人自收到催告通知之日起 30 日内予以追认。法定代理人在收到催告通知后,如果作出追认的意思表示,则合同为有效;如果拒绝追认,则不生效;如果未作表示,即既不表示追认,又不表示拒绝追认,则视为拒绝追认,合同应归于不生效。

相对人在与限制民事行为能力人订立合同后,并不一定被动地等待法定代理人的追认,法律允许其在法定代理人未及追认前行使撤销权,撤销其与限制民事行为能力人订立合同所作出的意思表示。此意思表示的撤销,应视为合同自始未成立。行使撤销权的相对人须为善意,即不知与其订立合同的为限制民事行为能力人。依《民法典》第 145 条第 2 款的规定,撤销应当以通知的方式作出,即善意相对人要撤销其所订立合同的意思表示,应通知限制民事行为能力人的法定代理人。

(二)因无权代理订立的合同

《民法典》第171条第1款规定:“行为人没有代理权、超越代理权或者代理权终止后,仍然实施代理行为,未经被代理人追认的,对被代理人不发生效力。”依此规定,无权代理人订立的合同为效力可追认合同,其是否发生效力取决于被代理人是否追认。

无权代理人之代理行为,是否对被代理人发生效力,完全取决于本人的态度,法律因此赋予本人以追认权。倘若本人追认,则等于本人事后补充授予代理人以代理权,该代理行为有效,本人应承担该代理行为之后果;倘若本人不予追认,则该代理行为不生效,所订立的合同对本人不发生效力,其后果本人并不承受。法律之所以赋予本人以追认权,是为保护本人的利益,因为无权代理人的代理行为并不一定对本人不利,应允许本人从其利益需要出发,以其自由意志作出判断,如果该代理行为对其有利,则予以追认,否则便不予追认。

对无权代理人订立的合同,法律赋予相对人以催告权和撤销权。此规定与限制民事行为能力人所订立的合同相对人的催告权和撤销权相同。此制度是为保护相对人的利益而设。相对人可以催告被代理人自收到催告通知之日起30日内对合同予以追认。被代理人在收到催告通知后如果未作表示的,视为拒绝追认,合同对被代理人发生效力。相对人之撤销权应在本人未予追认之前行使,如果本人已经追认,那么无权代理已经发生了有权代理的效力,相对人的撤销权即归于消灭;如果本人已表示不予追认,这时无权代理行为不能对本人发生效力,相对人的撤销权也当然归于消灭。行使撤销权的相对人须为善意,即在与无权代理人订立合同时不知其无代理权。若明知代理人无代理权,仍与其订立合同,则构成恶意,法律对恶意行为无保护之必要,则不赋予其撤销权。善意相对人行使撤销权时应以通知的方式作出。

——训　练——

【司考】甲公司员工唐某受公司委托从乙公司订购一批空气净化机,甲公司对净化机单价未作明确限定。唐某与乙公司私下商定将净化机单价比正常售价提高200元,乙公司给唐某每台100元的回扣。商定后,唐某以甲公司名义与乙公司签订了买卖合同。对此,下列哪一选项是正确的?(2016年)

A. 该买卖合同以合法形式掩盖非法目的,因而无效

B. 唐某的行为属无权代理,买卖合同效力待定

C. 乙公司行为构成对甲公司的欺诈,买卖合同属可变更、可撤销合同

D. 唐某与乙公司恶意串通损害甲公司的利益,应对甲公司承担连带责任

【答案】 D

【解析】“以合法形式掩盖非法目的”包含了两个行为,而本题中是一个行为,而非两个行为,故A项错误。唐某有公司授权,故B项错误。本题不存在欺诈的情形,故C项错误。代理人与相对人恶意串通,损害委托人的利益,符合无效情形,但连带责任的认定缺乏依据。相较而言,选D项合适。

综上,本题的答案为D。

思　考

1. 可追认合同的效力如何?

2 可追认合同与无效合同、可撤销合同有何区别?

3. 相对人如何行使催告权与撤销权?

4. 可追认合同产生的原因是什么?

第七节　合同无效、被撤销或者确定不发生效力的法律后果

合同无效、被撤销或者确定不发生效力后,不能发生当事人所预期的法律效果,即不发生合同履行的效力,但并非不产生任何法律后果,依照法律规定仍能产生一定的法律后果。这种后果包括返还财产、赔偿损失等法定后果。

根据《合同编通则解释》的规定,合同不成立产生与合同无效、被撤销或者确定不发生效力相同的法律后果。

一、返还财产

根据《民法典》第157条之规定,合同无效、被撤销或者确定不发生效力后,首先发生返还财产的后果。所谓返还财产是指合同被确认无效、被撤销或者确定不发生效力后,合同当事人对基于该合同已经给付的财产享有返还请求权,受领给付财产的当事人负有返还财产的义务。这实际上是一种恢复原状的措施。合同无效、被撤销或者确定不发生效力时,合同自始无效或者溯及合同成立时无效,受领给付财产的当事人取得财产权利的法律依据已经丧失,故应将所受领财产返还给给付当事人,使财产状态得以恢复到合同当事人订立合同之前的状态。

(一)双方返还和单方返还

返还财产的形式取决于当事人是否已为财产给付。如果双方当事人都已为财产给付,则双方当事人同时负有返还义务,此谓双方返还;如果只有一方当事人已为给付,则只有受领给付财产的一方当事人负有返还义务,此谓单方返还。当然,如双方均未为给付,则不存在返还问题。另外,当事人有无过错并非产生返还义务的条件,就是说无论受领财产的当事人是否有过错都应负返还财产的义务。如果返还的财产属于依法登记流转的财产,返还财产还应包括更正登记簿册记载的内容。〔10〕

对于对方取得价款或者报酬的返还,请求返还的一方当事人有权请求对方支付资金占

〔10〕《合同编通则解释》第24条第1款。

用费,资金占用费按照中国人民银行授权全国银行间同业拆借中心公布的一年期贷款市场报价利率(LPR)计算。占用资金的当事人对于合同不成立、无效、被撤销或者确定不发生效力没有过错的,资金占用费应当以中国人民银行公布的同期同类存款基准利率计算。[11]

合同双方互负的返还义务,可以成立同时履行抗辩权。[12]

(二)折价补偿

返还财产应以能够返还为条件,如果财产在法律上或事实上不能返还,或者没有必要返还时,依据《民法典》第157条的规定,则应折价补偿。所谓法律上的不能返还是指财产已经转让给善意第三人,善意第三人依善意取得制度已取得该项财产的所有权,具体是指受领人将受领的财产转让给第三人,而第三人取得该项财产时在主观上为善意,不知道或者没有责任知道出卖人没有处分权,则所有权人无权向善意第三人要求返还原物。在这种法律上不能返还的情形下,受领财产的一方当事人应当给予对方补偿。所谓事实上不能返还是指因标的物的灭失、变形、毁损等所造成的不能返还,如原物已经灭失而无替代品、原材料已被加工成成品、原物被严重毁损而无法修复。在此情况下,应由受领一方当事人对另一方当事人予以补偿。

依《民法典》第157条的规定,折价补偿还发生在没有必要返还的情形下。没有必要返还,主要指根据实际情况的需要,当事人相互协商后认为不返还原物于双方并无弊害,反而对双方都有利。可见,确定有无必要返还,只能以当事人的合意为准,而不能以其他方式来判断。如果当事人经协商认为无必要返还时,受领财产一方则应向对方予以补偿。

应依该财产的市场价值或者以其他合理方式计算的价值为基准折价补偿。[13]

二、赔偿损失

《民法典》第157条还规定了合同在被确认无效、被撤销或者确定不发生效力以后,有过错的一方当事人应当赔偿对方因此所受到的损失,双方当事人都有过错的,应当各自承担相应的民事责任。可见,当合同被确认无效、被撤销或者确定不发生效力后,如果由于一方或者双方的过错给对方造成损失时,还要承担损害赔偿责任。此种损害赔偿责任应具备以下构成要件:(1)有损害事实存在,即当事人因合同无效或被撤销而遭受了损失。当事人所遭受的损失可能是在合同订立过程中出现的,如当事人一方为订立合同而支付了一定的费用,而合同却因对方有欺诈行为而宣告无效;此损失也可能是在合同履行中所遭受的损失,如在订立合同以后,一方当事人为准备履行合同而支付了一定的费用,而合同却因对方的过错而被确认无效。(2)赔偿义务人具有过错。过错的表现形式有多种,如违反了法律、行政法规的强制性规定或者违背了公序良俗,采用了欺诈、胁迫、乘人之危致使显失公平等方式迫使对方与自己订立合同等。(3)过错行为与遭受损失之间有因果关系,即一方所遭受的损失是由于对方当事人的过错行为所造成的。如果一方虽遭受损失但并非由于对方

〔11〕《合同编通则解释》第25条第1款。
〔12〕《合同编通则解释》第25条第2款。
〔13〕《合同编通则解释》第24条第1款。

过错行为所致，则不构成损害赔偿责任。[14] 如果合同双方当事人都有过错，依《民法典》第157条的规定，双方当事人应当各自承担相应的责任，即适用过错相抵原则。所谓过错程度，如一方的过错为主要原因，另一方为次要原因，则前者责任大于后者；所谓过错的性质，如一方系故意，另一方系过失，故意一方的责任应大于过失一方的责任。[15]

因合同无效、被撤销或者确定不发生效力，一方当事人因此受到损失，另一方当事人对此有过错的，应赔偿受害人的损失，这种赔偿责任是基于缔约过失责任而产生的。“所谓缔约过失责任，是缔约人故意或过失的违反先合同义务时依法承担的民事责任。”[16] 由于缔约一方当事人违反先合同义务，即违反缔约人双方为签订合同而相互接触磋商时逐渐产生的注意义务，如相互协商、互相照顾、互相保护、互相通知等依诚信原则所要求的义务，而给对方当事人造成了信赖利益损失。有过错的违反先合同义务的当事人应当赔偿对方的损失。信赖利益损失是指无过错的一方当事人因信赖合同有效而在订立和履行合同中支付了一定的费用和代价，后因合同无效或被撤销所受到的损失。信赖利益损失包括：(1)缔约费用，即在订立合同过程中所支出的必要和合理的费用，包括邮电费用、赶赴缔约地或查看标的物所支出的合理费用。(2)履约费用，即为准备履行合同和实际履行合同过程中所支出的费用，例如为运送标的物或受领对方给付所支付的合理费用。(3)合理的间接损失，如丧失与第三人订立合同的机会所蒙受的损失。[17]

在确定损失赔偿额时，应结合财产返还或者折价补偿的情况，综合考虑财产增值收益和贬值损失、交易成本的支出等事实，按照双方当事人的过错程度及原因力大小，根据诚信原则和公平原则合理确定。合同不成立、无效、被撤销或者确定不发生效力，当事人的行为涉嫌违法且未经处理，可能导致一方或者双方通过违法行为获得不当利益的，人民法院应当向有关行政管理部门提出司法建议。当事人的行为涉嫌犯罪的，应当将案件线索移送刑事侦查机关；属于刑事自诉案件的，应当告知当事人可以向有管辖权的人民法院另行提起诉讼。[18]

三、合同部分无效和解决争议方法的条款的效力

《民法典》第156条规定：“民事法律行为部分无效，不影响其他部分效力的，其他部分仍然有效。”据此，在一个合同中，如果合同的部分内容无效，而合同其他部分仍能够独立存在并且仍符合有效要件时，那么无效部分被确认无效后，其他部分仍可继续有效。但其前提是未被确认无效部分能够独立存在，其与无效部分并无牵连关系。例如，甲乙双方订立的合同中含有多项标的物，既有法律允许正常流通的货物，如眼镜、首饰，也有法律禁止流通的货物，如毒品、麻醉药品，则该合同中涉及禁止流通物的部分无效；但由于该部分与合同的其他部分之间相互独立，它们的无效不影响其他部分的效力，不产生导致其他部分无效的后果。如果确认合同部分内容无效将对合同的其他部分产生影响，该被确认无效部分

---

〔14〕 王利明、崔建远：《合同法新论·总论》，中国政法大学出版社1996年版，第311～313页。

〔15〕 王家福主编：《中国民法学·民法债权》，法律出版社1991年版，第337页。

〔16〕 崔建远：《合同责任研究》，吉林大学出版社1992年版，第285页。

〔17〕 王利明、崔建远：《合同法新论·总论》，中国政法大学出版社1996年版，第314页。

〔18〕 《合同编通则解释》第24条第2、3款。

在合同内容中居于核心地位或者该部分与合同的其他内容之间具有密切的不分性,则该部分的无效将导致合同的整体无效。如果合同的目的是违法的,或者根据交易习惯或者诚信原则和公平原则而致合同部分无效后,剩余部分对当事人已经没有意义或者显著不公平合理,则合同应当全部确认无效。

"解决争议方法的条款"是指规定解决合同当事人之间纠纷方法的合同条款。在现实中,当事人在合同中约定的解决争议方法的条款主要包括仲裁条款、选择受理合同纠纷法院的条款以及法律适用条款等。《民法典》第 507 条对解决争议方法的条款的独立性问题作出了明确规定,即"合同不生效、无效、被撤销或者终止的,不影响合同中有关解决争议方法的条款的效力"。该规定表明解决争议方法的条款是解决合同当事人争议的有效约定条款,并不因合同的不生效、无效、被撤销或者终止而失效,该规定的目的是在尊重当事人意思自治的基础上准确界定当事人之间的法律责任,顺利解决他们之间的纠纷。当然,解决争议方法的条款并非一律都是有效的,它也存在无效的情况。例如,当事人违反《民事诉讼法》关于级别管辖和专属管辖的规定,约定管辖法院的条款就是无效的。另外,如果解决争议方法的条款约定不明确,当事人之间对解决争议方法的条款存在不同的解释和理解,而又无法得出一个公允的结论时,也会导致该种约定无效。

思　考

1. 合同无效或者被撤销会产生什么法律后果?
2. 合同内容的部分无效对合同效力会产生什么影响?
3. 合同的无效对解决争议方法的条款会有什么影响?

重点问题梳理

1. 在大多数情况下,已经成立的合同会因为符合合同的生效要件而马上对当事人产生法律效力,但对于一些特殊的合同,如附延缓条件的合同,则要在延缓条件成就时才对当事人产生法律拘束力。
2. 合同之债的相对性决定了合同原则上只在当事人之间发生效力,不涉及第三人,涉及第三人的代位权与撤销权是合同效力的特殊表现。
3. 合同的无效并不是不产生任何效果,而是不产生当事人所预期的合同效果。

第四章　合同的履行

第一节　合同履行概述

一、合同履行的概念

所谓合同履行，是指债务人在合同履行原则的指导下，依照合同约定履行其所应承担的给付义务，从而使债权人之债权得以实现。合同履行是债务人按照合同约定全面、适当地履行合同义务的行为，既可表现为积极的作为，也可表现为消极的不作为。前者如价金的支付、劳务的提供、物品的交付等；后者如依约不为某种行为，诸如不以某种价格出售某商品、不在某个时段弹奏钢琴等。合同履行行为实际上是合同条款和内容全面实现的最终体现，是使债权人实现其合同债权的给付行为和给付结果的统一，通过合同履行使合同债权转化为物权或者与物权价值相等的权利。[1] 诚如林诚二所言："履行并非指债务人之给付行为，履行重结果，给付仅系履行之手段，必使债权人实际获得给付结果，才能谓之'履行'。"[2]因此，合同履行行为是导致合同关系消灭的主要原因，其与债的清偿具有相同的意义，但履行与清偿的用语角度或强调重点不同。履行常被用作指称合同债务人履行债务的实然行为，特别是指在债务人履行债务之际，债务人履行行为实际上所具备的状态，故对于债务人履行债务之行为，它具有具体、动态以及实然的特点；而清偿的含义重点在于强调债务之清偿是消灭债务关系之依据，因此多被作为债关系消灭依据的事实范畴加以使用。[3]

二、合同履行的意义

1. 合同履行是合同法律效力最集中的体现。合同依当事人双方合意而成立并生效，履行合同是当事人各自合同利益得以实现和满足的途径。因此，从合同效力方面考察，合同履行是依法成立的合同所必然发生的法律效果，并构成合同法律效力的主要内容。合同法的作用正是在于以法律所具有的特殊强制力，保障合同当事人正确履行合同，使合同关系归于消灭，通过合同关系的不断产生、履行和消灭，实现社会经济的流转。[4]

---

〔1〕 王利明、崔建远：《合同法新论·总则》，中国政法大学出版社1997年版，第315页。

〔2〕 林诚二：《民法理论与问题研究》，中国政法大学出版社2000年版，第216页。

〔3〕 施天涛主编：《合同法释论》，中国人民公安大学出版社1999年版，第106～107页。

〔4〕 王家福主编：《中国民法学·民法债权》，法律出版社1995年版，第385页。

2. 合同履行是全部合同法律制度的核心。综观整个合同制度,都是围绕合同履行制度展开的。无论是合同的成立、生效,合同的保全、担保,合同债权债务的转让,还是合同的变更、解除,合同的违约责任等,究其实质均与合同履行直接或间接地关联着,围绕着合同履行展开,以确保生效合同能够得到切实履行,保证当事人合同目的的实现。因此,有学者称,合同履行是其他一切合同法律制度的归宿和延伸。[5] 笔者认为,合同履行所具有的这种核心地位,足以用来解释我国合同法何以不同于其他国家,而将“合同的履行”作为单独的一章来规定。

阅读　“合同履行”在民法中的位置

合同履行在不同国家的民法中,规定的位置并不完全一致,大致有以下几种类型:(1)以《瑞士债务法》为代表,将合同履行作为债的效力的体现规定在法典第三章“债的效力”中,合同履行是合同法律效力的主要内容;(2)以《德国民法典》为代表,将合同履行作为债的消灭原因规定在法典第二编第三章“债务关系的消灭”中,表明合同关系因双方当事人的正确履行而消灭,即合同因清偿而消灭;(3)以我国《民法典》为代表,将合同履行作为单独一章内容进行规定,从而使合同的履行与合同的订立、效力、变更和转让、终止、违约责任等相并列。[6]

3. 合同履行是实现合同目的、完成法律对合同关系调整的手段与基础。合同履行,既是债务人履行合同义务的过程,也是债权人实现合同权利的过程,同时也是法律对于合同关系进行动态调整的过程。就单个的合同当事人的利益而言,合同关系的确立在于实现合同当事人订立合同的可期待的利益。合同债权作为一种请求权,其权利背后利益的实现与满足,只能有赖于合同义务的履行。合同不履行或履行不适当、不全面,不但会导致合同目的的落空,而且会削弱市场交易的安全,进而影响社会经济秩序的稳定。所以,就维护社会经济秩序的角度而言,法律必须将合同这种动态的财产流转关系纳入法律调整的范围中,以任意主义的调整方式(辅之以法定主义),使合同关系的参加者肩负合同义务并享受合同权利。通过保障权利的行使和鞭策义务的履行,使这种业已纳入法律调整的社会关系在法律设定的模式和轨道之上动态地运行起来,从而实现法律所追求的法秩序。法令行则国治,法令弛则国乱。高效的法治实施体系是连接良法与善治的桥梁,合同的履行是《民法典》合同编实施的重要环节,也是建设高效的法治实施体系的重要环节。

思　考

合同履行在合同法中有什么法律意义?

---

〔5〕 苏惠祥主编:《中国当代合同法论》,吉林大学出版社1992年版,第146页。
〔6〕 韩世远:《合同法总论》,法律出版社2006年版,第268页。

第二节　合同履行原则

合同履行原则，一般认为是指当事人在履行合同债务过程中所应遵循的基本准则或者一般性规则。[7] 但对于合同履行原则具体应该包括哪些内容，学者有不同的认识，存在一原则说、二原则说、三原则说、四原则说等。具体可归纳的履行原则有：实际履行原则、全面履行原则、协作履行原则、诚信履行原则、亲自履行原则、情事变更原则等不一而足。笔者认为，确定合同履行原则，首先要明确作为合同履行原则的标准是什么，即充当合同履行原则所应具备的准则条件是什么。作为合同履行原则应具备的标准有两个条件：首先，合同履行原则的效力应贯穿于合同履行的全过程，其所反映的指导思想应当是法律对于合同履行活动的根本性要求，因此，仅适用于合同履行局部阶段的准则，不宜作为合同履行的原则。其次，合同履行原则是当事人履行各类合同义务普遍适用的准则性要求，因此，仅仅是适用于某类合同履行的准则，亦不宜作为合同履行原则。符合上述标准的原则有两个，即全面履行原则和诚信履行原则。《民法典》第509条第3款规定的环保履行原则是一种原则性的倡导，属于不完全法律规范的范畴。

一、全面履行原则

全面履行原则又称为正确履行原则或适当履行原则，是指合同当事人按照合同约定的标的、数量、质量，由适当的主体在适当的期限、地点，以适当的方式全面、正确地完成合同所规定的义务。我国《民法典》第509条第1款规定："当事人应当按照约定全面履行自己的义务。"这就以法律的形式将全面履行原则确定为当事人履行合同时应遵循的基本原则。依此规定，合同生效后，当事人应严格按照合同约定履行合同义务，除例外情形可由第三人代为履行外，通常情况下，债务人应当亲自履行其债务；债务人在履行其债务时，应按照合同约定的标的物品种、规格、数量、质量履行，不得随意改变标的物或以其他物品或货币代替原标的物的交付，更不得任意降低标的物规格等级或质量标准；同时应遵守合同约定的时间、地点，既不能逾期迟延履行或提前履行，也不能擅自改变履行地点，否则都有可能构成履行的不适当而要承担违约责任。

实际履行与全面履行是既有区别又有联系的种属概念。实际履行强调对于当事人按照合同约定实际给付标的的法律约束，即除非有约定事由或法定事由出现，债务人不得以其他标的物或方式代替原标的的履行；全面履行则集中体现对于当事人履行合同义务的整体性法律约束，既要求当事人按标的实际履行，又要求当事人交付的标的物或提供的工作成果、劳务符合法律和合同约定的其他条件，如质量、数量要求等。由此可见，全面履行包括

---

〔7〕 王利明、崔建远：《合同法新论·总则》，中国政法大学出版社1997年版，第319页；苏惠祥主编：《中国当代合同法论》，吉林大学出版社1992年版，第147页。

了实际履行的内容与要求,全面履行必然是实际履行,但实际履行未必是全面履行。[8]

二、诚信履行原则

诚信原则作为民法的基本原则,适用于民法的整个制度。在其被广泛地确定为民法的基本原则之前,诚信原则首先就是作为债法的原则存在的,且主要是用作债的履行规则上的要求。如《法国民法典》第1134条第3款规定,“契约应以善意履行之”,此所谓“善意”即为诚信。《德国民法典》第242条规定:“债务人须依诚实与信用,并照顾交易惯例,履行其给付。”我国《民法典》第509条第2款规定:“当事人应当遵循诚信原则,根据合同的性质、目的和交易习惯履行通知、协助、保密等义务。”因此,诚信原则理所当然应成为合同当事人履行合同时必须遵守的根本性准则。

诚实守信是市场活动中形成的道德观念,它要求人们在市场活动中秉持诚实理念,恪守承诺,在不损害他人利益和社会利益的前提下追求自己的利益。具体到合同履行中,诚信履行原则首先要求合同当事人信守合同关系中的给付义务,以善意、诚实的心态全面、适当地实施给付,不欺诈、不推诿。与此同时,为了确保合同履行的顺利实施和当事人双方利益的最大化满足,在给付义务之外,依诚信原则又派生出诸如照顾、通知、协助、保密等附随义务。由此可见,诚信原则涵盖了合同履行过程中的所有法律要求:无论是债务人应为的全面、适当地履行,还是债权人应为的受领协助、配合,乃至履行双方应为的照顾、通知、协助和保密义务,均可从诚信履行原则上得到体现。[9] 因此,诚信履行原则是合同履行的根本性准则,是合同履行的原则。

—— 思　考 ——

合同履行应遵循的原则是什么? 市场经济下,实际履行原则是否仍有其不可替代的作用?

第三节　合同履行的具体规则

合同履行,主要涉及履行主体(由谁履行)、履行标的(履行内容)、履行期限、履行地点等一系列问题,既包括给付义务之履行,又涉及附随义务的履行。依据全面履行原则和诚信履行原则,合同履行的具体规则如下:

一、给付义务的履行

给付,即债的标的,是指债之关系上特定人之间可以请求的特定行为,不作为也可以为给付,且不局限于有财产价格。[10] 所谓给付义务的履行,是指当事人应依照合同约定的标

---

[8] 苏惠祥主编:《中国当代合同法论》,吉林大学出版社1992年版,第155页。

[9] 韩松主编:《民法学》,中国政法大学出版社2004年版,第448页。

[10] 韩世远:《合同法总论》,法律出版社2006年版,第279页。

的内容,全面、适当地履行其义务,即履行义务适当。具体包括如下内容:

(一)履行主体适当

合同的履行主体包括履行合同债务的人和接受合同债务履行的人。通常情况下,履行合同债务的人即合同中的债务人。但是,在特定情况下,法律并不禁止由下列债务人以外的民事主体来履行合同债务:

1. 债务人的代理人

当履行行为在性质上属民事法律行为时,如移转标的物的所有权,债务人可以将其负担的合同义务委托于有代理资格的人来代其履行,此时,代理人是以债务人的名义为合同的履行。

2. 第三人清偿

第三人为合同义务的履行,又称代为清偿,或称第三人清偿,是指第三人以自己的名义有意识地清偿债务人的债务。[11] 发生第三人代为清偿,可以是基于第三人与债务人之间的委托约定,这种情况包括既可以是第三人基于此来代替履行其原本对债务人的债务,也可以是基于第三人对债务人所为的无偿赠与,总之,第三人应“对履行该债务具有合法利益”。[12] 根据《合同编通则解释》第30条之规定,下列民事主体,可以认定为“对履行债务具有合法利益的第三人”:(1)保证人或者提供物的担保的第三人;(2)担保财产的受让人、用益物权人、合法占有人;(3)担保财产上的后顺位担保权人;(4)对债务人的财产享有合法权益且该权益将因财产被强制执行而丧失的第三人;(5)债务人为法人或者非法人组织的,其出资人或者设立人;(6)债务人为自然人的,其近亲属;(7)其他对履行债务具有合法利益的第三人。第三人在其已经代为履行的范围内取得对债务人的债权,但是不得损害债权人的利益。担保人代为履行债务取得债权后,向其他担保人主张担保权利的,依据《担保制度解释》的规定处理。

第三人清偿中,第三人为债务履行系以自己之名义进行,而非以债务人名义,故第三人之法律地位不同于债务人之代理人。同时第三人在向受领人履行时,需说明其所履行的乃是债务人之债务。若第三人将他人债务当作自己债务而为清偿则不构成第三人清偿,债务人的债务并不因此而归于消灭,而是在第三人与债权人之间产生非债清偿问题,发生不当得利法律关系。此外,在履行辅助人场合,清偿是以债务人名义进行的,亦不属于第三人清偿。最后需要说明的是,并非所有的合同债务均可由第三人代为清偿,法律明文规定须由债务人亲自履行的债务、当事人约定由债务人亲自履行的债务以及依合同性质必须由债务人亲自履行的债务,均不得适用代为清偿制度。

第三人清偿后即消灭债务人与债权人之间的合同关系,但第三人并不因此而成为合同的当事人,第三人只是合同的履行主体。因此,当事人约定合同由第三人向债权人履行债务的,若第三人不履行债务或者履行债务不符合约定,债权人不能向第三人追究责任,而只能向债务人追究违约责任。在第三人与债务人无相反约定时(第三人的清偿为无偿赠与),

---

〔11〕 韩世远:《合同法总论》,法律出版社2006年版,第271页。

〔12〕 《民法典》第524条第1款。

第三人代为清偿后,在其代为清偿的范围内依法享有代位权,即第三人在清偿的范围内取得债权人的权利,并可依其权利,向债务人追偿。[13]

3. 履行受领人

所谓履行受领人,即接受合同履行的主体。通常情况下,履行受领主体是债权人,但在债权被扣押或被质押或者债权人受破产宣告时,债权人的受领权均会受到限制。另外,在特定情况下,债权人的代理人、债权代位权人、破产清算组、第三人等也可作为债权的受领主体。

阅读 对债权的准占有人的履行

债权的准占有人,系指本非履行受领权人,但从一般交易观念看,具有使人信以为债权人且以自己的意思行使债权的人。例如,债权让与无效时债权事实上的受让人、无记名债权证书的持有人等。就对债权的准占有人履行的效果而言,在符合有效条件的场合,将发生债权消灭的法律后果,履行人不得要求返还既已履行的给付,真正的债权人可以向债权的准占有人主张不当得利的返还,在债权的准占有人存在故意或过失情形下,则会发生侵权行为的损害赔偿请求权。[14]

(二)履行标的适当

履行标的,即债务人依约应当实施的义务内容。合同的履行标的往往因债权关系的不同而呈现差异,例如交付财物、价金,提供劳务,完成工作,移转权利等,履行标的应当根据这些具体内容来确定。所谓履行标的适当,是指债务履行标的应当完全符合合同约定的债务内容,未经双方当事人协议,任何一方不得任意变更约定的标的。通常,合同的标的包括质量、数量、价格、酬金、规格等要素,因此,从外延上看,履行标的适当主要包括履行标的数量适当、履行标的质量适当和履行标的价格适当这三个方面。

1. 履行标的数量适当,要求债务人履行债务时应当按照数量要求为全部履行,而不得仅为部分履行或者全部不履行。通常,依照合同约定,债务应当一次性全部履行时,原则上履行人不得分次履行,否则受领人有权拒绝受领。但是倘若分次履行对债权人并无不利或不便时,依照诚信原则,受领人不得拒绝受领。

2. 履行标的质量适当,要求债务人履行债务的标的应当符合合同关系所要求的品种、规格和标准。根据我国《民法典》的规定,合同履行标的的质量由当事人协商确定。当事人在合同中没有约定或约定不明确的,由当事人协议补充。不能达成补充协议的,依合同相关条款或交易习惯确定。无法确定的,依强制性国家标准履行;没有强制性国家标准的,按照推荐性国家标准履行;没有推荐性国家标准的,按照行业标准履行;没有国家标准、行业标准的,按照通常标准或者符合合同目的的特定标准确定。这里的"国家标准"是指由国家标准化管理委员会发布的统一标准,包括国家强制性标准和国家推荐性标准。对前者,当事

〔13〕《民法典》第524条第2款。

〔14〕韩世远:《合同法总论》,法律出版社2006年版,第275页。

人必须遵守,不得违反,即使当事人之间有约定,该约定也不得违反国家强制性规定;对后者,当事人之间的约定可以与之不同,但在未约定或约定不清时,则应按照该国家标准来确定质量要求。“行业标准”也称部门标准,是由有关行政主管部门对没有国家标准而又需要在全国某个行业范围内统一的技术要求所制定的标准。有关“通常标准”或“符合合同目的的特定标准”的规定,实际上与国际上的通行做法一致,《国际商事合同通则》第 56 条规定:如果合同中既未规定而且也无法根据合同确定履行的质量,则一方当事人有义务使其履行的质量达到合理的标准,并且不低于此种情况下的平均水平。可见,通常标准也就是合理的且不低于平均水平的标准,这种标准应根据不同情况来定,既要考虑履行合同时的市场情况,也要考虑其他有关因素。

3. 履行标的价格适当,要求当事人履行合同时应按照约定的价款或者报酬履行,若价款或者报酬不明确,则按照订立合同时履行地的市场价格履行。这里的市场价格是订立合同时的履行地市场价格,而非履行合同时的履行地市场价格。但如果合同中规定的标的是依法执行政府定价或者政府指导价的,当事人就应当依照政府的定价或者指导价来履行,而不能依照订立合同时的履行地市场价格来确定。对于执行政府定价或者指导价的合同,合同履行期间如遇国家对该价格进行调整的,则属履行情况的变化,当事人应按照调整后的价格来履行。若债务人逾期履行合同,交货时遇价格上涨,合同的价格应按合同原规定的价格执行,遇价格下降,按下降后的新价格执行,即对违约的债务人,遇涨不涨,遇降则降。若债权人逾期提货或逾期付款,遇价格上涨,则按上涨后的新价格执行,价格下降,则按合同原规定价格执行,即对违约的债权人,遇涨则涨,遇降不降。此可称为价格罚款,目的是使违约方自己承担价格变化的风险。我国《民法典》第 513 条之规定即反映了此种立法理念。

(三)履行期限适当

履行期限既是合同债务人履行债务的期限,也是合同债权人可现实请求债务人履行债务并接受债务人之履行从而实现其债权利益的期限。所谓履行期限适当,要求当事人应当在合同约定的期间或者期日履行债务和接受履行。履行期限对合同双方当事人均具有约束力,任何一方不得无故逾期或迟延。

合同的履行期限通常由当事人在合同中明确约定。当事人未约定或者约定不明的,由当事人协议补充。不能达成补充协议的,依合同相关条款或者交易习惯确定。若仍无法确定的,债务人可以随时履行,债权人也可以随时请求履行,但是应当给对方必要的准备时间。

履行期限直接关系到合同义务完成的时间,在履行期后所为的履行属合同的迟延或逾期履行,应承担相应的民事责任;在履行期到来之前所为的履行是否属适当履行应视情况而定。因为履行期限对于债务人而言是包含期限利益的(特定情况下,债权人同样也具有期限利益),因此,债权人是不能要求债务人提前履行的,若债务人放弃期限利益而提前履行,对于提前履行没有期限利益损失的债权人,依诚信原则,不得拒绝受领。反之,提前履行若会损害债权人之期限利益,债权人可拒绝受领该项给付。当然,如果关于提前履行,当事人另有约定的,则从其约定。

(四)履行地点适当

履行地点是债务人依合同约定实施履行行为的地点,又称为清偿地。债务人不在履行地点履行债务,则不发生清偿效力,因此要求债务的履行地点要适当,即债务的履行应当在合同关系要求的地点进行。否则,债权人可以拒绝受领债务人的履行。

合同的履行地点既关涉合同履行费用的分配、风险的移转,又关系到违约与否的判断以及诉讼管辖地的确定等与当事人利益相关的一系列重大问题。因此,明确合同的履行地点,对双方当事人均具有重要的法律意义。通常,合同的履行地点由当事人约定。当事人未约定或者约定不明的,由当事人协议补充;不能达成补充协议的,依合同相关条款或者交易习惯确定。若仍无法确定的,则按照法律规定确定履行地点:给付货币的,接受货币一方所在地为履行地;交付不动产的,不动产所在地为履行地;交付其他标的的,履行义务一方所在地为履行地。

探讨 债务适当履行的缓和〔15〕

债务适当履行,旨在使债权人切实地取得其合同预期利益,实现社会财富的融通和流转,但要求债务人适当履行债务,仅仅是实现合同目的的手段,而非合同目的本身。因此,在无害于合同目的,即在确保合同债权人利益实现和社会财产流转程序的前提下,基于诚信原则,债务适当履行在法律上存在缓和的余地。

第一,在合同履行过程中,当事人双方得依约定变更合同履行的内容。

第二,在合同履行过程中,债务人单方变动其履行方式,如提前履行或分期部分履行,在无损于债权人利益的前提下,债权人不得拒绝受领。

第三,在合同履行过程中,发生履行不能时,例如作为特定物的标的物毁损灭失,债权人应允许债务人以损失赔偿金来替代履行,而不得强人所难,坚持要求实际履行。

第四,在合同履行过程中,由于可归责于债务人的事由导致履行迟延,致使合同履行对于债权人已无意义,这时虽未发生履行不能的情况,但债权人有权要求以损失赔偿金来替代履行,债务人不得要求按合同关系实际履行。

第五,在合同履行过程中,债权人的利益可以用纯粹的金钱来衡量,或者说债权人以债务人支付的损失赔偿金可以顺利地在市场上重新获取其所需要的给付,且其预期利益亦会完全实现时,此时虽未发生履行不能,法律仍应允许债务人以损失赔偿金来替代履行。债权人不得坚持要求债务人按照原合同关系实际履行。

第六,在合同履行过程中,由于发生当事人双方无法预料的情事变化,致使按原合同关系履行会明显有悖于公平时,此时虽未发生履行不能,法律仍应允许当事人一方主张变更合同内容,他方不应坚持要求以原合同关系实际履行,此即情事变更原则的运用。

二、附随义务的履行

所谓附随义务,是指相对于给付义务而言,在作为债务的给付义务之外,基于债的履行

〔15〕 韩松主编:《民法学》,中国政法大学出版社 2004 年版,第 450 页。

中诚信原则的要求，为维护对方当事人的利益，并依社会的一般交易观念，法律规定的当事人双方均应负担的义务。[16] 附随义务是为履行给付义务或保护当事人人身或财产上利益，在合同发展过程中基于诚信原则而产生的义务。作为合同给付义务以外的法定义务，其宗旨在于促使合同履行中当事人能够兼顾他方的利益，保护其人身、财产等合法权益的安全，确保债权人的利益圆满实现，最终使合同的履行顺利实施。至于当事人在合同履行中应负担何种附随义务，应依诚信原则，视具体情况而定。一般而言，法律对于附随义务的履行要求，主要有如下几个方面：

1. 注意义务。注意义务是对当事人在合同履行时的一般要求，即当事人双方于实施履行和受领给付时，应尽到合理的注意义务以避免给对方造成利益损失。当事人的注意程度，因当事人的地位、职业、判断能力及债务的性质而不同。一般说来，当事人应尽到善良管理人或如同管理自己事务的注意。

2. 协助义务。协助义务亦称协力义务，即当事人在履行合同义务过程中应互相配合，像对待自己的事务一样对待对方的事务，不仅严格履行自己的合同义务，而且要配合对方履行义务，给对方履行提供便利条件。

3. 告知义务。在事关当事人一方利益的重大事项上，他方当事人有告知义务，如产品使用方法的告知、产品瑕疵的告知，以及不可抗力或意外事件发生的告知等。

4. 照顾义务。如出售易碎品时的包装义务，债务人提前履行而债权人拒绝受领时后者对标的物妥善保管的义务。

5. 保密义务。因债之关系而了解对方当事人的商业秘密或要求保密的信息、事项或隐私的当事人，不得向任何人泄露其秘密、隐私。

6. 保护义务。合同当事人一方的人身和财产置于另一方所能控制的危险中时，另一方即应尽其能力提供保护。如承运人在运输过程中，应当尽力救助患有疾病、分娩、遇险的旅客。

7. 忠实义务。如雇用人不得利用其职务便利，以谋私利，损害雇主利益。

探讨 附随义务与主给付义务、从给付义务的区别

附随义务与主给付义务的区别比较明显，主要表现在以下几方面：(1)主给付义务在债之关系中居于主导地位，决定债之关系的类型，附随义务在债之关系中则居于从属地位。从属性是附随义务区别于主给付义务的主要标志。附随义务存在的目的在于使债权人的给付利益得以更好的实现，给付义务不存在，附随义务也就毫无意义。(2)主给付义务依合同约定产生，其内容自始确定，附随义务则主要依法律规定产生，其内容随着合同关系的发展而不断形成。(3)主给付义务构成双务合同中的对待给付，一方在对方未为对待给付之前，得拒绝自己的给付；附随义务则不属对待给付，不发生同时履行抗辩权。(4)违反主给付义务可能导致合同关系的解除，而违反附随义务只可能发生损害赔偿请求权，权利人原则上不能解除合同。

附随义务与从给付义务的区别一直争议较大，且在实务中二者的确很难判断。理论上，

---

〔16〕 韩松主编：《民法学》，中国政法大学出版社2004年版，第451页。

二者的区别有以下几点:(1)附随义务只能基于诚信原则依具体情形而发生,其内容事先并未确定,而从给付义务的发生可以是基于法律的规定,也可以是基于当事人的一方约定,其内容从合同发生时就已明确。(2)附随义务主要在于保证整个合同利益得到最大化的满足,从给付义务则在于使合同中主给付义务得以实现。(3)违反从给付义务,权利人可行使多种补救手段,诸如同时履行抗辩权、损害赔偿请求权,甚至合同解除权,而违反附随义务,只能发生损害赔偿请求权,其补救手段较单一。(4)从给付义务往往可以独立诉请履行,而附随义务则不可单独诉请履行。

——思　考——

当事人违反附随义务造成另一方当事人财产或人身损失,承担责任的性质是什么?

第四节　双务合同履行中的抗辩权

一、抗辩权概述

抗辩权又称异议权,是指对抗他人请求权的权利。抗辩权是一种防御性权利,其重要功能在于对抗、延缓请求权的行使,或使请求权归于消灭。所以,抗辩与请求是相辅相成的,无请求权的发动即不会产生抗辩权的行使。换言之,抗辩权的行使必须以请求权的行使为前提。我国民法规定了同时履行抗辩权、不安抗辩权和先履行抗辩权。这些抗辩权均发生在双务合同中,且均是针对履行请求权的权利,理论上将上述抗辩权合称为双务合同履行中的抗辩权。基于此类抗辩权,权利人可以避免自己履行后得不到对方履行的风险,并对对方当事人产生及时履行或提供担保的压力,从而保障权利人的债权。所以,双务合同履行中的抗辩权是债权保障的法律制度,是权利人保障其债权、避免利益损失的一种保护措施和手段。抗辩权从其产生的法律依据上可分为实体法上的抗辩权和程序法上的抗辩权,前者为实体法所规定的抗辩权,如债的担保中的先诉抗辩权,合同法规定的同时履行抗辩权、不安抗辩权、先履行抗辩权,时效制度中规定的时效届满后的抗辩权等,都是法律规定由一方所享有的权利。后者为依据程序法的规定所享有的抗辩权,如诉讼管辖的抗辩、既判力的抗辩、对诉讼请求的异议等。实体法上的抗辩权为私权,通常只关系到当事人自身利益,而与社会公共秩序无关,故当事人是否行使抗辩权完全由自己决定,法院不能依职权主动审查是否存在抗辩事由。程序法上的抗辩属公法范畴,只要具备条件,即使当事人没有主张,法院也须审究。[17] 抗辩权从其行使的效果上看,可以分为消灭的抗辩权和延缓的抗辩权。消灭的抗辩权是指具有消灭或否定请求权效力的抗辩权,如权利人抗辩时效届满的请求权即使该请求权效力永远消失。又如以抵销或免除等对抗合同请求权,亦能使该合同请求权效力消灭。延缓的抗辩权是指能够使对方当事人的请求权效力在一定期限内不

〔17〕［德］梅迪库斯:《德国民法总论》,王晓晔等译,法律出版社2000年版,第84～85页。

能发生或存在阻碍的抗辩权。例如，履行期限未满时针对对方请求履行的抗辩，或是权利人在行使不安抗辩权时只能使对方请求权效力暂时发生障碍，请求权效力本身依然存在，一旦抗辩事由消灭，请求权效力即刻发生。

二、同时履行抗辩权

（一）同时履行抗辩权的概念

根据我国《民法典》第525条的规定，同时履行抗辩权是指双务合同的当事人在无先后履行顺序时，一方在对方未为对待给付之前，可以拒绝履行自己债务的权利。同时履行抗辩权，是大陆法系国家民法所确认的一项重要规则。《德国民法典》第320条明确规定："因双务契约而负担债务者，在他方当事人为对待给付前，得拒绝自己的给付，但自己有先为给付的义务者，不在此限。"《日本民法典》第533条规定："双务契约当事人的一方，于相对人履行其债务前，可以拒绝履行自己的债务。但是，相对人的债务不在清偿期时，不在此限。"法律设立同时履行抗辩权，其目的在于维持双方当事人之间在利益关系上的公平。因为在双务合同中，双方当事人的权利义务是对等的、互有牵连的，如果一方不履行自己的义务却要求对方履行义务，这是不公平的，合同一方无法避免另一方可能不履行义务的风险。而赋予合同双方当事人同时履行抗辩权，就可以保护当事人自己不因先行给付而蒙受损失，同时也避免或者减少了合同纠纷的发生。但需要指出的是，行使同时履行抗辩权并非免除权利人一方的履行义务，而是以敦促对方履行作为自己履行的条件。

同时履行抗辩权是对抗请求权的权利，不是请求权，无须通过请求的方式甚至诉讼方式去实现。因此，在原告诉请被告履行时，被告行使同时履行抗辩权不应通过反诉方式去实现。被告同时履行抗辩权成立的，原告的诉请即应被驳回。[18]

（二）同时履行抗辩权的适用条件

根据我国《民法典》第525条的规定，同时履行抗辩权的适用条件包括以下几项：

1. 须在同一双务合同中双方互负债务。同时履行抗辩权存在的基础在于双务合同的牵连性。所谓双务合同的牵连性，是指给付与对待给付具有不可分离的关系。具体表现在一方的给付义务不发生时，对方的对待给付义务亦不发生，即双方彼此间的给付义务与对待给付义务在发生上互相牵连，此所谓发生上的牵连性；当一方当事人的债务因不可归责于双方当事人的事由致不能履行时，债务人免给付义务，债权人亦随之免除，此为存续上的牵连性；双方当事人彼此间所负给付义务与对待给付义务互为前提，一方不履行义务，对方原则上亦可不履行，此为功能上的牵连性，又称履行上的牵连性。因此，发生同时履行抗辩权，首先要求必须是在双务合同中，双方当事人之间的债务须是基于同一合同产生的，且彼此互负债务，互为牵连。一方不能以对方未履行非主要债务为由拒绝自己的主要债务的履行。[19]

2. 须双方互负的债务无履行顺序且已届履行期。双方债务无履行顺序，是指合同的双

---

〔18〕《合同编通则解释》第31条第2、3款。
〔19〕《合同编通则解释》第31条第1款。

方当事人在合同中没有约定,法律也没有明确哪一方先履行义务的情形。如果双方当事人的债务有履行顺序的先后划分,则无从主张同时履行抗辩权。因为同时履行抗辩权制度旨在使双方当事人所负的债务同时履行、双方享有的债权同时实现,因此,只有当双方债务均已到期时,才能行使同时履行抗辩权。

3. 须相对方未履行债务或未提出履行债务。同时履行抗辩权制度的功能在于平衡当事人间的利益关系,促进双方平等协作,维护市场交易秩序稳定。因此,当事人一方行使同时履行抗辩权,必须以对方未履行债务或未提出履行债务为前提。如果对方已经履行债务,则当事人一方不存在对抗对方请求权的抗辩权。但值得注意的是,未履行债务应理解为未履行合同之债的主给付义务。若未履行合同附随义务或无对价关系的从属义务,不发生同时履行抗辩权。通常未履行债务主要包括拒绝履行、履行迟延、履行不适当等。

4. 须相对方在客观上有履行的可能。同时履行抗辩权属延缓的抗辩权,其目的在于促使双方当事人同时履行债务。权利人行使同时履行抗辩权,只能一时阻却相对方请求权的行使。作为一种延期的抗辩,其相对人须以有履行能力为前提。如相对人因不可归责于双方当事人的事由致使履行不能而免责时,不发生同时履行抗辩权。

(三)同时履行抗辩权与留置权的区别

根据同时履行抗辩权的行使规则,在对方未为对待给付之前,可以将自己之给付暂时保留。这与留置权颇为相似,但二者是两个不同的民事权利,存在很大的区别:

1. 目的不同。留置权的目的是担保债权的实现,即在债权未受清偿之前,权利人得留置债务人的财产,以在约定期限以后债务人仍未履行给付义务时,依法对留置财产折价或者予以变卖,优先受偿其债权。而同时履行抗辩权的目的在于实现双方当事人同时履行,虽然其也具有一定的担保功能,但它更主要的是为了平衡当事人双方的利益关系。

2. 性质不同。留置权是依据法律规定产生的,属法定担保物权,是直接支配特定物的物权,具有对世性,能够对抗一切人;而同时履行抗辩权不具有物权性质,它只能对抗对方当事人的请求权,以拒绝履行自己的义务。

3. 根据不同。留置权的发生根据在于一方依照合同约定已先占有对方的财产,在对方不依合同约定履行给付义务时,债权人即有权留置债务人财产,在该财产上发生留置权,占有自己的财产不发生留置权。而同时履行抗辩权的发生根据在于双务合同在债务上的牵连性,只有对方未履行给付义务才可行使抗辩权,且在行使抗辩权时权利人并不占有对方当事人的财产。

4. 内容不同。留置权发生后,权利人所拒绝给付的是其占有的对方的财产,权利人对该财产在义务人于宽限期内仍不履行给付义务时,可通过行使担保权而享有优先受偿权,一旦债务人提供其他担保,留置权即行消灭。同时履行抗辩权所拒绝的债务并不限于此,且权利人无优先受偿权,除非当事人就合同履行已达成协议,或者对方提出履行,或者已为履行,否则同时履行抗辩权不消灭。

(四)同时履行抗辩权的法律后果

同时履行抗辩权的行使只发生债务延期履行的后果,相对方并不因此而丧失其合同上的请求权。换言之，同时履行的抗辩仅仅暂时阻止对方请求权的行使，即在相对方为对待给付之前，权利人可以拒绝自己债务的履行，并不因此产生否定对方请求权的效力。

探讨　同时履行抗辩权的行使

1. 迟延履行情形下同时履行抗辩权的行使。在迟延履行的情况下，一方是否有权请求另一方同时履行，另一方是否有权拒绝？对于此问题，从国外立法实践及我国学界态度来看，基本上存在以下三种理解：(1)最先迟延履行的一方不得请求另一方同时履行；如果要求另一方同时履行，另一方有权援用同时履行抗辩权。(2)只有在一方属于严重迟延履行的情况下，另一方才能援用抗辩权。(3)在一方迟延履行的场合，另一方亦有同时履行抗辩权，并应被免除履行义务。一方迟延履行时，对方是否可援用同时履行抗辩权不能一概而论，而应视具体情况而定。如果在双务合同中没有约定履行期限，则任何一方都不能认为对方已构成迟延履行。只有在一方已经履行并给予对方合理期限后，才有权要求对方履行，否则对方有权援用同时履行抗辩权。如果双务合同中明确约定了履行期限，但无履行顺序之约定，则尽管任何一方在履行期限届至后均未履行债务，也并不导致对方当事人就可随意拒绝以后的履行，除非迟延履行的后果比较严重，且接受履行对对方当事人已无利益可言。如果一方已经提出履行，对方已经接受履行，则该方不得再主张同时履行抗辩权，而应立即履行合同，否则其将陷入履行迟延。

2. 部分履行情形下同时履行抗辩权的行使。双务合同中，一方当事人作出了部分履行，另一方可否拒绝受领并使用同时履行抗辩权？学理上对此问题的解释是：如果仅仅是少量的不足，不影响当事人订立合同的实现，根据交易惯例，一般不得拒绝受领；如果出现严重的不足，使当事人订立合同的目的不能实现，则可以拒绝对方的履行，并援用同时履行抗辩权，拒绝履行自己的义务。如果一方已经受领了部分履行，则必须作出相当于对方已经履行部分的行为，例如支付该部分的价款，而对于对方未为履行的一部分则可以援用同时履行抗辩权拒绝自己对该部分的对待给付。

3. 当事人瑕疵履行时同时履行抗辩权的行使。一方当事人交付有瑕疵的标的物，表明其履行义务不符合合同约定，属于瑕疵履行。我国《民法典》第 525 条规定："一方在对方履行债务不符合约定时，有权拒绝其相应的履行请求。"显然，发生瑕疵履行时，对方当事人能够援用同时履行抗辩权而拒绝履行自己的债务。但该条文对"不符合约定"的履行并未进行明确具体的说明，更未具体区分瑕疵履行是否严重的情况，对非违约方拒绝违约方相应的履行请求的措施之运用也缺乏必要的限制，从而使该条文在实务中的运用存在一定的困难。对此问题的解决，应本着合同法的立法精神，从鼓励交易、维护市场秩序、保护双方当事人合法权益的角度出发，遵循以下解释规则：如果债务人交付的货物有瑕疵，债权人应有权拒绝受领，并要求出卖人修补、替换，否则其有权拒绝履行对方要求交付价金的请求。如果仅仅属于部分货物有瑕疵，则可以拒付该部分的货款。如果债权人已经受领，且在合理的时间内未提出异议，则对于有一般瑕疵的标的物不得拒绝接受并拒付价款；但是对于重大、隐蔽的瑕疵，应允许债权人拒绝支付货款。

三、不安抗辩权

(一)不安抗辩权的概念

不安抗辩权,是指双务合同当事人一方根据合同约定应向对方先为履行义务,在合同成立之后,发现后履行义务方的财产显著恶化或履行债务的能力明显减弱,以致可能难以履行其对待给付义务时,可以暂时中止自己的履行,并有权要求后履行方提供必要的担保,否则,该当事人可拒绝履行自己的义务。当事人所享有的此项权利即为不安抗辩权,又称为保证履行抗辩权。

双务合同中一方当事人依约定应先行履行义务时,该方当事人原则上不享有同时履行抗辩权。但在合同成立后,后履行一方当事人财产状况恶化,有可能不能履行其对待给付义务,从而会危及先履行一方当事人债权的实现时,如果仍然强迫先履行一方为先行给付,则有悖于公平原则。法律为贯彻公平原则,谋求双方当事人利益关系的平衡,避免先履行义务方蒙受不必要的损失,特设立不安抗辩权制度。该制度对于先行给付的当事人来说,不失为一种自我保护的良策,同时对于促使合同的正常履行也具有积极意义。

(二)不安抗辩权的适用条件

根据我国《民法典》第527条和第528条规定,不安抗辩权的适用条件有以下几项:

1. 须双方当事人因同一双务合同而互负债务。不安抗辩权与同时履行抗辩权一样,只能产生于双务合同,且当事人之间的给付义务互为对价,具有牵连性,一方的履行是为了换取对方的履行。负有先履行义务的一方当事人为避免将来可能得不到对待给付的风险,必然需要借助某种保护措施,保证自己在先行履行给付义务后能够得到对方的对待给付,从而实现其合法权益。而在单务合同中,不可能存在不安抗辩权。

2. 须双方当事人各自债务的履行有先后顺序之分。行使不安抗辩权的前提是依照双务合同中的约定或法律规定,一方负有先履行合同债务的义务。如果合同中对双方履行合同的顺序未作规定,法律也未对此作特别规定,当事人应当同时履行合同债务,此时只可能发生同时履行抗辩权。只有在双方履行义务有顺序之分的情形下,先履行合同的一方才有可能使用不安抗辩权来保护自己的权利。

3. 须先履行义务的该方当事人有确切证据证明对方当事人履行能力明显降低,有不能对待给付的现实危险。这是行使不安抗辩权的实质要件。法律设定不安抗辩权的目的就在于保证先履行一方当事人在履行其合同义务后,不因对方不能履行合同债务而受到损失,如果后给付义务方具有履行能力即无从谈起行使不安抗辩权。但这并不意味着就允许先给付义务方随意根据自己的主观判断就断定对方无履行能力而行使不安抗辩权,只有在其获得确切证据能够证明后履行义务方履行能力明显降低、有不能对待给付的现实危险时,才可以行使不安抗辩权。通常,先履行义务人在合同成立后、履行义务前,发现后履行义务人出现以下情形时,可以援引不安抗辩权:一是经营状况严重恶化的;二是转移财产、抽逃资金,以逃避债务的;三是严重丧失商业信誉的;四是有其他丧失或者可能丧失履行债务能力的情况。但这里要明确的是,后履行义务方出现上述履行能力明显降低,有不能对待给付的现实危险,必须是发生在合同成立以后,如果在订立合同时即已经存在,先给付义务人明知此情况却仍然缔约，法律无须对其予以保护；若其根本不知情，则可通过合同无效等制度来加以解决。

探讨　后履行方有丧失或者可能丧失履行债务能力的情形的发生时间

后履行方有丧失或者可能丧失履行债务能力的情形，亦称不安事由，对其发生时间有两种不同的立法例。一种是明确将不安事由的发生时间限定在合同订立后，如果在合同订立之时既已存在不安情形，可基于错误或诈欺的撤销权来进行救济。[20] 这主要体现于传统民法中。另一种是不限定不安事由必须发生在合同订立后，而是规定只要在缔约后明显出现不安事由即可，如《奥地利民法》第1052条后段规定："必须先为给付之当事人，如因他方财产状况恶化，致有不能给付之虞，而此项情况于订约时，非因过失而不知时，得于他方对其相对给付提出保证前，暂缓给付。"我国《民法典》第527条所规定的适用不安抗辩权的法定事由，究竟是发生于订约后还是订约前，立法未予明确限定，故在学理上亦存在两种解释。笔者认为，不安事由应不限于合同订立后，即虽然合同订立之时已存在后履行方丧失或者可能丧失债务履行能力的情形，但先履行方对此不知，且不存在故意或重大过失时，则仍可行使不安抗辩权，这样可以避免出现借合同进行欺诈的不法现象，充分发挥不安抗辩权的作用。与此同时，肯定缔约时既已存在的不安事由亦可发生不安抗辩权，并不因此否定仍有构成重大误解或者欺诈的可能，这样先履行义务方可以选择主张合同撤销或主张不安抗辩权：主张合同撤销，则不发生不安抗辩权；主张不安抗辩权，原则上认定为其放弃撤销权。[21]

（三）不安抗辩权的法律效果

根据《民法典》第528条之规定，当事人行使不安抗辩权后，会产生以下法律效力：

1. 中止履行。权利人行使不安抗辩权时首先可以中止履行，而且这种中止履行的行为是一种适当的行为，不构成违约。但当事人援用不安抗辩权中止履行，应当及时通知对方当事人，在通知到达对方当事人时发生法律效力。未经通知，不安抗辩权不得对抗对方当事人。法律为防止不安抗辩权的滥用，规定主张不安抗辩权的一方应当举出另一方不能履行的确切证据。在仲裁或诉讼当中，主张不安抗辩权的一方负有举证的义务。当事人没有确切证据中止履行的，应当承担违约责任。

2. 要求对方提供适当的担保。主张不安抗辩权并不意味着消灭了先履行义务方的义务，只是因有特定的情况，先履行义务人可以暂时延缓向对方履行而已。要求对方提供担保只是为了消除其履行合同可能会带来的风险，一旦对方提供了适当担保，即应恢复履行。但要求对方提供适当担保时，应给予对方一定期限。

3. 恢复履行或者解除合同。中止履行只是暂时性保护措施，不足以彻底保护先履行义务方的合法利益。因为如果后履行义务方履行能力的恢复或者提供担保过于延缓，势必会

---

〔20〕 梅仲协：《民法要义》，中国政法大学出版社1998年版，第258页；郑玉波：《论不安抗辩权》，载《民商法研究》（四），台北，1991年再版，第63～68页。

〔21〕 韩世远：《合同法总论》，法律出版社2006年版，第355页。

损害主张不安抗辩权的一方当事人的利益,从而影响交易秩序。因此,法律规定对方当事人于合理期限内未恢复履行能力,也未提供适当担保的,视为以自己的行为表明不履行主要债务,主张不安抗辩权的一方当事人可以解除合同,并可以请求对方承担违约责任。相反,如果后履行义务方已经恢复了履行能力,主张不安抗辩权而中止履行的一方应当恢复履行,因为此时适用不安抗辩权的原因已不复存在。

(四)不安抗辩权与预期违约制度的比较

预期违约制度是英美合同法中一个非常重要的理论,大陆法系国家合同法中一般没有预期违约的概念,但其债法中的不安抗辩权制度与预期违约制度非常相近。我国《民法典》第527、528、578条分别规定了不安抗辩权和预期违约规则。在吸收了传统不安抗辩权的有关规定的基础上,《民法典》扩大了不安抗辩权的适用范围,克服了传统不安抗辩制度在法律救济方面的局限性,明确赋予不安抗辩权人解除权,即当后履行义务方在合理期限内未提供适当的担保时,权利人有权解除合同。同时又借鉴了英美法系的预期违约制度,明确规定了预期违约方要承担违约责任。应该说,不安抗辩制度与预期违约制度的立法目的和宗旨是一致的,都是为了平衡合同当事人双方的利益,维护公平和平等的民法原则,都是在合同履行期限到来前,用以保护一方当事人不履行合同的情况下另一方当事人的合法权益,而且预期违约与不安抗辩都存在于双务合同中,都发生在合同订立后至履行期限届至前这段时间内,且都包含当事人的主观判断因素,但比较两种法律制度,仍有较大的差异:

1. 二者的性质不同。预期违约制度是合同违约制度的一种,是基于违约时间不同而与实际违约相对应的一种违约形式。不安抗辩权是双务合同中应先履行义务的一方当事人基于契约的性质,在符合法律规定的条件下所享有的一项权利,为双务合同的效力之一,而非违约责任之一。

2. 二者的适用条件不同。就形式条件而言,不安抗辩权行使的前提条件之一是合同约定的债务履行时间有先后,而预期违约制度则无此前提。同时,二者适用的实质条件也不一样,根据《法国民法典》和《德国民法典》的规定,不安抗辩权的实质条件是对方财产在合同签订后明显减少并有难为对待给付之虞;而预期违约所依据的理由不限于财产的明显减少,还包括债务人的经济状况不佳、商业信誉不好、债务人在准备履行及履行过程中的行为或者债务人的实际情况表明债务人有违约的风险等情况。

3. 二者的适用主体不同。主张不安抗辩权的主体仅限于依约应先履行义务的一方当事人。而主张预期违约救济的权利人则没有限制,无论是有义务首先作出履行还是同时作出履行的任何一方当事人,均可依法在对方预期违约时中止履行,寻求法律救济。

4. 二者的法律救济不同。行使不安抗辩权的法律后果是权利人可以中止履行合同,等待对方恢复履行能力或提供履行担保,以便继续履行。一旦对方不能恢复履行能力或不提供履行担保,权利人是否可以解除合同甚至要求赔偿,大陆法系各国规定不尽相同且非常模糊,《德国民法典》与《法国民法典》都没有进一步赋予不安抗辩权人解除合同的权利,《瑞士债务法》虽规定不安抗辩权人可以解除合同,但并未规定其享有请求赔偿的权利。而根据预期违约制度的规定,预见他方将不能或不会履行合同的一方可中止履行义务,请求对方提供履约担保，如果对方在合理的时间内未能提供担保，即可解除合同并请求损害赔偿。

探讨　不安抗辩权与预期违约的衔接

我国《民法典》一方面规定了本属大陆法系制度的不安抗辩权，另一方面又借鉴了英美法系的预期违约制度，因此，不安抗辩权制度在我国《民法典》的相关规定中属混合继受的典型范例。如何协调这两个不同的法律制度，清晰界定二者彼此发挥作用的领域，便成为一项重大的现实课题。就不安抗辩权的本质而言，其属于防御性的抗拒请求权的权利，不应具有主动进攻性，因此，其发挥作用的领域应仅限于防范功能；而预期违约本质上属违约的一种特殊形态，因此，有关违约救济的解除合同、赔偿损失等形式应限于预期违约领域，而不应扩张至不安抗辩权。

四、先履行抗辩权

（一）先履行抗辩权的概念

先履行抗辩权，是指在双务合同中依合同约定或法律规定负有先履行义务的一方当事人，届期未履行债务或履行债务不符合合同约定，相对方为保护自己的顺序利益或为保证自己履行合同的条件而中止履行合同的权利。先履行抗辩权是后履行义务方享有的权利，故又称为后履行抗辩权，其本质上是对违约的抗辩，在这个意义上，先履行抗辩权又可以称为违约救济权。

在传统民法上，有同时履行抗辩权和不安抗辩权的理论，却无先履行抗辩权的概念。作为履行合同中的抗辩权的一种，先履行抗辩权与同时履行抗辩权的最大区别就在于双方当事人的履行顺序不同，即异时履行，负后履行义务一方的履行是以负先履行义务方的履行为前提条件的，后履行义务方享有依照法律或合同规定的期限利益，如卖方利用买方的资金及时间差去组织货源等。如果先履行义务的一方未履行债务或履行债务不符合约定，负后履行义务方即享有先履行抗辩权，有权拒绝先履行义务方的履行请求。如果负后履行义务方行使先履行抗辩权后，负先履行义务的一方仍未履行，即可行使合同解除权，并请求先履行义务方承担相应的财产责任。

先履行抗辩权与不安抗辩权的主要区别在于行使权利的主体不同。先履行抗辩权是负后履行义务的一方所享有的抗辩权，当依约应先履行义务的一方届期不履行义务或履行义务不符合合同约定时，产生先履行抗辩权。不安抗辩权是负先履行义务的一方所享有的抗辩权，当预期的回报有不能实现的风险时，产生不安抗辩权。

我国《民法典》规定先履行抗辩权具有重要的理论和实践意义。一方面，规定先履行抗辩权制度有助于在司法实践中区分双方违约和一方违约的问题。实务中，常常出现一方先行违约，而到了履行期的后履行方为保护自己的利益而中止履行合同被法院认定为双方违约，从而判令双方同时承担违约责任。这对后履行义务方是不公平的，不利于维护市场交易秩序的稳定。另一方面，规定先履行抗辩权进一步充实、完善了传统合同法理论中的履行抗辩权制度。借助于该制度，能够清楚地认识一方先期违约与另一方中止履行合同的关系,对于正确认定当事人行为性质和违约责任的判定具有重要的指导意义。

(二)先履行抗辩权的适用条件

根据《民法典》第526条的规定,发生先履行抗辩权必须符合以下条件:

1. 须是双方当事人基于同一双务合同互负债务。双方当事人因同一合同互负债务,在履行上存在牵连性,形成对价关系;单务合同无对价关系,不发生先履行抗辩权。

2. 须是合同双方债务的履行有先后顺序。至于顺序应是约定的还是法律规定的,在所不问。如果双方债务的履行无先后顺序,则适用同时履行抗辩权。先履行抗辩权与不安抗辩权均是适用于合同中有明确约定履行顺序的情形,只是二者权利的主体不同,主张先履行抗辩权的只能是依约后履行义务的一方当事人,而主张不安抗辩权的只能是依约负有先履行义务的一方当事人。

3. 须是先履行义务方未履行债务或履行债务不符合合同约定。先履行抗辩权的行使,实质上是对先履行合同义务一方当事人违约的抗辩,反映了后履行义务人的后履行利益。这种后履行利益包括了顺序利益和合同履行条件(以对方先行给付为条件)。当事人行使先履行抗辩权,在不终止合同效力的前提下,既可以保护自己的利益,又可以降低合同成本。一般说来,先履行的一方履行债务不符合合同约定,是指先履行一方虽然履行了债务,但其履行不符合当事人约定或法定要求,如迟延履行、不完全履行、部分履行等。

4. 须是先履行一方当事人应当先行履行的债务客观上是可能的,即可以履行的。如果先履行一方的债务已经不可能履行了,即发生履行不能,后履行义务方也就无须再行使先履行抗辩权了。

(三)先履行抗辩权的行使与法律效果

行使先履行抗辩权,表现为当事人在履行期届至时,拒绝履行自己的合同义务。这种拒绝履行合同义务的行为,可以表述为"保留自己的给付",也可以表述为"终止履行合同义务"。问题是后履行义务方在行使先履行抗辩权时,是否需要向对方作出明确的意思表示?是否应当及时通知对方当事人?这要区别不同的情况而定。通常,当因对方不履行合同义务而行使先履行抗辩权的时候,可以不通知对方。因为此时通知与否不会给对方造成什么损害。行使先履行抗辩权的表现就是届期不履行债务或中止履行债务,此时可以推定在先履行的一方知道对方是在行使自己的对抗权利。这不同于行使不安抗辩权,行使不安抗辩权的一方当事人要及时通知对方当事人,因为行使不安抗辩权的一方是依照合同或法律负有先履行义务的一方当事人。通知对方是为了让其有足够的举证机会或使其能够及时采取必要的保障措施以避免损失的发生或扩大。而对于行使先履行抗辩权者来说,其本身享有期限利益,负有的是后履行的义务,对方则负有先履行的义务。负有先履行义务的一方因故不能履行债务时,应当通知后履行义务方,如果负有先履行义务的一方未履行债务而要求对方履行债务,后者应将拒绝的意思明确通知对方。当负有先履行义务的一方当事人的履行有重大瑕疵,或只部分履行时,另一方当事人行使先履行抗辩权应当通知对方,以便给对方举证、解释、补正的机会,以防止损失的扩大。

当事人行使先履行抗辩权,产生中止履行自己债务的效力,并有权对抗先履行一方的履行请求，以此保护自己的期限利益、顺序利益；当先履行义务方采取了补救措施，使合同的履行趋于正常，能够满足另一方的履行利益时，先履行抗辩权即消灭，行使先履行抗辩权的一方应当及时恢复履行，否则要承担违约责任。当事人行使先履行抗辩权无效果时，可根据法定条件通知对方解除合同。合同解除，视合同自始无履行效力，使依合同产生的先履行抗辩权消灭。合同撤销，履行效力消灭，也无履行抗辩权可言。合同无效，无履行效力，不产生先履行抗辩权，但可产生权利不成立或消灭的抗辩权。

——训　练——

【司考】甲与乙公司签订的房屋买卖合同约定："乙公司收到首期房款后，向甲交付房屋和房屋使用说明书；收到二期房款后，将房屋过户给甲。"甲交纳首期房款后，乙公司交付房屋但未立即交付房屋使用说明书。甲以此为由行使先履行抗辩权而拒不支付二期房款。下列哪一表述是正确的？（2015 年）

A. 甲的做法正确，因乙公司未完全履行义务

B. 甲不应行使先履行抗辩权，而应行使不安抗辩权，因乙公司有不能交付房屋使用说明书的可能性

C. 甲可主张解除合同，因乙公司未履行义务

D. 甲不能行使先履行抗辩权，因甲的付款义务与乙公司交付房屋使用说明书不形成主给付义务对应关系

【答案】 D

【解析】本题是关于履行抗辩权的产生和行使。抗辩权的产生以请求权人未履行自己的合同义务致使合同目的无法实现为前提。无论是未履行主给付义务，还是从给付义务，都必须以无法实现合同目的为前提。交付房屋使用说明书不是主给付义务，违反该义务也不会导致合同目的根本无法实现。因此，A 项错误。先履行抗辩权是后履行一方享有的权利，不安抗辩权是先履行一方享有的权利。在交付房屋和支付二期房款的义务顺序上，甲是后履行义务人，因此其不会享有不安抗辩权。B 项错误。解除权的产生同样与合同目的有关，只有违约行为导致合同目的无法实现时，甲才会取得解除权。C 项错误。甲不因乙公司未交付房屋使用说明书而享有抗辩权。D 项是唯一正确的。

综上，本题的答案为 D。

——思　考——

1. 我国《民法典》关于同时履行抗辩权的行使条件是如何规定的？在发生不完全履行的情形下，能否适用同时履行抗辩权？
2. 行使不安抗辩权的法律后果是什么？不安抗辩权与英美法中的预期违约制度相比有何异同？我国《民法典》对此二者是如何规制与衔接的？
3. 依《民法典》规定，权利人行使不安抗辩权，在对方当事人拒绝提供担保而解除合同并因此有损害发生时，可要求对方当事人承担损害赔偿责任，该赔偿责任的法律性质是什么？
4. 先履行抗辩权的法律后果是什么？与违约责任的承担有何关系？

——重点问题梳理——

1. 合同的履行不仅是合同法律效力的主要内容,而且是整个合同法律制度的核心。
2. 合同履行原则不同于合同履行规则,合同履行原则的实质旨在指明合同履行的方向,而合同履行规则旨在具体指出合同履行的步骤。
3. 第三人清偿不同于履行辅助,第三人辅助债务人履行债务系以债务人名义,第三人清偿系以自己名义为之。
4. 双务合同履行中的抗辩权,是当事人一方在符合法定条件时对抗对方当事人的履行请求权、暂时拒绝履行自己债务的权利,是双务合同效力的体现。一旦发生抗辩权的事由消灭,债务人仍应履行其债务。
5. 不安抗辩权是依约应先履行义务的一方所享有的权利,行使该权利无须以诉讼方式进行,权利人可径行行使。
6. 不安抗辩权人中止履行后,应当及时通知对方当事人,该通知义务在性质上应属于附随义务,违反此义务而致对方损害时,要承担损害赔偿责任。
7. 先履行抗辩权是后履行义务方享有的权利,其本质上是对违约的抗辩,在此意义上,先履行抗辩权亦可称为违约救济权。

第五章　合同的保全

第一节　代　位　权

一、合同的保全概述

合同的保全即债的保全，又称责任财产的保全，是指为避免债务人责任财产的不当减少而危及债权实现，法律特赋予债权人以自己的名义对债务人所为的积极或消极处分其责任财产的行为予以干涉，以保障债权实现的一种法律制度。债的保全属于一般担保，其目的是保证债务人责任财产的完整，防止责任财产的不当减少，以便确保债务人能够以其全部财产作为实现债权的保障。

在债的关系中，债务人的全部财产既是债务人未来履行债务的物质基础，也是债务人将来可能承担债不履行的责任以及接受强制执行的物质保障，因此债务人的全部财产在学理上又称作责任财产。债务人的责任财产是否充实，直接关系到债权人的利益能否得到实现，若债务人在债的关系中，因其不当处置行为而导致责任财产的减少，势必造成债权人利益的损害，故民法上特设债的保全制度。

债的保全是债的对外效力的体现。根据债的相对性与合同相对性原则，合同之债仅在合同双方当事人之间发生效力，债权人的权利并不能直接扩张到债务人与相对人之间的关系上，此为债的一般效力，或称为对内效力。但在债的保全制度下，债权的效力扩张到了相对人，在债务人与相对人所实施的消极或积极行为致使债务人的责任财产不当减少，从而使债权难以实现时，债权人基于法律的直接规定，可以通过行使代位权或撤销权来保护自己的债权。显然，代位权与撤销权的享有使债权人的债权对合同当事人以外的相对人亦产生了拘束力，因此合同保全是合同之债对外效力的体现。

根据我国《民法典》的规定，债的保全分为两种制度：一是代位权制度；二是撤销权制度。

二、代位权概述

所谓代位权，是指当债务人怠于行使对相对人的债权或者与该债权有关的从权利，危及债权人到期债权的实现时，债权人可以自己的名义代替债务人向相对人行使权利的一种保全权。代位权制度初创于《法国民法典》，后为日本等国家所继受。我国《合同法》(已失效)首次确立了这一制度。《民法典》第 535 条第 1 款规定：因债务人怠于行使其债权或者与该债权有关的从权利，影响债权人的到期债权实现的，债权人可以向人民法院请求以自己的名义代位行使债务人对相对人的权利,但是该权利专属于债务人自身的除外。

代位权是债权人代替债务人向相对人,即债务人的债务人主张权利,体现了债的对外效力。依据债的相对性原理,债权作为一种相对权,仅在债务人与债权人之间具有拘束力,即债权人只能向债务人主张权利,不得向债务人以外的相对人主张,而相对人同样只需接受债务人的给付请求,而无须理会债权人的请求。代位权制度的确立,突破了债的这种相对性,使债权对债务人之外的相对人亦具有了拘束力。与此同时,代位权作为法律直接规定的一种权利,无论当事人之间是否有约定,债权人都当然地享有该项权利,故代位权又是债权人固有的一种权利。债权人行使代位权是以自己的名义向相对人主张债务人的权利,故其不同于债务人的代理人。

三、代位权的成立条件

1. 债权人与债务人之间的债权债务关系合法。债权人代位权是法律直接赋予债权人的权利,是债权的一种法定权能,更是债权效力的一种特殊体现,因此代位权的存在必然要求债权人的债权应是合法的权利,非法的权利不受法律保护,更谈不上代位权的存在,例如因买卖禁止流通物而生的债权等,均不在法律保护之列,当然也不存在代位权之说。所以,代位权成立的首要前提必须是债权人对债务人拥有合法的债权。

2. 债务人对相对人享有到期债权。债务人对相对人的债权已经到期同样是债权人代位权成立的前提,若债务人的债权未届期,债务人本人对其债权无从行使,更谈不上其他人代位行使其债权的问题,故债务人对相对人享有到期债权,是债权人可能行使代位权的前提依据。这里债务人对相对人享有的到期债权即是债权人行使代位权的标的,但需注意的是,并非所有的债权均可以代位行使,对于专属于债务人自身的权利不可以成立代位权,包括:(1)抚养费、赡养费或者扶养费请求权;(2)人身损害赔偿请求权;(3)劳动报酬请求权,但是超过债务人及其所扶养家属的生活必需费用的部分除外;(4)请求支付基本养老保险金、失业保险金、最低生活保障金等保障当事人基本生活的权利;(5)其他专属于债务人自身的权利。[1] 不得强制执行的权利(不许扣押的权利)以及不得移转的权利等均不可以成立代位权。

《民法典》第536条对债权到期前债权人代位权的行使作了明确规定,“债权人的债权到期前,债务人的债权或者与该债权有关的从权利存在诉讼时效期间即将届满或者未及时申报破产债权等情形,影响债权人的债权实现的,债权人可以代位向债务人的相对人请求其向债务人履行、向破产管理人申报或者作出其他必要的行为”。在债权人债权未到期之前,当债务人的债权或者与该债权有关的从权利存在诉讼时效期间即将届满,或者当相对人(次债务人)破产时,债务人未及时申报债权,都会导致债务人的债权从法律上失去意义。为此,法律允许债权人通过“代位向债务人的相对人请求向债务人履行、向破产管理人申报或者作出其他必要的行为”等方式行使。这是债权人代位权范围的扩张。

3. 债务人怠于行使其权利。所谓怠于行使权利,是指债务人应该行使且能够行使其对相对人的权利的情况下不行使权利,即债务人客观上处于消极的权利不行使的状态。“应

---

〔1〕《合同编通则解释》第34条。

该行使”是指假若债务人不去行使权利，其权利会因诉讼时效届满或罹于申报债权期限而有消灭或丧失的可能性。“能够行使”是指债务人的债权不属于不能行使的权利，例如债务人破产时，其权利应由破产管理人行使，债务人自己不能行使，债权人当然不能代位行使。债务人不行使权利，属消极的不作为，至于债务人这种怠于行使权利的主观心态如何，则在所不问。债务人行使权利的方式包括诉讼或者仲裁方式。〔2〕另外，需要说明的是，倘若债务人已经行使权利，即使其行使方法有所不当或其结果并非有利于债权人，均不构成怠于行使，债权人的代位权亦不因此成立。当然，不排除债权人可用其他救济方法保护自己的权利。

4. 权利的怠于行使有害于债权人的债权实现。代位权设立的主要目的在于确保债权人利益的实现，若债务人的财产已足够清偿其债务，即使债务人怠于行使其到期债权也不关涉债权人利益的实现，故不存在债权人行使代位权的问题。但若在债务人直接占有下的责任财产已经不足以清偿债权人债权的情况下，如果不采取保全措施，任凭债务人怠于行使其权利的状态持续下去，必然会危及债权人债权的实现。至于有害于债权实现的具体判断标准，各国的规定不同，如根据日本民法规定，对金钱债务及不特定债务，通常以债务人是否处于无资力状态为标准；而在特定债务和其他与债务人资力无关的债务中，只要债权的实现有危险，就有保全的必要，并不以债务人无资力为要件。在法国，法律明文规定以债务人的无资力作为债权有受到侵害危险的要件。对此，有学者评论，法国法侧重保护债权人的价值求偿权，日本既考虑价值求偿权又注重债权人特定利益的实现，更具进步性。〔3〕债务人无正当理由减免相对人的债务或者延长相对人的履行期限，也属于有害债权的行为。〔4〕

5. 债务人已陷于履行迟延。对于附停止条件的债权，条件成就前，债权效力不发生，谈不上代位权的成立；对于已发生效力的债权，在债务人履行期限届满前，债务人怠于行使权利的状态是否会危及债权的实现尚难以预料，此时若成立代位权则对债务人过苛，会造成双方利益的不公。只有在债务人已经陷于迟延履行并怠于行使其权利危及债权实现时，才有成立代位权的必要。但对于专为保存债务人权利的行为可不受该时间限制，如中断诉讼时效的行为、申报破产债权的行为等，因为对上述行为的怠慢将会导致债务人权利上公力保护效力甚至权利本身的消灭。换言之，在债务人怠于实施上述任何行为可能危及债权实现时，即使是在债务人履行迟延之前，债权人也可代位行使。

四、代位权的行使

1. 行使代位权，应以债权人自己的名义进行。债权人是行使代位权的主体，作为债权固有的一种权能，代位权的产生基础来自法律规定，是在符合法定要件的情形下，依法产生的

---

〔2〕《合同编通则解释》第33条规定：“债务人不履行其对债权人的到期债务，又不以诉讼或者仲裁方式向相对人主张其享有的债权或者与该债权有关的从权利，致使债权人的到期债权未能实现的，人民法院可以认定为民法典第五百三十五条规定的‘债务人怠于行使其债权或者与该债权有关的从权利，影响债权人的到期债权实现’。”

〔3〕董惠江：《论债权人的代位权》，载《求是学刊》1997年第1期。

〔4〕《合同编通则解释》第41条。

对于债务人权利的“财产管理权”,[5]而非债务人对债权人的委托及授权,故而代位权有别于代理权。因此,代位权的行使应以代位权人即债权人自己的名义进行。债权人行使代位权时,负有善良管理人之注意义务,如违反注意义务对债务人造成损害,应负赔偿责任。

2. 行使代位权,应以诉讼的方式或者法律允许的其他方式进行。从代位权作为一项民事实体权利的角度出发,债权人应可直接向相对人主张,对此,国外立法上就有裁判外行使代位权的做法。根据我国《民法典》第 535 条第 1 款之规定,债权人行使代位权可以诉讼方式进行。对此,有学者认为,通过诉讼方式可以保证债权人之间的公平,防止债权人代位权滥用,防止发生不必要的纠纷等。[6] 此外,我国《民法典》第 536 条规定了特殊情形下代位权的行使方式。在债务人对相对人的债权或者与该债权有关的从权利存在诉讼时效期间即将届满或者未及时申报破产债权等情形,影响债权人的债权实现的,法律允许债权人代位向债务人的相对人(次债务人)请求其向债务人履行、向破产管理人申报债权,或者作出其他保全债权的必要的行为。

五、代位权的效力

代位权行使的效力涉及三方当事人,即债权人、债务人、相对人(亦称第三人、次债务人)。下面分述之:

(一)对债权人的效力

首先,债权人行使代位权不得超越债务人权利的范围,这是因为债权人向相对人主张的乃是债务人的权利。其次,债权人代位权的行使以能够保障其债权清偿为限。倘若债务人对相对人有数项债权,代位行使其中一部分足以清偿债权全额时,债权人对其他部分不再享有代位权。最后,债权人行使代位权,不得擅自处分债务人的权利,如抛弃、让与等,否则该处分行为无效。对于债权人行使代位权的必要费用,诸如诉讼费、交通费、通讯费等,应由债务人承担。

探讨　债权人行使代位权可否直接受领次债务人的清偿?

传统民法理论基于债权的相对性与债权人平等原则,奉行“入库”规则,即债权人代位行使的效果仍然归属于债务人,债权人是不能直接受领代位权诉讼所取得的财产的。这是因为代位权的行使并未改变债务人作为次债务人之债权人的主体地位,债权人虽可代债务人受领次债务人之给付,但不能直接获得相应的给付利益。结合我国现实,《民法典》在第 537 条作了不同规定:“人民法院认定代位权成立的,由债务人的相对人向债权人履行义务,债权人接受履行后,债权人与债务人、债务人与相对人之间相应的权利义务终止……”该规定意味着我国《民法典》中代位权人对于相对人所为之给付,享有直接的、优先于其他债权人的受偿权,从而打破了传统民法所强调的债权的平等性,要求相对人之给付只能充实债务人的责任财产并

[5] 韩世远:《合同法总论》,法律出版社 2006 年版,第 383 页。
[6] 王利明、崔建远:《合同法新论·总则》,中国政法大学出版社 1997 年版,第 401 页。

用作全体债权人之一般担保的做法。这一突破在学界引起了极大的争议。其背景是鉴于我国现阶段经济生活中存在的问题,如“三角债”,法律希望通过鼓励代位权的行使,充分发挥代位权制度在解决这些问题中的作用。[7]

(二)对债务人的效力

债权人行使代位权,并不影响债务人作为相对人的债权人的法律地位。因此,债务人仍然享有其作为相对人的债权人所应有的权利,诸如有权受领因代位权行使而引起的相对人之给付,或处分其对相对人的权利等。但若允许债务人任意处分其对相对人之债权,例如抛弃、免除或让与债权等,就会使代位权制度形同虚设。因此,债务人的处分行为应以不得危及债权的实现为限,否则债权人可依保全权的另一类型即撤销权撤销之。

(三)对相对人的效力

由于债权人对相对人主张的是债务人的权利,因此相对人对于债务人的抗辩权,均可用以对抗债权人。对此,《民法典》第535条第3款规定:“相对人对债务人的抗辩,可以向债权人主张。”另外,在相对人对债务人享有主张抵销的事由时,同样可以向债权人主张行使抵销权,就抵销部分拒绝向债权人清偿。但此种抵销的行使要通知债务人。[8]

第二节 撤 销 权

一、撤销权概述

所谓撤销权,是指债权人对于债务人实施的危害债权的处分行为,得请求法院予以撤销从而维持债务人责任财产,保障债权实现的权利。撤销权的目的与代位权相同,均在于防止债务人责任财产的不当减少,保障债权实现,从而维护社会商品交易安全。

债权人的撤销权源于罗马法上的“废罢诉权”,它经《法国民法典》继受,至今已为各大陆法系国家民法所确立,并且发展为破产法上的撤销权与破产法外的撤销权。我国《民法典》第538、539条明确规定了撤销权制度。第538条规定:“债务人以放弃其债权、放弃债权担保、无偿转让财产等方式无偿处分财产权益,或者恶意延长其到期债权的履行期限,影响债权人的债权实现的,债权人可以请求人民法院撤销债务人的行为。”第539条规定:“债务人以明显不合理的低价转让财产、以明显不合理的高价受让他人财产或者为他人的债务提供担保,影响债权人的债权实现,债务人的相对人知道或者应当知道该情形的,债权人可以请求人民法院撤销债务人的行为。”

---

〔7〕 韩松主编:《民法学》,中国政法大学出版社2004年版,第463页。
〔8〕 张长青主编:《合同法》,清华大学出版社、北京交通大学出版社2005年版,第122页。

探讨 对撤销权性质的争论

撤销权在性质上是一种实体法上的权利,但其在实体法上属于何种权利,学说上颇多争议,主要有以下几种观点:(1)请求权说,亦称债权说,认为撤销权是债权人对于因债务人行为而受利益的相对人直接请求返还的债权。(2)形成权说,认为债权人撤销权的效力在于依债权人的意思而使债务人与相对人之间的法律行为溯及地消灭。(3)折中说,认为撤销权兼具请求权与形成权两种性质,撤销权的行使一方面使债务人与相对人的法律行为归于无效,另一方面又使债务人的责任财产回复至行为前的状态。(4)责任说,认为债权人并不需请求受益人返还利益,即得将其视为债务人的责任财产,申请法院径行对其强制执行。〔9〕

此说系对形成权说的发展。

二、撤销权的成立条件

依据学界通说以及我国《民法典》的规定,债权人撤销权的成立可分为客观要件与主观要件:

(一)客观要件

这是指债务人客观上实施了危害债权的行为。具体言之:(1)债务人实施的行为主要是法律行为。如买卖、赠与、设立抵押、遗赠、债务的免除等,对于债务人所实施的事实行为,如抛弃物的行为,债权人无须撤销。(2)债务人的行为是以财产为标的的处分行为。若债务人的处分行为无关其责任财产,则无须撤销。(3)债务人的行为导致了责任财产的减少。如债务人在责任财产不足的情况下仍以放弃其债权、放弃债权担保、无偿转让财产等方式无偿处分财产权益。倘若债务人的处分行为遵循等价有偿规则,亦未引起责任财产的减少,则不得成立撤销权。另外,由于撤销权的目的在于恢复债务人的责任财产,而非增加其责任财产,故对于债务人实施的仅使责任财产不能增加的行为,如拒绝受领利益或拒绝对其有利之承诺,则不得撤销。(4)债务人的行为危及债权实现。所谓危及债权实现,是指由于债务人的处分行为导致其责任财产减少,致使其陷入无资力的状态,债权人的债权因此不能得到完全清偿。反之,如果债务人虽然实施导致责任财产减少的行为,但并不影响其偿债能力,即在减少后的责任财产范围内,债务人仍有资力清偿债务全额的,此时债权人不得行使撤销权。

阅读 债务人放弃继承时债权人可否撤销

依照《法国民法典》第724、788条之规定,继承人因继承开始而当然继承被继承人的财产。因此,继承人抛弃继承时,即系抛弃已经取得的权利,该抛弃继承财产的行为亦可成为撤销诉权的对象。而依《德国民法典》第1942条第1项之规定,继承财产移转于继承权人,但不妨碍其抛弃继承。该法第1953条第1项规定,抛弃继承者,继承财产视为不归属于抛弃之

---

〔9〕 王家福主编:《中国民法学·民法债权》,法律出版社1995年版,第183页。

人。从而继承的抛弃,与其说是既得权利的抛弃,不如说是对于权利之要约的不受领,因此解释上认为不得撤销。可见,法、德两国学者之所以对于抛弃继承是否可以撤销有不同的结论,乃是因为两国民法对于继承的效果有不同的规定所致。[10]

(二)主观要件

其指债务人与相对人实施财产处分行为时,主观上均具有恶意,即明知行为有害于债权而仍然为之。具体包括以下情形:(1)主观要件仅适用于债务人与相对人为有偿行为的情形。换言之,若债务人的行为是无偿的,即相对人获取相应利益时并未支付代价,则不问债务人及相对人的主观心态如何,债权人即可行使撤销权。(2)在债务人与相对人为有偿行为时,债权人撤销权的享有以债务人和相对人主观上存在恶意为要件,即双方均知道或应当知道他们实施的行为会危及债权的实现。若仅有债务人的恶意而相对人为善意时,则债权人不得进行撤销。(3)在有偿行为中,债务人的恶意为撤销权的成立要件,相对人的恶意为撤销权的行使要件。[11] 债务人恶意的判断有意思主义与观念主义两种规定,前者以德国与瑞士为代表,强调债务人的恶意是债务人在进行行为时须有诈害的意思;后者以法国为代表,强调债务人的恶意以行为时为准,即明知其行为有害于债权人的权利仍进行。若行为时不知,而后为恶意的,不成立诈害行为。我国《民法典》以债务人是否以"明显不合理的低价"转让为依据,应属观念主义。对于"明显不合理"的低价或者高价的认定,应按照交易当地一般经营者的判断,并参考交易时交易地的市场交易价或者物价部门指导价。如果转让价格低于交易时交易地的市场交易价或者物价部门指导价的70%的,一般可认定为"明显不合理的低价";受让价格高于交易时交易地的市场交易价或者物价部门指导价的30%的,一般可认定为"明显不合理的高价"。债务人与相对人存在亲属关系、关联关系的,不能按照70%、30%的标准来认定"明显不合理"的低价或者高价。[12] 债务人以明显不合理的价格互易财产、以物抵债、出租或者承租财产、知识产权许可使用等行为,影响债权实现的,同样可以认定为"明显不合理"的价格。[13] 相对人恶意的认定,仅要求其在与债务人为行为的当时知道该行为有害于债权即可,否则不构成恶意。

三、撤销权的行使

撤销权的行使,对于债权人、债务人特别是相对人的利益影响巨大,因此应当通过诉讼的方式进行,即债权人以自己的名义向人民法院提起撤销之诉。根据我国《民法典》第541条的规定,债权人须自其知道或应当知道撤销事由之日起1年内行使,若债权人不知或不应知道撤销事由的存在,则须自债务人进行行为之日起5年内行使,否则撤销权消灭。

债权人在提起撤销权诉讼时,应将债务人和债务人的相对人列为共同被告。撤销权诉讼案件由债务人(被告)或者相对人的住所地人民法院管辖。两个或者两个以上的债权人

---

〔10〕 韩世远:《合同法总论》,法律出版社2006年版,第407页。

〔11〕 王家福主编:《中国民法学·民法债权》,法律出版社1995年版,第185页。

〔12〕《合同编通则解释》第42条。

〔13〕《合同编通则解释》第43条。

以同一债务人为被告,就同一行为提起撤销权诉讼的,人民法院可以合并审理。[14] 债权人行使撤销权所支付的律师代理费、差旅费等必要费用,由债务人负担;相对人有过错的,应当适当分担。

四、撤销权行使的效力

撤销权行使的效力,是指行使撤销权后在债务人、债权人以及相对人之间产生的法律后果。具体包括以下情形:(1)债务人和相对人的行为自始无效。撤销权指向的标的是债务人与相对人之间不当处分财产的行为,人民法院依法裁决撤销的,该行为自始无效。在债务人和相对人之间适用或比照适用民事法律行为无效的法律后果,即返还财产或赔偿损失。债权人可以同时诉请相对人承担返还财产、折价补偿、履行到期债务等法律后果。[15] (2)相对人因行为的撤销而返还的财产并入债务人的责任财产,作为全体债权人的共同担保,撤销权人无优先受偿权,但债权人行使撤销权所支出的费用可向债务人求偿。

——训　　练——

【司考】甲公司欠税40万元,税务局要查封其相应价值产品。甲公司经理说:“乙公司欠我公司60万元货款,贵局不如行使代位权直接去乙公司收取现金。”该局遂通知乙公司缴纳甲公司的欠税,乙公司不配合;该局责令其限期缴纳,乙公司逾期未缴纳;该局随即采取了税收强制执行措施。关于税务局的行为,下列哪些选项是错误的?(2013年)

A. 只要甲公司欠税,乙公司又欠甲公司货款,该局就有权行使代位权

B. 如代位权成立,即使乙公司不配合,该局也有权直接向乙公司行使

C. 本案中,该局有权责令乙公司限期缴纳

D. 本案中,该局有权向乙公司采取税收强制执行措施

【答案】 ACD

【解析】代位权行使的前提是权利人“怠于”行使其权利。本题中甲公司并未“怠于”行使。甲公司的说法似乎是希望将债权转让给税务局,但并不符合债权让与的要件。A项错误。代位权可以通过诉讼方式行使,诉讼不是代位权行使的唯一方式,也可直接请求。B项正确。乙公司不是40万元税款的纳税义务人,税务局无权对其采取行政强制措施。C项、D项错误。

综上,本题的答案为ACD。

【司考】乙向甲借款20万元,借款到期后,乙的下列哪些行为导致无力偿还甲的借款时,甲可申请法院予以撤销?(2016年)

A. 乙将自己所有的财产用于偿还对他人的未到期债务

B. 乙与其债务人约定放弃对债务人财产的抵押权

C. 乙在离婚协议中放弃对家庭共有财产的分割

D. 乙父去世,乙放弃对父亲遗产的继承权

【答案】 ABC

---

〔14〕《合同编通则解释》第44条。

〔15〕《合同编通则解释》第46条第1款。

【解析】本题主要考查债权人撤销权产生的具体情形。根据《民法典》第538条之规定，债务人以放弃其债权、放弃债权担保、无偿转让财产等方式无偿处分财产权益，或者恶意延长其到期债权的履行期限，影响债权人的债权实现的，债权人可以请求人民法院撤销债务人的行为。这是列举加概括的立法模式，“放弃其债权、放弃债权担保、无偿转让财产等方式”均属于“无偿处分财产权益”引起撤销权的法定情形，“无偿处分财产权益”是引起撤销权的情形的共性特征。本案A项属于乙放弃期限利益的行为，期限利益是一种财产权益，具有“无偿处分财产权益”的属性，甲有权撤销。本案B项可归入“放弃其债权”的行为，甲有权撤销。本案C项中乙放弃的虽然不是债权，但会直接引起乙责任财产的减少，仍属于“无偿处分财产权益”的行为，甲有权撤销。本案D项中乙放弃的是遗产继承权，乙放弃该权利，不会导致责任财产的减少，故无赋予甲方撤销权之必要，D项不符合题意。

综上，本题的答案为ABC。

思　考

1. 合同保全的法律意义是什么?
2. 根据我国《民法典》及相关司法解释的规定，可以代位行使的权利客体有哪些?
3. 债权人行使代位权应具备什么条件? 代位权行使后产生什么法律后果?
4. 实务中如何判断债务人与相对人的恶意?

重点问题梳理

1. 合同保全是债的对外效力的体现，是保障债权实现的重要措施，包括代位权与撤销权两种方式。
2. 代位权是代位行使“他人权利”的权利，而不是因此拥有“他人权利”本身。
3. 债权人代位权属于实体法上的权利，是债权人以自己名义行使的权利，不同于以他人名义行使的代理权，而是债权人固有的权利。
4. 作为代位权客体的债权主要是具有金钱给付内容的到期债权，非专属于债务人的债权不能充当代位权的客体。
5. 债务人怠于履行债务而有害债权实现时才可能成立代位权，若虽怠于履行却并未危及债权，则不成立代位权。
6. 代位权虽需借助诉讼方式行使，但代位权并非诉讼法上的权利，而是实体法上的权利。
7. 债权人代位权的行使并不改变债务人的法律地位，债务人仍是相对人(次债务人)的债权人。
8. 债权人撤销权制度的本质在于保障一般债权人全体的利益，而非各个债权人的个别利益。
9. 撤销权的行使可以通过诉讼方式进行。
10. 债权人行使撤销权后，并无优先受偿相对人所返还财产之权利，但可向债务人求偿其行使撤销权所支出之费用，这与我国《民法典》有关代位权行使后可直接受偿之规定不同。

第六章　合同的变更和转让

第一节　合　同　变　更

一、合同变更概述

(一)合同变更的概念

合同变更有广义上的合同变更与狭义上的合同变更之分。广义上的合同变更,即合同的变化,包括合同内容的变更与合同主体的变更。合同主体的变更又被称为合同权利义务的移转(或合同的转让),是以新的合同主体取代原合同关系的主体,合同内容并不发生变化,分为合同权利的转让、合同义务的转让以及合同权利义务的概括转让。合同主体的变更实际上是将合同的权利义务关系转移给新的合同当事人,是合同债权、债务变动的结果。其中合同债权人的变更,称为债权让与或债权转移;合同债务人的变更,称为债务承担或债务移转;合同债权债务一并转让的,称为债权债务的概括移转。

狭义的合同变更,即合同内容的变更,指在不改变合同主体的前提下仅仅改变合同的内容。通常意义上的合同变更就是狭义的合同变更,我国《民法典》合同编第六章的标题为"合同的变更和转让",将"变更"与"转让"并列,其变更就是指狭义上的合同变更。至于合同主体的变更,在我国《民法典》合同编中则主要是指合同的转让。

(二)合同变更的要件

1. 合同关系已经存在。合同变更是对原有合同关系的改变,它以合同关系的存在为基础;缺少已经存在的合同关系,则合同变更也将无从谈起。如果已经成立的合同关系被确认无效,可撤销合同被撤销,效力待定合同被追认权人拒绝追认,合同关系没有最终建立起来,合同变更问题也将无从谈起。

2. 有合同内容的变化。《民法典》合同编采变更狭义说,即《民法典》合同编上的合同变更不包括合同主体的变更,仅指合同内容的变更,合同内容的变更是合同变更不可或缺的条件。传统民法将债的变更区分为要素变更和非要素变更。前者指债的标的变更,后者指标的以外的有关数量、履行期限、地点、价格以及所附条件、担保、违约金、利息等的变更。由于要素的变更是给付的重要部分发生变更,往往会导致原合同关系的消灭和新合同关系的产生,因此合同变更以并不导致原合同消灭和新合同产生为条件,通常仅指非要素的变更。因此,合同变更中的合同内容变更一般包括:标的物数量的增减,标的物品质规格的改变,价款或酬金的增减,履行期限的变更,履行地点、方式的改变,结算方式的改变,所附条件的增加或除去，单纯债权变为选择债权，担保的设定或消失，违约金的变更，利息的变化等。另外，依据《民法典》第544条的规定，当事人对合同变更内容的约定必须明确，"当事人对合同变更的内容约定不明确的，推定为未变更"。变更后的合同内容不得具有违法性，不得规避法律的规定或者损害国家、集体和第三人的利益，不得违背公序良俗，否则不发生合同变更的效果。

3. 合同变更须依当事人协商一致、法律的直接规定或者裁判机关的裁判等方式进行。《民法典》第136条第2款规定：行为人非依法律规定或者未经对方同意，不得擅自变更或者解除民事法律行为。合同变更主要由当事人协商一致来实现，在合同当事人就合同内容的变更达成合意并符合民事法律行为生效要件时就产生合同变更的效力。除此之外，合同变更还可依法律的规定而产生，在债务人违约致使合同不能履行的情形下，履行合同的债务将按照法律规定直接变为损害赔偿的债务。最后，形成权人的单方意思也可以使合同发生变更，例如选择权人可以行使选择权，使合同发生变更。

4. 合同变更须遵守法定方式。对于合同变更，如果法律、行政法规要求必须采取一定的方式，如办理批准、登记手续等，当事人应当遵守此规定，否则即使当事人就合同变更达成了协议，也不能产生变更合同的效力。

（三）合同变更的效力

合同变更原则上仅向将来发生效力，不对已履行的部分发生效力，但法律另有规定或者当事人另有约定的除外。这样，通常原合同中已履行部分不因合同变更而失去法律依据，合同中未变更的部分也将仍然有效。因此，在合同变更以后，除当事人另有明确约定外，任何一方不能因合同内容的变更而要求对方返还已为的给付。

由于合同变更以原已存在合同关系为前提，是对原合同已有内容的变更，因此合同变更实际上是以变更后的合同代替了原来的合同，合同变更以后当事人应按变更后的合同内容履行，任何一方不履行变更后的合同内容都将构成违约。合同变更后，"原合同债权所有的利益或瑕疵仍然存在，但合同的变更增加了债务人负担时，非经保证人书面同意，保证人不再承担保证责任；如果未经物上保证人的同意，物的担保原则上不及于扩张的债权价值额"。[1]

二、合同的协议变更

合同变更可依当事人的协议而变更，可依法律规定而变更，也可因裁判机构的裁判或者形成权人的单方意思而变更。其中协议变更是现实生活中使用最为广泛的合同变更形式，故在此对合同的协议变更略作一些说明。

《民法典》第543条规定，"当事人协商一致，可以变更合同"。据此，当事人若想通过协议方式实现对合同的变更，首先，必须对合同变更的内容协商一致。合同是当事人意思表示一致的产物，合同变更也需要当事人就合同内容的变更达成一致的意思表示，如果当事人未能对合同变更的内容形成一致的意思表示，则合同就不能变更。现实中，当事人协商

---

〔1〕 韩世远：《合同法总论》，法律出版社2008年版，第404页。

一致的过程类似于重新订立一个新合同的过程,也需要经过要约、承诺的程序。其次,当事人应当对合同变更的内容作出明确的约定。合同当事人应就合同变更的内容在协商一致的基础上约定明确,诸如对标的物的数量、品质规格,价款或酬金,履行期限、地点、方式,违约金等的变更均应有明确约定。在约定明确的情况下合同变更才是有效的,否则依我国《民法典》第544条的规定,"当事人对合同变更的内容约定不明确的,推定为未变更"。最后,依照《民法典》第502条第2、3款规定,依照法律、行政法规的规定,合同应当办理批准等手续的,依照其规定。未办理批准等手续影响合同生效的,不影响合同中履行报批等义务条款以及相关条款的效力。应当办理申请批准等手续的当事人未履行义务的,对方可以请求其承担违反该义务的责任。依照法律、行政法规的规定,合同的变更、转让、解除等情形应当办理批准等手续的,适用前款规定。合同变更是在保持原合同关系基础上的合同内容的变更,变更后的合同内容已与原合同不同,因此对合同内容变更如法律、行政法规要求办理批准、登记手续的,应当依照其规定,否则合同变更不产生效力。

——训　练——

【司考】张某、方某共同出资,分别设立甲公司和丙公司。2013年3月1日,甲公司与乙公司签订了开发某房地产项目的《合作协议一》,约定如下:"甲公司将丙公司10%的股权转让给乙公司,乙公司在协议签订之日起三日内向甲公司支付首付款4000万元,尾款1000万元在次年3月1日之前付清。首付款用于支付丙公司从某国土部门购买A地块土地使用权。如协议签订之日起三个月内丙公司未能获得A地块土地使用权致双方合作失败,乙公司有权终止协议。"

《合作协议一》签订后,乙公司经甲公司指示向张某、方某支付了4000万元首付款。张某、方某配合甲公司将丙公司10%的股权过户给了乙公司。

2013年5月1日,因张某、方某未将前述4000万元支付给丙公司致其未能向某国土部门及时付款,A地块土地使用权被收回挂牌卖掉。

2013年6月4日,乙公司向甲公司发函:"鉴于土地使用权已被国土部门收回,故我公司终止协议,请贵公司返还4000万元。"甲公司当即回函:"我公司已把股权过户到贵公司名下,贵公司无权终止协议,请贵公司依约支付1000万元尾款。"

2013年6月8日,张某、方某与乙公司签订了《合作协议二》,对继续合作开发房地产项目作了新的安排,并约定:"本协议签订之日,《合作协议一》自动作废。"丁公司经甲公司指示,向乙公司送达了《承诺函》:"本公司代替甲公司承担4000万元的返还义务。"乙公司对此未置可否。

关于张某、方某与乙公司签订的《合作协议二》,下列表述正确的是哪项?(2014年)

A. 有效　　　　B. 无效

C. 可变更　　　　D.《合作协议一》被《合作协议二》取代

【答案】 A

【解析】张某、方某为甲公司的股东,他们有权代表甲公司与乙公司签订协议。张某、方某与乙公司在平等协商情况下达成一致意见,主体合格、意思表示真实、内容合法,符合有效合同的条件,不存在"无效"或"可变更、可撤销"的情形。因此,该协议合法有效,B项、C项错误,A项正确。《合作协议二》是方某、张某和乙公司订立的一份独立的协议,合同主体与《合作协议一》的主体不同,因此,第二个协议的签订对于第一个协议不产生取代的影响,D项错误。

综上,本题的答案为A。

【法考】甲公司欠乙公司200万元,甲公司与丙公司签订协议,约定丙公司加入甲公司对乙公司的债务,但只承担100万元,并通知乙公司,乙公司同意,后丙公司仅向乙公司支付50万元。如下说法何者正确?(2020年)

A. 乙公司有权要求丙公司再支付50万元

B. 该债务承担自通知乙公司时生效

C. 乙公司有权要求丙公司支付150万元

D. 该债务自乙公司同意时生效

【答案】 AB

【解析】在本题中,丙公司加入甲公司对乙公司的债务,在100万元的范围内与甲公司承担连带债务。在此基础上,丙公司向乙公司偿还了50万元,意味着丙公司在50万元的范围内,与甲公司承担连带责任,所以乙公司现在仅有权请求丙公司偿还50万元。故A项正确,C项错误。《民法典》第552条规定:"第三人与债务人约定加入债务并通知债权人,或者第三人向债权人表示愿意加入债务,债权人未在合理期限内明确拒绝的,债权人可以请求第三人在其愿意承担的债务范围内和债务人承担连带债务。"据此,并存的债务承担通知到达债权人时生效。故B项正确,D项错误。

综上,本题答案为AB。

——— 思　考 ———

什么是合同变更的必要性?

第二节　合同转让

一、合同转让的概念

合同转让为广义的合同变更中的合同主体的变更,是指在不改变合同内容的前提下,合同当事人依法将其合同的权利和义务全部或部分地转让给第三人。合同转让导致的是合同主体的变化,即第三人代替原合同当事人成为合同当事人。合同转让的目的在于使原合同的权利义务全部或者部分地从一合同当事人转让给第三人,因此合同转让必然涉及合同主体的变化。合同转让并不导致合同内容的改变,转让前的合同内容与转让后的合同内容是一致的,从合同原当事人处所受让的权利和义务既不超出原合同内容的范围,也不改变原合同权利义务的内容。

从合同转让的产生来看,法律的直接规定、法院的裁判、法律行为均可导致合同转让。法律直接规定引起合同转让的后果的,如被继承人死亡,合同权利义务转移给继承人;法律裁判发生合同转让的,可称为裁判上的转让;当事人之间通过法律行为实现的合同转让包括合同转让人与受让人订立合同将合同的权利义务进行转让,遗嘱人以遗嘱的方式将其合同权利转让给继承人或者受遗赠人等。

从合同转让的具体形态来看,合同转让包括三种形态:(1)合同权利的转让(合同权利的让与);(2)合同义务的承担(合同义务的转移);(3)合同权利义务的概括转让(合同权利义务的概括转移)。另外,合同转让既可以是合同内容的部分转让,也可以是合同内容的全部转让,不同类型的合同转让,其条件和效力各不相同。

阅读 合同转让制度的产生与发展[2]

合同转让制度的确立是商品经济发展的结果,也是一个历史的过程。在早期的罗马法中,由于债权被视为连接债权人与债务人的法锁,变更其中任何一端都将使债的关系失去同一性,所以债权与债的当事人均被认为是不可变更的。随着罗马奴隶制商品经济的发展和财物交易的日益频繁,罗马法中债权不得转让的规定日渐发生变化,《十二铜表法》就已经摒弃了这一原则的绝对性,承认了因继承人继承被继承人人格而导致的债权债务的移转。随后为适应实践的需要,司法系统创造了很多救济办法,以新债取代旧债,再由第三人行使债权的债的更改方式得到了认可,接着通过诉讼形式为债权让与的做法在帝政时代被允许,最后,裁判官承认并规定债权让与在让与人和受让人之间的让与行为成立时生效,完全认可了债权让与制度。罗马法关于债的移转制度对大陆法系产生了巨大影响,《法国民法典》以后的各国民法典都对债的让与制度作了规定。合同的移转制度在大陆法系确立的过程中,债权的让与制度较早地得到了确立,但是债务的移转制度则受到了更多的怀疑。《法国民法典》没有对债务移转制度作出规定,《德国民法典》在经过争论以后才接受了大多数人的观点,对债权让与制度与债务移转制度均作出了规定。受到合同对价理论的束缚与合同相对性原则的约束,英美法在认可合同让与方面经历了漫长的探索。英国普通法在经历了从禁止转让到采取授权代理制度、债权承认制度、信托制度等规范和保护债的转让的变化之后,才最终为了适应商品经济发展的需要全面认可了合同让与制度。现在,英美法系中已经没有阻止当事人进行合同权利的转让与合同义务移转的法律规定。

二、合同权利转让

(一)合同权利转让概述

合同权利转让,又称为债权让与,是指在不改变合同内容的前提下,合同债权人将其债权全部或者部分转让给第三人的行为。其中,转让债权的人称为让与人,第三人称为受让人。另外,《民法典》(第545~550条)所指的合同权利转让主要为普通债权的让与,票据等有价证券的让与首先应适用《票据法》等特别法的规定,没有特别法或者特别法没有作出规定时,才适用《民法典》的相关规定。

合同权利转让一般具有以下特点:(1)合同权利转让的主体通常为债权人和第三人,债权人与第三人通过协议将合同债权转让给第三人,债务人不是合同权利转让的当事人。[3](2)合同权利转让不导致合同内容的变化,仅仅是合同当事人的变化。(3)合同权利转让的对象是可转让的债权,而不是物权或者其他权利。(4)合同权利转让既可以是全部转让,也

---

〔2〕 邱鹭风、叶金强、龚鹏程:《合同法学》,南京大学出版社2000年版,第340页;李永军:《合同法》,法律出版社2004年版,第412~413页。

〔3〕 王利明、崔建远:《合同法新论·总则》,中国政法大学出版社1996年版,第420页。

可以是部分转让。在全部转让的情形下，受让人完全取代了让与人的地位而成为新的合同债权人；在权利部分转让的情形下，受让人作为第三人加入合同关系中，与原债权人共享债权。

（二）合同权利转让的条件

现实生活中，合同权利转让通常通过转让合同来实现，由于合同权利转让行为是合同权利人处分其债权的行为，因此，其通常要具备如下的条件：

1. 须存在有效的合同权利。存在有效的合同权利，是合同权利转让的基本前提，如果合同原本就不存在，或者已被宣告无效或者被撤销，就无从发生合同权利转让问题。有效的合同权利，是指该债权真实存在且并未消灭，并不意味着它一定能够得到实现，即让与人负有保证它确实存在的义务，但并不负有保证债务人一定能清偿的义务。

2. 转让的合同权利需具有可转让性。合同权利转让，是合同权利从让与人处转移到受让人之手的过程，这一过程的实现需要以合同权利具有可让与性为必要条件。合同权利不具有可让与性，相当于有体物为禁止流通物，不会发生权利转移的效果。为了兼顾转让双方的利益公平，维护社会交易秩序并保护社会公共利益，《民法典》第545条在明确规定合同债权人可以将合同权利全部或者部分转让给第三人的同时，规定了不允许转让的合同权利。

按照《民法典》第545条第1款的规定，法律不允许转让的权利包括以下三类：(1)根据债权性质不得转让的合同权利（如基于对特定债权人人身信任而成立的合同债权、请求债务人竞业禁止等不作为债权等）。这是指根据合同的性质，其合同权利只能在特定当事人之间产生效力，如果该权利转让，会违反当事人之间订立合同的目的，使合同当事人之间的人身信赖关系遭到彻底破坏，最终导致合同目的的根本落空，因此该类合同的权利不能转让给第三人。(2)按照当事人约定不得转让的合同权利。对于合同权利的转让，在不违反法律的禁止性规定和社会公共利益的前提下，应尊重当事人的意志，在当事人有合同权利不得转让的约定时，应承认该约定的法律效力。(3)依照法律规定不得转让的合同权利（如赡养费请求权、扶养费请求权等）。如果法律规定某项合同权利不得让与，则该合同权利具有类似禁止流通物的特性，该合同权利将不得转让，即使当事人之间达成了转让合同权利的合意，该合意也会因标的之法律不能而无效。

对于金钱债权的转让问题，《民法典》第545条第2款规定："当事人约定非金钱债权不得转让的，不得对抗善意第三人。当事人约定金钱债权不得转让的，不得对抗第三人。"当事人关于金钱债权转让的限制不得对抗第三人，不论第三人对该约定是否知情。

3. 当事人之间达成合同权利转让的协议，并依法办理相关手续。合同权利转让本身也是一种合同行为，该行为的成立与生效须符合《民法典》关于法律行为成立与生效的规定，否则合同权利转让的目的实现就会受到影响。合同权利转让过程中存在合同无效之原因，将导致合同权利转让的目的不能实现。如果法律、行政法规规定合同权利转让需要办理批准、登记等手续的，则合同权利转让在办妥这些手续后才能生效。

（三）合同权利转让的通知

债权让与合同一经成立，就会在让与人与受让人之间产生合同权利让与的效果，但是由于债权的实现需要债务人的给付,因此,在债权让与中存在一个在何种情况下债权转让对债务人生效的问题。对于此问题,我国《民法典》第 546 条规定:“债权人转让债权,未通知债务人的,该转让对债务人不发生效力。债权转让的通知不得撤销,但是经受让人同意的除外。”《民法典》第 546 条表明在合同权利转让如何对债务人发生效力的问题上,我国采取了通知主义,而没有采取债务人同意原则或债权自由让与主义,即合同权利人不需征得债务人同意,仅需将合同权利转让的事实通知债务人,合同权利转让行为即对债务人发生效力。

从尊重合同债权人的意思自治与其对债权的处分权利,满足市场经济运行的实际需要出发,法律规定债权人有转让其合同权利的权利。但同时,合同权利转让的结果与债务人的利益有重大关系,如果债务人对债权的转让毫不知情,必然会因此而承受不利,因此从兼顾债务人利益的角度出发,法律规定合同债权人转让其权利的,应当通知债务人。只有债权人通知,债务人才能了解合同债权转让的事实,避免因不知情而遭受损失,债权的转让也开始对债务人发生效力,债务人在收到债权人转让的通知后应向债权的受让人清偿债务。相反,如果债权人未将合同债权转让的事实通知债务人,该债权转让对债务人不产生效力,即如果债权人未将合同权利转让的事实告知债务人,则债务人得拒绝受让人的清偿请求,债务人对于原债权人(让与人)的清偿、免责行为,或者让与人对债务人为免除或抵销,应当有效。[4] 债权让与的通知在性质上为准法律行为,可以准用《民法典》关于意思表示的有关规定。同时,按照《民法典》第 546 条第 2 款的规定,债权人转让债权的通知一旦发出,非经受让人同意,不得撤销。

在受让人收到债权让与的通知后,会发生虽无债权让与事实,但债权让与通知依然发生效力的表见让与现象,即当合同权利人将债权让与第三人的事实通知债务人后,即使债权让与未发生或者债权让与无效,债务人基于对让与通知的信赖而向该第三人所为的履行行为,仍将产生法律效力。表见让与一般只在债权人为让与通知时才产生,在受让人为让与通知时,只有受让人已经向债务人提示了债权已经属于他的充分证据,足以证明债权已经发生移转,才可成立表见让与。

债权转让通知送达债务人,债权转让对债务人发生效力。债务人在接到债权转让通知前已经向让与人履行的,该履行有效。债务人在接到债权转让通知后仍然向让与人履行的,该履行无效。债权转让通知是不要式的,无论是让与人(债权人)通知,还是受让人以起诉方式主张权利,只要转让的事实有效通知了债务人,债权转让就对债务人产生拘束力。[5]

(四)合同权利转让的法律效力

合同权利转让有效成立后,即在让与人、受让人及债务人之间产生一定的法律后果。合同权利转让在让与人与受让人之间的效力,为其内部效力;合同权利转让对债务人所具有的法律效力,为其外部效力。

---

〔4〕 史尚宽:《债法总论》,台北,荣泰印书馆股份有限公司 1978 年版,第 691 页。

〔5〕《合同编通则解释》第 48 条。

1. 合同权利转让的内部效力

(1)合同权利在让与人与受让人之间发生转移。债权让与合同的生效通常会使让与人脱离原合同关系,受让人取代让与人成为合同的当事人,即成为新债权人。受让人从此享有请求债务人向自己履行债务的权利。这是合同权利转让的目的所在,也是其效力的最主要表现。但是,如果让与合同规定债权于未来某个时点转移,则让与合同生效后该时点到来之前,让与人仍享有债权,只是该债权受到限制,该债权在该时点到来后才发生债权移转的效果。

(2)根据民法原理,合同权利转让时,依附于该债权的有关从权利也随之移转,即债权的转让使受让人取得了与债权有关的从权利,该从权利包括抵押权、留置权、定金债权、利息债权、违约金债权以及损害赔偿请求权等,但专属于债权人的从权利不能随主权利的转让而转让。我国《民法典》第547条规定,债权人转让债权的,受让人取得与债权有关的从权利,但是该从权利专属于债权人自身的除外。受让人取得从权利不因该从权利未办理转移登记手续或者未转移占有而受到影响。根据担保物权的不可分性原理,债权部分转让的,抵押权、质权通常将同时担保已经转让部分的债权与尚未转让部分的债权。

(3)为了保障交易安全并使受让人能够顺利行使债权,让与人应将债权证明文件,如有关借据、票据、合同书、往来电报书信等全部交付给受让人,并且应将有关主张债权的一切必要情况,如债务履行期、履行地、履行方式、债务人可能主张的抗辩以及债权的担保等告诉受让人;此外,让与人占有的担保物及抵押文书也应全部交付给受让人。

(4)让与人对让与的债权负有瑕疵担保责任。让与人应担保让与的合同权利不存在瑕疵,如果让与的权利存在瑕疵并因此给受让人造成损失,让与人应向受让人承担损害赔偿责任。但是,让与人在让与权利时,若已明确告知受让人权利有瑕疵,则受让人无权要求赔偿。

(5)按照《民法典》第550条的规定,因债权转让增加的履行费用,由让与人负担。

2. 合同权利转让的外部效力

(1)原债权人脱离合同债的关系,不再向债务人请求履行债务,原债权人也无权再继续接受债务人的履行,否则构成不当得利。

(2)债务人应向新的债权人履行债务,不得向原债权人履行债务,否则不构成合同的履行,如果因此给受让人造成损害的,债务人应负损害赔偿责任。

(3)债务人在合同权利转让时所享有的对抗让与人的抗辩,均可以向受让人主张。合同权利的让与并不改变原合同的内容,并不改变原债权债务关系的同一性,仅仅是债权主体的变更,因此,原合同权利的瑕疵也将随同权利的移转而转移给受让人,所以债务人享有的对抗原债权人的事由也可以对抗新的债权人。为了保证债务人不因合同权利的转让而蒙受损害,凡债务人在合同权利转让时就已经享有的对抗原债权人的一切抗辩权,如同时履行抗辩权、债权未发生的抗辩、债务未届履行期的抗辩、时效完成的抗辩、债权已经消灭的抗辩等,债务人均可向受让人主张。我国《民法典》第548条规定,债务人接到债权转让通知后,债务人对让与人的抗辩,可以向受让人主张。

(4)债务人对让与人享有到期债权时可以向受让人主张抵销。我国《民法典》第549条规定,有下列情形之一的,债务人可以向受让人主张抵销:一是债务人接到债权转让通知时,债务人对让与人享有债权,且债务人的债权先于转让的债权到期或者同时到期;二是债务人的债权与转让的债权是基于同一合同产生。对该条的适用,还应注意:第一,必须是债务人在收到让与通知时对让与人享有债权,该债权可以成立于让与合同成立前,也可以发生于让与合同成立之后,但不得发生于让与通知到达债务人之后。第二,必须是债权的清偿期先于所让与的债权或者同时届至,不得迟于所让与债权的清偿期。[6] 第三,债务人的债权与转让的债权是基于同一合同产生。因此,让与人将合同债权转让的事实通知债务人,债务人接到通知时,债务人对受让人也享有债权,此时债务人即可向受让人主张以其对让与人的债务抵销让与人对其的到期债务。

三、合同义务移转

(一)合同义务移转的概念

合同义务移转有广义、狭义之分。广义的合同义务移转,包括在不改变债之内容的前提下,由第三人取代债务人的地位,将债务由第三人承担或者第三人加入合同债的关系中与原债务人共同承担同一内容的债务。前者称为免责的债务承担;后者称为并存的债务承担。《民法典》增设第552条对并存的债务承担进行了规定,改变了《合同法》仅规定由第三人取代债务人的地位而承担债务之免责的债务承担的立法状况。对于并存的债务承担,《民法典》第552条规定:"第三人与债务人约定加入债务并通知债权人,或者第三人向债权人表示愿意加入债务,债权人未在合理期限内明确拒绝的,债权人可以请求第三人在其愿意承担的债务范围内和债务人承担连带债务。"

探讨 免责的债务承担和并存的债务承担的区别[7]

1. 两者的性质不同。免责的债务承担是债务的特定承受,即第三人对原债务的承受,而非新债务的承担;并存的债务承担属于新的债务负担,由于并存的债务承担并不产生免除原债务人合同债务的效果,承担人的债务与原债务人的债务不必相同,所以是新产生的债务负担,并非债务的特定承受。

2. 两者的主体变动不同。免责的债务承担导致原债务人脱离合同关系,第三人取代原债务人成为合同的新债务人,从而引起合同主体的完全改变;而并存的债务承担并不影响原债务人的地位,第三人只是新加入合同关系,导致合同主体中增加了新的债务人。

3. 两者的成立条件不同。免责的债务承担,对于合同的履行和债权的实现关系甚大,因而免责的债务承担须取得债权人的同意;并存的债务承担由于原债务人并不脱离合同关系,而且第三人的加入通常会有利于债权的实现,所以并存的债务承担原则上不须取得债权人同意。

4. 第三人承担合同债务的方式和范围不同。免责债务承担中,第三人只能独立承担所转让的合同债务,其承担范围一般与原债权及其从债务相同;并存的债务承担是由第三人与原

---

[6] 郑玉波:《民法债编总论》,陈荣隆修订,中国政法大学出版社2004年版,第445页。
[7] 马永双主编:《合同法》,中国社会出版社2007年版,第131~132页。

债务人共同承担债务，其承担的范围不得超过原债务的限度，可以小于原债务。

（二）合同义务移转的条件

合同义务移转应当符合一定的条件，才能产生效力，根据我国法律的规定，合同义务移转须具备如下条件：

1. 须有合同义务存在。合同义务移转以债务的存在为前提，如果债务根本就不存在或者因某种原因而不再存在，例如因合同被撤销而不再存在，则不能发生合同义务移转问题。可撤销的合同在被撤销以前，仍可就该合同中的债务成立有效的债务移转；将来发生的合同义务只有在该债务成立时，才能发生合同义务移转的效果。

2. 移转的合同义务须具有可让与性。移转的义务必须具有可让与性，合同义务移转将导致合同义务主体发生变更，不能移转的义务成为合同的标的将会显著影响合同的效力。不能移转的合同义务通常包括如下三种：法律规定不能移转的合同义务、性质上不可移转的合同义务与当事人特约不能移转的合同义务。以法律规定不能移转的合同义务为标的而签订的合同义务移转合同将会因合同标的的自始客观不能，而不发生合同义务移转的后果。如果某项合同义务与债务人的人身密切联系，是以特定债务人的特殊技能或者特别的人身信任关系为基础，需要债务人亲自履行的，则该项合同义务为在性质上不得移转的合同义务。例如，由某著名演员履行的表演义务、某著名画家负有的绘画义务、具有特别信任基础的委托合同义务，都可能因为合同义务的特殊性而成为不得让与的合同义务。对于当事人特约不能移转的合同义务，如果合同当事人坚持原约定，则会影响合同义务承担的效力，使该合同义务的承担难以达到当事人所预期的效果。

3. 须存在合同义务移转的协议。当事人只有就合同义务的移转达成协议，才能最终产生合同义务移转的效果。债务人与第三人订立合同义务移转的协议是合同义务移转的通常形式。除此之外，合同债权人也可以直接与第三人达成合同义务移转的协议来实现合同义务的移转。

4. 须经债权人同意。根据《民法典》第 551 条第 1 款的规定，“债务人将债务的全部或者部分转移给第三人的，应当经债权人同意”。法律之所以这样规定，是因为合同债的关系通常建立在债权人对债务人有所信任的基础上。如果未经债权人同意而将债务移转于第三人，由于该第三人是否有足够的资力和信用履行债务往往不确定，因此债权人的利益是否能够实现缺乏保障。因此，为了有效保障债权人的利益，防止债权人的利益受到债务人与第三人所为的债务移转行为的损害，法律规定合同债务的移转应当经债权人同意。关于债权人的同意方式，《民法典》未作明确规定，应认为明示或默示方式均可。如果债权人未明示同意，但如其向第三人请求履行或者受领第三人履行时，即可推定其已经同意。根据《民法典》第 551 条第 2 款的规定，“债务人或者第三人可以催告债权人在合理期限内予以同意，债权人未作表示的，视为不同意”。

5. 须依法办理有关手续。对于合同权利义务移转的方式，法律一般不作特别要求，但法律、行政法规对其有特别规定的，则应遵循该规定。

（三）合同债务移转的效力

根据《民法典》的相关规定以及法理，合同债务移转产生以下效力：

1. 在免责的债务承担中，受让合同义务移转的第三人，即债务承担人将取代原债务人地位而成为合同新的债务人，原债务人脱离合同关系。从此以后，债务承担人向债权人履行合同义务，如果其不履行合同债务或者不适当履行合同债务，债权人只能向承担人而不能向原债务人请求履行或者要求其承担违约责任。合同义务部分移转的，则第三人加入合同关系，与债务人共同承担合同义务。第三人加入债务并与债务人约定了追偿权的，其履行债务后有权向债务人追偿；没有约定追偿权的，第三人有权依照民法典关于不当得利等的规定，在其已经向债权人履行债务的范围内请求债务人向其履行，但是第三人知道或者应当知道加入债务会损害债务人利益的除外。债务人有权就其对债权人享有的抗辩向加入债务的第三人主张。[8]

2. 原债务人基于合同关系而享有的对债权人的抗辩权移归承担人，承担人可凭此权利对抗债权人。我国《民法典》第553条规定，债务人转移债务的，新债务人可以主张原债务人对债权人的抗辩；原债务人对债权人享有债权的，新债务人不得向债权人主张抵销。债务承担以债务移转时的状态移转于承担人，所以承担人可以以受移转时已经存在的事由对抗债权人，如债务具有无效原因时，承担人可向债权人主张无效。但专属于合同当事人的解除权和撤销权，只能由原债务人行使。[9]

3. 从属于主债务的从债务(专属于债务人自身的除外)，移归新债务人承担。我国《民法典》第554条规定，债务人转移债务的，新债务人应当承担与主债务有关的从债务，但是该从债务专属于原债务人自身的除外。当合同主债务因债务移转而由新的债务人承担时，附随于主债务的从债务，例如附随于主债务的利息债务，也随着主债务的移转而由新债务人承担。但第三人为担保债务人履行债务所提供的保证，在保证人未书面表示同意债务移转时，保证人的保证责任因债务移转而消灭。

四、合同权利义务概括移转

(一)合同权利义务概括移转的概念

合同一方当事人将其合同债权债务概括地移转于第三人是单纯的合同权利转让和合同义务移转外的第三种情形。该种合同权利义务概括移转是指由原合同当事人一方将其债权债务一并移转于第三人，由第三人概括继受这些债权债务。

合同权利义务概括移转可基于当事人之间的法律行为而发生，也可基于法律的规定而发生。基于当事人之间的法律行为而发生的合同权利义务概括移转称为合同承受或者意定概括移转，基于法律的规定而发生的合同权利义务概括移转称为法定的概括移转。法定的概括移转中最典型的表现是法人或者其他组织的合并、分立所引起的合同权利义务概括移转。另外，《民法典》第725条“租赁物在承租人按照租赁合同占有期限内发生所有权变动的，不影响租赁合同的效力”的规定，也会引起合同权利义务概括移转。按照该条规定，在租赁物买卖时买卖将不能击破租赁，买受人在取得物的所有权的同时，也承受了该租赁物上已经存在的租赁关系，成为租赁合同中的出租人。

---

〔8〕《合同编通则解释》第51条。

〔9〕 王家福主编：《中国民法学·民法债权》，法律出版社1991年版，第86页。

合同权利义务概括移转既可以是全部合同债权债务，也可以是部分合同债权债务。在合同权利义务全部移转的情形中，合同权利义务的承受人完全取代原当事人的法律地位，成为合同关系的当事人，附随于原当事人的全部权利义务也均全部移转于承受人。合同权利义务部分移转时，出让人和承受人应确定各自享有的债权和承担的债务的份额和性质，如果没有约定或者约定不明确，则视为连带之债。合同权利义务概括移转是合同一方当事人将其权利义务一并移转于第三人，因此只能在双务合同中发生，单务合同只能成立单纯的合同权利转让或债务移转。

（二）合同承受

合同承受又称合同权利义务意定概括移转，是指一方当事人与他人订立合同后，依照其与第三人的约定，并经对方当事人同意，将合同上的权利义务一并移转于第三人，由第三人承受自己在合同上的地位，享受权利并负担义务。《民法典》第 555 条规定之"当事人一方经对方同意，可以将自己在合同中的权利和义务一并转让给第三人"，就是对这种意义上的合同权利义务概括移转的规定。

合同的一方当事人在与第三人就合同权利义务的移转达成约定后，应征得合同对方当事人的同意，如果未经同意，合同承受不发生效力。其原因在于，在合同承受的情形之下，所移转的内容除了权利还有义务，而义务的移转必须取得合同另一方当事人的同意。按照《民法典》第 556 条的规定，合同的权利和义务一并转让的，适用债权转让、债务转移的有关规定。

（三）法人或者其他组织合并和分立引起的债权债务概括移转

除合同的承受会引起合同权利义务概括移转外，法人或者其他组织合并和分立也会引起债权债务概括移转。这种合同权利义务概括移转基于法律对合同债权债务移转的直接规定而发生，无须通过约定方式来实现。《民法典》第 67 条第 1 款规定：法人合并的，其权利和义务由合并后的法人享有和承担。

1. 因合并所引起的债权债务概括移转

合并是指原存的两个或者两个以上的法人或者其他组织合并为一个法人或者一个其他组织。我国《公司法》规定的公司合并包括两种情形：一是吸收合并，即一个公司将原存的其他公司吸收成为自己的一部分，被吸收的公司解散；二是新设合并，即两个以上公司合并设立一个新的公司，合并各方解散。其他法人组织形式或其他组织的合并通常也表现为这两种形式。

由于法人或者其他组织合并会对合并前的法人或者其他组织所享有的合同权利和负担的合同义务产生影响，为了保证合并法人或者其他组织的利益和合同另一方当事人的利益，当事人订立合同后合并的，应由合并后的法人或者其他组织行使合同权利，履行合同义务，即合并前的法人或者其他组织的合同权利义务概括移转于合并后的法人或者其他组织。在此情形下，就吸收式合并而言，被吸收的法人或者其他组织解散；就新设合并而言，被合并的法人或者其他组织解散，均丧失行使债权和履行债务的能力，合同另一方当事人不能再向其主张债权或者履行债务，而只能向概括承受债权债务的合并后的法人或者其他组织主张债权或者要求其履行债务。

2. 因分立而引起的债权债务概括移转

分立指一个法人或者其他组织分成多个法人或者其他组织,包括新设分立和派生分立。前者指解散原法人或者其他组织,而分立为多个法人或者其他组织;后者指原法人或者其他组织存续,而从中另分出新的法人或者其他组织。

依照《民法典》第67条第2款规定:法人分立的,其权利和义务由分立后的法人享有连带债权,承担连带债务,但是债权人和债务人另有约定的除外。

训　　练

【司考】甲经乙公司股东丙介绍购买乙公司矿粉,甲依约预付了100万元货款,乙公司仅交付部分矿粉,经结算欠甲50万元货款。乙公司与丙商议,由乙公司和丙以欠款人的身份向甲出具欠条。其后,乙公司未按期支付。关于丙在欠条上签名的行为,下列哪一选项是正确的?(2017年)

A. 构成第三人代为清偿

B. 构成免责的债务承担

C. 构成并存的债务承担

D. 构成无因管理

【答案】 C

【解析】根据《民法典》第523条规定,当事人约定由第三人向债权人履行债务,第三人不履行债务或者履行债务不符合约定的,债务人应当向债权人承担违约责任。本题中,乙公司作为债务人,其与丙以欠款人的身份向甲出具欠条。根据该欠条的内容,并无由丙代乙向甲履行债务的意思,不构成第三人代为履行。同时,该约定亦不会导致原债务人乙公司免责的法律效果,乙公司并未因此而退出债的清偿关系。故A、B项错误。乙、丙公司向甲出具的欠条成立并存的债务承担,即在原债务人乙公司并不退出债的关系的情况下,丙加入债的关系,由乙、丙共同向债权人承担责任。故C项正确。根据《民法典》第121条规定,没有法定的或约定的义务,为避免他人利益受损失而进行管理的人,有权请求受益人偿还由此支出的必要费用。由此,无因管理需要管理人在主观上具有为避免他人利益受损而进行管理的主观意思。本题不存在丙为了避免乙公司的利益受损而进行管理的问题。因此,丙的行为不构成无因管理,故D项亦错误。

综上,本题答案为C。

思　　考

1. 合同权利转让存在怎样的内部效力与外部效力?

2. 合同义务移转需要具备哪些条件?

3. 合同义务移转产生什么效力?

重点问题梳理

合同变更需要具备如下条件:合同关系已经存在,有合同内容的变化,依当事人协商一致等方式进行以及遵守法定的方式。

第七章　合同的消灭

第一节　概　　述

一、合同消灭的概念以及与相关概念的区别

万物有生有死,法律关系也不例外。法律关系的得丧变更体现在合同法律关系上,即合同的成立与生效、合同的消灭,以及合同的变更和转让。

合同的消灭,又称为合同权利义务的终止(简称为合同的终止),是指由于出现特定的法律事实,已存在并生效的合同法律关系以及合同权利与义务归于消灭。我国《民法典》第558条规定,债权债务终止后,当事人应当遵循诚信等原则,根据交易习惯履行通知、协助、保密、旧物回收等义务。在英美法上与合同的消灭对应的术语包括discharge和termination,二者均指合同债务的消灭。

合同的消灭与合同的变更、合同的转让、合同的中止均有所不同。合同的变更,是指合同的主体不变,但主要条款即当事人的主要权利义务内容发生变化。合同的转让,是指合同的内容不变,但主体发生变化。合同的中止,又称为合同效力的中止,是指基于债务人的抗辩,合同的请求力暂时停止,抗辩权消灭后,合同又重新恢复原有的效力。

另外,合同的消灭与合同被撤销、合同无效也不同。合同被撤销或合同无效,是指合同本身存在效力上的瑕疵,因而自始在法律上就不应当具有效力,合同权利与合同义务自始就不应该存在;而合同的消灭,指的是效力上没有瑕疵的合同,由于出现了法定或约定的原因而归于终结。可见,合同效力是否有瑕疵是区分二者的关键。

二、合同消灭的原因与效力

合同的消灭,是因为出现了一定的法律事实,此法律事实可能是法律行为(如合同债务的免除),也可能是事实行为(如物权合意之外的合同履行行为),还可能是事件(如委托人死亡)。从各国立法来看,合同消灭的原因主要有:清偿、抵销、提存、免除、混同,以及合同解除(含合同终止)。我国《民法典》第557条[1]也规定了这些合同权利义务终止的原因。

在英美法上,合同消灭(discharge或termination)的原因包括:履行(performance)、协议解除(rescission by agreement)、合同解除(rescission或cancellation)、免除(release)、个别债

---

[1] 《民法典》第557条规定:"有下列情形之一的,债权债务终止:(一)债务已经履行;(二)债务相互抵销;(三)债务人依法将标的物提存;(四)债权人免除债务;(五)债权债务同归于一人;(六)法律规定或者当事人约定终止的其他情形。合同解除的,该合同的权利义务关系终止。"

务人免责合同(contract not to sue)[2]、替代给付合同(substantive contract)、和解清偿(accord and satisfaction)[3]、合同更新(novation)[4]、债务人认可之账单(account stated)[5]以及其他原因等。

合同的消灭,除原来的合同债权债务关系消灭外,还发生如下效力:从权利义务(如抵押权等)归于消灭;相互返还债权证书;当事人应遵循诚信原则,根据交易习惯,履行通知、协助、保密等义务;合同的消灭不影响合同中结算和清理条款的效力。

—— 思 考 ——

合同解除与协议解除、合同撤销之间有何区别?

第二节 清 偿

一、清偿的概念和性质

所谓清偿,是指依据债务的本旨,实现债务内容,致使债权债务关系消灭的行为。清偿与给付、履行所指事物大致相同,只不过切入的视角不同。清偿侧重于债(合同)的消灭结果层面;给付侧重于债务人的行为层面;履行侧重于债的效力层面。[6]

清偿的性质历来存在争议。大体上有法律行为说、非法律行为说(又包括单纯事实行为说和准法律行为说两种见解)以及折中说(有时是法律行为,有时是事实行为)。大多数学者赞成事实行为说。根据事实行为说,合同的清偿无须清偿人具有法律行为能力,无须其有清偿意思,即债务之履行,不问债务人是否真意,有支付行为即应发生效力;同样,根据事实行为说,清偿不适用代理的有关规定。

阅读 对清偿与因清偿所为之行为是否为同一个事物的争论

关于清偿性质争议衍生的一个问题是:清偿与因清偿所为之行为是否为同一个事物?有

---

〔2〕 普通法上,在债务人为复数时,债权人作出的债务免除(release)将会发生免除所有债务人债务的效果。为了避免此种结果,债务人可以与个别债务人签订个别债务人免责协议(contract not to sue),这样仅对特定债务人发生免除债务的效果,其他共同债务人(co-obligor)仍然负有原来的债务。

〔3〕 替代给付合同(substantive contract)与和解清偿(accord and satisfaction)均属于广义上的合同更新,都是以新的履行替代原来的履行,但替代给付合同一旦缔结,将会立即产生消灭旧债的效果,而和解清偿的协议不具有立即消灭旧债的效果。

〔4〕 合同更新(novation),在美国合同法上,指的是原合同一方当事人退出合同,新加入的第三方顶替退出者的地位,三方对此达成协议并使旧债归于消灭的情形。这有点类似于我国合同法上的合同转让。

〔5〕 这种经债务人认可的明细账单,即使还没有被债务人实际付款,通常也认为具有消灭旧债的作用(美国《统一商法典》对此作了修正)。参见 Claude D. Rohwer, Gordon D. Schaber, Contracts, 法律出版社 1999 年影印版,第 402 页。

〔6〕 郑玉波:《民法债编总论》,中国政法大学出版社 2004 年版,第 469 页。

学者认为,在不采物权行为的法制下,清偿也可能为法律行为,例如受托人通过与第三人签订商品房买卖合同来履行受托义务,即清偿为法律行为的例证。[7] 另有学者认为,清偿与因清偿所为之给付行为应严予区别;因清偿所为之给付行为可能是法律行为,可能是事实行为,还可能是不作为。[8] 根据后一种见解,在受托人通过与第三人签约来履行受托义务中,受托人的签约行为是清偿的手段,而非清偿本体。本书认为,这种见解更具合理性,因为这里存在的法律行为不是清偿本身要求的,而是签订合同这一具体事务所要求的。

二、代为清偿

根据代为清偿人与债权人、债务人是否有利害关系为标准,可将代为清偿分为:无利害关系的第三人代为清偿和有利害关系的第三人代为清偿(代位清偿)。

(一)无利害关系的第三人代为清偿

一般情形下,清偿由合同债务人向合同债权人来履行。但原则上,清偿可由第三人为之,因为债权人的合同目的和利益也不过是要实现一定的债权内容,第三人既然愿意代替债务人清偿,[9]那么债务人也无拒绝之理。尽管如此,也有第三人不得代为清偿的例外情形,它包括:(1)当事人明确约定不得代为清偿;(2)债务性质决定不可代为清偿,这一般出现在具有人身属性的债务中,如演出合同、委托合同等;(3)代为清偿有违法律强行性规范或公序良俗;(4)对于第三人代为清偿,债务人不认可,债权人也不同意,此种情形下第三人不得代为清偿。

代为清偿不同于代理清偿,它们最大的区别在于,代理清偿中,代理人被视为债务人本身,二者之间预先存在代替清偿的合意;而在代为清偿中,第三人有自己独立的法律存在,系以自己名义进行清偿行为,它与债务人之间并不一定存在代替清偿的合意。

(二)有利害关系的第三人代为清偿(代位清偿)

代位清偿有自身的特点,它主要包括:(1)无论债务人是否认可,债权人对此类第三人代为清偿均不得拒绝;(2)一般第三人在代为清偿后,仅取得求偿权(请求权基础是无因管理或不当得利),但在代位清偿,第三人享有的则是由原债权人法定让与的债权,即第三人成为新债权人,继承原债权人的法律地位;(3)由于第二点不同,代位清偿中的第三人要比代为清偿的一般第三人享有更广泛的抗辩权;(4)在部分代位清偿的场合,代位清偿人对债务人的代位请求权在效力层次上要劣于原债权人对债务人享有的(剩余部分的)债权请求权。

三、清偿客体、清偿期、清偿地及清偿费用

(一)清偿客体

所谓清偿客体,是指债务的内容,即清偿人应依债务本旨以实现债务内容,而不能任意

---

[7] 崔建远主编:《合同法》,法律出版社2007年版,第258页。
[8] 郑玉波:《民法债编总论》,中国政法大学出版社2004年版,第468页。
[9] 代为清偿要求第三人必须有为债务人清偿的意思,否则错误地"清偿"将构成典型的非债清偿类型的不当得利。

变更。其中值得讨论的议题主要是部分清偿和代物清偿的问题。

合同债务的清偿以一次性全部清偿为原则,在无约定的情形下,债务人无权(在清偿期到来前)进行部分清偿或分期给付;但部分清偿不损害债权人利益的除外(《民法典》第531条第1款)。[10]

所谓代物清偿,是指债权人受领另外一种给付,以代替原先合同约定的给付,并使债权债务法律关系归于消灭的情形。例如,甲借乙1万元(借款合同),清偿期到来时,甲向乙交付一台名牌笔记本电脑用于抵债,乙应允。从本质上说,代物清偿是一个新合同,新合同的目的是使旧债消灭。须注意的是,代物清偿中后种给付必须是现实交付,而不能仅为交付某物的约定。

(二)清偿期

清偿期,是指债务应当履行的时点,亦称履行期或给付期。合同约定有清偿期的,债务人应当在清偿期到来时进行清偿,债务人也可以提前清偿,原则上债权人不得拒绝,除非债务人能证明此种提前清偿会损害其利益。清偿期到来时,债权人始可要求债务人为清偿。

如果合同没有约定清偿期,双方当事人可以通过补充协议来确定,如果达不成协议,则按照合同有关条款或者交易习惯确定。如果双方仍达不成一致,债务人可以随时清偿,但如果清偿需要债权人协助的,应当给债权人必要的准备时间;债权人也可以随时要求债务人清偿,但也应当给对方必要的准备时间。

(三)清偿地

清偿地,又称为给付地或履行地,指债务人应进行清偿的地点。根据我国《民法典》第510、511条的规定,合同履行地有约定的按约定,没有约定或约定不明的,当事人可以补充协议来确定;不能达成一致的,按照合同相关条款或者交易习惯来确定。如果仍不能确定履行地而给付货币的,在接受货币一方所在地履行;交付不动产的,在不动产所在地履行;其他标的,在履行义务一方所在地履行。

(四)清偿费用

清偿费用是指清偿债务所必需的费用。如归还电脑可能需要路费,此路费便是清偿费用。其他如邮寄费用、包装费用、打印费用等,都可能构成清偿费用。

清偿费用,除法律另有规定或当事人另有约定外,由债务人负担。但因债权人变更住所或迟延受领等无关债务人员而造成的新增费用,由债权人自行负担。

根据《民法典》第531条第2款的规定,债务人部分履行债务给债权人增加的费用,由债务人负担。

四、清偿抵充

所谓清偿抵充,是指对于同一债权人负担数宗给付种类相同的债务,当债务人的给付

---

〔10〕《民法典》第531条第1款规定:“债权人可以拒绝债务人部分履行债务,但是部分履行不损害债权人利益的除外。”

不足以清偿全部债务额时，决定其给付应充偿何宗债务的办法。由于各宗债务具体情形可能不同（如是否附利息、是否有担保等），先冲抵哪一宗债务往往关涉双方的切身利益，所以当事人对此常生争议，我国《民法典》对此作了明确规定。

《民法典》第560条规定："债务人对同一债权人负担的数项债务种类相同，债务人的给付不足以清偿全部债务的，除当事人另有约定外，由债务人在清偿时指定其履行的债务。债务人未作指定的，应当优先履行已经到期的债务；数项债务均到期的，优先履行对债权人缺乏担保或者担保最少的债务；均无担保或者担保相等的，优先履行债务人负担较重的债务；负担相同的，按照债务到期的先后顺序履行；到期时间相同的，按照债务比例履行。"

如果债务种类不同，如除本债外，还有利息或费用，而债务人的给付不足以清偿全部时，则应依照费用、利息、原本债务的顺序抵充。

五、清偿的效力

清偿的效力主要包括：

1. 债权债务关系消灭，其附随的担保或其他从属权利也同时消灭。

2. 清偿人有权请求返还或涂销负债字据。负债字据不能返还时，清偿人有权请求清偿受领人交付已为清偿的证明文件。

3. 在代为清偿的情形中，原有的债之关系消灭，在代为清偿的第三人和原债务人之间仍可能存在债的关系；若的确存在诸如无因管理或不当得利的关系，第三人可以依法请求原债务人为给付。

——训　练——

【司考】2012年2月，甲公司与其全资子公司乙公司签订了《协议一》，约定甲公司将其建设用地使用权用于抵偿其欠乙公司的2000万元债务，并约定了仲裁条款。但甲公司未依约将该用地使用权过户到乙公司名下，而是将之抵押给不知情的银行以获贷款，办理了抵押登记。根据上述材料，关于甲公司、乙公司与银行的法律关系，下列表述正确的是哪项？（2013年）

A. 甲公司欠乙公司2000万元债务没有消灭

B. 甲公司抵押建设用地使用权的行为属于无权处分

C. 银行因善意取得而享有抵押权

D. 甲公司用建设用地使用权抵偿债务的行为属于代为清偿

【答案】 A

【解析】本案中，甲公司以建设用地使用权抵债必须将建设用地使用权过户给乙公司才导致债的消灭，没有办理过户登记，就没有清偿成功。因此，甲公司欠乙公司的债务仍然存在。A项正确。作为不动产物权，本案建设用地使用权登记在甲公司名下，甲公司用该使用权对外设定抵押，不属于无权处分行为。银行从权利人手中取得抵押权，合法有效。银行取得抵押权不属于善意取得，无须通过善意取得制度对银行给予特殊保护。故B、C项错误。甲公司用建设用地使用权抵偿自己所负债务，不是代第三人清偿债务，不属于代为清偿。其抵偿债务的行为在形式上表现为土地使用权转让行为。D项错误。

综上,本题的答案为A。

【司考】胡某于2006年3月10日向李某借款100万元,期限3年。2009年3月30日,双方商议再借100万元,期限3年。两笔借款均先后由王某保证,未约定保证方式和保证期间。李某未向胡某和王某催讨。胡某仅于2010年2月归还借款100万元。关于胡某归还的100万元,下列哪一表述是正确的?(2014年)

A. 因2006年的借款已到期,故归还的是该笔借款

B. 因2006年的借款无担保,故归还的是该笔借款

C. 因2006年和2009年的借款数额相同,故按比例归还该两笔借款

D. 因2006年和2009年的借款均有担保,故按比例归还该两笔借款

【答案】 A

【解析】《民法典》第560条规定,债务人对同一债权人负担的数项债务种类相同,债务人的给付不足以清偿全部债务的,除当事人另有约定外,由债务人在清偿时指定其履行的债务。债务人未作指定的,应当优先履行已经到期的债务;数项债务均到期的,优先履行对债权人缺乏担保或者担保最少的债务;均无担保或者担保相等的,优先履行债务人负担较重的债务;负担相同的,按照债务到期的先后顺序履行;到期时间相同的,按照债务比例履行。本题中,胡某先后向李某两次借款,借款数额均为100万元,且均有担保。2010年2月,胡某向李某归还100万元时,第一笔借款已经到期,第二笔借款尚未到期,因此,应当优先抵充2006年的100万元债务。

综上,本题的答案为A。

【司考】王某向丁某借款100万元,后无力清偿,遂提出以自己所有的一幅古画抵债,双方约定第二天交付。对此,下列哪些说法是正确的?(2016年)

A. 双方约定以古画抵债,等同于签订了另一份买卖合同,原借款合同失效,王某只能以交付古画履行债务

B. 双方交付古画的行为属于履行借款合同义务

C. 王某有权在交付古画前反悔,提出继续以现金偿付借款本息方式履行债务

D. 古画交付后,如果被鉴定为赝品,则王某应承担瑕疵担保责任

【答案】 BCD

【解析】债务人以他种给付代替其所负担的给付是代物清偿,代物清偿是清偿的特殊类型。双方达成代物清偿的约定后,新债务不履行,原债务并不消灭,债权人可以请求履行新债务,亦可以请求履行原债务。债务人如履行了新债务,原债务消灭;反之,如债务人履行原债务时,新债务失去了存在的原因亦随同消灭。因此,在代物清偿约定达成的情况下,原债务并未失效,故A项错误。债务人既可选择履行原债务,亦可选择履行新债务,二者都会导致原债务消灭,故B、C项均正确。代物清偿也会产生瑕疵担保责任,古画交付后,如果被鉴定为赝品,则王某应承担瑕疵担保责任,故D项亦正确。

综上,本题答案为BCD。

【法考】甲、乙、丙是好朋友。甲借给乙5万元,因为乙祖母生病,且乙家庭条件不好,甲对丙说:“不用乙还5万元了。”下列说法哪些是正确的?(2020年)

A. 甲的意思表示需要乙的受领

B. 债务免除自甲对丙作出意思表示之日生效

C. 甲对丙作出的意思表示不发生效力

D. 乙对甲的债务因此消失

【答案】 AC

【解析】债务免除的意思表示是要求相对人受领的意思表示，故A项正确。因此，债务免除意思表示必须向债务人作出，方能发生债务免除的后果。甲向丙作出免除乙的债务的意思表示，不发生免除乙的债务的后果，故C项正确。

综上，本题答案为AC。

——思　考——

1. 在无事先约定和事后补充约定的情况下，清偿期和清偿地的法律规定是怎样的？
2. 什么是清偿抵充？

第三节　抵　　销

一、抵销的概念、性质及功能

所谓抵销，是指两人互负债务，且给付种类相同，并均届清偿期时，双方均可使其债务与对方债务在对等数额内同归于消灭。主张抵销的债权，即债务人的债权，称为主动债权。被抵销的债权，称为被动债权。

抵销有法定抵销和约定抵销之分。法定抵销是依单方意思表示即可发生抵销效果的抵销；作出抵销意思表示而使自己所负债务消灭的权利被称为“抵销权”。约定抵销则需要双方合意，从而使彼此债务同归于消灭的效果。根据我国《民法典》第569条[11]的规定，约定抵销主要适用双方互负种类不同债务时的情形。因此，在未作特殊说明时，人们提到的抵销均是法定抵销。在德国法系包括我国，由于法定抵销只要单方作出意思表示即可产生抵销的法律效果，因此，其性质为单独法律行为。

抵销的功能包括：

1. 节省交易成本。双方互负种类相同的到期债务，在数额相同的范围内，如果不抵销，便要求各自履行一次，这种往返一次的履行，除了增加履行费用外，没有任何实益。赋予当事人以抵销权，可以节省交易成本。

2. 预防风险或避免损失，确保债权效力。无论从理论还是从现实层面上说，先清偿债务的一方总要承担一定的风险——对方债务人可能不会按约定清偿债务。如果当事人选择抵销，则可以预防此种风险。尤其在破产场合下，破产一方当事人完全清偿绝无可能，此种风险已经必定转化为现实，此时，非破产一方债权人选择抵销，无疑可以避免损失。

二、抵销的要件

抵销权是一种形成权，一方向另一方作出意思表示而产生特定的法律效果。依照我国

---

〔11〕《民法典》第569条规定：“当事人互负债务，标的物种类、品质不相同的，经协商一致，也可以抵销。”

《民法典》第568条,[12]抵销权的行使须具备以下要件:

1. 须双方互负债务、互享债权。这里有两个意思。第一,必须是对等的双方互负债务,如果涉及三方连环负债,如甲欠乙1000元,乙欠丙1000元,丙又欠甲1000元,甲不得径自对乙行使抵销权,因为各方的财力不同,各自获得清偿的风险大小有异。第二,必须都是有效完好的债权。这就要求任何一方债权不得是无请求力的自然债权,如赌债、罹于诉讼时效的债权等。

2. 须双方债务种类相同、品质相同。只有种类相同,才具有可比较性,才有所谓的"同等数额"。如甲借给乙10000元,并已到期;又,乙与甲签订演出合同,乙必须今日出场表演;这种情形下,一种债务是金钱之债,另一种债务是作为之债,种类不同,实难抵销。当然,为保护破产人之债权人的利益,《企业破产法》(第40条)对此条件有所放宽。

品质相同,是指质量等级相同,如大米有各种不同类的等级,液晶显示器也有不同型号,只有双方债务给付的品质相同,任何一方才都享有抵销权。

3. 须被动债务已届清偿期。"被动债务"就是指"对方的债务",是主动提出抵销一方的对方所负有的债务。是否已届清偿期,是债务是否应清偿的重要条件,而且对当事人而言,期限利益也是一项重要的利益。因此,只有被动债务已届清偿期,主动债权人一方才可以享有抵销权。如果只有一方债权到期,另一方债权未到期,那么债权先到期的债权人(所负债务未到期的债务人)享有抵销权,而债权未到期的债权人不得主张抵销权。但一般说来,享有给付品质较高、范围较窄的债权人,可以对给付品质较低、范围较宽的债权人行使抵销权,反之则不可。例如,甲欠乙10000斤一级粳米,乙欠甲10000斤二级粳米,则此种情形下,只有乙有抵销权,因为其债权所要求的给付品质更高,其可以放弃这种等级差异所具有的利益。

4. 须非不得抵销的债务。不得抵销之债分为当事人约定不得抵销之债和法定不得抵销之债。法定不得抵销之债包括如下几类:(1)法律禁止强制执行的债权不得被抵销,如最低生活保障金、伤残抚恤金等。如果这种债权允许被抵销,实际上等于允许对这些债权强制执行。(2)侵害自然人人身权益,或者故意、重大过失侵害他人财产权益产生的损害赔偿债务不得抵销。[13] 若允许故意之债可抵销,则容易诱发道德风险,又等于是法律赋予享有一定债权的人肆无忌惮地故意侵犯他人权利的自由,这实在与法律的正义目标有严重的抵触。不过,这里仅限于对侵权行为所生债务的人不得主张抵销,侵权之债的债权人可以主张抵销,因为侵权之债的债权人有此项权利,对其人身财产的保护不至造成不利影响。(3)单行法如《企业破产法》《合伙企业法》上的债务抵销有其自身的要件,应适用其规定。(4)无不得抵销的约定。当事人可以约定不得抵销的情形,符合约定的情形的,不得抵销。

三、抵销的方法

在德国法中,抵销的性质是单独行为,即要求一方对另一方作出抵销的意思表示,并且

---

〔12〕《民法典》第568条规定:"当事人互负债务,该债务的标的物种类、品质相同的,任何一方可以将自己的债务与对方的到期债务抵销;但是,根据债务性质、按照当事人约定或者依照法律规定不得抵销的除外。当事人主张抵销的,应当通知对方。通知自到达对方时生效。抵销不得附条件或者附期限。"

〔13〕《合同编通则解释》第57条。

不以诉讼为必要。根据法律行为的一般规则，向对方作出的意思表示，必须让对方有所了解（即时通讯），或者到达对方（电子邮件等非即时通讯）。

抵销的意思表示不得附有条件或附期限（《民法典》第 568 条第 2 款）。因为抵销原本就是要简化法律关系、尽快确定法律状态，附条件或附期限将与此主旨背道而驰；而不稳定的法律状态对于相对人而言也是有风险的，其要面临或者被主张抵销或者被要求清偿的选择。换言之，一方附条件或附期限的抵销主张除了给对方带来困扰外，无实际意义。因此，法律不允许抵销附条件或附期限。

对于抵销的异议，双方约定有期限的，应当遵守该期限的规定。当事人应当在约定的异议期内行使对抵销的异议权利。

四、抵销的效力

抵销会产生如下法律效力：

1. 债之关系在抵销数额内归于消灭。这是抵销的根本目的。须注意，消灭的债之关系仅仅是互负相同数额的债务，其余的债之关系仍然存在。这里的债务应做广义的理解，不仅包括主债务，还包括利息、违约金或者损害赔偿金等，抵销使互负的上述债务在同等数额内消灭。[14]

2. 剩余债权诉讼时效重新起算。抵销也是债权的一种行使方式，而且其主张效果及于全部债权。因此，在部分抵销的场合，剩余债权的诉讼时效要重新起算。

3. 债之关系溯及最初适于抵销时。其溯及力体现在：自能抵销时就发生抵销效果，债之关系消灭，因而不再发生支付利息的债务；不存在迟延清偿的问题；在能抵销的情形发生后，一方当事人的违约金责任等因抵销的溯及力而不复存在。

——思　考——

抵销有哪些要件？会产生何种法律效果？

第四节　提　　存

一、提存的概念、性质和功能

所谓提存，是指债务人由于债权人的原因而无法向其交付标的物时，将该标的物交托给有关机构而消灭合同关系的一项制度。将标的物交托给有关机构的人被称为提存人；债权人为提存受领人；受领并保管标的物的机构被称为提存机关；相关的标的物被称为提存物。

提存的性质，有认为是公法上的行为，有主张是私法上的行为，后者又分为单独行为说

---

〔14〕《合同编通则解释》第 55 条。

和契约说。我国学者的传统见解是:提存人与债权人的关系为私法关系,他们与提存机关的关系是公法关系。[15] 实际上,即便是提存人和提存机关,他们之间也是平等的主体,一方请求提存,另一方同意并接受提存,本质上他们之间的关系是合同关系。提存机关为行政管理机关的性质不影响它可以作为民事关系的主体。

提存的功能在于:首先,除去债务人身上的“欠债”状态,将债务人从合同关系中解脱出来。其次,标的物不宜久存时确保债务人利益不受损害。履行期届至,由于债权人的原因,债务人迟迟无法进行清偿。此种情形下,债权人受领迟延,债务人自不必负履行迟延之责,但合同关系仍然存在有效,债务人仍时刻要准备清偿。更有甚者,提存物属于季节性的鲜活商品,不及时处理价值将严重受损,这时也需要借助于提存制度。

二、提存的要件

关于提存要件,首要的是提存的原因。依据我国《民法典》第 570 条[16]的规定,提存必须具有以下原因之一时,始得为之。

1. 债权人无正当理由拒绝受领。这种情形下,拒绝受领有无正当理由容易引起争议,特别是对标的物质量存在分歧时是否可以拒绝受领往往会产生争执。本书认为,对债权人拒绝受领的“正当理由”应从严认定,即债权人只有在明显正当的理由下方可拒绝受领,否则不得拒绝受领。例如,从网站购买图书,购买人在收货时发现外观明显有残破,此时可拒绝受领。至于一般的物品质量争议,应通过《民法典》的其他规定来解决,而不是轻易地拒绝受领。

2. 债权人下落不明。债权人下落不明,债务人自然无从给付。此时,应当允许债务人以提存代替清偿。

3. 债权人死亡未确定继承人、遗产管理人,或者丧失民事行为能力未确定监护人。这种情形实际上与第二种情形类似,应当允许债务人进行提存,以解除受合同束缚的状态。

4. 其他法定情形。其他法定情形包括:无法确定债权人是谁,且债务人对此无过错。凡属这样的情形,债务人都可以将合同标的物提存,以代替清偿。

提存要件之二是关于提存物的限制。提存,以给付原物为原则。由于提存此物是将标的物交付提存机关保管,因此,此物只能是动产,而不可能是不动产。另外,根据我国《民法典》第 570 条第 2 款的规定,提存的标的物,以适合提存(保管)者为限。对于标的物不适合提存或者提存费用过高的,债务人可以申请提存部门拍卖或变卖标的物,提存所得的价款。不适合提存的,常见的有时鲜商品、容易腐烂变质的物品、化学品、爆炸物等。

三、提存的方法

提存应当在合同履行地的提存机关进行,提存机关一般是公证处。提存人除交付标的物外,还要提交提存申请书、债务证据、无法定位债权人或债权人拒绝受领致使无法履行的

---

〔15〕 王家福主编:《中国民法学 · 民法债权》,法律出版社 1991 年版,第 208 ~ 209 页。

〔16〕《民法典》第 570 条规定:“有下列情形之一,难以履行债务的,债务人可以将标的物提存:(一)债权人无正当理由拒绝受领;(二)债权人下落不明;(三)债权人死亡未确定继承人、遗产管理人,或者丧失民事行为能力未确定监护人;(四)法律规定的其他情形。标的物不适于提存或者提存费用过高的,债务人依法可以拍卖或者变卖标的物,提存所得的价款。”

证据。提存申请书应当载明提存人的姓名，提存物的名称、种类、数量以及债权人的姓名、住址（如果有的话）等基本内容。

提存部门应当在收到申请之日内作出受理与否的决定。标的物提存后，提存人应将提存事实及时通知提存债权人或者债权人的继承人、遗产管理人、监护人、财产代管人（《民法典》第572条）。[17] 提存受领人不清或下落不明、地址不详无法送达通知的，公证处应自提存之日起60日内，以公告方式通知。

《民法典》第571条规定："债务人将标的物或者将标的物依法拍卖、变卖所得价款交付提存部门时，提存成立。提存成立的，视为债务人在其提存范围内已经交付标的物。"

四、提存的效力

根据我国《民法典》的规定，提存有如下效力：

（一）提存人（债务人）与债权人之间的关系

自提存之日起，提存人的债务归于消灭。提存期间，标的物的孳息归债权人所有。同时，相关的维护费用也由债权人负担。

（二）提存人与提存机关的关系

提存机关应当依法保管提存物。提存人可以凭人民法院生效的判决、裁定或者提存之债已经清偿的公证证明取回提存物。提存人取回提存物的，视为未提存；同时，提存人应承担提存机关保管提存物的费用。

（三）提存机关与债权人的关系

提存后，债权人可以随时受领提存物，但是，债权人对债务人负有到期债务的，在债权人未履行债务或者提供担保以前，提存部门根据债务人的要求应当拒绝其领取提存物。债权人领取提存物的权利，自提存之日起5年内不行使而消灭，提存物扣除提存费用后归国家所有。但是，债权人未履行对债务人的到期债务，或者债权人向提存部门书面表示放弃领取提存物权利的，债务人负担提存费用后有权取回提存物（《民法典》第574条[18]）。提存期间，提存物毁损灭失的风险由提存受领人负担。

训　练

【司考】乙在甲提存机构办好提存手续并通知债权人丙后，将2台专业相机、2台天文望远镜交甲提

〔17〕《民法典》第572条规定："标的物提存后，债务人应当及时通知债权人或者债权人的继承人、遗产管理人、监护人、财产代管人。"

〔18〕《民法典》第574条规定："债权人可以随时领取提存物。但是，债权人对债务人负有到期债务的，在债权人未履行债务或者提供担保之前，提存部门根据债务人的要求应当拒绝其领取提存物。债权人领取提存物的权利，自提存之日起五年内不行使而消灭，提存物扣除提存费用后归国家所有。但是，债权人未履行对债务人的到期债务，或者债权人向提存部门书面表示放弃领取提存物权利的，债务人负担提存费用后有权取回提存物。"

存。后乙另行向丙履行了提存之债,要求取回提存物。但甲机构工作人员在检修自来水管道时因操作不当引起大水,致乙交存的物品严重毁损。下列哪一选项是错误的?(2012 年)

A. 甲机构构成违约行为

B. 甲机构应承担赔偿责任

C. 乙有权主张赔偿财产损失

D. 丙有权主张赔偿财产损失

【答案】 D

【解析】《提存公证规则》第 19 条第 1 款规定,公证处有保管提存标的物的权利和义务。公证处应当采取适当的方法妥善保管提存标的,以防毁损、变质或灭失。第 27 条第 2 款规定,提存期间,提存物毁损灭失的风险责任由提存受领人负担;但因公证处过错造成毁损、灭失的,公证处负有赔偿责任。A、B 项说法正确。提存后,提存人乙又另行清偿了对债权人丙所负的债务,因此,乙成为提存受领人,有权主张赔偿财产损失。C 项说法正确,D 项说法错误。

综上,本题的答案为 D。

——思　考——

提存的要件有哪些?提存会产生何种法律效果?

第五节　免　除

一、免除的概念、性质和特征

所谓免除,是指债权人抛弃债权从而消灭与债务人的债之关系的单方法律行为。我国《民法典》第 575 条规定:“债权人免除债务人部分或者全部债务的,债权债务部分或者全部终止,但是债务人在合理期限内拒绝的除外。”由此看出,免除是合同消灭的原因之一。

关于免除的性质,有契约说和单独行为说两种见解。首先,德国、法国、瑞士的立法均采契约说,理由是免除是一种恩惠,不能强迫他人接受;其次,债之关系存在于双方之间,单凭债权人一方意思即发生债之关系消灭的结果,是对债务人意思的漠视;最后,债权人免除债务人债务的动机或原因并不一定对债务人有益。奥地利、日本等国家与地区采单独行为说。理由大体是权利本身就是一种可行使也可不行使的自由,放弃权利是权利人的自由,此乃理所当然之理。[19] 本书赞同单独行为说。当然,在免除损害他人利益(如破产人对其债权的违法免除)的情形下,这种免除当然是不被允许的。

关于免除的特征,应当明确,它是一种处分债权的行为,具有无因性(免除的效力独立于原因行为的效力),本身是无偿的;同时,免除是非要式行为。

〔19〕 胡长清:《中国民法债篇总论》(下册),商务印书馆 1947 年版,第 602 ~ 603 页。

二、免除的要件

免除要发生效力,必须符合以下要件:

1. 免除的意思表示只能向债务人或其代理人作出,而不能向第三人作出。

2. 免除作为法律行为,应当适用法律行为的有关规定。例如,免除人必须具备民事行为能力;免除可代理;免除可附条件或附期限(始期)。

3. 免除不得损害债务人或第三人的合法利益。如上文破产的场合下,破产债务人的债权免除受到很大的限制。

4. 必须是可免除的债务。这里特别指对将来之债的免除,必须是合法的。法律上,有一些将来之债不得预先免除。例如,绝大多数国家的法律规定,故意侵权之债不得协议预先免除。

三、免除的效力

债权人一旦向债务人作出免除的意思表示,就不得撤回。作为单独法律行为,免除意思表示生效后,将会使债权债务关系绝对地归于消灭,债权的从权利,如担保权、利息债权等,也一并消灭。仅免除部分债务的,债务仅部分终止。债权人免除连带债务人之一的债务的,则其余连带债务人在扣除该连带债务人应当分摊的份额后,仍应就剩余债务承担连带责任。免除主债务的,保证债务也随之消灭,但免除保证债务的,主债务依然存在。

——思　考——

免除有哪些要件?其法律效果是什么?

第六节　混　　同

一、混同的概念和性质

混同,是指债权和债务同归于一人,致使合同关系消灭的事实。广义的混同,是指不能并立的两种法律关系同归于一人而使其权利义务归于消灭的现象。它包括:所有权和他物权同归一人;债权与债务同归一人;主债务与保证债务同归一人。狭义的混同仅指第二种。

关于混同的法律性质存在以下观点:仅发生履行不能效果;有清偿的性质;债权因混同而消灭,系因为目的已达到,即债权人已获得实质的满足;债权因混同而消灭,是基于债权的观念,即债权的存在必须有两个主体。最后一种观点是通说。

二、混同的成立

债权债务的混同,在概括继受和特定继受发生时成立。

1. 概括承受。这是发生债务混同的主要原因。例如,债权人继承债务人的财产,债务人继承债权人的财产,第三人继承债权人及债务人的财产,企业合并、营业的概括承受等。结婚也是一种典型的概括承受而导致混同的情形。

2. 特定继受。债务人由债权人受让债权,或者债权人承担债务人的债务,都属于特定继受。

三、混同的效力

混同将会使合同关系及其他债之关系绝对地消灭,附属于主债务的从权利和从债务也一并消灭。当然,在如下例外的情形下,债之关系不消灭:

1. 合同债权为第三人权利的标的。最典型的是在债权质权的场合,债权不因混同而消灭,因为这里涉及第三人的利益。

2. 关于票据的特别规定。为维护票据的流通性,票据债务人(付款人、前手)以背书方式受让票据权利后,仍然可以在票据到期日前以背书方式将票据继续转让,或者以其他合法方式为票据权利设定负担。票据权利并不因债权债务同归一人而消灭。

—— 思　考 ——

混同不发生债之关系消灭的例外情形有哪些?

第七节　合同解除

一、合同解除概述

合同解除,是指在合同成立后,当约定或法定的解除条件具备时,一方当事人根据其意思表示,使合同关系自始或仅向将来消灭的法律制度。当事人享有的这种依据单方意思表示就能使合同消灭的权利,被称为解除权。合同解除分为约定解除和法定解除。前者是指当事人行使解除权的基础是合同的约定;后者是指当事人行使解除权的基础是法律的明文规定。

(一)合同解除的性质与特征

合同解除,其本质是当事人一方对某种困难情事采取的自我解救的法律手段和法定程序,其目的是免除自己的合同义务和/或追究相对方的合同责任。由于合同解除是一方当事人行使解除权的结果,因而从性质上说,它是一种单方法律行为。

合同解除包含如下特征:

1. 合同解除的对象是已经成立的合同。合同解除的对象是所有成立的合同,还是所有成立并生效的合同,[20]或是除了无效和效力待定外的所有已成立合同?[21]对此问题,学者们观点不一。本书认为,合同解除的对象应当是已成立且不属于无效和效力可追认的合同。理由是:无效合同和(未被追认前的)效力可追认合同都处于无效状态,因而当事人根本无从解除;而可撤销合同在撤销前是有效力的;同时,许多附条件或附期限的合同,在条件成就前或期限到来前虽未生效,但应当可解除,因为这种合同对当事人仍有拘束力,一旦出现法定解除事由,应当允许当事人行使解除权;另有要式合同、要物合同,在成立和生效的过渡期内(等待批准或等待交付标的物)出现法定事由,当然也应允许当事人行使解除权。

2. 双务合同和单务合同均可解除。传统大陆法系大多数国家如德、法、瑞等国都赞同只有双务合同才可解除,但一直有较有力的反对学说。在我国,《民法典》没有明确规定,赞成和反对适用于单务合同的学者均有之。本书认为,单务合同也应当允许当事人解除,特别是允许债务人在不可抗力等情形下行使合同解除权。

3. 合同解除有一定的条件,并受到除斥期间的限制。合同解除是当事人行使解除权的结果,而解除权的行使必须有约定的或法定的事由出现。同时,为了维护当事人对合同的合理预期,解除权的行使也要受到除斥期间的限制。

4. 合同解除的目的和结果是合同消灭。合同解除的目的和结果是使合同消灭,即权利义务终止,并且通常具有溯及力(对继续性合同仅向将来发生效力),其效果等同于合同从未存在过。

(二)合同解除与相关概念的区分

合同解除与很多概念有复杂的关系,值得辨析。

1. 合同解除与合同终止

传统大陆法系区分合同解除与合同终止,区分解除权和终止权。虽然二者的性质和功能大体相当,但解除适用于非继续性合同(一次性合同),而终止适用于继续性合同;前者具有溯及力,合同自始消灭——不仅面向未来还面向过去;后者不具有溯及力,即自现在起面向将来发生使合同消灭的效果。我国《民法典》并未区分合同解除与合同终止,而是一概称为合同解除。其实,解除是包括终止,还是与终止并列,不过是法律制度设计的产物,明白继续性合同与非继续性合同在解除或终止时(尤其在破产场合下)具有的重大差异才是根本。从与其他大陆法系接轨的角度看,我国《民法典》改变目前解除包含终止的做法,重新将解除与终止并立,或许对于细化法律设计、完善法律体系更有益处。

---

〔20〕 有学者认为,“合同解除的对象是合法有效的合同,无效合同、可撤销合同与效力未定的合同都不能作为合同解除的对象”。参见余延满:《合同法原论》,武汉大学出版社1999年版,第481页。其实,可撤销合同在撤销前就是一个持续生效的合同,因此,相关当事人除了可依法行使撤销权而使合同归于无效外,也完全可以在出现法定事由时,行使合同解除权,而使合同归于消灭;选择何者乃当事人的权利。

〔21〕 有学者则将已成立未生效的合同分为三类区别对待:无效合同、变更生效要件后的合同、已成立未生效且非无效的合同,认为后两者可以解除。参见崔建远主编:《合同法》(第4版),法律出版社2007年版,第232页。实际上,在该说所列的第二种情形下,履行的合同已不再是原来的合同,客体已经发生改变,不宜再认定为当事人对原合同的解除,因而这种情形不应属于解除“已成立未生效”的合同,原合同事实上已先被协议(行为或默示)终止。

2. 合同解除与合同撤销

乍看之下,解除和撤销均是让合同不再有效力,使其完结,但二者的区别也是明显的。首先,适用对象上,撤销适用于已经成立并生效的单方法律行为与合同,而解除合同适用于已经成立并且不属于无效和效力待定的合同。其次,原因性质上,撤销的原因是法定的,如欺诈、胁迫等,而解除的原因除了法定条件如履行迟延外,还有约定的条件。最后,有无溯及力上,从我国《民法典》的规定来看,撤销均有溯及力,解除则可能没有溯及力(解除继续性合同时)。

3. 合同解除与协议解除

二者貌似相同,其实有本质差异。合同解除是一方当事人行使约定或法定解除权使合同归于消灭;而协议解除,是双方当事人通过协议自愿使合同归于消灭的一种情形。协议解除,只要不违反法律、行政法规的强制性规定和公序良俗,不损害他人合法权益,本属合同自由的范畴,无须特别规定。协议解除的本质是用一个新合同取代旧合同,与合同解除的性质差之甚远。二者在制度设计和规则适用上也有本质差异。唯一可称得上共同点的可能是,两种情形下,原合同的效力均归于消灭,〔22〕仅此而已。协议解除中,既然协议的内容是解除合同,那么,协议生效,合同即解除,尽管双方在解除协议当中"未对合同解除后的违约责任、结算和清理等问题作出处理",但解除仍然是有效的。有关解除后的违约责任、结算和清理等问题,按照合同解除法律后果的一般规则处理。〔23〕

4. 合同解除与附解除条件的合同

附解除条件的合同,又称为失权约款,是指当事人约定于一定事实(条件)发生或成就时,合同当然失效。合同解除,特别是与之形似度更高的约定解除,是当事人约定于一定事实发生时,一方当事人可以行使解除权而使合同归于消灭。二者的根本差异在于,是否需要当事人为意思表示,在合同解除中,回答是肯定的;而在附解除条件的合同中,回答是否定的,合同自动解除,无须一方当事人向另一方为意思表示。

(三)合同解除的类型

1. 约定解除与法定解除

根据解除权行使的原因性质,可将合同解除分为约定解除和法定解除。在前者中,合同之所以被解除,是因为出现了双方事先在合同中约定的事由;在后者中,则是因为出现了法律规定的、当事人一方可解除的事由。当合同既约定了解除条款,合同生效期间又发生了法定解除事由时,二者的关系如何处理呢?其实,这个问题并不难回答。首先,要比较约定解除与法定解除的事由、程序方式、后续处理是否存在冲突。其次,要明确《民法典》关于法定解除条款的性质,即这些条款是强行性规定,抑或是任意性规定。对于第一点,如果二者根本就是相容的,自然不存在谁适用、谁不适用的疑虑。只有在二者的存在是相互冲突的时候才发生谁优先于谁的抉择。对于第二点,如果是《民法典》关于合同解除的条款是强

---

〔22〕这个共同点其实也算不上如何重要,因为在合同变更后,原合同的效力也是归于消灭。但是,总不能说,合同解除与合同变更也可归于一类。

〔23〕《合同编通则解释》第52条。

行性规定，并且与约定解除不相容，那么自然法定解除具有优先性，约定解除的内容无效；如果与约定解除不相容的法定解除条款是任意性规定，则自然约定解除优先。

本书认为，《民法典》第 563 条[24]关于合同解除法定事由的条款属于任意性条款，第 564 条[25]关于解除权行使之期限性的规定、第 565 条[26]关于解除合同必须有通知的条款、第 566 条[27]关于合同解除之法律效果的条款属于强行性条款。有学者认为第 563 条第 1 款第 1 项"不可抗力致使不能实现合同目的"和第 4 项"迟延履行债务或者有其他违约行为致使不能实现合同目的"都属于强行性规定，不能被约定排除。理由是一旦出现这两种情形，合同的存在除了"继续束缚当事人、阻碍当事人轻装上阵外，没有任何积极的价值"。[28]本书认为，如果双方事先对这两种情形（特别是后一种情形）有所认识并约定双方均不可解除合同，那么没有理由否定这种约定的有效性和拘束力。如果当事人一方的确要从合同中解脱出来，完全可以通过法院裁判的方式来解决。这种大费周折的解决办法也是当初双方合意排除法定解除事由的代价。当事人诉诸司法而企图解除合同从而使合同归于消灭，与当事人直接行使解除权而使合同归于消灭，在性质上是不同的。

2. 任意解除与非任意解除

任意解除，又称无条件解除，是指当事人一方可以不附理由地随时解除合同。这样的合同一般是基于人身信任关系而存续的合同，如委托合同、承揽合同，或者是受特定法律政策规范的合同，如保险合同。大多数合同解除都属于非任意解除，通常的合同解除也都是非任意解除（有条件解除），即必须符合约定条件和法定条件才可以解除合同。

任意解除与非任意解除除了适用对象和解除原因不同外，最大的不同是结果不同。在前者，当事人虽然可以随时解除合同（亦属于合法解除），但需要对相对方的损失承担损害赔偿责任；在后者，由于当事人行使解除权属合法解除，并且除不可抗力导致无法实现合同目的外，大多是守约方对违约方行使，因此不仅一般无须对相对方承担损害赔偿责任，反而有权向相对方就有关损害进行索赔。

---

[24] 《民法典》第 563 条规定："有下列情形之一的，当事人可以解除合同：（一）因不可抗力致使不能实现合同目的；（二）在履行期限届满前，当事人一方明确表示或者以自己的行为表明不履行主要债务；（三）当事人一方迟延履行主要债务，经催告后在合理期限内仍未履行；（四）当事人一方迟延履行债务或者有其他违约行为致使不能实现合同目的；（五）法律规定的其他情形。以持续履行的债务为内容的不定期合同，当事人可以随时解除合同，但是应当在合理期限之前通知对方。"

[25] 《民法典》第 564 条规定："法律规定或者当事人约定解除权行使期限，期限届满当事人不行使的，该权利消灭。法律没有规定或者当事人没有约定解除权行使期限，自解除权人知道或者应当知道解除事由之日起一年内不行使，或者经对方催告后在合理期限内不行使的，该权利消灭。"

[26] 《民法典》第 565 条规定："当事人一方依法主张解除合同的，应当通知对方。合同自通知到达对方时解除；通知载明债务人在一定期限内不履行债务则合同自动解除，债务人在该期限内未履行债务的，合同自通知载明的期限届满时解除。对方对解除合同有异议的，任何一方当事人均可以请求人民法院或者仲裁机构确认解除行为的效力。当事人一方未通知对方，直接以提起诉讼或者申请仲裁的方式依法主张解除合同，人民法院或者仲裁机构确认该主张的，合同自起诉状副本或者仲裁申请书副本送达对方时解除。"

[27] 《民法典》第 566 条规定："合同解除后，尚未履行的，终止履行；已经履行的，根据履行情况和合同性质，当事人可以请求恢复原状或者采取其他补救措施，并有权请求赔偿损失。合同因违约解除的，解除权人可以请求违约方承担违约责任，但是当事人另有约定的除外。主合同解除后，担保人对债务人应当承担的民事责任仍应当承担担保责任，但是担保合同另有约定的除外。"

[28] 崔建远主编：《合同法》（第 4 版），法律出版社 2007 年版，第 238 页。

二、解除权的行使条件和程序

(一)解除权的行使条件

约定解除权的行使条件当然是合同中约定事实的发生。这里主要关注法定解除权的行使条件。根据我国《民法典》第563条的规定,法定解除权可在如下条件下行使:

1. 因不可抗力致使不能实现合同目的。不可抗力,通常理解为不能预见、不能避免且不能克服的客观事件。合同目的是指当事人企图通过合同而实现的某种结果或状态。当这二者之间存在因果关系时,法律赋予当事人解除合同的权利。因为遭受到不可抗力的影响,当事人一方可能已经根本给付不能,此时强加给他继续履行的义务一方面不现实,另一方面只会增加其不幸,有违法律公平正义之理念。

2. 在履行期限届满之前,当事人一方明确表示或者以自己的行为表明不履行主要债务。这种以言语或行动表示不履行主要债务的行为,已经构成了“预期违约”。守约方此时实际上也无法实现合同目的,因此,法律赋予其法定解除权,终结合同债务关系。当然,一方当事人的拒绝履行,必须是无正当理由的拒绝履行,这就要求拒绝履行的原因不是履行不能,也不是行使不安抗辩权等正当原因。

3. 当事人一方迟延履行主要债务,经催告后在合理期限内仍未履行。所谓迟延履行,是指债务人没有在约定的期限或者依合同性质或交易习惯而确定的合理期限内履行债务。前者如商品房买卖合同的双方当事人约定,在2010年5月1日之前卖方必须完成交房手续,结果届期卖方未能按期交付钥匙。后者如某住校生与奶厂工作人员口头约定,由奶厂工作人员每天送早餐奶到该住校生的宿舍楼,结果奶厂工作人员经常在上午九点多甚至十点多才送早餐奶过来,这种情形显然也构成迟延履行。所谓主要债务是指构成当事人的主给付义务,并对合同目的的实现具有根本性意义的债务。根据《民法典》第563条第1款第3项的规定,对于迟延履行,必须是经债权人进行催告后债务人在合理期限内仍未履行的,债权人才可以行使解除权。之所以如此规定,是因为迟延履行主要债务未必会导致合同目的不能实现,而解除合同是对合同的生命予以终结的重大事变,因此二者不能直接画等号联系起来,只有在催告债务人、给予债务人最后补救机会的前提下,债务人仍未履行主要债务的,债权人才能行使解除权。

4. 当事人一方迟延履行债务或者有其他违约行为致使不能实现合同目的。这里的重点是合同目的不能实现,一旦合同目的确定不能实现,合同自然也无存在价值。合同目的不能实现的原因有两种:一种是迟延履行,这在上文已有解释;另一种是“其他违约行为”。这里的其他违约行为,是指除迟延履行外的各类违约行为,包括部分履行(数量不足)、不适当履行(质量规格不合约定或方式有问题)以及加害给付。[29] 这些违约情形导致合同目的不能实现的,守约方即债权人都可以行使解除权。

5. 法律规定的其他情形。这属于概括的兜底条款。例如,房屋承租人未经出租人同意转租的,出租人可以解除合同(《民法典》第716条第2款)。又如,破产法上破产管理人对

---

〔29〕 所谓加害给付,是指债务人的给付品质有瑕疵导致债务人的人身或财产受到损害。例如,甲从软件店购买了一款正版软件,没想到有病毒,导致自己电脑内重要数据丢失。

于待履行合同一般享有法定解除权。[30]

此概括条款中最重要的一种情形莫过于《民法典》第533条规定的情事变更原则。该条规定,合同成立后,合同的基础条件发生了当事人在订立合同时无法预见的、不属于商业风险的重大变化,继续履行合同对于当事人一方明显不公平的,受不利影响的当事人可以与对方重新协商;在合理期限内协商不成的,当事人可以请求人民法院或者仲裁机构变更或者解除合同。人民法院或者仲裁机构应当结合案件的实际情况,根据公平原则变更或者解除合同。

(二)解除权的行使程序

这里主要论述法定解除权的行使程序。约定解除权的行使自然按照约定,无约定或约定不明的,准用法定解除权的相关规定。

1. 解除权行使的主体。在不可抗力导致合同目的不能实现的场合,由于双方均无过错,因此双方均可解除合同。而在其他行使解除权的场合,解除合同实际上是守约方的权利,同时也是对违约方的制裁。因此,有权行使解除权的当事人只能是守约方,而不是违约方。

2. 享有解除权的一方向对方为解除的意思表示。解除权是形成权,必须由一方向另一方作意思表示才能达成。《民法典》第565条规定:"当事人一方依法主张解除合同的,应当通知对方。合同自通知到达对方时解除……"这里的"通知对方",其含义就是向对方发出意思表示。此种意思表示原则上需要书面作出,但口头合同的解除意思表示也可以是口头方式。"到达对方",依据民法关于意思表示发出和到达的一般原理,自然只需要意思表示进入受领人控制的范围即视为到达,无须受领人实际知晓。

大陆法系一般规定,合同解除的意思表示一经作出,不得撤销。我国《民法典》对此未作规定,但学者大多认为,对此应作相同解释。合同解除意思表示不许撤销的理由在于避免法律关系过于复杂而不稳定。但此规则应当有例外,如被欺诈或胁迫所作的解除意思表示。另外,双方在解除权行使之后达成的合意也有使合同解除意思表示失效的法律效力。[31]

解除通知是不要式的。当事人可以以直接提起诉讼的方式主张解除合同。当事人一

---

〔30〕 在破产场合下,破产管理人若想继续履行尚未履行完毕的合同,往往受到相对严格的限制。在我国,根据《企业破产法》第69条,破产管理人这种继续履行合同的决定,必须及时报告债权委员会。而管理人解除待履行合同则是破产法上的常态,因此《企业破产法》第18条第1款规定,管理人对于待履行合同"有权决定解除或者继续履行,并通知对方当事人。管理人自破产申请受理之日起二个月内未通知对方当事人,或者自收到对方当事人催告之日起三十日内未答复的,视为解除合同"。为何破产管理人行使解除权是常态,而不行使解除权是例外呢?这无非是为了破产财团和所有无担保债权人的共同利益而设计的,继续履行个别合同大多数时候等同于偏颇性清偿(preferential transfer),因为合同相对人对破产人的这种债权,相对于破产财团而言则构成共益债务,具有优先清偿的效力。

〔31〕 笔者遇到过一起真实的案例。某不动产租赁合同,双方在合同中约定,若承租人迟延给付租金,出租人享有解除合同的权利。在实际履行中,承租人确有迟延给付租金的情况,出租人便行使合同解除权,向违约承租人正式寄发解除合同的律师函,并随后起诉,要求解除合同并要求对方承担损害赔偿。在庭审期间法院判决前,承租人通过银行向出租人转账汇款(租金对应的租期至诉讼当月的下一个月月末),出租人收到款项后给承租人出具了不动产场地租赁租金发票。一审法院判决,双方事实上的履行行为(哪怕在诉讼过程中)已经构成了合同履行的新的合意,故判决合同仍然有效。

方提起解除合同的诉讼后撤诉的,视为撤销了解除的意思表示。撤诉后再次起诉,并且经审理确认解除有效的,“合同自再次起诉的起诉状副本送达对方时解除”。[32]

3. 对方对一方行使解除权有异议的,应诉诸司法或仲裁机构。根据《民法典》第 565 条的规定,对方有异议的,可以请求人民法院或者仲裁机构确认解除行为的效力。这里的异议范围很广,任何不同意对方行使解除权的主张都可称为异议。具体来说,异议可能是要求合同不应当解除,双方应当继续履行;可能是合同自始绝对无效;可能是对方无权解除合同,而应当由我方来解除合同,并要求对方承担损害赔偿责任。诸如此类,不一而足。合同能否最终解除,有待法院对对方是否享有解除权的审查。“经审查,享有解除权的,合同自通知到达对方时解除;不享有解除权的,不发生合同解除的效力。”[33]

4. 解除权须在除斥期间内行使。解除权是形成权,其存在受到一定时间的限制,这个时间就是除斥期间。《民法典》第 564 条规定,解除权的除斥期间可以由法律规定,也可以由当事人约定;若既没有约定又没有法律规定的情形下,自解除权人知道或者应当知道解除事由之日起一年内不行使,或者经对方催告后在合理期限内不行使的,该权利消灭。

三、合同解除的效力

合同解除产生何种法律效果?大陆法系有两种基本学说,即直接效力说和清算说。直接效力说认为,合同一经解除,将发生合同自始未存在的效果,因而未给付的无须再为给付,已经给付的成为无法律原因的清偿,双方须相互返还;[34] 并且理所当然地,守约方可请求违约方承担信赖利益的损害。[35] 总体而言,依直接效力说,合同解除与合同撤销的法律效果相同。清算说认为,合同解除并不是使债的关系彻底归于消灭,解除权具有一种“形成效力”(Gestaltungswirkung),即它使当事人原先存在的合同关系转变为一种清算之债关系(Abwicklungsschuldverhältnis)。这也是目前德国法上的通说。[36] 对比我国《民法典》关于合同解除效果的规定可知,我国采取的是直接效力说和清算说的结合体,因为一方面,“对于已给付的可请求恢复原状”,另一方面,“部分合同解除不具溯及力,同时合同解除不影响包括履行利益在内的损害赔偿”。

根据我国《民法典》第 566 条[37]和第 567 条[38]的规定,合同解除将产生如下法律

---

〔32〕《合同编通则解释》第 54 条。

〔33〕《合同编通则解释》第 53 条。

〔34〕这种返还请求权基础首先是非债清偿类型的不当得利;当然,法律明确规定合同解除后,双方须相互返还的,则这种特别规定当属于独立的法定请求权基础。这里的相互返还,不以现存利益为限,须负恢复原状义务。

〔35〕之所以理论上应承担信赖利益的损害而不是承担履行利益的损害,这是因为合同解除既然与合同撤销具有同样的效果,而合同撤销的损害赔偿也不过是信赖利益损害赔偿,合同解除当然也只能是信赖利益损害赔偿;况且,原有的债务关系已然消灭,这时的损害赔偿请求权在逻辑上就不能再基于合同所产生的债务不履行,而只能是基于约定条款或法律规定;约定清算条款的范围且不说,法律规定能够毫无疑义获得保护的,只可能是信赖利益。当然,这纯属理论上的演绎,法律当然可以明文作不同的规定,我国《民法典》即另作规定。

〔36〕Vgl. Palandt Bürgerliches Gesetzbuch, Verlag C. H. Beck München 2004, § 346, S. 551.

〔37〕《民法典》第 566 条规定:“合同解除后,尚未履行的,终止履行;已经履行的,根据履行情况和合同性质,当事人可以请求恢复原状或者采取其他补救措施,并有权请求赔偿损失。合同因违约解除的,解除权人可以请求违约方承担违约责任,但是当事人另有约定的除外。主合同解除后,担保人对债务人应当承担的民事责任仍应当承担担保责任,但是担保合同另有约定的除外。”

〔38〕《民法典》第 567 条规定:“合同的权利义务关系终止,不影响合同中结算和清理条款的效力。”

效力：

1. 尚未履行的合同，终止履行。合同一经解除，便归于消灭。无论是具有溯及力的非继续性合同的解除，还是不具有溯及力的继续性合同的解除，它们有一点是共同的，即从现在面向将来，所有的合同约定的给付不再具有法律根据。因此，合同解除实际上免除了双方的履行义务。

2. 已经履行的，根据履行情况和合同性质，当事人可以请求恢复原状或采取其他补救措施。就非继续履行合同而言，合同解除具有溯及力，合同视为自始不存在，因而，已经进行的履行失去了法律根据，双方也因此负有相互返还、恢复原状的义务。我国《民法典》对不动产物权变动采登记生效、动产物权变动采交付生效辅以登记对抗生效的模式下，合同解除后恢复原状并不当然地使物权自动复归解除权人所有，而是必须经过一定的程序，即经过登记或交付；解除权享有的这种请求物权变动的权利，其性质应当属于债权性请求权。[39]同时，这种返还并非现存利益的返还，而是“全面返还”，包括标的物、孳息与使用利益等，其范围更广。

对于继续性合同，合同解除（传统大陆法系所称的合同终止）不具有溯及力。已经履行的部分仍然有效，双方不再负相互返还、恢复原状的义务。

3. 损害赔偿。德国民法曾经一度以合同解除排斥损害赔偿的存在，而现行《德国民法典》第 325 规定，“在双务合同的情况下请求损害赔偿的权利，不因合同的解除而被排除”。该法第 346 条第 4 款规定，“债务人违反该条第一款义务（返还给付和用益）时，债权人可以请求本法第 280 条至第 283 条规定的损害赔偿”。[40] 很显然，根据后者，债务人在返还受到贬损之物时有价额补偿的义务，在违反返还义务时，债权人（解除权人）还可根据《德国民法典》第 280 ~ 283 条请求损害赔偿，即代替给付的损害赔偿。而根据前者，这里的损害赔偿也包括代替给付的损害赔偿（Schadensersatz statt der Leistung）、迟延履行损害赔偿（Verzoegerungsschaden）以及附随损害（Begleitschäden）的赔偿。[41] 所谓代替给付的损害赔偿，正是债务不履行的损害赔偿，它与要求债务人继续履行只能择一行使。总体上看，德国法上合同解除情形下的损害赔偿范围还是相当广泛的，它完全可能延展至履行利益。

我国《民法典》第 566 条规定，合同解除，当事人可以请求赔偿损失。第 567 条规定，合同的权利义务关系终止，不影响合同中结算和清理条款的效力。这两条明确指示，在我国，合同解除不排除损害赔偿，当事人可以请求债务不履行的损害赔偿，而不仅仅是合同消灭的损害赔偿。总而言之，在我国，合同解除损害赔偿可能是信赖利益，也可能是履行利益，如

---

〔39〕 韩世远：《合同法总论》，法律出版社 2004 年版，第 623 页。

〔40〕 值得特别注意的是，《德国民法典》第 346 条“解除的效力”规定的其实不是解除合同所有的效力，从其规定内容来看，而仅仅是恢复原状以及无法完全恢复原状时的价额赔偿义务和/或损害赔偿义务（这里的损害赔偿不同于通常所称的与恢复原状并列的损害赔偿）。由于德国民法将“原物返还”也视为一种“给付”（或曰“履行”）——这是与合同约定的给付义务所不同的、基于清算关系而产生的一种“给付义务”，因此，这种给付也有不完全履行、迟延履行或根本不履行的情形，因而也会有损害赔偿的存在。简言之，须谨记，《德国民法典》第 346 条规定的就是“恢复原状（返还给付）”的相关内容，其中的“损害赔偿”也仅仅针对无法返还已履行之给付的情形，并非是基于原合同债务不履行或原合同消灭所产生的损害赔偿。

〔41〕 Vgl. Palandt Bürgerliches Gesetzbuch, Verlag C. H. Beck München 2004, § 325, S. 531.

何选择,取决于解除权人的自由选择。[42] 当然,损害赔偿额的确定,应避免履行利益和信赖利益的重复计算。至于有学者认为的固有利益也可同时求偿,笔者认为,固有利益本来即非寄于合同履行的基础之上,固有利益若因加害给付受到损害,其实已经同时构成了侵权;这种固有利益受损可请求另外的损害赔偿,其理至明,自不待言。

四、解除权的消灭

解除权的消灭,当事人若无特别约定,则可能由于存在下列原因:

1. 抛弃。合同解除权作为当事人的一项权利,当事人自然可以选择不行使,或者干脆表示抛弃。这种抛弃的单方意思表示,可能是明示行为,也可能是默示行为。前者如以口头或书面方式向对方当事人为抛弃的意思表示;后者如发生解除权出现的事件时,享有解除权一方的当事人仍然按照原约定履行合同,并接受对方的履行或请求对方履行。

2. 除斥期间届满。根据我国《民法典》第564条的规定,法律规定或者当事人约定解除权行使期限,期限届满当事人不行使的,该权利消灭。法律没有规定或者当事人没有约定解除权行使期限,自解除权人知道或者应当知道解除事由之日起一年内不行使,或者经对方催告后在合理期限内不行使的,该权利消灭。

思　考

1. 合同解除的本质特点是什么?它与协议解除的区别何在?
2. 合同解除的原因有哪些?合同解除的程序如何进行?催告什么时候是必需的?
3. 合同解除有哪些法律效力?

重点问题梳理

1. 普通代为清偿与代位清偿的差别在于实际清偿的第三人与原合同当事人之间是否存在法律上的利害关系。
2. 抵销的要件包括互负种类相同的到期债务,且非属于不得抵销的债务。
3. 提存的情形主要包括:债权人无故拒绝受领;无法联系或无法确定债权人。
4. 注意有些债务不得免除,如故意侵权之债。
5. 混同往往是其他法律关系变动的附生结果。
6. 狭义上的合同解除与合同终止、合同撤销、协议解除、附解除条件合同之当然解除均有不同。

---

〔42〕 韩世远教授认为,"首先,如果乙可以证明自己遭受履行利益的损害,便可以请求履行利益损害的赔偿……其次,如果乙难以证明自己遭受的履行利益的损害,则可选择请求信赖利益损害的赔偿"。参见韩世远:《合同法总论》,法律出版社2004年版,第629页。笔者认为,韩世远教授的本意应当是,从一开始,债权人在履行利益和信赖利益之间就享有选择权。只不过其表达不够明确,容易引起歧义,可能让人误以为债权人只有在选择履行利益索赔难以实现时,才能选择信赖利益来索赔。其实,信赖利益是合同当事人最基本的利益期待,合同因一方过错无效或可撤销时,或者缔约过失责任中,无过错方尚且可以请求信赖利益损害赔偿,何况在合同本身效力完好的合同解除场合下,解除权人(债权人)理所当然可以直接请求信赖利益损害赔偿。

7. 合同解除的原因除事先约定外，还包括不可抗力致无法实现合同目的、预期违约、迟延履行经催告仍无效果、迟延履行或其他违约致使合同目的无法实现以及其他情形等。

8. 合同解除的效力主要是恢复原状、价值补偿和损害赔偿。

第八章　违 约 责 任

第一节　违约责任概述

一、违约责任的概念和特征

（一）违约责任的概念

违约责任即违反合同的民事责任，是指当事人违反合同义务所引起的民事法律后果。违约责任作为民事责任的一种，具有民事责任的一般特征，是违反民事义务时一方当事人对另一方当事人应负的责任，责任的范围与损害的大小相适应，具有补偿性（主要是对受害人所受损失的一种填补）等。但违约责任作为合同责任的一种，又具有区别于其他民事责任的自身特点。

违约责任与合同债务密切联系：一方面，合同债务是违约责任产生的前提，没有合同债务，即无违约责任；另一方面，违约责任的承担又是合同债务人不履行或不适当履行合同债务的法律后果。此外，债务的承担主体与违约责任的承担主体总是一致的。因此，从某种意义上说，违约责任是债务的一种转换形式。

（二）违约责任的特征

1. 违约责任是发生在有效合同关系基础之上的民事责任。违约责任是当事人违反合同义务的法律后果。因此，成立违约责任，必须以有效的合同关系的存在为基础，没有有效的合同，谈不上合同债务，也就更谈不上产生债务不履行的违约责任。这是违约责任与其他民事责任的重要区别之一。如侵权责任是因侵权行为而根据法律规定产生的民事责任；缔约过失责任则是在合同缔结过程中发生的，此时合同关系并未成立，即使合同已成立但被宣告无效或被撤销，其产生的法律后果仍可能是缔约过失责任，而非合同违约责任。

2. 违约责任具有相对性。违约责任的相对性是指违约责任只能发生在特定的合同当事人之间，合同关系之外的第三人不发生违约责任。换言之，违约责任是合同当事人一方对另一方应承担的责任，它只存在于合同当事人之间。即便违约是由于第三人原因造成的，债务人仍要向债权人承担责任，而非由第三人向债权人承担责任。在第三人代为履行的情况下，如第三人不履行债务或履行债务不符合约定，仍由债务人承担违约责任，代为履行的第三人不承担违约责任。

3. 违约责任的承担方式具有一定的任意性。违约责任作为民事责任的一种，当然具有法律强制性，但其同时又具有一定程度的任意性，如《民法典》第 585 条第 1 款规定："当事人可以约定一方违约时应当根据违约情况向对方支付一定数额的违约金,也可以约定因违约产生的损失赔偿额的计算方法。"根据该规定,合同当事人可以在合同中约定一方违反合同时所应承担的责任,从而使依自己意志而为的合同约定成为承担合同责任的依据。即使在法律有规定的情况下,当事人亦可在法律规定的范围内约定违约责任的范围和承担方式。当然,这种约定应当遵循"责任范围与损失大小相一致"的原则,如果当事人约定的违约金低于或者过分高于违约所造成的实际损失的,人民法院或者仲裁机构可以根据当事人的请求予以增加或者予以适当减少(《民法典》第585条第2款)。

4. 违约责任是以补偿为目的的财产责任。违约责任首先是一种财产责任,不涉及人身制裁。通常,违约方承担违约责任的方式只能是以交付一定的财产如违约金、赔偿金来弥补受损失一方的损失,而不能用赔礼道歉等非财产责任来代替。双方当事人订立合同是为了实现各自的经济利益,如一方当事人违约,势必会造成另一方当事人经济损失。通过支付违约金、金钱赔偿等财产责任方式,就可以弥补另一方当事人的经济损失,所以,承担违约责任实际上是补偿受害人经济利益损失的一种手段。

探讨 违约责任与相关概念的区别

1. 违约责任与债务不履行责任的内涵不同。违约责任的语义背景是以有效的合同关系存在为前提,债务不履行责任的语义背景是以有效的债之关系存在为前提,其内涵比违约责任的内涵更广泛,不仅可以包括合同债务的不履行,也可以包括其他非合同债务的不履行,诸如因侵权行为所生债务的不履行、因不当得利所生债务的不履行以及因无因管理所生债务的不履行等。另外,违约责任是英美法系的习惯用语,债务不履行责任是大陆法系的习惯用语。

2. 违约责任与违约救济的内涵不同,违约救济是一个比违约责任外延更大的概念,违约责任可以纳入违约救济的范畴之中,而违约救济自身又包含一些违约责任所不能容纳的内容,因此,违约救济是违约责任的上位概念,二者是包容关系。另外,违约救济是英美法常用的一个概念,与债务不履行的法律后果比较相近。

二、违约责任的归责原则和构成要件

(一)违约责任的归责原则

要明确违约责任的构成要件,必须首先明确违约责任的归责原则。所谓归责原则,即确定行为人承担民事责任的依据和标准。关于违约责任的归责原则,主要有两种观点:一是过错责任原则,二是无过错责任原则。所谓过错责任原则,是指一方不履行或不适当履行合同义务时,应以其主观上是否有过错作为其是否承担违约责任以及承担何种违约责任的依据。在适用过错责任的归责原则中,过错是违约责任成立的基本条件,同时也是确定违约人承担责任范围的依据。所谓无过错责任原则,是指当事人一方不履行或不适当履行合同义务,无论其主观上是否有过错,均应承担违约责任。根据无过错归责原则,只要受害一方当事人的损失与另一方当事人的违约行为之间存在因果关系,违约方就应对其违约行为承担违约责任。我国《民法典》第577条规定:"当事人一方不履行合同义务或者履行合同义务不符合约定的,应当承担继续履行、采取补救措施或者赔偿损失等违约责任。"从上述规定可以看出,我国《民法典》将无过错责任原则作为确定行为人承担违约责任的一般标准。换言之,在我国,违约责任是一种严格责任。但《民法典》同时又在某些特定的情况下规定了过错责任,如《民法典》第660条第2款之规定,因赠与人故意或者重大过失致使应当交付的赠与财产毁损、灭失的,赠与人应当承担赔偿责任。《民法典》第929条第1款规定,有偿的委托合同,因受托人的过错给委托人造成损失的,委托人可以请求赔偿损失。无偿的委托合同,因受托人的故意或者重大过失造成委托人损失的,委托人可以请求赔偿损失。《民法典》第841条规定,因托运人托运货物时的过错造成多式联运经营人损失的,即使托运人已经转让多式联运单据,托运人仍然应当承担赔偿责任。这些规定均是过错归责原则在《民法典》中的体现。因此,我国《民法典》中规定的违约责任归责原则,是以无过错责任原则为主、以过错责任原则为辅的一种归责体系。

(二)违约责任的构成要件

违约责任的构成要件,是指违约人承担违约责任所应具备的必要条件。由于违约责任的具体承担方式不同,故承担违约责任的条件也就各不相同。如承担违约金责任,只须具备违约行为一个条件即可,但在过错责任情况下,还要求违约方有过错。承担强制实际履行责任要具备违约方未履行合同或不适当履行合同、违约方能够履行以及对方当事人要求履行等条件。而承担赔偿损失责任要具备的条件是:违约行为、损害、违约行为与损害之间有因果关系,在过错责任的情况下,还要求违约方有过错。尽管上述各具体违约责任的构成要件存在许多差异,但仍有一些共性的东西,如违约行为的存在以及无法定或约定的免责事由仍是各具体违约责任构成的共同要件。另外,由于我国《民法典》将无过错责任原则作为确定合同当事人承担违约责任的一般标准,过错责任原则只适用于法律规定的特定情况,故当事人主观上是否有过错已非违约责任的构成要件。综上所述,违约责任的一般构成要件为违约行为及无法定或约定的免责事由,下面分述之。

1. 违约行为

违约行为,即违反合同的行为,具体是指合同债务人不履行合同义务或履行合同义务不符合合同的约定或法律规定。违约行为的实质在于非法侵害合同所产生的债权,其违法性表现在行为人违反受法律保护的合同义务。[1]

违约行为作为民事违法行为的一种,与其他违法行为相比,具有以下特点:

(1)违约行为主体具有特定性,即违约行为的主体必须是合同关系的当事人。换言之,违约行为只能发生在合同当事人之间,无论是合同一方当事人违约,还是合同双方当事人违约,它只限于合同当事人。合同关系之外的第三人不能成为违约行为的主体。如发生第三人侵害债权的,属于侵权行为,而非违约行为。如果合同一方当事人因第三人原因不能履行合同的,该第三人并不能作为违约方而承担责任。

(2)违约行为的客观表现是合同当事人违反了合同义务。违反合同义务,一般是指合同当事人拒绝履行合同义务或虽履行了合同义务但其履行不符合合同的约定或法律的规定。至于当事人实施违约行为的主观目的何在,则不予考虑。

---

〔1〕 陈小君主编:《合同法学》,中国政法大学出版社2007年版,第175页。

(3)违约行为的侵害对象是合同债权。违约行为是对合同债权的侵害,债权属于相对权,侵害合同债权以外的其他权利,如物权、人身权、知识产权等绝对权,则属于侵权行为。但违约行为有时也会造成受害方人身权、物权的损失,这时就会发生违约责任与侵权责任的竞合。

(4)违约行为仅发生在有效的合同关系中,即违约行为的产生是以有效合同关系的存在为前提的,如果合同不存在或者合同无效,也就不会有违反合同的行为,更不会有违约人应当承担违约责任的问题。合法有效的合同关系说明当事人之间存在受法律保护的约定义务,当事人违反自己依照合同约定的义务即为违约行为。

探讨 违约行为的违法性问题

关于违约行为是否具有违法性:一种观点认为,违约行为的违法性是指违约行为违反了《民法典》的要求,违约方或有关第三人主观上有过错。另一种观点主张,违约行为的违法性就是违约方在客观上违反了受法律保护的合同,至于违约方对此有无过错,属于违约责任成立与否的范畴,与违法性无关。应予指出的是,如果存在不可抗力等阻却违法的事由,即使当事人在客观上违反了受法律保护的合同,也不具有违法性。[2] 亦有学者明确指出,违约行为具有违法性,并非在严格意义上使用“违法性”一词的,即不一定非得指违约人的行为具体地违反了某一明确的法律条文,才具有“违法性”,而是说违约行为有悖于“依法成立的合同即受法律保护”这一基本价值判断。违法性是以法律评价为前提的,对于这一评价,通常也无须债权人举证债务人的行为具有违法性,而是具有了“推定”的色彩,一旦发生了违约行为,即推定其行为具有违法性;债务人可以通过举证,证明自己具有正当事由,例如留置权、同时履行抗辩权的行使等,进而排除这种违法性的推定。如此,所谓违约行为的违法性,实际上可以理解为“不具有正当事由”。[3]

2. 无法定或约定的免责事由

免责事由,是指法律规定或合同中约定的当事人对其违反合同、不履行合同义务或履行合同义务不适当的行为免于承担违约责任的条件,包括法定的免责事由和约定的免责事由。

约定的免责事由,又称为免责条款,是合同当事人在合同中事先约定的免除或限制当事人对未来可能发生的违约行为承担违约责任的条款。免责条款的约定是当事人意思自治的充分体现,尊重当事人的意思自由就要尊重当事人对免责条款的约定,但如免责条款的约定违反法律规定,损害他人合法权益的,该条款无效。我国《民法典》第497、506条分别对免责条款作出了限制:(1)提供格式条款一方不合理地免除或者减轻其责任、加重对方责任、限制对方主要权利的,该条款无效;(2)免除造成对方人身损害或免除因故意或者重大过失造成对方财产损失的责任的免责条款无效。

---

〔2〕 崔建远:《合同责任研究》,吉林大学出版社1992年版,第92~93页。

〔3〕 韩世远:《合同法总论》,法律出版社2006年版,第421~422页。

法定的免责事由是指法律规定的免除或限制违约人承担违约责任的事由。根据《民法典》的规定,法定的免责事由包括不可抗力和受害人的过错。

不可抗力是指不能预见、不能避免且不能克服的客观情况。一般来说,不可抗力的范围主要包括自然灾害、政府行为以及社会异常事件等情形,当事人可以通过约定来进一步明确不可抗力的具体情形。根据《民法典》第180条第1款之规定,因不可抗力不能履行民事义务的,不承担民事责任。但需要说明的是,不可抗力的法律后果并不必然都是免除违约责任,而应视不可抗力的影响程度和给合同债务人履行债务造成的困难程度来分别处理。[4] 具体言之,若不可抗力已使合同债务履行成为不可能,则应解除双方合同关系,并免除一方的违约责任;若不可抗力只是造成合同债务人部分履行不能,则不能履行部分的违约责任免除;若不可抗力只是造成债务人履行的暂时困难,不影响将来履行的,债权人可要求债务人迟延履行,但债务人不承担迟延履行的违约责任。此外,根据我国《民法典》之规定,发生不可抗力后,遭受不可抗力的合同一方当事人应将不可抗力的事实及时通知对方当事人,并应提供有关机构关于不可抗力的有效证明,如果当事人怠于通知,造成对方当事人损失的,仍应就该损失承担赔偿责任。

受害人的过错,是指受害人对违约行为的发生或违约损害结果的扩大存在过错。虽然违约责任的承担实行的是无过错责任原则,但受害人本身的过错亦可以减轻或者部分免除违约人的责任,亦称过错相抵规则。

——思　考——

1. 违约责任的构成要件是什么?
2. 我国《民法典》关于违约责任的归责原则是如何规定的?严格责任原则在我国《民法典》中的适用体现在哪些场合?

第二节　违约形态

违约行为可表现为多种形态,根据我国法律规定和司法实践的总结,违约行为的具体形态可作如下划分:

一、预期违约

我国《民法典》中规定的预期违约是指在合同履行期限届满前,一方当事人向另一方当事人明确表示或者以自己的行为表明其届期将不履行合同义务。预期违约是英美合同法中的制度,包括明示的预期违约和默示的预期违约。前者即声明毁约,指合同一方在履行期限届满之前以明确的、不附条件的语言声明自己将不履行合同义务。后者即事实毁约,

---

[4] 《民法典》第590条第1款的规定。

通常指合同一方不是用语言而是通过行为表明届期将不履行合同义务，或是出现客观情况表明一方有履约能力上的瑕疵，如经济状况不佳、负债累累、面临破产或商业信誉一贯不佳等，这些情况足以表明其届期将不能或不会履行合同义务。在明示预期违约中，权利人可直接向法院诉请追究预期违约人的违约责任；而在默示预期违约中，权利人可要求预期违约人提供适当的担保，在其拒绝提供担保时，权利人有权解除合同，主张违约救济。我国《民法典》中只规定了明示的预期违约和以行为表明的预期违约。这种预期违约亦可称为期前拒绝履行。对于英美法中默示预期违约的相关内容，我国《民法典》用不安抗辩权制度的相关规定予以替代。不安抗辩权是大陆法系合同法中的制度，是双务合同的效力的体现，其在提前给予受害方法律救济、防止受害人蒙受不必要的损失等方面具有与默示预期违约相同的功能。但二者系两种不同的制度，在适用的前提条件、范围及法律救济方法等方面均有明显的不同。

二、不履行

不履行，是指合同履行期限届至时当事人没有履行合同义务。不履行行为，根据主观和客观条件的不同，又分为拒绝履行和履行不能。

拒绝履行，是指履行期限到来之后，义务人无正当理由而拒绝履行合同义务的行为。义务人拒绝履行如果有正当理由，如义务人享有同时履行抗辩权、不安抗辩权、先诉抗辩权、时效届满抗辩权等，则其拒绝履行不构成违约。发生拒绝履行，必须是债务人具有履行能力，若债务人已不具备履行能力，则发生履行不能。

履行不能，亦称给付不能，是指债务人在客观上已不具备履行能力，即使其作出努力也根本不可能履行。履行不能又有全部不能与部分不能、主观不能和客观不能之分。全部不能，即合同内容全部无法实现。部分不能，则指合同内容部分可以实现、部分不能实现的情形。主观不能是指由于当事人主观上的过错原因导致合同不能履行，在此情况下，当事人要负违反合同的责任。客观不能是指由于客观情况的变化而使合同无法履行。客观不能又有自始不能与嗣后不能之分，自始不能是指履行不能的情况自合同成立之始即存在，也称原始不能。[5] 嗣后不能是指合同成立后发生履行不能的情况。民法理论上，自始不能的情况下产生合同无效；嗣后不能如在合同履行期限届至前发生，可引起合同的解除或变更，如在履行期限届至后发生，即应由债务人负担违约责任。

评注　自始不能与嗣后不能的区分

关于自始不能与嗣后不能的区分，存在“债权成立时说”与“合同成立时说”两种标准。两种标准的差异可以通过附条件的合同来说明，在合同成立后条件成就前，履行成为不能时，如依前一标准，则为自始不能；如依后一标准，则为嗣后不能。学者通说一般以合同成立时或法律行为成立时为标准。[6]

---

〔5〕 韩世远：《合同法总论》，法律出版社2006年版，第473页。

〔6〕 崔建远：《合同责任研究》，吉林大学出版社1992年版，第98页；梁慧星：《民法总论》，法律出版社2001年版，第188页。

三、不完全履行

不完全履行也称不适当履行或不正确履行,是指债务人虽然履行了合同义务,但其履行有瑕疵,不符合合同约定的要求,例如履行义务不符合合同约定的数量、质量要求或履行地点、方法不当等。如果因为义务人履行义务不适当,如出售质量不合格的商品,造成权利人人身伤害的,义务人要承担侵权责任,此时发生违约责任与侵权责任的竞合。

四、迟延履行

迟延履行,是指合同债务已到履行期,当事人能够履行而不按法定或约定的时间履行。迟延履行包括债务人迟延和债权人迟延两种情况。债务人迟延是指债务人在履行期限到来时,能够履行而未按期履行债务,如拖欠货款、不按时交货、不按时完成工作交付成果等,债务人迟延是合同履行迟延中最普遍的情况。债权人迟延,又称受领迟延,是指债权人于债务人届期履行时,未及时接受债务人的履行。因债权人迟延给债务人造成损害的,债权人要负损害赔偿责任。

探讨　债权人受领迟延的法律后果

债权人受领迟延通常会发生一定法律效果,该法律效果在性质上属于什么,学说历来存在分歧,大致为三类:法定责任说、债务不履行责任说和折中说。法定责任说通常认为,债权人迟延并不以债权人的归责事由为构成要件,若有迟延的事实,即发生迟延责任,这种责任是为了救济诚实的债务人、公平调整债权人与债务人之间的利害关系而规定的责任,属法定责任,德国民法解释论多持此说。债务不履行责任说认为债权人负有一般性的受领义务,以此为前提,在债权人具有归责事由的情况下,即发生债务不履行责任,日本学者多主张此说。折中说认为,尽管债权人并非一般性地负有受领义务,但在一些例外场合可以根据合同或诚信原则认为其有领取义务,主要表现在买卖和承揽场合,仅于例外的场合可以发生债务不履行责任的效果(损害赔偿或解除)。[7]

第三节　违约责任形式

一、支付违约金

支付违约金是违约责任中常见的一种责任形式。它是指一方当事人违反合同义务时,根据合同约定或法律规定向对方当事人支付一定数额的金钱的责任。由法律规定的违约金为法定违约金,由当事人通过合同约定的违约金为约定违约金。法定违约金为强制违约金,其本质是法律强制违约人向受害人支付一定金额,以补偿其损失。但违约金责任并非

〔7〕 韩世远:《论债权迟延》,载《法制与社会发展》1999 年第 3 期。

以损害的发生为前提条件，即使违约的结果并未发生任何实际损失，也不影响向违约人追究违约金责任。

根据违约金是否具有惩罚性，违约金又有惩罚性违约金和补偿性违约金之分。在惩罚性违约金的情况下，债权人除可以请求违约金外，还可以请求强制违约人履行主债务或请求赔偿损失。而在补偿性违约金情况下，债权人只能请求违约人支付违约金，不得再请求强制履行主债务或额外请求赔偿损失。根据我国《民法典》的有关规定，在适用违约金责任时，应注意把握以下几点：

1. 在一方违约未给对方造成损失的情况下，按照约定的违约金支付。

2. 在当事人约定了违约金的情况下，一方违约，同时给对方造成损失时，确定违约金数额的参考标准就是损失的数额。如约定的违约金低于所造成的损失的，人民法院或者仲裁机构可以根据当事人的请求予以增加；如约定的违约金过分高于造成的损失的，人民法院或者仲裁机构可以根据当事人的请求予以适当减少。

请求增加或者适当减少违约金是当事人的法定权利，不得通过约定排除。当事人请求调整违约金可以通过反诉或者抗（答）辩方式提出。在请求调整违约金时，双方均有义务证明守约方的损失。[8] 对于是否过分高于违约造成的损失的认定，应当兼顾合同主体、交易类型、合同的履行情况、当事人的过错程度、履约背景等因素，遵循公平原则和诚信原则进行衡量，并以约定的违约金是否超过造成损失的 30% 作为认定过分高于造成的损失的标准。[9]

3. 当事人就迟延履行约定违约金的，违约方支付违约金后，还应当履行债务。可见，在我国迟延履行违约金具有惩罚性，属惩罚性违约金。

探讨　违约金责任的构成是否要求违约人具有过错？

对此问题，应就具体情形具体分析：(1) 如果当事人约定违约金的成立以一方当事人的过错为要件的，依其约定；(2) 合同编典型合同以及单行法规中特别规定违约责任为过错责任的，违约金的成立应当要求过错要件；(3) 在惩罚性违约金场合，由于其目的在于给债务人心理上制造压力，促使其积极履行债务，同时在债务不履行时，表现为对过错的惩罚，因而，应当要求以债务人的过错作为其承担惩罚性违约金的要件；(4) 在赔偿性违约金场合，除前述特别情形外，不要求以过错为成立要件。[10] 从比较法角度观察，在法国及德国，违约金作为一种债务不履行责任，原则上要求债务人具有归责事由，即违约人具有过错。在日本，代表性学说认为违约金责任的成立不需要归责事由，但判例上则要求具有归责事由。我国台湾地区学理解释认为除当事人另有约定无过失责任外，还以因可归责于债务人的事由不为债务履行时，即于债务人给付迟延或因其他可归责于债务人的事由而致给付不能时，债权人始得请求违约金。[11]

---

〔8〕《合同编通则解释》第 64 条。

〔9〕《合同编通则解释》第 65 条。

〔10〕韩世远：《合同法总论》，法律出版社 2006 年版，第 773 页。

〔11〕韩世远：《合同法总论》，法律出版社 2006 年版，第 773 页。

二、赔偿损失

赔偿损失,是指合同一方当事人因未履行合同义务或履行合同义务不符合合同约定,导致对方损失时依法向受损害方承担的赔偿其所受损失的一种责任形式。赔偿损失既是违反合同的民事责任的重要责任形式之一,也是对合同当事人因违约而遭受损失的最基本的保障,其突出的特点表现在对受损害方损失的补偿上,而非惩罚违约方。所以,赔偿损失责任属于补偿性质的责任,一般不具惩罚性。根据《民法典》第 584 条的规定,赔偿损失的范围不仅包括积极损失,即因违约行为而造成的直接利益损失,而且包括消极损失,即因违约行为而造成的合同履行后期待利益的损失。但如果损失超过了违反合同一方订立合同时预见到或者应当预见到的因违反合同可能造成的损失,则违约方对该损失不负赔偿责任。另外,如当事人一方违约后,对方可以采取适当措施防止损失扩大的,由于未采取适当措施致使损失扩大的,违约方就扩大的损失亦不负赔偿责任。

探讨　违约损害赔偿中,适用合理预见规则时,应如何确定损害是违反合同的一方应当预见的?

对此,理论上有主观与客观两种不同标准:主观标准说认为,确定损害是否为应当预见的,应以违约方的主观预见能力为标准,若违约方实际能预见到该损害,则为应当预见的损害;反之,则为不应当预见的损害。客观标准说主张,确定损害是否为应当预见的,不能以违约方的主观认识为标准,而应以社会一般人的认识能力为标准,只要该损害为社会一般人能够预见到的,就为应当预见到的损害,不问违约人是否能够实际预见到。〔12〕

违约损害赔偿以赔偿当事人实际遭受的全部损失为原则。通常,违约发生后,非违约方因此所受到的损失可分为两种:一是实际损失,又称积极损失,指非违约方现有财产之减少与费用支出之增加;二是可得利益损失,又称消极损失,即合同如期履行时所能得到的预期利益的损失。一般来说,积极损失比较容易确定,但可得利益却具有相对的不确定性。如果令违约人对无限的可得利益损失进行赔偿,极不公平。因此,各国民法无不对可得利益范围予以限定,即实行合理限定原则。按照此原则,违约行为人仅对其在订立合同时所预见或应当预见的损失承担赔偿责任。具体言之,依据合理预见规则,要判决债务人承担赔偿责任,债务人须对损害的种类、原因,甚至损害之大致程度有所预见或应当预见。因为只有当违约所造成的损害是可以预见的情况下,才能认为损害结果与违约之间具有因果关系;如果损害是不可预见的,则不存在因果关系,违约当事人也不应承担对这些损害的赔偿责任。所以,合理预见规则可以限制事实上的因果关系的发生,将赔偿责任限制在一个合理的范围内。我国《民法典》第 584 条明确规定:"当事人一方不履行合同义务或履行合同义务不符合约定,造成对方损失的,损失赔偿额应当相当于因违约所造成的损失,包括合同履行后可以获得的利益;但是,不得超过违约一方订立合同时预见到或者应当预见到的因违约可能造成的损失。"可见,我国《民法典》在针对可得利益的损害赔偿上也采纳了合理预见规则。在实务中,在确定违约

〔12〕　房绍坤:《民商法问题研究与适用》,北京大学出版社 2002 年版,第 284 页。

损害赔偿时，除了要遵循合理预见规则外，还应当遵循过失相抵规则、损益相抵规则以及减轻损失规则。所谓过失相抵通常是指就损害的发生或者扩大受害人自己也有过失时，法院可以减轻责任人赔偿金额的责任或者免除赔偿责任。损益相抵是指受害人基于损失发生的同一原因而获得利益时，在其应得的损害赔偿额中，应扣除其所获得的利益部分。减轻损失规则，是指对因债权人一方的原因而扩大的损失，违约方不承担赔偿责任。

阅读　违约损害赔偿范围的比较法考察

法国民法关于违约损害赔偿的规定，集中于《法国民法典》第1149条至第1151条，规定损害赔偿包括所受损失和所失利益，其中，第1149条之规定体现的是全部赔偿原则，在此基础上，将损害赔偿限定于因故意或重大过失场合造成的直接损害(第1151条)，对于非因故意或重大过失场合造成的损失限定在可预见的范围(第1150条)。由此，可得出结论，法国民法根据过错程度将违约损害赔偿范围划分等级，并分别采取可预见性标准及直接损害和间接损害的划分，将赔偿范围限定于一定的损害，采取了"限制赔偿主义"。德国损害赔偿法以普通法时代蒙森的学说为基础，否定责任范围与责任原因的关联，否定可预见性与过错程度的联系，采"完全赔偿原则"。对赔偿范围没有规定语言上的限定，从比较法来看这种立法例是极为少见的。依完全赔偿原则，对基于损害事实和因果关系的损害均应予以赔偿，"因果关系"以外的要件均非必要。日本民法对债务不履行损害赔偿范围的规定集中体现在第416条，但对该条的解释论现在既混沌又变动不居，通说系德意志流派的解释，将此条与因果关系等式化，把赔偿范围的因果关系说成是责任充足的因果关系，将赔偿范围作为因果关系的问题。英美普通法上违约损害赔偿的限制方法亦有其特点，英国普通法上的规则有远隔性、因果关系、减轻损失与有过失以及其他限制。在美国法上，限制违约损害赔偿的途径有可避免性、不可预见性、不确定性以及其他限制。其中，以可预见性规则为其主要代表。〔13〕

三、继续履行

继续履行，亦称强制履行，是指在一方当事人不履行合同义务或者履行合同义务不符合约定时，另一方当事人可请求法院强制违约人继续履行合同义务。继续履行是法律规定的对违约行为人的一种强制措施，该责任形式的承担无论债务人是否愿意，亦无论其是否已经承担了赔偿损失或违约金责任，只要具备履行的条件，就应继续履行。因此，它与一般履行的性质不同。通常，承担继续履行责任要具备以下几个条件：(1)必须有违约行为；(2)非违约方要求违约方继续履行；(3)违约方能够继续履行合同。根据《民法典》第580条第1款的规定，下列情形不能适用继续履行：其一，法律上或者事实上不能履行的；其二，债务的标的不适于强制履行或者履行费用过高的；其三，债权人在合理期限内未请求履行的。

除了以上法律规定的情形不能适用强制履行责任外，学说解释上还包括以下两种情形：其一，法律明文规定不适用强制履行而责令违约方只承担违约金责任或赔偿损失责任。例如，货运合同场合，承运人对运输过程中货物的毁损、灭失承担损害赔偿责任，而不负强

〔13〕　韩世远：《合同法总论》，法律出版社2006年版，第735～736页。

制履行责任。其二,因不可归责于当事人双方的原因致使合同履行存在困难,如果实际履行则显示公平。例如,适用情事变更原则场合。[14]

根据债务性质不得强制履行的,守约方可以请求违约方负担由第三人替代履行的费用(《民法典》第581条)。

强制履行虽然是合同履行的继续,仍然是履行原合同债务,但它与一般的履行合同债务的行为不同:一是履行时间不一致,强制履行的时间晚于履行原合同债务的时间;二是作为法律规定的对违约方的一种强制形式,强制履行比正常的履行合同增加了一层国家强制,在违约方系过错违约的情况下,多了一种道德和法律对过错违约的否定性评价。因此,强制履行属于违约责任的方式,而不是单纯的合同债务的履行。[15]

探讨　强制履行与赔偿损失的关系

强制履行与赔偿损失的关系,在不同的法律体系中有不同的表现。英美普通法以损害赔偿为基本救济方式,强制履行仅为衡平法上的救济方式。在大陆法系,德国法虽然以强制履行为不履行合同的基本救济方式,法国法则区分作为债务与给付财产的债务而分别决定能否适用强制履行,但总的来说,在实效论的层面上,仍然是损害赔偿适用得广。我国《民法典》在违约责任一章并列地规定了强制履行、赔偿损失等责任方式,在它们之间,不能以法律规定的先后次序而认为有适用上的先后次序,它们是并列关系,可以由债权人进行选择。[16]

四、定金罚则

定金,是指合同一方当事人根据合同的约定预先付给另一方当事人一定数额的金钱,以保证合同的订立、合同的成立,担保合同的履行,保留合同的解除权等。[17] 根据我国民法的规定,定金既可以作为担保方式,也可以作为一种民事责任方式。《民法典》第586条规定:"当事人可以约定一方向对方给付定金作为债权的担保。定金合同自实际交付定金时成立。定金的数额由当事人约定;但是,不得超过主合同标的额的百分之二十,超过部分不产生定金的效力。实际交付的定金数额多于或者少于约定数额的,视为变更约定的定金数额。"《民法典》第587条规定:"债务人履行债务的,定金应当抵作价款或者收回。给付定金的一方不履行债务或者履行债务不符合约定,致使不能实现合同目的的,无权请求返还定金;收受定金的一方不履行债务或者履行债务不符合约定,致使不能实现合同目的的,应当双倍返还定金。"《民法典》第588条规定:"当事人既约定违约金,又约定定金的,一方违约时,对方可以选择适用违约金或者定金条款。定金不足以弥补一方违约造成的损失的,对方可以请求赔偿超过定金数额的损失。"根据以上规定,定金制度包括以下几方面内容:

1. 定金须由双方当事人在合同中明确约定。当事人约定定金,目的是保证合同能够得到履行。当事人不得单方面决定是否给付定金,而须由双方当事人协商确定。如在合同中

---

〔14〕 韩世远:《合同法总论》,法律出版社2006年版,第714页。

〔15〕 韩世远:《合同法总论》,法律出版社2006年版,第703页。

〔16〕 韩世远:《合同法总论》,法律出版社2006年版,第715页。

〔17〕 唐德华:《合同法条文释义》(上),人民法院出版社2001年版,第479页。

未约定定金,任何一方不得强迫对方交付定金。

2. 债务人履行债务后,定金应当抵作价款或者收回。定金的目的是保证合同的履行,合同已经得到履行的,定金的目的已经实现,此时,定金是收回还是抵作价款,可依据合同约定,或由双方当事人协商确定。

3. 定金罚则。给付定金的一方当事人不履行约定债务或者履行债务不符合约定,致使不能实现合同目的的,无权请求返还定金;收受定金的一方当事人未履行约定债务或者履行债务不符合约定,致使不能实现合同目的的,应当双倍返还定金。换言之,只要设立定金,无论谁不履行合同,都要损失与定金数额相等的金钱,其目的在于促使合同双方当事人自觉地履行合同义务。

4. 定金与违约金并存时的处理。在当事人既约定了违约金,又约定了定金的情况下,一方违约时,对方可以选择适用违约金或者定金条款,即在合同中同时约定违约金和定金的情况下,只能择其一适用,二者不能同时适用。

五、采取补救措施

采取补救措施作为违约责任的一种基本形式,主要是指当事人一方履行合同义务不符合合同约定时,对方可以依照法律规定或合同约定,请求违约方采取修理、重作、更换、退货、减少价款或报酬、补充数量、物资处置等措施,以防止损失发生或扩大。《民法典》第582条规定:"履行不符合约定的,应当按照当事人的约定承担违约责任。对违约责任没有约定或者约定不明确,依据本法第五百一十条的规定仍不能确定的,受损害方根据标的的性质以及损失的大小,可以合理选择请求对方承担修理、重作、更换、退货、减少价款或者报酬等违约责任。"

采取补救措施,应当具备以下条件:其一,一般只有在对合同不适当履行的条件下才适用补救责任,其中,质量不符合要求是适用补救责任的主要方面。其二,采取补救措施必须有可能,这种补救的可能性主要表现在两个方面:一是标的本身有可补救的余地,即经过采取补救措施有使其能满足权利人使用要求的可能;二是义务人有补救的条件。

根据《民法典》的规定,可采取的补救措施主要包括:修理、重作、更换、退货、减少价款或报酬。需要指出的是,对于质量不符合约定,造成其他损失的,可以请求赔偿损失,即采取补救措施并不免除承担赔偿损失等其他违约责任。

违约责任以"补偿"为目的。以上五种违约责任形式可以针对不同的违约情形来弥补受损方的经济损失,这恰是公平原则在民事责任中的体现,是"公平正义"这一法治价值在《民法典》合同编中的体现。

—— 训 练 ——

【司考】甲乙签订一份买卖合同,约定违约方应向对方支付18万元违约金。后甲违约,给乙造成损失15万元。下列哪一表述是正确的?(2013年)

A. 甲应向乙支付违约金18万元,不再支付其他费用或者赔偿损失

B. 甲应向乙赔偿损失15万元,不再支付其他费用或者赔偿损失

C. 甲应向乙赔偿损失 15 万元并支付违约金 18 万元,共计 33 万元

D. 甲应向乙赔偿损失 15 万元及其利息

【答案】 A

【解析】《民法典》第 585 条第 2 款规定,约定的违约金低于造成的损失的,当事人可以请求人民法院或者仲裁机构予以增加;约定的违约金过分高于造成的损失的,当事人可以请求人民法院或者仲裁机构予以适当减少。"过分高于"的具体认定标准可由司法解释规定。只要不存在过分高于或低于损失的情况,就应当按约定执行。"低于"或者"过分高于"损失的举证责任在于主张"增加"或者"减少"的违约方。本案双方约定的违约金为 18 万元,甲违约给乙造成的损失是 15 万元,如果超过造成损失的 30% 是司法解释认定的"过分高于"标准,违约金数额未超过实际损失的 30%,应予支持。另外,只要违约金能够弥补守约方的损失,支付违约金之后就无须赔偿损失。

综上,本题的答案为 A。

【法考】甲公司与肖某签订了买卖合同,约定甲公司向肖某出售一台钻机,肖某支付货款 500 万元,后肖某发现该钻机质量与产品说明不符,双方产生纠纷。对此,下列哪些说法是正确的?(2022 年)

A. 甲公司应向肖某承担违约责任

B. 肖某有权要求甲公司赔偿损失

C. 甲公司应向肖某承担产品责任

D. 肖某有权要求甲公司负责钻机的修理、更换、退货

【答案】 AD

【解析】甲公司与肖某之间有合同关系,有合同关系就会有违约责任。根据本案案情的描述,甲公司应向肖某承担违约责任,故 A 项正确。违约责任的承担方式有五种:(1)继续履行;(2)采取补救措施(修理、更换、重作、退货、减价等);(3)损害赔偿金(赔偿损失);(4)违约金;(5)定金。本题中,出卖人甲公司的行为属于瑕疵给付,即钻机质量与产品说明不符,买受人肖某有权请求甲公司采取补救措施,即修理、更换、退货。故 D 项正确。题目并未交代甲公司的瑕疵给付行为给买受人肖某造成了财产损失,不存在赔偿损失问题,故 B 项错误。产品责任属于典型的侵权责任,本题甲公司出售的钻机质量与产品说明不符,属于瑕疵给付,系违约责任问题,不存在侵权责任,故 C 项错误。

综上,本题答案为 AD。

思　考

1. 违约金与损害赔偿以及合同解除之间的关系如何?
2. 违约损害赔偿的范围如何确定?
3. 实际履行与违约金、损害赔偿以及合同解除的关系如何?
4. 我国《民法典》关于履行不能的法律后果是如何规定的?
5. 定金与违约金的关系如何?

重点问题梳理

1. 违约责任的相对性是债的相对性的具体体现,故因第三人原因而致违约时,债务人仍应承担违约责任,债权人不得向第三人主张违约救济。

2. 违约责任的任意性是合同自由原则的充分体现。
3. 不可抗力作为免责事由只是说在不可抗力影响所及的范围内不发生责任,并不一定全部免责。当事人一方因不可抗力不能履行合同的,应当及时通知对方,以减轻可能给对方造成的损失,同时应在合理期限内提供证明。
4. 违约金责任具有从属性,合同无效、不成立或被撤销均不成立违约金责任,但在因违约而解除合同的场合,合同中的违约金条款仍可援用。
5. 当事人既约定违约金又约定定金的,一方违约时,不能同时适用违约金与定金,只能选择一种适用。
6. 强制履行是与解除合同完全对立的补救方法,主张强制履行就不能请求解除合同,主张解除合同就不能请求强制履行。
7. 定金既是一种违约责任承担方式,又是一种债权的担保方式。

第九章 买卖合同

第一节 买卖合同概述

一、买卖合同的概念

买卖合同是出卖人移转标的物的所有权于买受人,买受人支付价款的合同(《民法典》第595条)。其中移转标的物所有权的一方称为出卖人(以下简称卖方),接受标的物所有权并支付价款的一方称为买受人(以下简称买方)。

习近平总书记深刻指出,法治是最好的营商环境。作为商事领域中最常见、数量最多、用途最广的合同,买卖合同在营造良好的营商环境方面具有十分重要的地位,其维护的市场交易秩序既与人民的生活息息相关,亦与国家经济发展密切相连。随着社会经济水平的不断发展,其表现形式也会愈加多样化。

二、买卖合同的特征

1. 买卖合同是卖方移转财产所有权、买方支付价款的合同。买卖合同双方当事人进行所有权交换,一方以自己享有所有权的物和对方的价款交换,以价款换取对方物的所有权,同时价款部分的所有权则由于买卖合同的履行而归对方享有。

2. 买卖合同是双务合同。买卖合同双方取得利益都以承担一定的合同义务为代价。买卖合同中双方当事人的义务具有对价性,一方的权利是他方的义务,另一方的义务则正好是对方的权利。买卖合同是典型的双务合同。

3. 买卖合同是有偿合同。买卖合同双方取得利益都必须支付相应的代价。买卖合同也是典型的有偿合同。

4. 买卖合同是诺成合同。除法律有特别规定外,当事人一经达成协议,买卖合同即告成立。

5. 买卖合同一般是不要式合同。除非法律有特别规定,买卖合同采取何种形式,交与当事人自己决定,并不需要特别形式和履行特别程序。

6. 买卖合同是典型合同。买卖合同是最普遍、最基本的典型合同。

三、买卖合同的类别

买卖合同的种类极为繁多,从不同的角度加以分类,有助于从微观上把握买卖合同的整体风貌,对于丰富合同法理论研究和司法实践都有重要的意义。买卖合同按照不同的标准可以作如下分类：

1.按照买卖方式是否具有特殊性，买卖合同可以分为一般买卖和特种买卖。特种买卖是法律对其法律要件和法律效果均作了特别规定的买卖。

2.按照买卖合同标的的不同，买卖合同可以分为物的买卖和权利的买卖。

3.按照标的物是特定物还是种类物，买卖合同可以分为特定物买卖和种类物买卖。前者买卖合同的标的是特定物，后者则为种类物。在后一种合同中，在物毁损时，出卖人一般不免除交付物的义务。

4.按照买卖的标的物的数量，买卖合同可以分为批发买卖和零售买卖。批发亦即批量销售，不直接面对最终消费者；零售买卖则直接销售给最终的消费者或者用户。

5.按照买卖合同是否即时清结，买卖合同可以分为即时买卖和非即时买卖。即时买卖指当事人在买卖合同成立时即将买卖标的物与价金对交，即时清结。非即时买卖则指买卖合同的标的物和价金并非当时交付，而是在合同成立之后的某个时间才交付并移转所有权。

6.按照价金的支付次数，买卖合同可以分为一次付款买卖和分期付款买卖。两者买受方的付款方式不同，前者是一次结清合同价款，后者则是分数次结清合同价款。

7.按照交付货物的次数，买卖合同可以分为一次供货买卖和分期供货买卖。

8.按照有无退换的保留，买卖合同可以分为有退换保留的买卖和无退还保留的买卖。后者如试用买卖。

9.按照是否采用竞争的方式，买卖合同可以分为自由买卖和竞争买卖。

第二节　买卖合同的效力

买卖合同是双务合同，双务合同的特点是一方的权利往往是对方的义务。为了避免讲述内容上的重复，下面仅从买卖合同的双方所应承担义务的角度来说明买卖合同的效力。另外，民事上的权利可以放弃，而义务必须履行，否则当事人在没有免责原因的情况下，就要承担法律责任。所以，对于双方义务的关注应当是合同法包括买卖合同的重点。

一、出卖人的义务

出卖人基本的义务就是移转标的物所有权给买受方，并且保证其所交付的标的物无瑕疵。具体而言，包括以下方面：

（一）移转标的物所有权于买受人

买卖合同中买受方的目的在于取得标的物的所有权，而动产所有权取得的首要步骤就是物的实际占有的转移。对于不动产，则除了交付，尚需要办理所有权移转手续。买卖合同的履行中，只有作为出卖人的合同一方实际地把动产物交付给对方，或者将不动产权利移转于买受人（一般为办理过户登记手续），买受一方才能取得对物的所有权，行使所有人对物的支配权利。因此,交付或者登记是买卖合同履行中的重要环节。没有所有权的移转,买受方的合同目的就会落空。鉴于此,各国法律都把移转标的物所有权作为核心义务之一负担给出卖方,通过出卖人将物的所有权移转于买受人,实现买卖合同的目的。

当然,如果是权利买卖,其所有权的移转也会涉及交付问题。但权利的交付方式因不同的权利而有所不同:有的权利有权利证明书,其权利交付意味着同时交付权利证明书。有的权利交付需要办理相应的法律手续,如股票的转让,就需要在股东名册上加以说明。还有的权利是以文书的转让来表征权利的移转,这种权利交付不但要达成转让协议,而且要交付文书本身。如票据权利的转让,就需要通过背书来表明该票据是合法流转到后手人手中,如果没有背书,则会在持票人对付款义务人提示付款时遭到拒绝。当然,对于无记名票据,则不存在背书问题,仅仅交付票据本身就意味着票据权利的转让。

1. 交付的方式

从交付的方式上看,交付包括现实交付和拟制交付。现实交付指出卖人将标的物事实上的管领移转于买受人,使物实际处于买受人的控制之下,从而完成物的交付。拟制交付指出卖人将标的物的权利转移给买受人,以替代对实物的交付。

拟制交付又分为简易交付、指示交付和占有改定。简易交付是指在买卖合同订立前买受人已经实际占有标的物时,合同一经成立即视为交付完成,此前买受人虽然占有标的物,但不享有所有权,合同成立时移转的只是所有权。指示交付是指在标的物由第三人占有的情况下,出卖人将要求第三人返还标的物的请求权让与买受人,以此代替标的物的实际交付,这种返还请求权正是标的物所有权的体现。占有改定是指买卖合同约定,买受人取得标的物的所有权,但标的物在约定的期间仍由出卖人占有,此种交付中虽不移转占有,仅移转所有权,但仍能完成交付。

2. 交付的具体要求

从出卖人交付义务的履行上看,交付一般应该包含如下要求:一是按照约定的标的物及数量交付。出卖人交付标的物,应当按照约定的物或单据交付,不能擅自改变标的。同时,如果标的物有从物的,也应当按照民法上的"从物随主物转移"的原则,将从物一并交付,除非当事人另有约定。交付物,当事人还应当按照交易习惯或者约定向买受人交付标的物单证以外的有关文书和资料,如保修卡、合格证、产品说明书以及质量凭证等,以方便当事人对标的物的利用。二是按照约定的地点交付。合同中约定了交付地点的,出卖人应该按照合同的约定交付;没有约定地点的,由当事人双方对交付地点进行协商;协商不成的,按照下列规则确定。标的物为不动产的,不动产所在地为交付地点,其他的标的物,则履行义务一方所在的地点为交付地点。接受货币的,接受一方所在的地点为交付地点。如果标的物需要运输的,出卖人应当将标的物交给第一承运人以运交给买受人,标的物不需要运输的,出卖人和买受人在订立合同时知道标的物所在地点的,出卖人应该在该地点交付标的物,不知道标的物所在的地点的,出卖人应当在订立合同时的营业地交付标的物。但是合同约定由出卖人承担标的物的运输义务的,则交付地点为买受人受领标的物的实际地点。三是按照约定的交付时间交付。合同中约定了交付时间的,出卖人可以在交付期限之内的任何时间交付标的物。合同中没有约定标的物交付时间的,由当事人协商,协商不成的,按照交易习惯确定。如果按照交易习惯仍然不能确定,则出卖人可以随时交付,买受人也可以随时要求出卖人交付,但出卖人应当给买受人预留交付必要的准备时间。四是按照约定的包装方式进行交付。标的物的包装对于保证标的物的运输安全、保障标的物的质量具有重要意义,因此,当事人往往在合同中约定标的物的包装方式。当事人对标的物的包装有约定的,从约定;当事人对标的物的包装没有约定或者约定不明的,按照此类标的物一般的通用方式包装,如果没有通用的包装方式,则按照能保证此类标的物的质量和运输安全的方式包装。

阅读 广义上的买卖包括除有体物之外的权利

如果买卖的标的是权利,则因其不同于有形物,其“交付”的方法依照不同的权利而有不同。有的还需要变更相应的登记(如专利权、股权),有的则需要一并交付证明权利和权利行使所必需的文书资料。

(二)瑕疵担保

出卖人对其所转让的财产负权利瑕疵和物的瑕疵的担保义务。

1. 权利瑕疵担保义务

权利瑕疵担保义务指出卖人就其所移转的标的物,担保不受他人追夺以及不存在未告知权利负担的义务。标的物的权利瑕疵,可表现为:(1)出卖人未告知该标的物上负担着第三人的权利;(2)出卖人未告知其对标的物无权处分;(3)共有人出卖全部共有财产或者他人份额;(4)第三人享有对标的物的优先购买权;(5)出卖人出卖标的物侵犯了他人的知识产权等。本着诚信的原则,出卖人应该将标的物权利的真实状况告知买受人。出卖人没有告知,买受人不知道也不应该知道,合同成立或者履行之后才发现物上有权利瑕疵的,买受人可请求出卖人除去权利负担,并可根据债务不履行的规定,请求出卖人负不履行债务或损害赔偿责任。

2. 物的瑕疵担保义务

物的瑕疵担保义务指出卖人就其所交付的标的物具备约定或法定品质所负的担保义务。也就是说,出卖人须保证标的物移转于买受人之后,不存在品质或使用价值降低、效用减弱的瑕疵。

此外,对于有些合同,出卖人还须承担售后服务,一般包括售后维修、技术培训、技术咨询等。

阅读 权利瑕疵担保责任的成立要件

权利瑕疵担保责任的成立须具备如下要件:(1)瑕疵在买卖成立之时已存在。如果权利瑕疵是买卖合同成立之后才产生的,则属于嗣后不能或者给付瑕疵问题。此时应当考察出卖人有无过失,从而使其承担债务的不履行或者不适当履行责任。(2)买受人不知道瑕疵的存在。通常情况下,买受人出价购买标的物,应该推定其希望得到无瑕疵的标的物。因此,只有当买受人不知道物上有权利瑕疵的,出卖人的权利瑕疵担保责任才成立。买受人知道仍予以接受的,出卖人不负瑕疵担保责任。对于买受人是否知悉权利瑕疵,买卖双方发生争议的,由出卖人负举证责任。(3)权利瑕疵尚未除去。如果在买卖合同成立时,标的物上存在权利瑕疵,但嗣后除去的,则出卖人从此不再承担瑕疵担保责任。只有权利瑕疵一直处于延续状态,出卖人才应当承担瑕疵担保责任。

阅读　物的瑕疵担保责任的成立要件

物的瑕疵担保责任的成立须具备如下要件:(1)物上存在瑕疵。这是指按照通常观念,标的物不具备此类物的通常效用品质或价值。(2)物的瑕疵在所有权移转之前已存在。如果瑕疵在所有权移转之前存在,但在所有权移转时已除去,则因为出卖人已做了补正,自然不存在瑕疵问题。(3)买受人善意且无重大过失。所谓"善意",指买受人主观上不知有瑕疵的存在,这种瑕疵按理应该是隐蔽瑕疵,如果出卖人不告知买受人,买受人无法知道瑕疵的存在。如果是明显瑕疵,则买受人很容易发现瑕疵的存在,此时买受人继续接受买卖标的物,则其不能主张由出卖人承担瑕疵担保责任。"无重大过失"指买受人的过分疏忽未能发现瑕疵的存在,但是按照通常的谨慎的买受人一般的识别水平,这种瑕疵应该不难发现。但是,如果出卖人向买受人保证标的物无瑕疵的,则出卖人仍然不能免除瑕疵担保责任。(4)买受人须就瑕疵标的物加以检查,并及时通知出卖人。这是债的协作履行的要求。如果买受人未能通知出卖人,则视为其接受有瑕疵的出卖物。

阅读　占有与所有权移转的关系

一般而言,在买卖合同中,动产所有权的移转和对动产的占有是同步的,亦即动产所有权自出卖人交付买受人之时,所有权也同时移转给买受人。但也并非全部如此。例如,在分期付款买卖中,买受人已经占有了动产,但按照约定其应该在支付全部价金之后才取得物的所有权的,此时,其占有动产只是作为占有人而占有,虽然这种占有是所有权占有,但其不享有动产的所有权。

二、买受人的义务

(一)接受买卖标的物

买受人订立合同的目的是及时取得标的物的所有权,因此,接受标的物所有权成为买受人最重要的权利。但对于出卖人而言,其交付标的物于买受人,要使合同最终顺利履行,也需要买受人接受标的物,因此,接受标的物既是买受人的权利,也是其义务。买受人应当按照合同的约定及时接受标的物,如果无故迟延接受,须承担受领迟延的违约责任。同时,按照我国《民法典》第605条的规定,如果因为买受人的原因,导致标的物不能按照约定的期限交付的,买受人应当自违反约定之日起承担标的物毁损、灭失的风险。对于不动产而言,需要买受人接受不动产,同时配合出卖人办理所有权移转手续。

(二)支付价金

买受人取得所有权的对价,就是丧失价金部分的货币所有权,同样,出卖人出卖标的物，就是为了取得货币，因此，支付价金应当是所有买卖合同的买受人的主要义务。买受人须按合同约定的数额、时间、地点和方式支付价款，并不得违反法律以及公序良俗。合同无约定或约定不明的，应依法律规定、参照交易惯例确定。

（三）对标的物检查通知的义务

买受人受领标的物后，应当在当事人约定或法定的期限内，依通常程序尽快检查检验标的物。如果当事人没有约定检查检验期限的，应当立即检验。若发现应由出卖人负担保责任的瑕疵时，应妥善保管标的物并将其瑕疵立即通知出卖人。当然，检验检查标的物不是买受人必须履行的义务，因此，不履行此义务并不承担法律责任，但买受人不能要求出卖人就其所交付的标的物的数量和质量承担相应的法律责任。

——训 练——

【司考】甲为出售一台挖掘机分别与乙、丙、丁、戊签订买卖合同，具体情形如下：2016年3月1日，甲胁迫乙订立合同，约定货到付款；4月1日，甲与丙签订合同，丙支付20%的货款；5月1日，甲与丁签订合同，丁支付全部货款；6月1日，甲与戊签订合同，甲将挖掘机交付给戊。上述买受人均要求实际履行合同，就履行顺序产生争议。关于履行顺序，下列哪一选项是正确的？（2016年）

A. 戊、丙、丁、乙　　B. 戊、丁、丙、乙

C. 乙、丁、丙、戊　　D. 丁、戊、乙、丙

【答案】 A

【解析】《买卖合同解释》第6条规定："出卖人就同一普通动产订立多重买卖合同，在买卖合同均有效的情况下，买受人均要求实际履行合同的，应当按照以下情形分别处理：（一）先行受领交付的买受人请求确认所有权已经转移的，人民法院应予支持；（二）均未受领交付，先行支付价款的买受人请求出卖人履行交付标的物等合同义务的，人民法院应予支持；（三）均未受领交付，也未支付价款，依法成立在先合同的买受人请求出卖人履行交付标的物等合同义务的，人民法院应予支持。"在丙、丁的顺序上，双方都支付了价款，丙的时间在先。故A项正确。

综上，本题的答案为A。

【法考】甲有一台设备，先和乙签订买卖协议约定15日后交付，其后又和丙签订买卖协议，丙支付货款后约定以占有改定方式交付。然后甲又将设备出租给丁，约定每月交付租金。关于本案，下列哪些说法是正确的？（2022年）

A. 该设备所有权人为丙

B. 该设备所有权人为甲

C. 甲与丁之间的租赁协议合法有效

D. 乙可以基于买卖协议请求甲赔偿

【答案】 ACD

【解析】动产所有权的变动依交付而实现。甲、乙之间的设备买卖合同中，出卖人甲并未将设备交付给买受人乙，设备所有权未发生变动，依然归甲所有。甲再次将设备出卖给丙，甲、丙间的设备买卖合同有效，甲以占有改定方式完成了交付，设备所有权归丙。乙只能依据合法有效的买卖合同追究甲的违约责任，请求甲赔偿损失。故A、D项正确、B项错误。行为人以自己的名义出租他人

之物系无权出租,租赁合同合法有效,故C项正确。

综上,本题答案为ACD。

第三节 特种买卖合同

一、特种买卖合同的概念

特种买卖即法律对其有不同于一般买卖的特别规定的买卖。在法律适用上,特种买卖既适用《民法典》对一般买卖的规定,也适用《民法典》和其他有关法律作出的特别规定。

二、特种买卖合同的类别

(一)连续买卖

连续买卖又称分批(或者分期)履行买卖,是指双方当事人在一定期限内,根据合同约定定期或者不定期地进行两次以上的交易或者履行行为方能结束双方之间合同关系的买卖。

一次买卖是指买卖双方按照约定仅进行一次交易或者履行行为即完全履行完合同义务的买卖。在一次买卖中,不管合同规定的履行期限有多长,只要进行一次交易双方都完全履行完合同义务,即出卖人按照合同约定一次交付了全部标的物、买受人也按照合同约定一次支付了总价款,即为一次性交易。即使双方当事人之间事实上有多个买卖交易,只要这些买卖分属于不同的买卖合同,每个交易后都完全履行了该交易所属的买卖合同,各个交易都是独立存在的,就是一次买卖。而在连续买卖中,买卖双方之间不管按照合同约定进行多少次交易或者履行,每次交易都是履行同一个买卖合同,而不是履行不同的买卖合同,只有合同约定的最后一次履行完毕,该合同才能全部得到履行。因此,连续买卖中的每次交易或者履行行为都是为了完成同一个买卖合同而约定的不同任务,它们之间互有关联。

连续买卖比一次买卖复杂得多,其履行期限往往较长,有的长达数年,买卖双方当事人的具体义务、责任也较多。因此,作为一种特殊买卖,连续买卖除了遵循买卖的一般规则外,还应注意其他特殊性的要求。

以下对分期付款买卖(连续买卖中一种分批付款买卖)有专门的介绍,这里仅就分批供货买卖的一些特别内容进行说明,其主要条款包括如下方面:

1. 履行期限。履行期限即供货期限,包括合同确定的总履行期限和该期限内划分的若干具体履行期间。一般来说,分批供货买卖的总履行期限都比较长,可以为数月,也可以为1年或者数年。在这一总期限内,将划分若干个具体履行期间,出卖人在每一期间都应交付一批标的物。至于总的履行期限有多长和该期限内有多少个具体履行期间(批次数),则由当事人在合同中约定,但具体履行期次数不得少于两个。

2. 标的物所有权的转移。在分批供货买卖中,标的物是分成若干批次交付给买受人的。

因此,除了法律另有规定或者当事人另有约定外,一般情况下,在每批次交付标的物时,自交付之时起只能移转该部分标的物的所有权,其余未交付的标的物所有权不能移转给买受人。也就是说,合同约定的标的物(总数)所有权是依次移转给买受人的,只有在出卖人按照合同约定的总期限内完成全部交付义务时,全部标的物的所有权才能移转给买受人。

3. 合同的解除。在分批供货买卖中,买卖双方当事人可以依法变更或者解除合同。双方协商同意解除合同的,应当对解除合同的善后事宜进行处理。就当事人单方行使解除权解除合同而言,《民法典》第 633 条作出了特别规定:"出卖人分批交付标的物的,出卖人对其中一批标的物不交付或者交付不符合约定,致使该批标的物不能实现合同目的的,买受人可以就该批标的物解除。出卖人不交付其中一批标的物或者交付不符合约定,致使之后其他各批标的物的交付不能实现合同目的的,买受人可以就该批以及之后其他各批标的物解除。买受人如果就其中一批标的物解除,该批标的物与其他各批标的物相互依存的,可以就已经交付和未交付的各批标的物解除。"除了法律另有规定或者对方当事人严重违约外,任何一方当事人都不得擅自单方面解除合同。

4. 违约责任的承担范围。同一次买卖一样,任何一方当事人违约都应当承担违约责任。一般情况下,当事人每次违约时,应当在该期次数内就违约部分承担违约责任。

(二)分期付款买卖

分期付款买卖是指出卖人先交付标的物,买受人按照一定期限分批向出卖人支付价款的买卖。在分期付款买卖中,当事人双方可以自由约定分若干批次付款,买受人在出卖人交付标的物后至少分两次向出卖人支付价款,否则不属于分期付款的买卖,但买受人也可以于受领标的物前先支付或先分几批支付一定的价款。

出卖人为避免收不到价款的风险,往往在合同中加上一些特殊约定的条款。根据有关法律规定以及我国目前的实际做法,特别约定的条款主要包括以下几项:(1)解除合同或要求支付全部价款的特约。为保证及时收到价款,当事人可能在合同中约定,买受人付款迟延时即丧失期限利益,出卖人可以解除合同或请求买受人支付全部价款。《民法典》第 634 条规定,分期付款的买受人未支付到期价款的数额达到全部价款的 1/5,经催告后在合理期限内仍未支付到期价款的,出卖人可以请求买受人支付全部价款或者解除合同。出卖人解除合同的,可以向买受人请求支付该标的物的使用费。(2)所有权移转的特约。分期付款买卖的出卖人为保证自己能取得价款,往往事先约定保留所有权。因此,在合同中当事人经常有关于保留所有权的条款。例如,规定所有权自买受人支付全部价款后才移转归买受人或者在买受人支付若干期或支付的价款金额已达总价款的若干时才转移。但这必须以书面形式明确约定;当事人无特别约定的,标的物的所有权仍自交付时起就移转给买受人。(3)解除合同的损害赔偿金额的特约。这是当事人双方约定,在解除合同时,当事人双方应将其从对方取得的财产返还给对方,有过错的一方还应赔偿对方的损失。但因买受人一方的原因由出卖人解除合同时,出卖人向买受人请求支付或扣留的金额不得超过相当于该标的物通常使用费的金额。如标的物有毁损,则应再加上相当的损害赔偿金额。

(三)凭样品买卖

样品是从一批货物中抽取出来或者由生产商、使用部门加工、设计而来,用以反映和代表整批商品品质的少量实物。样品买卖是一种特殊的买卖,其特殊性表现在以样品来确定标的物的质量。样品买卖要求出卖人交付的货物必须与当事人保留的样品具有同一品质,也称为货样买卖。样品买卖须有样品的存在,而且样品须于订立合同时就存在,并且当事人在买卖合同中须订明“以样品确定标的物的品质”或“按样品买卖”等。如果出卖人先向买受人提供样品,而后双方订立买卖合同而未表明为样品买卖,则双方不成立样品买卖。如果当事人在订立合同后,出卖人于履行前向买受人提供样品,也不属于样品买卖。

根据《民法典》的规定,凭样品买卖的当事人应当封存样品,封存样品时应当将相同的样品经双方签封各自保存一份,一旦发生纠纷,可以封存的样品为依据进行解决。双方应当妥善保管样品,以保持封存时的质量标准,同时还可以对样品质量予以说明,该说明也应作为合同的一部分具有约束力。出卖人交付的标的物应当与样品及其说明的质量相同。

在样品买卖合同中,如出卖人交付的货物品质与样品的品质不相同,则出卖人应负瑕疵担保责任。不仅如此,《民法典》还规定了更为严格的要求,即出卖人应对样品的隐蔽瑕疵负责。隐蔽瑕疵是指存在于标的物内部,凭一般买受人的经验难以发现的、必须经过专门检验的质量欠缺。如果凭样品买卖的买受人不知道样品有隐蔽瑕疵的,即使出卖人交付的标的物与样品相同,出卖人仍须承担隐蔽瑕疵责任。此时《民法典》要求出卖人交付的标的物的质量应当符合同种物的通常标准,如国家统一标准或行业标准等。但是,如果买受人知道样品存在隐蔽瑕疵,则出卖人不负隐蔽瑕疵责任。

(四)试用买卖

试用买卖是指出卖人和买受人约定由买受人对标的物进行试用并由买受人决定购买标的物的一种特殊的买卖。可见,试用买卖是以买受人认可标的物作为合同生效要件的附条件的买卖。与一般买卖合同相比,试用买卖合同有以下两点特殊性:(1)试用买卖合同中约定由买受人试用或检验标的物。一般的买卖合同中,出卖人并无让买受人试用标的物的义务。相反,在试用买卖合同中如果出卖人不按约定让买受人试用或检验标的物,买受人可以请求出卖人交付标的物由其试用或检验,也可以解除合同。(2)试用买卖合同以买受人认可标的物为合同生效的条件。在试用期间内,买受人可以自由决定是否购买合同所约定的标的物。买受人认可标的物的,合同生效;买受人不认可标的物的,则合同失去效力。而在一般买卖合同中,一般不会存在这种情况。

试用买卖与其他类似的买卖有所区别:(1)试用买卖与试用买卖预约不同。两者虽然都须经买受人对标的物进行试用,但前者在买受人试验时合同已经成立,只是未生效,经买受人试用认可后买卖合同发生效力;而后者为预约合同,买受人试用时买卖合同并不成立,买受人经试验认可标的物后,只是产生订立买卖合同的义务。(2)试用买卖与保留换货的买卖不同。后者指在买卖合同中约定,于一定期间内,买受人可以任意调换标的物的买卖。例如,商家为了促销向消费者承诺,在几日内对所购商品不满意的,可随时调换。其与试用买卖的不同之处在于,保留换货的买卖关系是确定的,但标的物有不确定性,买受人不认可标的物时只能换货,而不能改变买卖合同的效力;而试用买卖的效力有不确定性,但买卖的标的物是确定的,买受人拒绝接受标的物是使买卖不发生效力,而不是更换标的物。(3)试用买卖与保留退货的买卖不同。后者指当事人在合同中约定,于一定期间内买受人可以任意退还标的物,出卖人返还价款。其合同在买受人退货前已经发生效力,合同因退货而解除,性质上属于附解除条件的买卖;而试用买卖在买受人未作出表示前效力不确定,在买受人拒绝时不发生效力,性质上属于附停止条件的买卖。(4)试用买卖与送货选购的买卖不同。后者指出卖人先将标的物送给买受人,由买受人决定是否购买。送货选购实际上是订立买卖合同的一种形式,在买受人决定购买前买卖合同并不成立。

试用买卖的当事人可以约定标的物的试用期限。对试用期限没有约定或者约定不明确的,依照《民法典》第510条的规定可以协议补充;不能达成补充协议的,由出卖人确定试用期限。试用期限届满,买受人对是否购买标的物未作表示的,视为购买。

《民法典》第640条规定:"标的物在试用期内毁损、灭失的风险由出卖人承担。"在试用买卖的试用期内,买受人未作购买标的物的意思表示,买卖合同尚未生效,标的物所有权未发生移转,标的物在试用期内毁损、灭失的风险由所有权人即出卖人承担是合适的。

(五)招标投标买卖

这种买卖方式一般用于大宗订货或政府采购活动中,以保证买受方以最合适的价款、最优的交易条件取得所要求的标的物。

招标投标买卖分为三个阶段:(1)招标,即招标人(买受人)对自己所需要的标的物事先公开要求,使众多投标人(出卖人)参加竞争,由招标人按照法定的程序确定出卖人所出卖的标的物。(2)投标,即投标人根据招标人的要求提出投标材料和报价。投标是要约行为,在投标发出至定标期间,投标人不得变更或撤回投标报价及其他投标所需提供的材料。(3)定标,即招标人最终决定中标人并与之订立合同。招标人对符合标的物要求的投标,在相同条件下,应以报价最低者为定标。定标发生承诺的效力,双方当事人的意思表示完全一致,合同即成立。

(六)拍卖

拍卖是指以公开竞价的形式,将特定物品或者财产权利转让给最高应价者的买卖方式。拍卖的标的物大多是机关单位中品质不易标准化或其价值难以确定的特殊物品。国家行政机关依法没收的物品,法院、公安机关等在执法过程中收缴、查封的物品以及过期无人招领的遗失物等,也可以以拍卖的方式出售。

拍卖的当事人包括委托人、拍卖人、竞买人、买受人,其权利和义务及拍卖的程序均由《拍卖法》规定。在这种特种买卖中,出卖人和买受人并不直接达成交易,其一般程序是:由出卖人作为委托人将标的物委托给拍卖人,拍卖人作为出卖人的代理人,在众多竞买人的应价、竞买中公开拍卖标的物,最后拍卖人与应价最高的竞买人达成交易、签订拍卖合同,买受人向拍卖人支付价款,拍卖人将标的物及标的物所有权转移给买受人,并按约定或法律规定收取一定佣金后,将拍卖所得价款交给出卖人。其与一般的买卖成立程序不同。

(七)易货交易

易货交易是指双方当事人约定以货币以外的财物移转所有权的交易。易货交易合同也称为互易合同,其与一般买卖合同的主要区别在于:(1)互易合同是以给付物为对价,而一般的买卖合同需以给付金钱为对价;(2)互易合同的双方当事人要转移标的物的所有权,其转移方法依法律规定,而一般的买卖合同只是出卖人转移标的物所有权,买受人只有给付价款的义务;(3)互易合同中交换的标的物不一定完全等价。

由于互易合同是转移标的物所有权的合同,具有买卖合同的一般特征,多数国家的立法一般都对其作简单的规定,具体的权利义务参照适用买卖合同的有关规定。我国也不例外,《民法典》第647条规定,当事人约定易货交易,转移标的物的所有权的,参照适用买卖合同的有关规定。

互易合同中,双方当事人的义务主要有:(1)按照合同的约定向对方交付标的物并转移标的物所有权(或其他权利);(2)当事人相互对各自交付的标的物负瑕疵担保责任;(3)当事人之间的互易为补足价金互易的,负补足价金义务的当事人除按约定交付互易的财物并转移其所有权外,应按照约定的时间和地点支付应补足的金额。

(八)买回

买回是指出卖人在买卖合同中保留买回其已出卖标的物的权利而向买受人为再买回的意思表示的买卖。买回是一种再买卖关系,属于特殊的买卖。其特殊性在于以前一买卖为基础,其标的物、当事人与前一买卖相同,只是原买卖的出卖人为买回的买回人,原买卖的买受人为相对人,而且在原买卖合同中保留买回的权利。买回应认定为当事人之间订立了一个新的买卖合同,对后一合同仍应按照一般买卖合同对待。如果出卖人没有在原买卖合同中保留买回的权利而在出卖后又购买了原标的物,则不为买回。

——训　练——

【司考】周某以6000元的价格向吴某出售一台电脑,双方约定5个月内付清货款,每月支付1200元,在全部价款付清前电脑所有权不转移。合同生效后,周某将电脑交给吴某使用。期间,电脑出现故障,吴某将电脑交周某修理,但周某修好后以6200元的价格将该电脑出售并交付给不知情的王某。对此,下列哪些说法是正确的?(2016年)

A. 王某可以取得该电脑所有权

B. 在吴某无力支付最后一个月的价款时,周某可行使取回权

C. 如吴某未支付到期货款达1800元,周某可要求其一次性支付剩余货款

D. 如吴某未支付到期货款达1800元,周某可要求解除合同,并要求吴某支付一定的电脑使用费

【答案】 A

【解析】王某系善意买受人,有权取得电脑的所有权,A项正确。根据《买卖合同解释》第26条第1款"买受人已经支付标的物总价款的百分之七十五以上,出卖人主张取回标的物的,人民法院不予支持"之规定,本题每期1200元,占总价款的20%,仅有一期未付,不符合司法解释取回权的规定,B项不正确。C、D项要看合同约定。合同没有约定的话,就难以适用。

综上,本题的答案为A。

【法考】2021年8月,甲公立学校为了考试向乙购销商购买了一批电子设备,约定分期付款,两年分四期付完,在付完全款之前,乙购销商保留设备的所有权。合同签订后,双方没有办理登记手续。假设发生如下情况,下列选项哪个是正确的?(2021年)

A. 因为甲是非营利机构,所以保留所有权约定无效

B. 付清全款之前设备损坏,乙有权取回设备

C. 甲出质该设备给丙,乙有权取回,无论丙善意与否

D. 甲出卖该设备给丙,乙有权取回,但丙善意的除外

【答案】 D

【解析】保留所有权的买卖并无营利与否的条件,因此,A 项错误。根据《民法典》第 642 条的规定:"当事人约定出卖人保留合同标的物的所有权,在标的物所有权转移前,买受人有下列情形之一,造成出卖人损害的,除当事人另有约定外,出卖人有权取回标的物:(一)未按照约定支付价款,经催告后在合理期限内仍未支付;(二)未按照约定完成特定条件;(三)将标的物出卖、出质或者作出其他不当处分。出卖人可以与买受人协商取回标的物;协商不成的,可以参照适用担保物权的实现程序。"由此可见,B 项无法律依据,是错误的。《民法典》第 641 条第 2 款规定:"出卖人对标的物保留的所有权,未经登记,不得对抗善意第三人。"所有权保留买卖的动产如未登记,买受人将其出售、出质给第三人,第三人完全有可能善意取得,所以法律规定了出卖人与买受人的协商程序。由此可见,C 项因为过于绝对而错误,D 项正确。

综上,本题的答案是 D。

思　考

1. 买卖合同中出卖人的权利和义务是什么?
2. 买卖合同中买受人的权利和义务是什么?
3. 特种买卖包括哪些类型? 其各自的特殊性是什么?

重点问题梳理

1. 买卖合同中卖方的主要合同义务是"移转标的物的所有权于买受人"。当标的物的交付无法完成"移转标的物的所有权于买受人"时,出卖人将标的物交付给买受人,其主要合同义务并未履行。
2. 买卖合同标的物所有权移转与风险承担遵循不同的规则。一般而言,买卖合同标的物毁损、灭失的风险,在标的物交付之前由出卖人承担,交付之后由买受人承担。
3. 试用并非一定要将标的物转移至买受人处使用;由出卖人自行试用,买受人以出卖人的使用效果作为购买依据,仍然是试用买卖。
4. 禁止流通物不得作为拍卖物;依照法律或者国务院规定须经审批才能转让的财产,在拍卖前,应当办理审批手续。

第十章　供用电、水、气、热力合同

第一节　供用电、水、气、热力合同概述

一、供用电、水、气、热力合同的概念

供用电、水、气、热力合同是指一方提供电、水、气、热力供另一方利用，另一方利用这些资源并支付报酬的合同。其本质上是特种商品的买卖合同，属移转财产所有权合同的一种。买卖合同关于移转财产所有权所作的规定，对该合同同样有参照适用的效力。

党的二十大报告提出，要健全基本公共服务体系，提高公共服务水平。电、水、气、热力与人民的生活息息相关，事关人民福祉。供用电、水、气、热力合同的一方主体为社会公众，这决定了此类合同的目的并非营利，而是保障人民生活需求，提高人民生活质量。

在这类合同里，《民法典》着重规定了供用电合同。供用水、气以及热力合同，参照供用电合同的有关规定。因此，本书重点讲述供用电合同。

二、供用电、水、气、热力合同的特征

1. 公用性。这是指供应人提供的电、水、气、热力的消费对象不是社会中的某些特殊阶层，而是一般的社会公众。正因为供应人提供的是公共服务，其有强制缔约义务，不得拒绝利用人通常、合理的供应要求。

2. 公益性。这是指这类合同的目的不只是供应方从中得到利益，更主要的在于满足人民生活需要，提高人民的生活质量。公用企业是并非纯粹以营利为目的的企业，而是以促进公共生活水平等公益事业为重要目标的企业。因此，国家对于这类合同的收费标准有一定的限制，供应人不得随意提高。

3. 连续性。在此类合同中，利用人合同目的的实现需要供应方持续不断地履行合同义务。因此，供用电、水、气、热力合同为继续性合同。在此类合同因各种原因终止之时，其效力仅向将来发生，而不能溯及既往。

——— 思　　考 ———

1. 供用电、水、气、热力合同的概念是什么？

2. 供用电、水、气、热力合同有什么特点？

第二节 供用电合同

一、供用电合同概述

(一)供用电合同的概念

根据《民法典》第648条第1款的规定,供用电合同指供电人向用电人供电,用电人支付电费的合同。

供用电合同的主体是供电人和用电人。“供电人”是指在国家批准的供电营业区内向用户提供电力的企业。“用电人”是指利用电力资源并支付电费的用户。

(二)供用电合同的法律特征

1. 供用电合同是双务、有偿合同。供电人以供给电为代价,用电人以支付电费为代价,因此,供用电合同是双务、有偿合同。电不是有形物体,但却客观存在,能发挥效能并被用电方消耗掉,所以它是一种特殊商品,因此供用电合同也是一种特殊的买卖合同。

2. 供用电合同具有一定的计划性。电力是国民经济和人民群众生产、生活的基本能源,而目前我国电力供应还不能完全满足用电的需要,因此国家对电力供应和使用实行安全用电、节约用电、计划用电的管理。

3. 电力的生产和供应、使用在同一时间内进行,因此严格按照规定时间安全供用电是供用电合同的基本内容。在合同履行中,只要供电方能按合同的要求按时按量供电,就是给付了合同的标的物。

4. 供用电合同的订立需要经过特殊的法定程序。订立供用电合同除须遵守《民法典》的规定外,还须遵守《电力法》及其相关规定。《电力法》第26条第2款规定,申请新装用电、临时用电、增加用电容量、变更用电和终止用电,应当依照规定的程序办理手续。

5. 电价统一。电力事关人民群众的生产和生活的正常秩序,因此《电力法》规定,供电企业供电必须按照国家物价部门核定的电价收取用户的电费,不得私自定价。

6. 供用电合同一般是格式合同。

7. 供电人的强制缔约义务。根据《民法典》第648条第2款之规定,向社会公众供电的供电人,不得拒绝用电人合理的订立合同要求。这是供电人的法定强制承诺义务,只要是面向社会公众提供保障性供给任务的供电人,只要用电人提出合理的用电需求(要约),供电人就应当满足(承诺)。

二、供用电合同的形式和主要条款

(一)供用电合同的形式

供用电合同应采用统一的标准书面格式。当事人双方协商同意的修改供用电合同的文书、电报、图表以及供用电双方另行签订的调度协议、并网协议、电费结算协议等,都是供用电合同书面格式的组成部分。

（二）供用电合同的主要条款

1. 当事人的姓名、名称、住所。当事人是任何合同必须具备的条款，供用电合同应当如实填写双方当事人的有关信息资料。

2. 供电方式。对不同供电方式的用户，供电局提供电力的特性是不同的。当事人在签订供用电合同时，应明确供电方式。对于有多个受电点的用户，应分别对每个受电点的电力特性加以确认。供电方式还应当包括主供电源、备用电源、保安电源的供电方式以及委托转供电等，这些都应当在合同中明确约定。

3. 用电容量、地址、性质。用电容量，指用电人在一定时间内，根据供电部门的供应计划所允许消耗的电能，是用电人耗用电力的数量指标，一般用千瓦时(度)表示。在供用电合同中，应规定用户在正常情况下需用的总和，即按单位产品(产值)计算的合计电力消耗总额，乘以用电人年、季、月生产产量(产值)，得出年、季、月用电容量之和的生产用电容量和按比例摊算的其他非生产用电容量。对于国家下达用电指标的重点企业来说，年用电容量就是国家下达的用电指标；对于非重点企业，其年用电容量可以根据国家下达的生产任务和前几年用电的实际平均用电单耗，并考虑国家节约用电等因素予以核定。月用电容量主要是根据电力分配机关下达的用电计划和电网可供能力进行逐月确认。日用电容量是在月用电容量的基础上确认，月用电容量总和除以生产用电天数，即为日用电容量。用电人只能在规定的用电容量限度内用电，不得超规定用电。用电性质有工业用电、农业用电与生活用电等种类，用电性质不同，供电方式、电价等都会随之变动，所以应在合同中明确规定。

4. 供电质量。这是指供电电压和供电频率必须符合国家的标准。供电质量主要包括供电频率质量、供电电压质量和供电可靠率。供电频率质量以频率允许波动的偏差来衡量；供电电压质量以用电人受电端的电压变动幅度来衡量；供电可靠率以对用电人每年停电的时间或次数来衡量。《全国供用电规则》中具体规定了供电质量标准。

5. 供电时间。这是指用电人有权使用电力的起止时间。供用电合同双方应当在合同中具体规定开始和终止时间，以避免用电单位都集中在同一时间用电。在供电不足的地区，为保证市政生活和农业季节性用电，维护正常的供用电秩序，应适当地、有计划地限制一部分电网高峰时间的生产用电，对每日用电时间作出明确规定。高峰与低谷时间主要根据电网负荷构成的电网的可供能力等因素确定。用电时间的约定是保证合理用电和安全用电的重要措施。

6. 履行地点。当事人可以在合同中约定履行地点，当事人没有约定或约定不明确的，供电设施的产权分界处为履行地点。

7. 计量方式。计量方式是指供电人计算用电人使用的电量的方式。供电企业应当在用电地点安装计量装置。计量方式应包括受电点、计量点、计量装置、装设位置、计量装置的型号受比、倍率等参数，附计量回路接线图作为供用电合同的附件之一。

8. 电价与电费的结算方式。电价，即电能的价格，通常以每度电若干元表示。国家主管部门对工业用电、农业用电、生活用电等都规定了不同的电价，供用电合同应明确规定电价类别。电费,指用电人按用电数量和国家规定的电价标准向供电人支付的费用。供用电双方都应遵守国家电价制度和电价管理权限的规定,按照国家规定的电价标准收费和付费,不得擅自变更电价。

9. 违约责任。这是指当事人一方由于自己的过错造成供用电合同不能履行或者不能完全履行时,按照法律规定或者合同约定向对方承担的一种经济责任。供用电合同中的违约责任条款,一般包括免责条件、违约行为的情形等。供用电双方如违反合同规定,都有可能给对方、国家造成重大损失,严重违反供用电合同的,应当承担民事责任、行政责任,甚至刑事责任。

10. 其他条款。除以上条款外,供用电合同还可包括供用电设施的维护责任、奖惩条款、检测手段、考核期限以及其他与供用电合同有关的事宜等。

三、供用电合同中双方当事人的义务

(一)供电人的义务

1. 及时、安全供电的义务。用户提出申请的,供电企业应尽快确定供电方案并在一定期限内正式书面通知用户。供电人应按照国家规定的供电质量标准和约定安全供电。

2. 因限电、检修等断电的通知义务。供电人因供电设施计划检修、临时检修、依法限电或者用电人违法用电等原因需要中断供电时,应当按照国家有关规定事先通知用电人。未事先通知用电人而中断供电,造成用电人损失的,应当承担赔偿责任。

3. 对事故断电的抢修义务。所谓事故断电,指因为不可抗力或意外事故造成供电设施毁坏,以致电力无法继续正常供应的情况。此时,供电人应当按照国家有关规定及时抢修。未及时抢修,造成用电人损失的,应当承担赔偿责任。

此外,供电人还负有因限电或停电造成用电人用电未达标时,补充供给一定量电力的义务;在用电人交纳电费时,向用电人开具用电数量详细情况凭证或记录的义务等。

(二)用电人的义务

1. 支付电费的义务。在供用电合同中,支付电费是用电人的主要义务。用电人拖欠电费的,供电人可以中止合同,在用电人补交电费及其迟延利息之后重新供电。

2. 对用电设施的安全保持义务。保持用电设施处于安全状态,是保证用电安全的前提条件。因此,对于已经架设的用电线路和保险装置,用电人不应随意拆换,以防发生危险或留下隐患。同时,用电人也不应在已经检修合格的用电设施中随意拉线,连接用电设施。用电设施出现故障需要修理的,一般应及时向供电人报告,由供电人负责修理,用电人不应自行随意接拉电线或修理。否则,造成损失或发生危险的,供电人不承担责任。

3. 对供电人正当检修、停电、限电的忍受义务。供电属于高度危险作业,因各种意外事故而需要对用电设施进行检修,或因此而停电、限电,这都是难以避免的,也是防止危险发生的必要措施。用电人对此应当忍受,不得无理阻挠或者随意主张除去。如果由于特定时期供电总量有限,需要限制用电人的用电量的,用电人也应负必要的忍受义务。同时,供电人检修供电设施时需要用电人协助的,用电人负有协助义务。

4. 依照约定用电的义务。用电人应当按照国家有关规定和当事人的约定安全用电。用电人未按照国家有关规定和当事人的约定安全用电,造成供电人损失的,应当承担赔偿责任。

阅读　电费滞纳的违约责任

1. 根据《供电营业规则》第 98 条第 1 款的规定,用户在供电企业规定的期限内未交清电费时,应承担电费滞纳的违约责任。电费违约金从逾期之日起计算至交纳日止。每日电费违约金按下列规定计算:(1)居民用户每日按欠费总额的 1‰计算;(2)其他用户:当年欠费部分,每日按欠费总额的 2‰计算;跨年度欠费部分,每日按欠费总额的 3‰计算。

2.《电力供应与使用条例》第 39 条规定,用户逾期未交付电费的,供电企业可以从逾期之日起,每日按照电费总额的 1‰～3‰加收违约金,具体比例由供用电双方在供用电合同中约定。

探讨　如何确定供电设施的产权分界处?

供电设施的产权分界处是划分供电设施所有权归属的分界点:分界点电源侧的供电设施归供电人所有,分界点负荷侧的供电设施归用电人所有。在用电人为单位时,供电设施的产权分界通常为该单位变电设备的第一个磁疗瓶或开关;在用电人为散用户时,供电设施的产权分界处通常为进户墙的第一个接收点。上述供电设施的产权分界处为供用电合同的履行地点。

——训　练——

【司考】甲公司与小区业主吴某订立了供热合同。因吴某要出国进修半年,向甲公司申请暂停供热未果,遂拒交上一期供热费。下列哪些表述是正确的?(2014 年)

A. 甲公司可以直接解除供热合同

B. 经催告吴某在合理期限内未交费,甲公司可以解除供热合同

C. 经催告吴某在合理期限内未交费,甲公司可以中止供热

D. 甲公司可以要求吴某承担违约责任

【答案】　CD

【解析】根据《民法典》第 654 条的规定,用电人应当按照国家有关规定和当事人的约定及时支付电费。用电人逾期不支付电费的,应当按照约定支付违约金。经催告用电人在合理期限内仍不支付电费和违约金的,供电人可以按照国家规定的程序中止供电。供电人中止供电前,应当事先通知用电人。《民法典》第 656 条规定,供用水、供用气、供用热力合同,参照适用供用电合同的有关规定。据此可知,甲公司既不能直接解除供热合同,也不能经催告后解除供热合同,即使要中止供热,也应当事先告知用户。但经催告吴某在合理期限内仍未交费的,甲公司可以中止供热,并要求吴某承担违约责任。

综上,本题的答案为 CD。

思 考

1. 供用电合同的法律特征是什么?
2. 供用电合同的主要条款包括哪些?
3. 供用电合同中双方当事人的主要权利和义务包括哪些?

重点问题梳理

1. 供用电、水、气、热力合同具有公用性、公益性、连续性特征。
2. 向社会公众供电的供电人,不得拒绝用电人合理的订立合同要求。
3. 供电人因供电设施计划检修、临时检修、依法限电或者用电人违法用电等原因需要中断供电时,应当按照国家有关规定事先通知用电人。未事先通知用电人而中断供电,造成用电人损失的,应当承担赔偿责任。
4. 供电人负有对事故断电的抢修义务。供电人应当按照国家有关规定及时抢修。未及时抢修,造成用电人损失的,应当承担赔偿责任。

第十一章　赠与合同

第一节　赠与合同概述

一、赠与合同的概念

赠与合同是指赠与方将自己所有的合法的物品、现金或者某种权利赠送给受赠人，受赠人表示接受赠与的合同。

二、赠与合同的特征

1. 无偿性。赠与合同是赠与人将自己合法所有的财产无偿给予受赠人，因此赠与合同具有无偿转移财产所有权的特征。

2. 单务性。赠与合同通常是单务合同，即合同生效后，赠与方负有将赠与物交给受赠人的义务而不享有任何权利；受赠方享有领取赠与物的权利而不承担义务。赠与也可以附义务，即赠与一方要求受赠方履行某种义务，受赠方应当按照约定履行义务。但这种义务一般是与赠与人的利益无关的条件，而不是要求有偿地赠送。因此，附义务的赠与仍然是单务行为。

3. 诺成性。《民法典》第657条规定，赠与合同是赠与人将自己的财产无偿给予受赠人，受赠人表示接受赠与的合同。该规定表明，赠与合同是诺成合同，其仅需双方当事人的意思表示一致即可成立，而无须交付赠与物。

—— 思　　考 ——

1. 赠与合同的概念是什么？
2. 赠与合同的特征有哪些？
3. 赠与合同作为无偿地转移财产所有权的合同，在赠与人的义务方面，与买卖合同的出卖人有何不同？

第二节　赠与合同的内容

一、赠与人的权利和义务

赠与合同是单务合同，赠与合同的法律效力主要体现为赠与人的义务。

（一）赠与人的权利

1. 撤销赠与的权利。赠与合同成立后或者赠与合同的一部分或全部履行之后，在具备法律规定的情形时，撤销权人可以撤销赠与。所谓“法定情形”包括：(1)严重侵害赠与人或者赠与人的近亲属；(2)对赠与人有扶养义务而不履行；(3)不履行赠与合同约定的义务。此外，因受赠人的违法行为致使赠与人死亡或者丧失民事行为能力的，赠与人的继承人或者法定代理人可以撤销赠与。

2. 不履行赠与合同的权利。根据《民法典》第666条的规定，赠与人的经济状况显著恶化，严重影响其生产经营或者家庭生活的，可以不再履行赠与义务。可见行使该权利需满足如下条件：(1)赠与人的经济状况显著恶化；(2)此种恶化发生在赠与合同成立之后；(3)赠与人的经济状况恶化严重影响其生产经营或者家庭生活，这是恶化程度的判断标准。

（二）赠与人的义务

1. 交付赠与物的义务。赠与人除依法撤销赠与外，应当依照合同约定的标的、期限、时间以及方式将赠与物交付受赠人并移转所有权。赠与财产所有权的移转依法需要办理相应登记手续的，赠与人也应当一并办理相关手续。

2. 特殊赠与的赠与物交付义务。尽管在一般情况下，赠与人可以在交付赠与物之前撤销赠与，但对具有救灾、扶贫等社会公益、道德义务性质的赠与合同或者经过公证的赠与合同，赠与人不得撤销赠与，并且受赠人可以请求赠与人交付赠与物。

3. 赠与物的瑕疵担保义务。赠与合同是无偿合同，赠与人并不取得利益。因此在一般情况下，赠与人对赠与财产不承担瑕疵担保义务。但是，《民法典》也规定了两种例外情形：(1)附义务的赠与，赠与人在附义务的限度内承担与出卖人相同的责任；(2)赠与人故意不告知赠与物的瑕疵或者保证赠与物无瑕疵，造成受赠人损失的，应当承担赔偿责任。

二、受赠人的权利和义务

1. 接受受赠物。受赠人的权利主要表现为接受赠与物并取得赠与物的所有权。

2. 要求赠与人交付赠与物，移转物的所有权。《民法典》第660条第1款规定，经过公证的赠与合同或者依法不得撤销的具有救灾、扶贫、助残等公益、道德义务性质的赠与合同，赠与人不交付赠与的财产的，受赠人可以请求交付。

3. 因赠与人过错而导致赠与标的毁损灭失的求偿权。《民法典》第660条第2款规定，因赠与人故意或者重大过失致使赠与的财产毁损、灭失的，赠与人应当承担赔偿责任。

4. 受赠人必须依照约定履行赠与合同所附的义务。赠与合同附有义务的，受赠人应当按照约定履行义务。

第三节　赠与合同的撤销

一、赠与合同撤销的概念

赠与合同撤销是指赠与物交付给受赠人之前，赠与人撤销其作出的赠与承诺，从而使赠与合同不再具有法律拘束力的行为。

根据《民法典》第 658 条第 1 款的规定,赠与人在赠与财产的权利转移之前可以撤销赠与。由此可知,赠与合同的撤销具有如下特征:(1)撤销赠与是赠与人单方享有的权利,完全是根据自己的意思作出决定,无须得到受赠人的同意。(2)赠与人行使撤销权的时间界限是赠与财产所有权转移之前。对于动产,一般应当在财产交付之前撤销赠与;不动产或者其他按照法律规定需要办理相应手续的,在办理手续之前撤销赠与。(3)赠与人撤销赠与后,无须履行交付赠与财产的义务。(4)赠与的撤销是受法律限制的。

二、赠与合同撤销的类别

(一)赠与合同的任意撤销

赠与合同成立后,除非法律有限制外,赠与人可以在赠与物所有权移转之前撤销赠与。但是,法律对赠与人的撤销,也有所制约,表现在:(1)赠与合同经公证机关公证后,则不可撤销。(2)标的物交于受赠人,赠与合同已实际履行,或者赠与标的物已经登记机关登记,则赠与合同不可撤销。(3)赠与合同中确定的标的物是为了救灾、助残或具有公益目的,或者是为了扶贫和履行公共道德义务的,赠与合同不可撤销。

(二)赠与合同的法定撤销

赠与合同的法定撤销,是指赠与合同成立后,在具备法律规定的情形时,赠与人或者赠与人的继承人、法定代理人可以撤销赠与。法定撤销适用于普通的赠与和具有救灾、救济目的的赠与以及经过公证或者具有道德目的的赠与。根据《民法典》第 663 条第 1 款规定,赠与人在如下情况下,可以撤销赠与:

1. 受赠人严重侵害赠与人或者赠与人近亲属的合法权益。这一规定包括两层含义:(1)受赠人实施的是严重侵害行为,而不是轻微的、一般的侵害行为;(2)受赠人侵害的是赠与人本人或其近亲属,包括配偶、直系亲属(父母、子女、祖父母、外祖父母、孙子女、外孙子女等)和兄弟姐妹。如果侵害的是其他亲友则不在此列。

2. 受赠人对赠与人有扶养义务而不履行。如果受赠人对赠与人有扶养义务,并且对赠与人有扶养能力而不履行的,赠与人可以撤销赠与。当然,如果受赠人没有扶养能力或者丧失了扶养能力,赠与人不得撤销。

3. 受赠人不履行赠与合同约定的义务。这主要针对附义务赠与。如果在赠与人向受赠人交付了赠与的财产后,受赠人不依约履行其义务,赠与人可以撤销赠与。

三、赠与人的继承人或法定代理人撤销赠与

赠与人的继承人或者法定代理人在赠与人不能行使赠与权的情况下,可以代为撤销赠与。包括如下两种情形:(1)因受赠人的违法行为致赠与人死亡。(2)因受赠人的违法行为致赠与人丧失民事行为能力。

根据《民法典》第 664 条的规定,赠与人的继承人或者法定代理人撤销赠与合同的权利应在知道或应当知道撤销原因之日起 6 个月内行使。

四、赠与撤销的法律后果

赠与合同如果被撤销，则赠与合同丧失法律拘束力。具体而言，其后果表现如下：(1)赠与财产未交付的，赠与人可以拒绝交付赠与财产；(2)赠与财产已经交付的，赠与人可以要求返还，不能返还的，应该折价返还。

探讨　返还赠与财产的特殊要求

撤销权人向受赠人要求返还赠与财产的请求，只能在构成法定撤销的情况下行使，并且该赠与财产已经转移至受赠人。因为对于任意撤销而言，撤销只能在财产转移之前行使，因此，当财产权利转移之后，就不存在任意撤销的问题了。

——思　考——

1. 赠与合同法定撤销的原因有哪些？
2. 赠与人的继承人或法定代理人撤销赠与需要满足哪些条件？
3. 赠与撤销的法律后果如何？

第四节　附负担赠与

一、附负担赠与合同的概念

附负担赠与是指受赠人负一定给付义务的赠与。这一“给付义务”通常被称为“负担”，虽然我国《民法典》第661条没有使用“负担”一词，而是使用了“义务”一词，但按照法学界习惯用法，通常这里的“义务”与“负担”在含义上是相同的。因此，笔者也遵循学界习惯用法，称此类合同为附负担赠与，但为了行文方便，以下混用“负担”和“义务”。

二、附负担赠与合同的特征

附负担赠与属于赠与合同中的特殊类型，其特征具体表现在如下方面：

1. 对于一般的赠与，受赠人仅享有取得赠与财产的权利，不承担任何义务。而附义务的赠与，赠与人对其赠与附加一定的条件，使受赠人承担一定的义务。

2. 这种负担有一定的限度，通常低于赠与财产的价值。因为如果所付的义务超过财产的价值，相当于赠与人给受赠人增加了额外义务，则赠与合同的性质就发生了改变。

3. 一般情况下，赠与人没有履行其赠与义务的，也不得要求受赠人履行相应的义务，但当事人另有约定的除外。

4. 赠与所附义务，在义务的履行上法律不作规定。赠与合同可以约定向赠与人履行，也可以约定向第三人履行，甚至向不特定的多数人履行。

5. 义务的履行方式上,依照当事人的约定,既可以是作为,也可以是不作为。

6. 赠与所附义务,是赠与合同的组成部分,并非另外独立的合同。

三、附负担赠与合同的效力

附负担赠与合同的效力是指依法有效成立的附负担赠与合同对于赠与人和受赠人所具有的强制拘束力。具体表现在如下方面:

1. 受赠人负担之履行。受赠人因附负担赠与合同之有效成立,即负有履行负担的义务。

2. 赠与人撤销赠与。根据我国《民法典》第663条第1款的规定,受赠人不履行赠与合同约定的义务,赠与人可以撤销赠与。一旦赠与人行使撤销权,则被撤销的赠与合同的效力溯及既往地消灭,当事人的权利义务恢复到未订立赠与合同之前的状态。赠与人有权以不当得利为由,要求受赠人返还赠与的财产。

3. 附负担赠与的履行请求权人。附负担赠与的履行请求权人,原则上为赠与人,但当事人约定由特定第三人为负担的受益人时,该第三人可否直接请求受赠人履行负担,则应视赠与契约是否附有该第三人有直接请求给付的权利。如有,则该第三人即有权直接请求受赠人履行负担,否则无直接请求的权利。

4. 履行请求权的行使。因附负担赠与本质上仍为赠与,以赠与为主,负担为从,赠与与负担仅有主从牵连关系,故应由赠与人先为赠与之给付。在赠与人为赠与之给付前,自不得请求受赠人履行其负担或撤销赠与。对于受赠人之请求给付赠与,也不得主张同时履行抗辩权。至于赠与人为赠与之给付后,受赠人不履行其负担的,赠与人可不请求受赠人履行,而径行撤销赠与;亦得先请求受赠人履行,如受赠人仍不履行时,再撤销赠与。赠与人撤销后,依不当得利的规定,请求受赠人返还赠与物。此处所称受赠人"不履行其负担",应当指因可归责于受赠人之事由所致者,若为不可归责于受赠人之事由所致者,则赠与人应无撤销赠与的权利。

阅读 附负担赠与合同

理解附负担赠与合同的含义,应当把握如下方面:

1. 负担应具有债务的效力。负担常使受赠人负担一定之债务,有债务的效力,即其给付虽不限于具有财产价格,但终须以有形的或无形的利益为依归,且当其不履行时,须能以损害赔偿为由追究不履行一方的责任。

2. 作为民事义务,负担应该符合民事义务的基本特征。民事义务是民事关系的当事人一方为了满足他方利益所应实施的行为限度。应从三个方面把握其实质:(1)民事义务是以不利益为内容的法律拘束力。权利人的利益对义务人而言,就体现为不利益。(2)义务不是对于负担者人格的拘束,亦即负担者并不因为负担或者履行义务而丧失人格,或者使人格受到不利影响。(3)法律上的义务应该具有强制执行的可能性。

3. 赠与所附负担与赠与人所负的给付义务不具有对价关系。如果这一义务已经达到对待给付之程度,则由于该契约已经丧失无偿性,不能够再认为是赠与。反之,如果该行为义务尚未达到对待给付之程度,则可能被认为是"负担"。

4. 附负担赠与与目的性赠与是两种不同的赠与合同。所谓目的性赠与,指赠与人基于特定目的而为赠与,并非课予受赠人义务。如赠与一笔金钱,目的在于让受赠人学习。两者的主要区别在于:(1)附负担赠与时,如果受赠人不履行负担,赠与人可以诉请履行或撤销赠与。目的性赠与时,受赠人之行为并非义务,因此如果受赠人不为符合该目的之行为,赠与人无法诉请履行,只能主张双方之缔约目的无法达成,构成缔约基础丧失,而依不当得利请求受赠人返还赠与物。(2)负担是从赠与财产中所为的给付,因此其给付通常是有财产价值的给付。目的性赠与中,受赠人所为的行为通常未必是财产上的给付。所以,如果受赠人所应给付者与财产上的给付无关,而是劳务,则应属非负担,而是目的性赠与。史尚宽先生指出,判断某项赠与究竟是目的性赠与还是附负担赠与,应依赠与人就所定用途之事实上履行所有利益之强度、契约当事人之信任关系、所定用途之内容及其金钱的价值而定。

5. 附负担赠与也不同于附条件赠与。附负担赠与与附条件赠与的区别主要表现在负担与条件的不同:条件具有限制法律行为效力发生或消灭的作用,而负担则不具有这种作用。

——训　练——

【司考】甲公司员工魏某在公司年会抽奖活动中中奖,依据活动规则,公司资助中奖员工子女次年的教育费用,如员工离职,则资助失效。下列哪些表述是正确的?(2014年)

A. 甲公司与魏某成立附条件赠与

B. 甲公司与魏某成立附义务赠与

C. 如魏某次年离职,甲公司无给付义务

D. 如魏某次年未离职,甲公司在给付前可撤销资助

【答案】 AC

【解析】附条件赠与,是指当事人对赠与行为设定一定的条件,把条件的成就与否作为赠与行为的效力发生或消灭的前提。附义务赠与,是指在赠与合同中赠与人对其赠与附加一定的条件,使受赠人负担一定的给付义务。在附条件的赠与中,条件的成就与否关系到赠与合同的效力。而在附义务的赠与中,所附的义务与赠与合同的法律效力无关,不能因为附义务而延缓或解除赠与的效力。本题中,公司资助魏某子女次年教育经费,以魏某继续在公司工作为条件,因此为附条件的赠与合同,即魏某次年不离职,甲公司有给付义务;若魏某次年离职,甲公司无给付义务。A、C项正确,B项错误。

《民法典》第658条规定,赠与人在赠与财产的权利转移之前可以撤销赠与。经过公证的赠与合同或者依法不得撤销的具有救灾、扶贫、助残等公益、道德义务性质的赠与合同,不适用前款规定。本题中,甲公司与魏某之间的赠与合同具有社会公益性,因此,甲公司在给付之前不能撤销资助。D项错误。

综上,本题的答案为AC。

【司考】郭某意外死亡,其妻甲怀孕两个月。郭某父亲乙与甲签订协议:"如把孩子顺利生下来,就送十根金条给孩子。"当日乙把八根金条交给了甲。孩子顺利出生后,甲不同意由乙抚养孩子,乙拒绝交付剩余的两根金条,并要求甲退回八根金条。下列哪些选项是正确的?(2015年)

A. 孩子为胎儿,不具备权利能力,故协议无效

B. 孩子已出生,故乙不得拒绝赠与

C. 八根金条已交付,故乙不得要求退回

D. 两根金条未交付,故乙有权不交付

【答案】 BC

【解析】基于合同自由原则,当事人可以约定由债务人向第三人履行,但此种约定不得违反法律、行政法规的强制性规定。本案中,甲、乙签订的协议为附条件的利益第三人协议。该协议的当事人是甲和乙,而非胎儿,胎儿仅为受益方。因此,该协议有效。A 项错误。

甲、乙之间的协议为附条件的赠与协议,孩子已出生,说明条件成就,乙应依照协议的约定履行赠与义务,而不得拒绝赠与。B 项正确。

《民法典》第 663 条第 1 款规定:"受赠人有下列情形之一的,赠与人可以撤销赠与:(一)严重侵害赠与人或者赠与人近亲属的合法权益;(二)对赠与人有扶养义务而不履行;(三)不履行赠与合同约定的义务。"本案中,甲不存在上述可撤销赠与的法定行为。因此,就已经交付的八根金条,乙不得要求退回。C 项正确。

《民法典》第 658 条规定,赠与人在赠与财产的权利转移之前可以撤销赠与。经过公证的赠与合同或者依法不得撤销的具有救灾、扶贫、助残等公益、道德义务性质的赠与合同,不适用前款规定。本案中,甲、乙签订的赠与协议为具有道德义务性质的赠与协议,不能撤销。D 项错误。

综上,本题的答案为 BC。

【法考】60 岁的甲与 40 岁的乙结婚。期间达成协议,约定以后乙好好照顾甲,甲就把自已唯一的一套别墅赠与乙。别墅过户后,乙改变态度,对甲恶语相向,还将其赶出家门。关于本案,下列哪一说法是正确的?(2019 年)

A. 甲可以撤销婚姻

B. 甲可以撤销赠与,请求返还别墅

C. 房屋已经过户,甲无权请求返还别墅

D. 甲、乙的协议无效

【答案】 B

【解析】根据《民法典》第 1052 条第 1 款、第 1053 条第 1 款的规定,婚姻的撤销事由有二:(1)胁迫;(2)婚前重大疾病欺诈。本题不存在婚姻撤销事由,故 A 项错误。甲将别墅过户给乙后,乙承担照顾甲的义务,此为附义务的赠与。在附义务的赠与中,受赠人违反赠与合同约定的义务,赠与人有权根据《民法典》第 663 条第 1 款的规定行使法定撤销权,撤销赠与,要回别墅,故 B 项正确,C 项错误。甲、乙之间关于乙照顾甲、甲赠与乙别墅的约定本身并无违法之处,是有效协议,故 D 项错误。

综上,本题的答案为 B。

【法考】甲将自己价值 30 万元的汽车赠与乙,但附加一个条件:甲交付汽车后,乙将价值 1 万元左右的自行车送给甲。后来甲将汽车赠与乙,乙也将自行车交付给甲。关于本案,下列哪些说法是正确的?(2020 年)

A. 甲、乙之间的约定为附条件的赠与

B. 甲、乙之间的约定为附义务的赠与

C. 甲将汽车赠与乙后,有权请求乙交付自行车

D. 甲将汽车赠与乙后,若乙不交付自行车,甲有权撤销赠与合同

【答案】 BD

【解析】附条件赠与是附条件法律行为,指当事人约定的条件成就后,赠与合同生效。附负担赠

与是指赠与合同受赠人需履行特定义务的赠与。本题中，甲、乙约定的内容是甲先赠与乙汽车，乙后赠与甲自行车，为附负担的赠与，故A项错误，B项正确。在附负担的赠与中，受赠人不履行义务的后果并非赠与人对其享有履行义务的请求权，而是赠与人可以依据《民法典》第663条第1款第3项的规定，对其主张法定撤销权，即撤销赠与合同，要回赠与物，故C项错误，D项正确。

综上，本题的答案为BD。

思　考

1. 附负担赠与的含义是什么？
2. 附负担赠与合同的性质是什么？
3. 附负担赠与，受赠人未按照赠与人的要求从事相应的行为，如何处理？是否会影响到赠与合同的效力？

重点问题梳理

1. 赠与合同具有无偿性、单务性、诺成性特征。
2. 赠与人在受赠人严重侵害赠与人或者赠与人的近亲属、对赠与人有扶养义务而不履行、不履行赠与合同约定的义务等情形下，享有撤销赠与的权利。
3. 赠与人在下列情形下，不可撤销赠与合同：(1)赠与合同经公证机关公证后，则不可撤销；(2)标的物交与受赠人，赠与合同已实际履行，或者赠与标的物已经登记机关登记，则赠与合同不可撤销；(3)赠与合同中确定的标的物是为了救灾、助残或具有公益目的，或者是为了扶贫和履行公共道德义务的，赠与合同不可撤销。
4. 附负担赠与是指受赠人负一定给付义务的赠与。这里的“负担”在立法上表现为“义务”，是受赠人应当履行的合同义务。

第十二章 借 款 合 同

第一节 借款合同概述

一、借款合同的概念

依据《民法典》第667条的规定，借款合同是指借款人向贷款人借款，借款人到期返还借款并支付利息的合同。

借款合同与借贷合同不同，借贷合同是指双方当事人约定一方将一定的金钱或物品移至他方，他方在约定的期限内将同等种类、数量、品质的金钱或物返还的合同。所以借贷合同的标的物包括金钱和物品，并且在学理上根据标的物性质的不同分为使用借贷和消费借贷。使用借贷的标的物在使用的过程中不会发生毁损，合同到期应该返还原物。消费借贷的标的物在使用的过程中将会发生毁损灭失，合同到期时只要返还相同数量的与标的物同种类同品质的物品即可，不要求返还原物。货币作为民法上特殊的种类物，其占有权和使用权合而为一，在货币的使用过程中，对所有人来说货币的所有权因使用而消灭，所以，借款合同属于消费借贷的一种。

二、借款合同的法律特征

1. 借款合同是以转让货币所有权为目的的合同。由于货币为一般等价物，在许多场合货币是作为一方取得某项财产利益的对价。在这些场合尽管也发生货币所有权的转移，但与借款合同不同，借款合同的目的就是由借款取得所借货币的所有权。

2. 借款合同的标的物为货币。

3. 借款合同原则上为有偿合同，也可以为无偿合同。自然人之间的借款合同对支付利息没有约定或者约定不明的，视为不支付利息。

4. 借款合同为诺成性合同，但自然人间的借款合同为实践性合同。自然人之间的借款合同，自贷款人提供借款时成立。贷款人未向借款人提供借款前，贷款人不负按期交付借款的义务；而贷款人提供贷款后，贷款人仅享有到期请求借款人返还本息的权利。

5. 借款合同为双务合同，但自然人之间的借款合同原则上为单务合同。

6. 借款合同为要式合同，但自然人之间的借款合同为不要式合同。金融机构的借款必须采用书面合同形式。自然人间的借款，对有偿的或者数额较大的借款，为避免以后发生纠纷，也以采用书面形式为宜。

三、借款合同的种类

按照不同的分类标准,借款合同可以分为不同的类别。

1. 按照借款合同订立主体的不同,可以分为金融机构借款合同和自然人之间的借款合同即民间借款合同。金融机构借款合同,即以银行或者其他金融机构为贷款人,以公民、法人和非法人组织为借款人所形成的借款关系。这类合同又称为信贷合同或贷款合同。民间借贷,是指自然人、法人、非法人组织之间及其相互之间进行资金融通的行为。

金融机构借款合同和民间借款合同各有特征,两者的区别主要在于:

(1)主体不同。只有银行和其他金融机构才能从事金融借贷活动,故金融机构借款合同的贷款人只能是国家商业银行或其他依法可经营信贷业务的金融机构;民间借款合同的贷款人是指除银行和其他金融机构之外的自然人、法人、非法人组织。

(2)是否有偿不同。商业银行或其他经营信贷业务的金融机构发放贷款,除法律规定外,都必须收取一定的利息,故而金融机构的借款合同是有偿的;而民间借款合同的当事人之间既可以约定借款利息,也可以不约定利息,不必然是有偿的。

(3)是否要式合同不同。金融机构借款合同必须采取书面形式,未采用书面形式订立的,合同应为无效;民间借款合同非以要式为原则,当事人可以采用书面形式,也可采用其他形式。

(4)是否为实践合同不同。金融机构借款合同是诺成合同,只要双方当事人就借款合同主要条款达成合意,合同即告成立,而不以标的物的交付为要件;民间借款合同为实践合同,即自贷款人提供借款时成立。

2. 按照借款合同期限的不同,可以分为长期借款合同、中期借款合同和短期借款合同。长期借款合同一般指借款期限在5年(不含5年)以上的借款合同,中期借款合同指借款期限在1年以上(不含1年)、5年以下(含5年)的借款合同,短期借款合同则是借款期限在1年以内的借款合同。

3. 按照借款用途的不同,可以分为工业借款合同、农业借款合同、基本建设贷款合同、外汇贷款合同等。

4. 按照借款合同是否有偿的不同,可以分为有偿借款合同和无偿借款合同。自然人之间的借款合同以无偿为原则,也可以约定为有偿;金融机构的借款合同则均为有偿。

此外,借款合同的分类还可以按照借款有无担保,分为信用借款合同、担保借款合同和票据贴现合同等。

四、借款合同的订立

借款合同应当采用要约、承诺的方式订立,并且必须遵循国家有关信贷管理的规定。国家的金融监管部门为执行国家货币政策,加强对金融业的监督管理,制定了各种管理政策,当事人所订立的借款合同必须符合这些规定,否则借款合同无效。

根据中国人民银行《贷款通则》的规定,借款人要取得贷款,应当先填写《借款申请书》并提供贷款方认为应当提供的材料,该行为应认定为要约。贷款人对借款人的借款项目进行审查和评估后,对借款人发放贷款意向书,该行为应认定为承诺。而后双方签订的贷款合同就是该借款关系的书面证明文件。

通常认为借款合同是要式合同,其订立必须采用书面的形式,但是依据《民法典》第490条的规定,只要一方将款项交付给另一方,另一方接受的,应该认定双方之间的借款合同关系成立。

五、借款合同的主要内容

一般而言,一份完整的借款合同应该包含以下事项:

1. 当事人。借款关系可以发生在金融机构、非金融机构企业和自然人之间。金融机构与非金融机构企业或自然人之间的借款关系通常被称为贷款合同,自然人之间或非金融机构与自然人之间的借款关系通常被称为民间借贷合同,金融机构与金融机构之间的借款关系通常被称为拆借合同。非金融机构企业之间的借款为我国法律所禁止。同时,金融机构必须是被国家金融监管部门批准而具有从事借贷业务的权利的机构。

2. 借款种类。《贷款通则》中规定有自营贷款、委托贷款和特定贷款三种贷款种类,而在实务中,各个银行根据自身不同业务的特点和借款用途等因素将贷款分为不同种类。例如,建设银行将其信贷业务分为固定资产贷款、流动资金贷款、汽车消费贷款等。贷款的种类关系着金融机构内部的业务规则和贷款利率,所以借款合同中必须明确贷款的种类。同时,不同期限的借款合同、不同性质的借款合同,当事人的权利义务都不同,这些都属于借款种类的内容。

3. 借款用途。其主要是指借款使用的目的。贷款人在考虑是否同意借款人的借款申请时,不但要考察借款人现在的财务状况,还要考虑借款人未来可能的财务情况。贷款人是在认定借款人在将该款项使用在其认为可能营利的项目上从而在合同到期时借款人不致无力还款的情况下,才同意对其发放贷款的。如果借款人任意地使用所借款项,将会使贷款人的该种预期变得很不明确,这可能增加贷款人不能按约收回贷款的风险,所以借款合同中必须规定借款用途,并且贷款人在得到款项后不得任意变更所借款项的用途。因此,对一般自然人来说,借款不得用于非法用途;对于银行贷款来说,贷款应当专款专用。

4. 货币种类。货币种类包括人民币或其他国家的货币。如果是外币,贷款人必须具有经营外币的权限,同时借款合同还必须遵循外汇管理的规定,否则合同无效。

5. 借款数额。对于数额较大的分批还款的合同,除了包括借款的总金额外,还应当约定分批支付借款时每一次支付借款的金额。

6. 放款方式及时间。贷款人向借款人发放贷款,可以一次全额支付,也可以分批支付。如果是分批支付,应该规定各批贷款的发放时间和数额。按照《贷款通则》第11条规定,自营贷款期限最长一般不超过10年,超过10年的应当报中国人民银行备案。票据贴现期限最长不得超过6个月,贴现期限为从贴现之日起至票据到期日止。公民之间借款的期限由当事人自行约定。

7. 贷款利率及利息支付。利率是指一定时期内利息的数额与本金的比率。利率可以分为基准利率、法定利率、浮动利率、优惠利率、差别利率、加息利率、贴息借贷利率。金融机构借款实行法定利率制,自然人之间的借款约定利率的,利率必须遵守法律规定,不得超过法律规定来约定利率。贷款人在对借款人支付贷款时不能预先扣除利息或保证金等,预先扣除的,借款本金应该以实际发放的数额为准。

8. 还款方式及期限。当事人可以约定一次性全额还款,也可以约定分期还款。如果是分期还款的,应当明确约定各期还款的具体时间和数额。同时应当约定采用信汇、电汇或者其他方式还款。

9. 展期约定。借款展期是指借款人不能按照合同约定的期限偿还借款,在取得贷款人同意的前提下,延长原借款的期限,使借款人能够继续使用借款的行为。借款人申请展期的,应当在还款日届满前向贷款人提出展期申请。

10. 担保。《商业银行法》第36条规定:"商业银行贷款,借款人应当提供担保。商业银行应当对保证人的偿还能力,抵押物、质物的权属和价值以及实现抵押权、质权的可行性进行严格审查。经商业银行审查、评估,确认借款人资信良好,确能偿还贷款的,可以不提供担保。"担保的方式可以采用保证、抵押和质押等。

11. 违约责任。违约责任的约定事项通常包括:(1)贷款人未按时足额向借款人发放贷款。(2)借款人未按约定的借款用途使用款项。(3)借款人未按时支付利息及归还本金。借款合同的违约责任形式通常为支付罚息。

六、法律对民间借款合同的相关规定

(一)利息

《民法典》第680条第2、3款规定:"借款合同对支付利息没有约定的,视为没有利息。借款合同对支付利息约定不明确,当事人不能达成补充协议的,按照当地或者当事人的交易方式、交易习惯、市场利率等因素确定利息;自然人之间借款的,视为没有利息。"根据《民间借贷规定》第25条第1款的规定:"出借人请求借款人按照合同约定利率支付利息的,人民法院应予支持,但是双方约定的利率超过合同成立时一年期贷款市场报价利率四倍的除外。""一年期贷款市场报价利率",是指中国人民银行授权全国银行间同业拆借中心自2019年8月20日起每月发布的一年期贷款市场报价利率。法律保护的利率水平的高限为"一年期贷款市场报价利率四倍"。

关于支付利息的期限,《民法典》第674条规定:"借款人应当按照约定的期限支付利息。"而在现实生活中,自然人之间的借款往往不会约定得如此明确。借贷双方可以达成补充协议,如果双方最终仍不能确定支付利息的期限的,《民法典》第674条规定:"借款期间不满一年的,应当在返还借款时一并支付;借款期间一年以上的,应当在每届满一年时支付,剩余期间不满一年的,应当在返还借款时一并支付。"

(二)借款期限

《民法典》第511条第4项规定:"履行期限不明确的,债务人可以随时履行,债权人也可以随时请求履行,但是应当给对方必要的准备时间。"所以,如果自然人之间的借贷没有约定还款日期,借款方可以随时还款,贷款方可以随时要求还款,但是应当给对方必要的准备时间。

(三)诉讼时效

根据《民法典》第188条之规定,借款合同纠纷的“诉讼时效期间自权利人知道或者应当知道权利受到损害以及义务人之日起计算”,“为三年”。该时效适用中止、中断之规则。

—— 训　练 ——

【司考】自然人甲与乙签订了年利率为30%、为期1年的1000万元借款合同。后双方又签订了房屋买卖合同,约定:“甲把房屋卖给乙,房款为甲的借款本息之和。甲须在一年内以该房款分6期回购房屋。如甲不回购,乙有权直接取得房屋所有权。”乙交付借款时,甲出具收到全部房款的收据。后甲未按约定回购房屋,也未把房屋过户给乙。因房屋价格上涨至3000万元,甲主张偿还借款本息。下列哪些选项是正确的?(2015年)

A. 甲乙之间是借贷合同关系,不是房屋买卖合同关系

B. 应在不超过银行同期贷款利率的四倍以内承认借款利息

C. 乙不能获得房屋所有权

D. 因甲未按约定偿还借款,应承担违约责任

【答案】 ACD

【解析】《民间借贷规定》第23条规定,当事人以订立买卖合同作为民间借贷合同的担保,借款到期后借款人不能还款,出借人请求履行买卖合同的,人民法院应当按照民间借贷法律关系审理,当事人根据法庭审理情况变更诉讼请求的,人民法院应当准许。按照民间借贷法律关系审理作出的判决生效后,借款人不履行生效判决确定的金钱债务,出借人可以申请拍卖买卖合同标的物,以偿还债务。就拍卖所得的价款与应偿还借款本息之间的差额,借款人或者出借人有权主张返还或者补偿。据此可知,甲、乙之间实质上是让与担保借款关系,而非房屋买卖合同关系,故A项正确。乙不能直接主张房屋所有权。

根据《民间借贷规定》第25条之规定,双方约定的利率不得超过一年期贷款市场报价利率的4倍,故B项错误。

甲未为乙办理房屋过户登记手续,未发生物权变动,乙不能获得房屋所有权。并且,《民间借贷规定》对此类情形有明确规定,乙应申请拍卖房屋,不能直接获得房屋所有权,故C项正确。

《民法典》第577条规定,当事人一方不履行合同义务或者履行合同义务不符合约定的,应当承担继续履行、采取补救措施或者赔偿损失等违约责任。据此可知,甲未按约定偿还借款,应承担违约责任,故D项正确。

综上,本题的答案为ACD。

【法考】4月20日,贺某因购买制造假酒设备和原料向宫某借款50万元,期限一年,月息2%,并告知了借款用途,宫某当即表示同意,并于次日向贺某交付现金20万元。4月22日,宫某向贺某银行卡实时转账30万元。应宫某要求,董某以自己所持某有限公司的股权为该笔借款提供担保,并办理了质押登记。对此,下列哪些说法是正确的?(2022年)

A. 借款合同无效

B. 董某应承担担保责任

C. 借款合同于4月20日成立

D. 借款合同部分无效

【答案】 A

【解析】《民间借贷规定》第13条第4项规定，出借人事先知道或者应当知道借款人借款用于违法犯罪活动仍然提供借款的，借贷合同无效。本题中，出借人官某事先知道借款人贺某借款用于购买制造假酒设备和原材料（用于违法犯罪活动）仍然同意提供借款50万元。因此，应认定借款合同无效。故A项正确、D项错误。B项考查担保效力的从属性。主合同无效的，担保合同无效，董某不应承担担保责任，故B项错误。《民间借贷规定》第9条规定："自然人之间的借款合同具有下列情形之一的，可以视为合同成立：（一）以现金支付的，自借款人收到借款时；（二）以银行转账、网上电子汇款等形式支付的，自资金到达借款人账户时；（三）以票据交付的，自借款人依法取得票据权利时；（四）出借人将特定资金账户支配权授权给借款人的，自借款人取得对该账户实际支配权时；（五）出借人以与借款人约定的其他方式提供借款并实际履行完成时。"本题中，4月20日，借款人贺某向出借人官某借款50万元，官某于次日（4月21日）向贺某交付现金20万元，于4月22日向贺某银行卡转账30万元。因此，借款合同中，20万元自4月21日成立，30万元自4月22日成立。故C项错误。

综上，本题的答案为A。

——思　考——

1. 借款合同的概念和特征是什么？
2. 借款合同的类别有哪些？
3. 金融机构借款合同和民间借款合同的区别表现在哪些方面？

第二节　金融机构的借款合同

一、贷款人的权利和义务

（一）贷款人的权利

1. 贷款人可以要求借款人提供担保。根据民法的规定，担保的方式有保证、抵押和质押等。《商业银行法》第36条第2款规定，经商业银行审查、评估，确认借款人资信良好，确能偿还贷款的，可以不提供担保。

2. 贷款人按照约定可以检查、监督借款的使用情况。根据《民法典》第672条的规定，借款人应当按照约定向贷款人定期提供有关财务会计报表或者其他资料。在借款合同成立后，贷款人须对借款的使用情况行使一定的监督权，以防止借款人违反借款合同使用借款，避免借款人资信状况恶化而令贷款风险增加，危及资金安全。

3. 贷款人发现借款人未按照约定的借款用途使用借款的，可以停止发放借款，提前收回借款或者解除合同。这是《民法典》第673条的规定。不同的资金用途在使用中的风险大小有很大的区别，如果当事人将贷款用于高风险投资，势必危及资金安全。因此，专款专用、保证约定的资金用途不随意改变，是金融机构控制资金安全的重要手段。同时，按照我国宏观调控政策,有的贷款项目本身就是按照国家的信贷政策、产业政策和扶贫政策等发放的,如果不能保证专款专用,将会导致宏观调控的失灵。

阅读 贷款人的权利

按照《商业银行法》第35条第1款和第37条的规定,贷款人应当对借款人的借款用途等情况进行严格审查,借款合同中应当对借款用途作出约定。《贷款通则》第71条规定,对于不按借款合同规定用途使用贷款的,贷款人可以对其部分或者全部贷款加收利息;情节严重的,由贷款人停止支付借款人尚未使用的贷款,并提前收回部分或者全部贷款。

4. 贷款人有权按期收回所借款项及利息。还款期限没有约定或者约定不明的,按照《民法典》第510条的规定办理;仍不能确定的,借款人可以随时返还,贷款人可以催告借款人在合理期限内返还。《民法典》第674条对于利息支付期限亦有明确规定。

(二)贷款人的义务

1. 贷款人应按贷款合同约定的日期、数额向借款人提供借款,造成借款人损失的应当赔偿损失。这是贷款人最核心的义务。贷款人如果不按时提供贷款,势必会损害借款人的合法利益,影响借款人的商业计划和生活安排。

2. 借款的利息不得预先在本金中扣除。预先扣除利息实际上是变相的高利贷,贷款人提供了少于合同约定的实际资金给借款人,却能收回合同约定的利息,这种行为无疑破坏了合同的信誉,也给借款人增加了不适当的风险和负担。所以《民法典》第670条规定,利息预先在本金中扣除的,应当按照实际借款数额返还借款并计算利息。

3. 贷款人未按照约定的日期、数额提供借款的,应当按照约定支付违约金。没有约定违约金的,造成借款人损失的应当赔偿损失。

4. 金融机构新增贷款利率,应当按照中国人民银行规定的贷款基准利率上下限确定。自2019年8月开始,金融机构新增贷款利率将在全国银行间同业拆借中心人民币贷款市场报价利率基础上加减点生成。

二、借款人的权利和义务

(一)借款人的权利

1. 请求支付贷款的权利。借款人有权要求贷款方按照合同支付约定数额的货币,这是借款人最主要的权利。

2. 提前还款的权利。借款人可以在合同约定的期限届满之前提前还款,提前偿还借款并还清的,除当事人另有约定外,还应当按照实际借款的期间计算利息。

3. 申请展期的权利。借款人可以在还款日期届满之前向贷款人申请展期。贷款人同意的,可以展期。当事人双方可以重新确定期后的利率。

(二)借款人的义务

1. 按照合同约定的时间和金额收取借款。

2. 接受贷款人的用款监督，向贷款人提供必要的资料。这里必要的资料指反映与借款有关的业务活动和财务状况真实情况的数据资料。其目的在于保证资金真正用于约定的用途，保证资金安全。

3. 按照合同约定的贷款用途使用贷款，亦即专款专用。改变资金的用途，意味着违反合同的约定，更重要的是，可能会影响国家的经济运行秩序，影响未来合同期限届满时贷款人能否如期收回贷款。

4. 按照合同约定的还款期限和方式及时还款。借款人迟延还款的，应负担违约责任。

5. 按照合同约定的利率和期限支付利息。民间借贷可以高于银行的利率，但最高不得超过银行同类贷款利率的 4 倍（包含利率本数），超过此限度的利息不予保护。

—— 训　练 ——

【司考】甲服装公司与乙银行订立合同，约定甲公司向乙银行借款 300 万元，用于购买进口面料。同时，双方订立抵押合同，约定甲公司以其现有的以及将有的生产设备、原材料、产品为前述借款设立抵押。借款合同和抵押合同订立后，乙银行向甲公司发放了贷款，但未办理抵押登记。之后，根据乙银行要求，丙为此项贷款提供连带责任保证，丁以一台大型挖掘机作质押并交付。

如甲公司违反合同约定将借款用于购买办公用房，则乙银行享有的权利有哪项？（2017 年）

A. 提前收回借款

B. 解除借款合同

C. 请求甲公司按合同约定支付违约金

D. 对甲公司所购办公用房享有优先受偿权

【答案】　ABC

【解析】《民法典》第 673 条规定："借款人未按照约定的借款用途使用借款的，贷款人可以停止发放借款、提前收回借款或者解除合同。"故 A 项、B 项正确。甲公司违反合同约定的用途使用借款，属违约行为，应承担违约责任。C 项正确。银行对甲新购的办公用房没有设定抵押权，不享有优先受偿权。故 D 项错误。

综上，本题的答案为 ABC。

—— 思　考 ——

1. 金融机构借款合同贷款人主要的权利义务是什么？
2. 金融机构借款合同借款人主要的义务是什么？

第三节　自然人之间的借款合同

一、自然人之间的借款合同的意义

自然人之间的借款合同是指自然人之间就货币的借贷所达成的协议，也即前述的民间借款合同。允许自然人之间就货币借贷订立合同,对于民间资金的融通具有积极意义。

二、自然人之间的借款合同的特征

1. 自然人之间的借款合同是实践合同。根据《民法典》第679条的规定,自然人之间的借款合同,自贷款人提供借款时成立。自然人之间的借款一般数额不大,不像金融机构借款具有商业色彩,很多都是互助性的,且借款发生在家族、熟人之间的居多。因此,法律规定其为实践合同,符合我国自然人借款的实际现状。

2. 自然人之间的借款合同既可以是无偿的,也可以是有偿的。在现实生活中,自然人之间的借款合同通常是当事人之间基于相互信任或友善而订立的,因此多为无偿的。自然人之间的借款合同对支付利息没有约定或约定不明的,视为不支付利息,即为无偿的。

3. 形式上的自由性。自然人之间的借款合同既可以是书面形式的,也可以是口头形式的,法律对此不作严格要求。

探讨 借款合同和传统民法中借贷合同的区别

大陆法系的民法理论把借贷合同分为使用借贷和消费借贷。使用借贷是指一方无偿将物品或者金钱借给另一方使用的合同,又称为借用合同。消费借贷是指有偿地将物品或者金钱交给一方使用的合同。合同法把自然人之间的金钱借贷纳入借款合同的调整范围,因此,合同法中的借款合同包括了自然人之间的借款合同以及金融机构与自然人、法人和其他组织之间的借款合同。

三、自然人之间的借款合同的效力

1. 贷款人不负有义务。自然人之间的借款合同是实践合同,在双方当事人达成合意后直至贷款实际提供之前,合同并未成立,此时贷款人不负有移交借款的义务。如果贷款人没有实际提供借款,则视为其并未作出承诺。

2. 借款人的主要义务。(1)按照合同约定的还款期限和方式偿还借款,这是借款人的主要义务。其内容与金融机构借款合同中借款人的该项义务相同。(2)在有偿的借款关系中,借款人应按照合同中约定的标准支付利息。在我国,国家禁止高利贷,因此,当事人约定的利息应在法律规定的范围内。当事人约定的利率超过法定最高限的,其超过部分应为无效。《民间借贷规定》第27条对复利的计付规则作了明确规定。借贷双方对前期借款本息结算后将利息计入后期借款本金并重新出具债权凭证,如果前期利率没有超过合同成立时一年期贷款市场报价利率4倍,重新出具的债权凭证载明的金额可认定为后期借款本金。超过部分的利息,不应认定为后期借款本金。按照这一规则计算的借款人在借款期间届满后应当支付的本息之和,超过以最初借款本金与以最初借款本金为基数、以合同成立时一年期贷款市场报价利率4倍计算的整个借款期间的利息之和的,人民法院不予支持。关于逾期还款是否应当承担逾期还款违约责任,《民间借贷规定》第28条规定,借贷双方对逾期利率有约定的,从其约定,但是以不超过合同成立时一年期贷款市场报价利率4倍为限。借贷双方未约定逾期利率或者约定不明的,可分两种情况处理:(1)既未约定借期内利率,也未约定逾期利率，出借人主张借款人自逾期还款之日起参照当时一年期贷款市场报价利率标准计算的利息承担逾期还款违约责任的，人民法院应予支持；(2)约定了借期内利率但是未约定逾期利率，出借人主张借款人自逾期还款之日起按照借期内利率支付资金占用期间利息的，人民法院应予支持。

思 考

1. 自然人之间的借款合同的特征是什么？
2. 自然人之间的借款合同的效力表现在哪些方面？
3. 法律关于自然人之间的借款合同的利息规定有何限制？

重点问题梳理

1. 贷款合同与民间借贷合同在主体、有偿与否、要式与否、要物与否等方面存在区别。
2. 借款合同对借款用途有约定的，借款人应当按照借款用途使用借款。没有约定，借款人不得将借款用于非法目的。
3. 自然人之间的借款合同，自贷款人提供借款时成立。
4. 民间借贷合同的年利率不得超过一年期贷款市场报价利率的4倍。

第十三章　保证合同

第一节　保证合同概述

一、保证合同的概念

依照《民法典》第 681 条的规定，保证合同是指为保障债权的实现，保证人和债权人约定，当债务人不履行到期债务或者发生当事人约定的情形时，保证人履行债务或者承担责任的合同。保证作为一种合同关系，并不是保证人与主债务人之间订立的合同，而是在保证人与债权人之间订立的合同，是保证人与债权人意思表示一致的产物。在保证法律关系中，第三人被称作保证人，债权人作为主合同债权人，被称作保证权人，保证人按照约定履行的债务称为保证债务。

保证的实质，是通过债权人和保证人之间的约定，将保障债权实现的物质基础——责任财产，从主债务人的一般财产扩延至保证人的一般财产上。因此，保证是以第三人的资产或信誉设立的人的担保，它使债权的实现得到了更充分的保障。与此同时，保证是从属于主债的一种从债，债权人的保证权在性质上也是一种债权，其保证权的实现只能通过请求保证人实施给付，而不能直接处分保证人的财产。

二、保证合同的法律特征

1. 保证合同具有从属性。保证合同的从属性也称保证合同的附随性，是指保证合同是主债权债务合同的从合同。保证合同以主债权债务合同的有效发生为前提，以主债权债务合同的存续为存续条件，主债权债务合同无效或者被撤销，保证合同亦随之无效。虽然保证合同亦可在将来或附条件的合同上设立，但这并不因此改变保证从属于主合同的特性。对此，我国《民法典》第 682 条第 1 款明文规定："保证合同是主债权债务合同的从合同。主债权债务合同无效的，保证合同无效，但是法律另有规定的除外。"另外，《民法典》第 682 条第 2 款同时规定了，保证合同被确认无效后，债务人、保证人、债权人有过错的，应当根据其过错各自承担相应的民事责任。

2. 保证合同的主体具有限定性。《民法典》第 683 条规定："机关法人不得为保证人，但是经国务院批准为使用外国政府或者国际经济组织贷款进行转贷的除外。以公益为目的的非营利法人、非法人组织不得为保证人。"据此可知：(1) 机关法人原则上不得为保证人。作为主要从事国家管理活动的立法机关、行政机关以及司法机关，其财产主要来源于国家财政拨款，若允许其将财产用于清偿保证债务，必然会影响国家公务活动的进行。因此，从维护国家机关职能正常运转的角度出发，机关法人不能充当保证人。只有在特殊情况下，经过国务院批准,为了使用外国政府或国际经济组织贷款进行转贷而发生的债权才可以充当保证人。(2)以公益为目的的非营利法人不得为保证人。以公益为目的的非营利法人以从事社会公益活动为主要目的,谋求的是社会大众的利益,若允许其作为保证人必然会影响其功能的发挥。因此,法律规定不允许它们充当保证人。(3)非法人组织不得为保证人。法律如此规定主要是考虑到非法人组织的主体资格、清偿能力等方面原因。

3. 保证合同的内容具有特殊性。保证合同的内容服务于保证的设立、实现等,因此保证合同的内容一般应当载明被保证的主债权的种类、数额,债务人履行债务的期限,保证的方式、范围和期间等条款。

4. 保证合同具有补充性。保证合同的补充性是指保证人在主合同债务人不履行主债务时才导致保证合同约定的保证责任的实现。从主债务人的角度出发,保证是对主合同债务人的债务履行能力的一种补充。从主合同角度出发,保证是对主合同债务得不到履行的一种补充,特别是在一般保证中,保证的这种补充性体现得更充分。在一般保证中,保证人享有后诉利益,即债权人只有在已向主债务人诉请执行或支付赔偿金而未能得到满足时,方能请求保证人履行保证债务。[1] 即便是在连带保证中,保证人保证责任的承担也是在主债务人没有履行合同债务时才发生的,这也体现了保证的补充性。

5. 保证合同具有独立性。保证合同虽然从属于主债权债务合同,但并非主债权债务合同的一部分,其具有相当的独立性,是一个独立的合同,保证合同是主债权人与保证人签订的另一个独立合同。因此,保证合同可以约定保证债务仅担保主合同债务的一部分,保证债务的范围和强度可以不同于主合同债务,可以有自己独立的变更或消灭原因。[2]

6. 保证合同是单务、无偿合同。在保证合同中,只有保证人承担保证债务,保证权人并不负担任何保证义务,因而保证合同属单务合同。同时,保证人对债权人承担保证债务,债权人对此并不提供相应的对价,因而保证合同又是无偿的。

7. 保证合同是诺成、不要式合同。保证合同只需要保证人与债权人双方意思表示达成一致就可成立,因而保证合同属于诺成合同。同时《民法典》第 685 条规定:"保证合同可以是单独订立的书面合同,也可以是主债权债务合同中的保证条款。第三人单方以书面形式向债权人作出保证,债权人接收且未提出异议的,保证合同成立。"可以看出保证合同又是不要式合同。从形式上看,第三人既可以与债权人在主债权合同外另行订立保证合同,也可以在债权人与债务人所订立的具有保证条款的主合同上签字盖章,或者仅由第三人单方以书面形式向债权人作出保证,债权人接收且无异议。上述三种形式均无碍保证合同的成立。

三、保证方式

保证方式是指保证人承担保证责任的方式。根据我国《民法典》第 686 条第 1 款之规定,"保证的方式包括一般保证和连带责任保证"。由此,保证方式有两种,即一般保证和连带责任保证。

---

[1] 王家福主编:《中国民法学·民法债权》,法律出版社 1995 年版,第 99 页。
[2] 郭明瑞主编:《合同法学》,复旦大学出版社 2005 年版,第 131 页。

1. 一般保证

一般保证,也称一般责任保证,是指债务人不履行到期债务,经法院审理或仲裁裁决,并就债务人财产依法强制执行,仍不能履行全部债务时,保证人承担的补充性保证责任。[3]据此,在一般保证中,保证人承担保证责任的前提有两个:其一,被担保的主债已经法院审判或仲裁机关裁决;其二,主债务人的财产已经法院强制执行,仍不能履行全部债务。通常只有在具备了这两个前提后,保证人才承担保证责任。此时,保证人承担的仅是补充责任。如果在保证人承担保证责任的两个前提均不具备,而债权人请求保证人承担保证责任时,保证人有权对债权人的请求进行抗辩,保证人的此项抗辩权可称为先诉抗辩权。

另外,《民法典》第687条的但书条款对一般保证中承担保证责任的限定性作出了原则之外的规定:"一般保证的保证人在主合同纠纷未经审判或者仲裁,并就债务人财产依法强制执行仍不能履行债务前,有权拒绝向债权人承担保证责任,但是有下列情形之一的除外:(一)债务人下落不明,且无财产可供执行;(二)人民法院已经受理债务人破产案件;(三)债权人有证据证明债务人的财产不足以履行全部债务或者丧失履行债务能力;(四)保证人书面表示放弃本款规定的权利。"上述四种情形中,前三种情形均表明债务人已无偿债能力或者偿债可能,当然导致保证补充性责任的发生。若仍将审判、裁决并强制执行作为前置程序,必然导致不必要的讼累,增加权利人的负担,影响诉讼效率。第四种情形中,属保证人依其自由意志选择放弃先诉抗辩权,该放弃不违背公序良俗,不违反法律法规的,应当尊重其选择。

值得注意的是,当事人在合同中对保证方式没有约定或者约定不明确时,应当适用何种保证方式。对此,《民法典》第686条第2款规定:"当事人在保证合同中对保证方式没有约定或者约定不明确的,按照一般保证承担保证责任。"一般保证优先于连带责任保证,在合同对保证方式未约定或者约定不明确时优先适用。

2. 连带责任保证

连带责任保证,简称连带保证,是指债务人不履行到期债务或者发生当事人约定的情形,保证人和主债务人对债权人承担连带责任的保证方式。具体而言,在连带保证中,一旦主合同债务人未依约定履行届期债务或者发生当事人约定的其他情形,债权人即可向债务人或保证人中任何一方要求履行债务或承担债务不履行的民事责任。据此,在连带保证中,保证人承担保证责任的前提只有一个,即合同主债务人未按照合同约定的期限履行债务或者约定的情形发生。可见,在连带保证中,保证人承担的责任要重于一般保证人。另根据《民法典》第688条第1款规定,"当事人在保证合同中约定保证人和债务人对债务承担连带责任的,为连带责任保证"。连带责任保证必须在保证合同或者保证条款中明确注明。

保证方式的不同决定了保证人在保证责任承担中地位的不同,并进而影响保证人的利益。因此,保证人应在保证合同中明确其承担责任的方式。

---

〔3〕 韩松主编:《民法学》,中国政法大学出版社2004年版,第467页。

第二节　保证责任

一、保证范围

所谓保证范围，即保证人承担保证债务或保证责任的范围。保证范围关系到保证合同双方当事人的利益，债权人未来可能实现债权的多少以及保证人承担保证责任的轻重均取决于保证范围的确定。因此，保证范围往往构成保证合同的主要条款，而保证范围的大小取决于双方当事人的自由约定。《民法典》第691条规定："保证的范围包括主债权及其利息、违约金、损害赔偿金和实现债权的费用。当事人另有约定的，按照其约定。"据此，根据当事人在保证合同中是否对保证范围作出明确约定，保证范围有约定范围与法定范围之分。也就是说，保证合同中有明确约定的，保证范围以约定为准。保证合同中未约定范围或者约定不明的，依法律规定为准。法律规定的保证范围包括：主债权及利息、违约金、损害赔偿金和实现债权的费用。

二、保证期间

保证期间是指确定保证人承担保证责任的期间，该期间不发生中止、中断和延长。《民法典》第693条规定："一般保证的债权人未在保证期间对债务人提起诉讼或者申请仲裁的，保证人不再承担保证责任。连带责任保证的债权人未在保证期间请求保证人承担保证责任的，保证人不再承担保证责任。"也就是说，超过保证期间，保证人不再承担保证责任。因此，保证期间也称为保证人保证责任的存续期间。

（一）保证期间的确定

保证期间从债权人角度看，是督促债权人积极行使权利的期间。而从保证人角度看，则是保证人有条件地免除保证责任的期间，基于保证人在不同的保证方式中法律地位的不同，保证期间应有所不同。连带保证中，保证期间是债权人（保证权人）向保证人提出履行保证债务或承担保证责任的期间；一般保证中，保证期间是保证权人向主债务人提起诉讼或者申请仲裁的期间。根据《民法典》第693条的规定，债权人未在保证期间内行使保证权的，保证人不再承担保证责任。

保证期间有约定期间与法定期间之分。前者为债权人与保证人在保证合同中约定的保证期间；后者是在保证合同未约定保证期间或者约定不明时，依法律规定适用的保证期间，即主债务履行期限届满之日起6个月为法定的保证期间。《民法典》第692条第2款规定："债权人与保证人可以约定保证期间，但是约定的保证期间早于主债务履行期限或者与主债务履行期限同时届满的，视为没有约定；没有约定或者约定不明确的，保证期间为主债务履行期限届满之日起六个月。"约定的保证期间不得早于或者等于主债务期间，否则视为没有约定保证期间。无论因当事人确未约定保证期间或者约定不明确，还是保证期间不符合规定视为未约定，保证期间均为6个月，起算时间为主债务履行期限届满之日。这是因为,主债务履行期限届满是承担保证责任的前提,若允许保证期间早于或者等于主债务履行期限,则事实上会导致保证责任的无法实现。另外,当发生主债务履行期限不明的情况,按照《民法典》第692条第3款的规定,“债权人与债务人对主债务履行期限没有约定或者约定不明确的,保证期间自债权人请求债务人履行债务的宽限期届满之日起计算”,保证期间的起算应以债权人请求债务人履行债务的宽限期届满之日为始期。

(二)保证诉讼时效

保证诉讼时效,也称保证债务诉讼时效,是指当债权人请求保证人履行保证责任,经过法定的时效期间即丧失获得法院强制执行保证人承担保证责任的权利。保证诉讼时效与保证期间一样,都是法律规定的一种重要法律事实,在两者的期间范围内债权人没有行使权利,均有可能导致保证人保证责任的免除。因此,二者都是要求债权人行使权利的期间,二者分别处于不同的阶段,相互衔接,各自发挥着不同的作用。我国《民法典》将二者之间的关系有机地结合起来,即只要债权人在合同约定的保证期间或者法律规定的保证期间内向主债务人主张了其债权,则保证期间的作用便已结束,保证责任不再受保证期间的制约,转而开始受诉讼时效的约束。值得注意的是,在一般保证中,因保证人享有先诉抗辩权可以拒绝履行保证责任,其保证责任的诉讼时效应当从先诉抗辩权消灭之日起算。《民法典》第694条的规定即是如此,“一般保证的债权人在保证期间届满前对债务人提起诉讼或者申请仲裁的,从保证人拒绝承担保证责任的权利消灭之日起,开始计算保证债务的诉讼时效。连带责任保证的债权人在保证期间届满前请求保证人承担保证责任的,从债权人请求保证人承担保证责任之日起,开始计算保证债务的诉讼时效”。

保证诉讼时效期间是保证合同纠纷所要经过的时间期限,在此期间内保证权人不行使其请求权的,其权利将不受法律保护。保证诉讼时效为普通诉讼时效,期间为3年。根据《民法典》第694条规定也可以看出,在一般保证中,保证诉讼时效的起算点为债权人对主债务人提起诉讼、申请仲裁后,保证人拒绝承担保证责任的权利消灭之日;连带责任保证中,保证诉讼时效的起算点为债权人要求保证人承担保证责任之日。保证诉讼时效的中断、中止适用《民法典》中普通诉讼时效的中断、中止事由的规定。

三、主债权债务合同变动的效力

主债权债务合同发生变动时,变动部分是否对保证人的保证责任产生影响,取决于该变动是否有保证人自由意志的参与,即主债权债务的变动为债权人、债务人和保证人共同意思表示一致,则变动部分对保证责任发生效力,保证人应对变动部分承担保证责任;若该变动未经保证人同意,则保证人不对变动部分承担保证责任。原因在于,主债权债务合同内容的变更经保证人的书面同意,也就达成了三方意思表示的一致,相当于重新订立了新的主债权债务合同与保证合同,法律应当尊重当事人的意思自治。保证人的同意应当以书面形式作出为原则。下文关于主合同变更对保证责任的效力影响中,对于保证人同意的情形不再加以赘述。

1. 主债权债务合同消灭,保证合同也随之消灭。保证合同设立的目的是担保主债权实现。主债权债务既已消灭,保证合同自无存在价值,这也是保证合同从属性的体现。

2. 主合同内容变更。《民法典》第 695 条规定："债权人和债务人未经保证人书面同意，协商变更主债权债务合同内容，减轻债务的，保证人仍对变更后的债务承担保证责任；加重债务的，保证人对加重的部分不承担保证责任。债权人和债务人变更主债权债务合同的履行期限，未经保证人书面同意的，保证期间不受影响。"具体而言：

第一，债权人和债务人未经保证人书面同意，减轻债务的，保证人对变更后的债务承担保证责任。保证合同是对主债务进行的保证，主债务的减轻导致保证责任的减少，不仅不会导致保证人利益的减损，还有利于保证人减轻保证责任。因此，债权人和债务人未经保证人同意减轻主债务的，该债务减轻对保证人有效，保证人对减轻后的债务承担保证责任。

第二，债权人和债务人未经保证人书面同意，加重债务的，保证人对加重部分不承担保证责任。主债务加重，会导致保证责任的增加。债权人和债务人未经保证人同意为其增设负担，这种负担必然不会对保证人发生效力，因此保证人无须对加重部分承担保证责任。但对于变更前主债务部分仍应按照保证合同的约定承担保证责任，该部分保证责任不因变更部分的无效而无效。

第三，债权人和债务人未经保证人书面同意，变更主债权债务的履行期限，保证期间不受影响。该规定主要为了防止债权人和债务人不当变更主债务履行期限，损害保证人的时效利益。

3. 主债权转让。主债权转让对保证责任的效力影响主要规定在《民法典》第 696 条中，"债权人转让全部或者部分债权，未通知保证人的，该转让对保证人不发生效力。保证人与债权人约定禁止债权转让，债权人未经保证人书面同意转让债权的，保证人对受让人不再承担保证责任"。这主要包括两个方面：

第一，未通知保证人的债权转让对保证人不发生效力。就债权转让而言，一般不会影响保证责任的承担，任何新的债权人取得债权后，保证人应当对新的债权人承担保证责任。[4] 原因在于，保证合同的订立是保证人基于对债务人的信赖与债权人就特定债权的实现订立的合同，主债权转移时，债务人不变，保证人作出保证的信赖基础未变。同时，主债权转移仅仅发生债权人主体的变更，该特定债权本身的内容、性质等没有发生变化。因此，对该转移后的特定债权承担保证责任并未加重保证人的负累。但是，债权转让若未通知保证人，保证人原则上对债权转让不知情，此时便不得要求保证人承担转让后的债权的保证责任。

第二，事先约定禁止债权转让时，未经保证人书面同意转让债权的，保证责任消灭。事先约定禁止债权转让，包括保证合同中约定和合同中的保证条款约定，一经约定便对当事人产生法律上的约束力，即债权人应当履行不转让债权的义务。此时，未经保证人书面同意即转让债权，则属于违反合同约定的行为，法律作出消灭保证责任的规定的目的在于保护保证人的利益，以免保证人在债权人违反合同约定时仍然承担保证责任。

4. 主债务转移。主债务转移是指保证合同所保证的主债务经债权人允许，全部或者部分转移。这种债务转移的特点在于经由债权人允许，这就意味着该债务转移符合《民法典》第 551 条第 1 款规定，"债务人将债务的全部或者部分转移给第三人的，应当经债权人同

---

〔4〕 王利明：《合同法研究》（第 4 卷），中国人民大学出版社 2013 年版，第 346 页。

意”，是有效的债务转移。若债务转移本身是无效的，便无从谈起对保证责任的效力。[5] 主债务转移对保证责任的效力，应当从以下两个方面进行理解：第一，保证人对未经其同意转移的债务不再承担保证责任。该项规定的原因在于，保证人承担保证责任一般是基于其与债务人之间的信赖（人身信赖与偿债能力信赖）而提供保证担保的，未经保证人书面同意的债务转移中，保证人与新债务人之间通常不具有这种信赖关系。因此，债务人转移应当得到保证人的书面同意。书面同意实际上表明保证人认可了该债务转让行为，并表明保证人愿意对该债务受让之后仍承担保证责任。第二，债权人和保证人另有约定的除外。也就是说，债权人和保证人事先对债务转移有约定的，应当按照合同约定处理，这体现了意思自治原则。

另外，《民法典》第697条第2款规定了第三人加入债务时，对保证责任的效力，即第三人加入债务的，保证人的保证责任不受影响。原因在于，保证合同是债权人和保证人之间为保障债权实现订立的合同，第三人加入债务，并不影响债权人与保证人之间的合同关系，保证人仍在保证合同约定和法律规定范围内承担保证责任。

四、保证合同中的权利

（一）债权人的保证权

债权人的保证权，是指当债务人不履行到期债务或者发生当事人约定的情形时，债权人请求保证人承担保证责任的权利。保证人与债权人之间的关系来自双方订立的保证合同，在此合同关系中，债权人享有保证权，保证人负有保证义务，在债务人不履行或不能履行到期债务时，或者发生当事人约定的情形时，债权人基于保证合同有权请求保证人承担保证债务或保证责任。当保证人破产时，债权人亦可基于此权利以破产债权人身份进行债权申报并参与破产分配。

（二）保证人对债权人的抗辩权、抵销权和撤销权

当保证人对债权人履行保证义务或承担保证责任时，保证人实际上取代了债务人地位。因此，债务人对债权人享有的抗辩权，保证人均可单独行使以对抗债权人，即使债务人放弃其抗辩权，对保证人抗辩权的行使亦不会产生影响。另外，债务人对债权人享有抵销权或者撤销权的，保证人可以在相应范围内拒绝承担保证责任。

（三）一般保证人的先诉抗辩权

所谓先诉抗辩权，是指在一般保证中，债权人在就债务人提起诉讼或申请仲裁，并就债务人的财产依法强制执行之前，径自向保证人请求给付时，保证人享有的拒绝给付的抗辩权。[6] 先诉抗辩权是保证人依其地位可以享有的特殊权利，这种权利的行使可以达到延期履行保证债务的结果，其性质上属延期履行的抗辩权。先诉抗辩权设立的目的在于维护保证人的利益，但如果被滥用而成为保证人逃避保证责任的工具，就在一定程度上违背了保

---

〔5〕 郭明瑞：《担保法》，法律出版社2010年版，第57页。
〔6〕 韩松主编：《民法学》，中国政法大学出版社2004年版，第468页。

证制度设置的初衷。因此,《民法典》第687条第2款同时规定,在某些情形下,表明债务人已无偿债能力或者偿债可能,或者当事人自愿放弃该权利时,一般保证人不享有先诉抗辩权。

（四）保证人的追偿权

保证人的追偿权是指保证人履行了保证债务或承担了保证责任后,得向主债务人请求偿还的权利,我国《民法典》第700条对此作了明确的规定。保证人追偿权的成立应具备如下条件:第一,保证人已经履行了保证债务,即保证人对债权人进行了清偿。这是保证人追偿权成立的基础。第二,保证人的清偿行为导致了主债务的消灭。这实际上是对保证人的履行行为与债务受偿结果之间因果关系的要求。因为主债务消灭的原因可以有多种,但只有保证人的清偿才会有追偿权的产生。至于保证人的清偿是使主债务全部消灭,还是部分消灭,均不影响保证人追偿权的成立,只需其追偿权行使的范围限制在主债务消灭的范围内。第三,保证人的清偿必须是无过失的。这就要求保证人在履行保证债务时,要对债务人尽到善良管理人的注意义务,不得因其清偿行为使债务人的利益遭受损害。否则,因保证人的过失清偿行为导致债务人利益受损失的,在债务人所失利益范围内,保证人无追偿权。例如,保证人明知或应知债务人享有对债权人的抗辩权,却仍为债务清偿,或保证人清偿后怠于通知债务人,致使善意债务人重复清偿。发生上述情形,均会导致保证人丧失追偿权。但是当事人之间的约定可以排除追偿权的成立。

需要说明的是,赋予保证人追偿权,是为了弥补保证人承担保证责任而遭受的损失。因此,保证人追偿权的成立应以这种损失已经发生,即保证人已经履行保证债务为前提。但在特殊情况下,保证人追偿权的成立不受此限制。如依照《企业破产法》第51条第2款的规定,债务人的保证人或者其他连带债务人尚未代替债务人清偿债务的,以其对债务人的将来求偿权申报债权。但是,债权人已经向管理人申报全部债权的除外。"将来求偿权"是目前尚未发生,但将来一定会发生的一种权利。

（五）保证人的代位权

保证人的代位权是指保证人在履行了保证债务后,即取代了债权人的地位行使原债权人的权利。[7] 保证人的代位权实质上是债权的法定移转,即债权人在其债权得到保证人清偿后,应将其对债务人的债权移转于保证人。如《德国民法典》第774条就明确规定:"在保证人向债权人清偿的限度内,债权人对主债务人的债权移转于保证人。"传统民法理论认为,债权的法定移转是确保保证人追偿权行使的方式,追偿权与代位权在保证法律关系当中相互并存,保证人可以择一行使。但保证人的代位权与追偿权是性质不同的两种权利,二者不能互相替代。我国《民法典》未规定保证人的代位权。

（六）债权人放弃或者怠于行使权利时保证责任的减免

《民法典》第698条规定:"一般保证的保证人在主债务履行期限届满后,向债权人提供

---

〔7〕 陈本寒主编:《担保法通论》,武汉大学出版社1999年版,第92页。

债务人可供执行财产的真实情况,债权人放弃或者怠于行使权利致使该财产不能被执行的,保证人在其提供可供执行财产的价值范围内不再承担保证责任。”一般保证中,保证人享有先诉抗辩权,在主合同纠纷未经审判或者仲裁,并就债务人财产依法强制执行仍不能清偿债务前,有权拒绝向债权人承担保证责任。因此,若债权人在债务履行期限届满后,并且经保证人提供债务人可执行财产的真实情况,仍然放弃或者怠于行使权利致使该财产不能被执行,基于保证合同的补充性,这样必然导致保证人遭受不应有的财产损失。法律作出如此规定的原因就在于此,避免保证人因债权人的不当行为负担不必要的保证责任,保护保证人合法利益。

(七)保证人要求债务人提供反担保的权利

为了换取保证人提供保证,根据《民法典》第689条的规定,保证人可以要求债务人为保证人的保证提供担保。这种由债务人或者第三人向该保证人提供的担保,相对于原保证而言被称为反担保。反担保方式可以是债务人提供的抵押或者质押,也可以是其他人提供的保证、抵押或者质押,其目的在于担保保证人履行保证责任后能够得到债务人的清偿。

第三节　特殊保证

一、最高额保证

(一)最高额保证的概念和特点

最高额保证,是指保证人依据约定,在最高债权额限度内对一定期间连续发生的债权提供担保的保证。最高额保证作为保证的一种特殊形式,在经济生活中广泛存在,并得到立法和司法实践的承认。我国《民法典》第690条第1款明确规定:“保证人与债权人可以协商订立最高额保证的合同,约定在最高债权额限度内就一定期间连续发生的债权提供保证。”并且在该条第2款规定了最高额保证除适用保证合同的规定外,参照适用最高额抵押的有关规定。

最高额保证作为保证的一种特殊形式不同于普通保证,其特殊性表现在:(1)最高额保证所担保的主债权具有不确定性。最高额保证是为将来的系列债权提供的保证,其所担保的债权不仅在保证合同成立时尚未发生,而且将来是否发生也不确定。因此,与普通保证不同,作为从权利的最高额保证权事实上成立于作为主权利的债权之前。因而,使保证所具有的对于债的担保的附从性特征在最高额保证中有所突破。(2)最高额保证所担保的主债权是连续发生的系列债权,而非一个独立债权。普通保证通常是对一个确定的债权进行担保,最高额保证则是对在一段时期内发生的若干个连续债权提供保证,保证范围不受债权发生次数的影响。(3)最高额保证的保证人责任具有最高限额。虽然最高额保证所担保的是未来的系列债权,但其所担保的不是多笔债务的简单累加而是债务整体,其承担保证责任受最高额保证合同中所约定的最高额限制。多次债务的总额累计可能会超过约定的最高额,但保证人仍在该额度内承担保证责任。

(二)最高额保证中的保证责任

1. 最高额保证所担保的债权范围

根据《民法典》对于保证合同的一般规定,保证债权的范围包括主债权及其利息、违约金、损害赔偿金和实现债权的费用等。由于在设立最高额保证时,债权尚未实际发生,且所担保的债权处于连续发生的状态。因而,最高额保证所担保的债权范围具有一般保证债权范围之外的特殊性。主要表现在:

第一,在订立最高额保证合同时,主债权还未确定,需要在合同订立之后一定期限内才能确定。但是,最高额保证所担保的债权范围不能超过合同约定的最高限额。

第二,对于最高额保证设定之前已经发生的债权,只要经当事人的同意,也可以作为最高额保证所担保的债权。因为在设立最高额保证时,其所担保的债权就是不特定的,既然双方当事人合意将最高额保证设立之前的债权纳入其中,且不损害他人利益和公共利益,法律应当尊重其意思自治。但是,在将其纳入最高额保证之后,不得超过约定的债权最高限额。

2. 最高额保证所担保的债权确定

最高额保证是保证人对未来一段时间范围内发生的一系列不确定债权在其所承诺的最高额度内提供保证,至于保证人究竟要承担的保证责任有多大,即最高额保证的范围是多少则取决于债权确定。所谓债权确定,即指最高额保证合同所约定的被保证债权发生期的截止日之前发生的债务,其余额为最高额保证的保证范围,最高额保证的保证人以约定的最高限额为限,承担对债务余额的清偿责任。对于最高额保证所担保的债权的确定,当事人有约定的按照约定,如果当事人没有约定债权确定期间或者约定不明确,则参照适用《民法典》关于最高额抵押的相关规定,即第 423 条:“有下列情形之一的,抵押权人的债权确定:(一)约定的债权确定期间届满;(二)没有约定债权确定期间或者约定不明确,抵押权人或者抵押人自最高额抵押权设立之日起满二年后请求确定债权;(三)新的债权不可能发生;(四)抵押权人知道或者应当知道抵押财产被查封、扣押;(五)债务人、抵押人被宣告破产或者解散;(六)法律规定债权确定的其他情形。”发生上述情形时,最高额保证所担保的债权在合同未约定或者约定不明确时,也能进行确定。

二、共同保证

(一)共同保证的概念和特点

共同保证是两个以上保证人担保同一债权的保证。共同保证的设立一般是数个保证人与债权人签订一个保证合同,而签订数个保证合同共同担保同一债权也可以成立共同保证,且这些合同是同时成立还是先后成立,彼此间有无意思联络,均在所不问。[8] 由于共同保证中,有多个保证人为主债权提供担保,因而能够为债权的实现提供更有力的保障。具体来说,共同保证的特征主要有:

---

〔8〕 郑玉波:《民法债编各论》(下),台北,三民书局 1981 年版,第 826 页。

1. 数个保证人为主债务提供担保。共同保证的主要特点是保证人的数量是数人而非一人,而且数人所担保的债务必须一致。只要数个保证人都有为同一主债务提供保证的意思即可构成共同保证,并不要求数个保证人必须形成为主债务提供保证的合意。

2. 数个保证人必须为同一债务提供担保。首先,共同保证中数个保证人所保证的债务必须具有同一性。若为同一债务人提供保证,但所保证的债务不同,依然不能构成共同保证。其次,共同保证强调债务的同一性,而非债务人的同一。也就是说,就主债务而言,债务人可以是一人,也可以是数人,但债务应当是基于同一法律关系所发生的同一债务。

(二)共同保证中的保证责任

根据各个保证人对外承担保证责任方式的不同,共同保证可分为按份共同保证和连带共同保证两类。按份共同保证,是指保证人与债权人在保证合同中约定各个保证人所承担的保证责任的份额,债权人只能在约定的份额限度内向各个保证人请求承担保证责任。[9]连带共同保证,是指各共同保证人之间与债权人之间并未就保证责任的份额作出约定,各个保证人对全部债务承担连带清偿责任。共同保证属于按份共同保证还是连带共同保证,当事人可以在合同中进行约定,未为约定或者约定不明确的,法律上推定其为连带共同保证。共同保证中,债权人与各个保证人之间的关系可分别适用按份之债与连带之债的法律规则。对此,我国《民法典》第699条作了明确规定:"同一债务有两个以上保证人的,保证人应当按照保证合同约定的保证份额,承担保证责任;没有约定保证份额的,债权人可以请求任何一个保证人在其保证范围内承担保证责任。"

训 练

【司考】甲公司与乙公司达成还款计划书,约定在2012年7月30日归还100万元,8月30日归还200万元,9月30日归还300万元。丙公司对三笔还款提供保证,未约定保证方式和保证期间。后甲公司同意乙公司将三笔还款均顺延3个月,丙公司对此不知情。乙公司一直未还款,甲公司仅于2013年3月15日要求丙公司承担保证责任。关于丙公司保证责任,下列哪一表述是正确的?(2014年)

A. 丙公司保证担保的主债权为300万元

B. 丙公司保证担保的主债权为500万元

C. 丙公司保证担保的主债权为600万元

D. 因延长还款期限未经保证人同意,丙公司不再承担保证责任

【答案】 A

【解析】《民法典》第692条第2款规定:"债权人与保证人可以约定保证期间,但是约定的保证期间早于主债务履行期限或者与主债务履行期限同时届满的,视为没有约定;没有约定或者约定不明确的,保证期间为主债务履行期限届满之日起六个月。"另外,《民法典》第693条第2款规定:"连带责任保证的债权人未在保证期间请求保证人承担保证责任的,保证人不再承担保证责任。"保证人丙公司对三笔债权担保的保证期间截止日期分别为2013年1月30日、2月28日、3月30日。甲公司仅于2013年3月15日请求丙公司承担保证责任,丙公司对前两笔债权的保证期间已经届满,

---

〔9〕 曹士兵:《中国担保法诸问题的解决与展望》,中国法制出版社2001年版,第72页。

保证责任已经消灭。因此,丙公司仅对最后一笔300万元债权承担保证责任。《民法典》第695条第2款规定:"债权人和债务人变更主债权债务合同的履行期限,未经保证人书面同意的,保证期间不受影响。"而不是不再承担保证责任。因此,D项表述错误。

综上,本题的答案为A。

【法考】甲与乙签订了为期三年的供货合同,丙与乙约定合同期限内,愿意在2000万元范围内对乙承担保证责任。两年后,甲因经济困难无力履行合同,与乙协议终止供货合同,此时未付货款为2022万元,乙同意免除其22万元尾款,并同意甲将500万元债务转让给丁,以上内容均未通知丙。下列哪一选项是正确的?(2022年)

A 丙应承担2022万元的保证责任

B. 丙对甲的债务承担连带保证责任

C. 丙应承担2000万元的保证责任

D. 丙应承担1500万元的保证责任

【答案】 D

【解析】A项因超出了保证担保的范围,是错误的选项。《民法典》第686条第2款规定,当事人在保证合同中对保证方式没有约定或约定不明确的,按照一般保证承担保证责任。丙、乙未约定保证方式,丙对甲的债务承担一般保证责任而非连带保证责任,故B项错误。《民法典》第697条第1款规定,债权人未经保证人书面同意,允许债务人转移全部或部分债务,保证人对未经其同意转移的债务不再承担保证责任,但是债权人和保证人另有约定的除外。本题中,甲(债务人)欠乙(债权人)2022万元,免除22万元后剩余2000万元,后债权人乙同意债务人甲对外转让500万元且未经保证人丙书面同意。因此,丙应承担的责任为2000万元减去500万元,即在1500万元主债务范围内承担保证责任,故D项正确。

综上,本题的答案为D。

思　考

1. 保证合同无效后保证人的责任有哪些?
2. 一般保证人先诉抗辩权的限制是什么?
3. 什么是保证人追偿权?该权利的行使条件是什么?
4. 如何理解保证期间与保证合同诉讼时效的关系?

重点问题梳理

1. 保证是发生在债权人与保证人之间的一种债权债务关系,债权人的保证权是一种债权。
2. 保证范围的大小取决于当事人的约定,未有当事人约定的依法律规定确定保证范围。
3. 保证有连带保证与一般保证两种方式,保证方式的不同决定着保证人在保证责任中法律地位的不同。在一般保证中,保证人享有先诉抗辩权,而在连带保证中,保证人不享有先诉抗辩权。
4. 共同保证中,除当事人另有约定外,各保证人之间承担连带保证责任。
5. 最高额保证所担保的是未来发生的具有不确定性的债权,具体担保的债权范围在决算期到来时才能确定,故最高额保证的规制在某种程度上突破了保证所具有的从属性特征。

第十四章　租 赁 合 同

第一节　租赁合同概述

一、租赁合同的概念和特征

（一）租赁合同的概念

租赁合同是出租人将租赁物交付承租人使用、收益，承租人支付租金的合同（《民法典》第703条）。在租赁合同中，当事人一方交付他人使用之物为租赁物，当事人一方为使用他人之物而支付的报酬为租金；当事人中将租赁物交付他人使用的为出租人，使用租赁物并支付租金的为承租人。出租人与承租人为租赁合同的基本当事人。

租赁合同的标的物范围极为广泛，既可以为漫画、杂志、录影带、VCD/DVD、溜冰鞋等小型动产，也可以是飞机、船舶、机器设备等大型动产，还可以是店面、厂房、仓库、住家房屋、建设用地与农业用地等不动产。

租赁合同可以使出租人在保留对标的物的所有权或者其他相关权利的前提下，获得相应的经济利益；可以使承租人以较小的对价，在无须购买租赁物的情况下获得几乎如所有人一般占有、使用、收益的权利，满足生活与营业的需要。因此，租赁合同是非所有权人利用他人之物的一个有效而便捷的手段，在实现对物的合理、充分利用方面发挥着重要的作用。租赁的法律规范，特别是土地与房屋租赁的规范，因涉及众多人民的生活或营业基础，对社会整体与经济运行均具有重大意义。[1]

（二）租赁合同的法律特征

1. 租赁合同为债权合同。租赁合同的主要效力为导致当事人负有提供用益或支付租金的义务，它并不直接导致财产权的创设、变更和消灭，因此租赁合同为典型的债法上的负担行为，而非处分行为。当事人仅取得债权负担债务，债权人固得请求债务人履行其义务，但尚需债务人的履行行为，债权之内容始能获得实现。[2]

---

〔1〕 黄立主编：《民法债编各论》（上），中国政法大学出版社2003年版，第194页。

〔2〕 黄立主编：《民法债编各论》（上），中国政法大学出版社2003年版，第193页。

探讨 负担法律行为与处分法律行为的区分[3]

负担法律行为与处分法律行为是德国法系所独有的概念,是法律行为分类中最难懂的分类,是依据法律行为效力所作的分类。处分行为是直接使某种权利发生变动的法律行为,可以再细分为单方处分行为和双方处分行为。扔掉旧桌子、旧电视、旧书等抛弃所有权的行为为单方处分行为。负担法律行为是指发生债权债务关系的法律行为,是仅产生当事人之间请求权的行为,如买卖合同行为。

处分行为与负担行为的区别在于:(1)法律效果不同。处分行为发生使相对人取得权利的法律效果,而负担行为则在于使行为人承担给付义务(如转移所有权的义务)。(2)处分行为以行为人具有处分权为生效要件,负担行为则不需要行为人具备处分权。(3)处分行为适用标的物特定化原则,即处分行为的标的物必须是特定的,任何一个标的物的转让都需要一个特定的处分行为。负担行为没有这样的限制。(4)处分行为适用公示原则,因为处分行为涉及物权变动,而物权变动必须有一定的足以让外界辨认的征象(转移占有或者登记),以维护交易安全,避免第三人遭受不测的损害。但负担行为没有这一要求。

2. 租赁合同是以移转物的使用权、收益权为目的的合同。承租人与出租人缔结租赁合同的通常目的是使用租赁物,获得一定的使用利益。这一特征使在租赁合同的履行中通常会出现租赁物占有转移的现象,而在租赁合同终止后,承租人也须将租赁物返还给出租人。租赁合同只转移对租赁物的使用权、收益权,这使租赁合同明显地不同于转移财产所有权的买卖合同。

3. 租赁合同为有偿、双务合同。租赁合同总是有偿的,当事人的任何一方从对方取得利益,均须支付一定的代价。出租人与承租人都负有一定的给付义务,而且双方的给付义务具有对应性与对价性,所以租赁合同为双务合同。

4. 租赁合同为诺成合同。租赁合同在双方当事人意思表示一致时成立,其成立不以交付租赁物为必要,因此为诺成合同。

5. 租赁合同的标的物为有体物、非消耗物。租赁合同的标的物以有体物为限,包括动产与不动产;无形物即权利不能作为租赁合同的标的物,有偿利用他人的权利可以采取其他种类的合同。[4] 租赁合同不转移财产所有权,在租赁关系终结时承租人必须返还租赁物,只有在租赁物为有体物、非消耗物的情况下,租赁物才能在经过一番使用后重新返还给出租人,因此,其标的物为有体物、非消耗物。如果供使用收益的物为金钱或者其他代替物,则合同的类型将变为借款合同或者消费借贷合同。

6. 租赁合同为继续性合同。"租赁契约之内容在一段期间内,乃是继续地被实现,双方之给付义务是继续地被履行,故租赁契约属于所谓'继续性债之关系',或称为'继续性契约'。租赁契约既为继续性契约,则基于继续性契约之统共特色,当事人之间的信赖关系是为契约之重要基础。一旦具有重大事由,造成此一信赖基础之丧失,而无法期待当事人继

---

〔3〕 孙宪忠主编:《民法总论》,社会科学文献出版社 2004 年版,第 195 页。
〔4〕 王家福等编著:《合同法》,中国社会科学出版社 1986 年版,第 227~228 页。

续维持其债之关系时,法律多会允许当事人终止契约,使契约关系(向未来地)消灭。"[5]

7. 租赁合同具有非永久性。租赁合同的期限长短显著影响出租人对租赁物所享有的相关权利,租赁期限若过长,可能使出租人的权利实际上被虚置,有悖于物尽其用的精神,因此各国家和地区一般都明确限定租赁合同的最长期限,使租赁合同具有了非永久性。如《日本民法典》第604条规定:"租赁的存续期间不能超过二十年。以契约约定更长期间的也为二十年。租赁的存续期间可以更新。但更新的期间自更新时起,不能超过二十年。"[6] 又如,我国台湾地区"民法"第449条第1项也规定:"租赁契约之期限,不得逾二十年。逾二十年者,缩短为二十年。"[7] 我国《民法典》第705条规定:"租赁期限不得超过二十年。超过二十年的,超过部分无效。租赁期间届满,当事人可以续订租赁合同;但是,约定的租赁期限自续订之日起不得超过二十年。"

8. 租赁合同为不要式合同。租赁合同原则上无须以书面或者其他方式作为成立要件。我国《民法典》第707条规定:"租赁期限六个月以上的,应当采用书面形式。当事人未采用书面形式,无法确定租赁期限的,视为不定期租赁。"该条为租赁合同不要式原则的例外。至于违反本条规定的租赁合同也并非无效,而是被视为"不定期租赁",各当事人得随时终止合同。针对租赁合同的登记备案问题,我国《民法典》第706条规定:"当事人未依照法律、行政法规规定办理租赁合同登记备案手续的,不影响合同的效力。"

二、租赁合同的主要条款

租赁合同的主要条款,是租赁合同内容的具体体现。《民法典》第704条规定:"租赁合同的内容一般包括租赁物的名称、数量、用途、租赁期限、租金及其支付期限和方式、租赁物维修等条款。"据此,租赁合同通常具备如下条款:

1. 租赁物的名称。租赁合同必须清楚写明租赁物的名称,从而使出租人与承租人的权利与义务关系指向明确的标的物。

2. 租赁物的数量。明确租赁物的数量,既有助于出租人准确地履行交付租赁物的义务,也有助于承租人准确地接受租赁物。

3. 租赁物的用途。租赁物用途条款是对承租人利用租赁物的方式进行限定与说明的重要条款。出租人必须保证租赁物符合合同约定的用途,而承租人必须按照约定的用途使用、收益租赁物,否则承租人要承担相应的违约责任。

4. 租赁期限。这是指承租人使用、收益租赁物的期间。租赁合同的非永久性决定了租赁期限存在的必然性。当事人可以在租赁合同中约定明确的租赁期限,也可以不约定明确的租赁期限。前者为定期租赁合同,在租赁期限到期后自然终止;后者为不定期租赁合同,出租人与承租人均可随时解除合同。对于最长租赁期限,各国家和地区一般要求不得超过20年。另外,为了促进土地的开垦与利用、房屋的改良与建设,有些国家和地区还规定了最

---

[5] 黄立主编:《民法债编各论》(上),中国政法大学出版社2003年版,第194页。

[6] 渠涛编译:《最新日本民法》,法律出版社2006年版,第132页。

[7] 考虑到现代建筑技术的发达,房屋使用期限一般超过20年,为周全保护承租人、促进社会资源之利用,我国台湾地区"民法"于1999年修订时增加了第449条第3项,租用基地建筑房屋者不适用20年最长租赁期限的限制。

短租赁期限，如我国台湾地区“耕地三七五减租条例”第5条规定，耕地租赁期间最少不得少于6年。

5. 租金与租金的支付期限和方式。获取租金是出租人出租租赁物的主要意图，而支付租金是承租人的主要义务，因此租金条款是租赁合同的重要条款。租金可以当事人认可的金钱或者实物等形式支付。租金的支付方式与期限可以由当事人自由约定，可以按照年度、季度、月度等支付。

6. 租赁物的维修。租赁物的维修义务一般由出租人承担，当事人也可以在合同中另行约定。

另外，当事人可以在租赁合同中对押金、违约责任、争议解决方式以及其他问题作出约定。实践中有些租赁合同约定了押金条款，如出租人出租自行车、照相机时，一般都会要求承租人支付一定的押金。押金是出租人要求承租人预付的担保出租财产的安全以及租金支付的财产。如果承租人不按时交还出租物或者支付租金，出租人就可从押金中扣除。

三、租赁合同的分类

（一）动产租赁与不动产租赁

以租赁物的种类、性质作为区分标准，可以分为动产租赁合同与不动产租赁合同。对于动产租赁，除以汽车、船舶、航空器等为租赁标的物的租赁外，法律一般不对之作出特殊规定；而对于不动产租赁，由于土地、房屋等不动产通常价值较大，对社会经济运转与人民的居家生活意义重大，法律往往会作出特殊要求，如要求进行登记。针对房屋租赁这种特殊的不动产租赁，我国《民法典》第734条第2款规定，租赁期限届满，房屋承租人享有以同等条件优先承租的权利。

（二）定期租赁与不定期租赁

以租赁合同是否有明确约定的租赁期限为标准，可以分为定期租赁合同与不定期租赁合同。在我国，不定期租赁合同通常包括以下情形：(1)当事人未在合同中明确约定租赁期限，该合同从成立时起就是不定期租赁合同；(2)当事人在租赁合同中将租赁期限约定为6个月以上，但是未采取书面形式，在当事人之间发生争议后，依《民法典》第707条的规定，该租赁合同被视为不定期租赁合同；(3)租赁期限届满，承租人继续使用租赁物，出租人没有提出异议，依《民法典》第734条第1款的规定，原租赁合同成为继续有效的不定期租赁合同。区分定期租赁合同与不定期租赁合同的意义在于，在不定期租赁中，除非法律另有规定，双方当事人均可随时终止合同。

（三）一般租赁与特殊租赁

以法律对租赁有无特殊规定为标准，可以将租赁合同分为一般租赁合同和特殊租赁合同。《民法典》合同编第十四章规定的租赁合同为常态的、典型的租赁合同，即所谓的一般租赁合同。租赁合同的标的物包括土地、房屋、生产设备等营业与一般居家的基本要素，而上述要素对一国的经济与社会发展又有相当的影响，因此，各国立法者往往会根据社会、经济发展状况，并在考量租赁的种类、承租人的经济地位、租赁市场的供求状况的基础上，对一些租赁加以特别规范,使其成为特殊租赁。我国《海商法》对船舶租赁、《城市房地产管理法》对城镇房屋租赁作出了特殊规定,因此,在我国船舶租赁合同与城镇房屋租赁合同均为特殊租赁合同。这种分类的法律意义在于,特殊租赁合同优先适用于特别法关于特殊租赁合同的规定,没有规定的部分才适用《民法典》合同编第十四章关于租赁合同的规定。

——思　考——

1. 租赁合同具有哪些特征?
2. 按照不同的标准,租赁合同如何分类?

第二节　租赁合同的内容

租赁合同的内容是指租赁合同中各种权利义务的内容及其法律效果。本节拟从义务(而非权利)的角度切入,对出租人的义务与承租人的义务进行说明。

一、出租人的义务

(一)交付租赁物并使租赁物处于适于使用、收益状态的义务

此项义务为出租人在租赁合同中负有的固有、不可或缺的义务,即为出租人的主给付义务。这一义务的目的在于使承租人在租赁期间内能够对租赁物为合于合同目的的使用与收益。在学理上,该主给付义务又可区分为“用益状态之提供义务”与“用益状态之维持义务”。[8]

1. 用益状态之提供义务即依合同的约定交付租赁物并使租赁物处于适于使用、收益状态的义务。为使承租人能使用、收益租赁物,出租人通常必须将租赁物交付给承租人。因此,所谓依合同约定交付租赁物,一般是指出租人按照合同约定将租赁物转移给承租人占有。如果在租赁合同成立之时,租赁物已由承租人占有,则承租人在合同约定的交付时起即可对租赁物进行直接的使用、收益。如果在租赁合同成立之时,承租人未占有租赁物,则出租人应将租赁物的占有转移给承租人。租赁物有从物的,出租人在交付租赁物时,也应同时交付从物。另外必须注意,出租人并非随意交付租赁物就算完成其义务,出租人交付的租赁物应当适合于合同约定的使用、收益目的,否则为未能恰当履行“用益状态之提供义务”,出租人应当承担违约责任或瑕疵担保责任。如果交付并不是承租人使用租赁物的必备状态,即纵使出租人未完全将租赁物之占有转移,承租人仍可使用、收益租赁的,则租赁合同仍可成立。如出租人同意承租人可以每周使用放置于出租人住所处的钢琴两次,每次三小时,则该租赁契约可以在不转移钢琴占有的情况下成立。对于一房数租的房屋租赁合同的履行及相关问题,《城镇房屋租赁合同解释》第5条规定:“出租人就同一房屋订立数份

[8] 黄立主编:《民法债编各论》(上),中国政法大学出版社2003年版,第202页。

租赁合同,在合同均有效的情况下,承租人均主张履行合同的,人民法院按照下列顺序确定履行合同的承租人:(一)已经合法占有租赁房屋的;(二)已经办理登记备案手续的;(三)合同成立在先的。不能取得租赁房屋的承租人请求解除合同、赔偿损失的,依照民法典的有关规定处理。"

2. 用益状态之维持义务即保持租赁物处于适于使用、收益的状态。出租人应于租赁关系存续期间,保持租赁物始终合于约定的使用、收益之状态。该项义务要求承租人在租赁期间,持续拥有合于所约定使用、收益状态之租赁物,并能够顺利为合于契约目的使用、收益。[9] 所谓维持合于约定使用、收益之状态,指该租赁物在客观上合于约定用益状态,至于承租人能否达到预定使用收益的效果,则非所问。具体而言,出租人用益状态维持义务包括以下内容:[10] (1)出租人本人不得无故剥夺承租人对租赁物的占有、使用和收益。在租赁期间,居于所有权人地位的出租人不得行使所有物的返还请求权,收回租赁物。(2)出租人负有容忍承租人以合于合同目的之方法使用、收益租赁物的义务,如出租人需容忍为营业需要而承租店面的承租人所进行的安装电话、冷气、悬挂招牌等行为。(3)出租人不得无故干扰承租人对租赁进行合于合同目的的使用、收益,如出租人除检视与修缮出租物之外,不能以不合理之频率或在不合理时间,经常无故擅入承租人租赁的住宅,打扰承租人的正常生活。(4)第三人对承租人的使用、收益加以干扰、妨碍或侵夺,出租人应设法为承租人除去。如在第三人侵夺租赁物时,居于所有权地位的出租人应积极行使所有物返还请求权,使承租人能继续使用与收益租赁物。(5)出租人有对租赁物进行必要修缮的义务。该项义务指租赁物的用益状态在租赁期间如果渐趋降低甚至完全丧失,出租人有予以修理、维护、复原,使租赁物能合于约定使用、收益状态的义务。

出租人的修缮义务是出租人用益状态之维持义务中最为重要者,对此我国《民法典》第712条明确规定:"出租人应当履行租赁物的维修义务,但是当事人另有约定的除外。"出租人对租赁物进行修缮时,承租人应当积极配合,不得妨碍出租人进行修缮。出租人承担修缮义务须具备以下条件:(1)租赁物有修缮的必要。修缮的必要性要依据租赁合同的目的与社会通行的观念来判断,通常是指如果不进行修缮,租赁物将无法达到约定的使用、收益状态。如出租之房屋遇雨渗漏,承租人难以继续居住;出租之汽车引擎发生故障,承租人无法正常使用等。(2)租赁物有修缮的可能。出租人的修缮义务以租赁物仍有修缮的可能为前提。如果租赁物虽有修缮的必要,但已无修缮的可能,则出租人通常不负有"重新建造"的义务。无修缮的可能包括事实上的不能与经济上的不能两个方面。前者如租赁之房屋被大火烧塌,已经无法进行事实上的修缮,只能进行重建;后者为租赁物的修缮在技术上虽属可能,但在经济上耗资甚巨,几乎与重建无异。(3)在租赁期间承租人通知出租人。因为通常在出租人将租赁物交付给承租人使用后,出租人并不占有租赁物,不能及时了解租赁物的状况,而承租人因为现实占有租赁物并进行使用、收益,对租赁物的状态最为了解。(4)当事人无另外的约定。当事人对租赁物的修缮问题如另有约定,则应当按照约定办理。由于承租人实际上占有租赁物,由其直接负责对租赁物进行修缮既可以及时使租赁物恢复

[9] 黄立主编:《民法债编各论》(上),中国政法大学出版社2003年版,第202页。
[10] 黄立主编:《民法债编各论》(上),中国政法大学出版社2003年版,第202~211页。

适于使用的状态,也可以免去通知手续与相互推诿的麻烦,往往更加符合双方当事人的意愿。

在修缮义务是出租人的义务的情况下,出租人不履行该项义务,则构成债务不履行。对此,《民法典》第 713 条第 1 款规定:“承租人在租赁物需要维修时可以请求出租人在合理期限内维修。出租人未履行维修义务的,承租人可以自行维修,维修费用由出租人负担。因维修租赁物影响承租人使用的,应当相应减少租金或者延长租期。”

3. 对出租人的瑕疵担保责任的简单说明。对于出租人的用益状态之维持义务,很多学者将其分解为出租人的瑕疵担保责任与出租人的修缮义务而分别进行说明,[11] 本书认为出租人的瑕疵担保责任为出租人违反用益状态之维持义务之当然含义。出租人的瑕疵担保责任包括物的瑕疵担保责任与权利瑕疵担保责任两类。(1)物的瑕疵担保责任,指出租人应担保所交付的租赁物符合约定的用途,能够为承租人依约定正常使用、收益。如果租赁物有品质瑕疵而不能被正常使用、收益时,出租人应当更换同类财产或进行修缮,因此致使承租人有损害的,出租人应当承担损害赔偿责任,承租人得解除合同或者请求减少租金。[12] 需要注意的是,《民法典》第 731 条规定:“租赁物危及承租人的安全或者健康的,即使承租人订立合同时明知该租赁物质量不合格,承租人仍然可以随时解除合同。”如张三将其刚装修过的甲醇严重超标之房屋租赁给李四居住,李四可以以该房屋甲醇严重超标、危及其身体健康为由而解除该房屋租赁合同。(2)权利瑕疵担保责任,指出租人应当担保承租人不因第三人主张权利而不能使用、收益,否则出租人将被追究责任。对此,《民法典》第 723 条规定,因第三人主张权利,致使承租人不能对租赁物使用、收益的,承租人可以请求减少租金或者不支付租金。第三人主张权利的,承租人应当及时通知出租人。

(二)费用偿还义务与工作物取回容忍义务

所谓费用,是指承租人为租赁物所支付的金钱、实物等。费用可以分为必要费用、有益费用和奢侈费用三种,其中除奢侈费用以外,其余两种费用都由出租人偿还。承租人支付各种费用有时是为了达到使用、收益租赁物的目的;有时是为了对租赁物尽到善良管理人的保管义务;有时是为了对租赁物进行改善,以充分发挥租赁物使用收益之功能。

1. 必要费用的偿还义务。必要费用是指为了保存租赁物,使租赁物能维持合于约定之使用收益状态而必须支出的费用。如租车以后,汽车引擎发生故障无法行驶,承租人为排除故障所支出的费用;房屋因年久失修而漏雨,承租人为维修房屋而支出的费用。承租人使用、收益租赁物本身所支出的费用不属于必要费用的范畴,如使用租赁的电视机所支出的电费、使用租赁的汽车而支出的油费等。关于必要费用的偿还义务,《德国民法典》第 547 条规定,出租人对承租人就租赁物支出的必要费用负有偿还义务,但动物的承租人应负担其饲养费用;[13]《日本民法典》第 608 条规定,承租人就租赁物上已支出的本属于出租人应

---

〔11〕 崔建远主编:《合同法》,法律出版社 2007 年版,第 410 ~ 412 页;韩松主编:《民法学》,中国政法大学出版社 2004 年版,第 557 ~ 558 页。

〔12〕 魏振瀛主编:《民法》,北京大学出版社、高等教育出版社 2000 年版,第 470 页。

〔13〕《德国民法典》,郑冲、贾红梅译,法律出版社 1999 年版,第 106 页。

负担的必要费用,得直接请求出租人返还。[14] 我国《民法典》未明文规定出租人一般必要费用的偿还义务,其第713条仅规定了出租人修缮费用的偿还义务。本书认为,只要当事人未明确约定排除出租人的必要费用偿还义务,出租人就负有此项义务,出租人不履行者,承租人可以相应地减少租金数额或者在租金中扣除。

2. 有益费用偿还义务。有益费用是指未达到奢侈程度的能增加租赁物的价值,又并非为保存租赁物或为维持租赁物合于约定用益状态所不可或缺的费用。如承租人对所租的房屋进行刷漆、安装窗帘、铺设地板、进行装潢等所支出的费用,只要上述费用未达到奢侈浪费程度的,均属有益费用。有益费用的偿还义务须具备以下条件:(1)承租人就租赁物支出的有益费用,增加了租赁物的价值。(2)出租人须知道有益费用的支出而并没有表示反对。(3)租赁物所增加之价值须于租赁关系结束时仍然存在。(4)须当事人无特殊约定。另外,承租人只有在租赁关系终止时才能请求偿还有益费用,有益费用的偿还范围限于租赁物的“现存增加值”。[15]

3. 工作物取回之容忍。承租人对于租赁物增设工作物而支出的有益费用,承租人如不欲请求偿还有益费用,或出租人对于租赁物的改良不知情,或出租人虽知情而自始表示反对时,承租人皆可以取回所增设之工作物,出租人不能主张无偿留用。[16]

(三)告知必要信息、协助、接受租赁物义务

根据诚信的原则,出租人负有一定的告知、说明与协助的必要义务。如出租刹车闸略有瑕疵的自行车的出租人,必须将此情形告知承租人,以免承租人在毫无准备的情况下,因刹车失灵而遭受交通意外。出租其他有危险性设备者,亦应充分说明、示范。在租赁关系终止后,承租人向出租人交还租赁物时,出租人无正当理由不得拒收。

(四)其他义务

在出租人收取了押金或者占有了担保物的场合,在租赁关系终止时,出租人还可能负有返还租金与担保物的义务。如出租人收取了承租人的押金,在租赁期间未抵冲租金,则在租赁合同终止后,出租人应当返还。另外,如有担保物的,出租人应当在租赁关系终止后返还给担保人。

二、承租人的义务

(一)支付租金的义务

支付租金是承租人最重要的义务,即为承租人的主给付义务。其存在与否对租赁合同的认定起到决定作用,如果承租人是无偿使用标的物,则当事人所缔结的合同将成为使用借贷合同。

承租人应当按照租赁合同的约定,及时、足额支付租金,否则应负债务不履行或者迟延

〔14〕 渠涛编译:《最新日本民法》,法律出版社2006年版,第132页。
〔15〕 黄立主编:《民法债编各论》(上),中国政法大学出版社2003年版,第213~214页。
〔16〕 黄立主编:《民法债编各论》(上),中国政法大学出版社2003年版,第215页。

履行债务的违约责任。对此,我国《民法典》第722条规定:“承租人无正当理由未支付或者迟延支付租金的,出租人可以请求承租人在合理期限内支付;承租人逾期不支付的,出租人可以解除合同。”关于租金的支付问题,作以下几点说明:

1. 租金的形态与支付方式

(1)租金通常应以金钱支付,但不以金钱为限。租赁物的孳息可以充抵租金,当事人同意的其他物品,只要不违反法律或者公序良俗均可充抵租金。

(2)租金可以一次支付,也可以分期支付。对于较长期的租赁,如土地、房屋的租赁,多采取分期支付的方式,分期支付的可以视为定期支付,每期租金请求权的诉讼时效应自该租金支付期届满之日起计算;对于短期的租赁,如书籍、汽车、录影带的租赁,多采取一次性支付的方式。《民法典》第721条规定:“承租人应当按照约定的期限支付租金。对支付租金的期限没有约定或者约定不明确,依据本法第五百一十条的规定仍不能确定,租赁期限不满一年的,应当在租赁期限届满时支付;租赁期限一年以上的,应当在每届满一年时支付,剩余期限不满一年的,应当在租赁期限届满时支付。”

承租人无正当理由未支付或者迟延支付租金的,出租人可以要求承租人在合理期限内支付。承租人逾期不支付的,出租人可以解除合同。需要注意,因承租人拖欠租金,出租人请求解除合同时,次承租人请求代承租人支付欠付的租金和违约金以抗辩出租人合同解除权的,人民法院应予支持。但转租合同无效的除外。

2. 租金的数额

当事人可以对租金的数额自由约定,法律对此没有作出特别规定。但如果租金的数额明显过高或者过低而显失公平的,当事人可以请求适当减少或者增加。如果因急迫、草率或缺乏经验而导致租金过高,承租人可以以显失公平或乘人之危为由请求变更。

3. 租金的变动

如果有下列情形,合同约定的租金会随之发生变动:

(1)租赁物灭失。因不可归责于承租人的事由,致使租赁物部分或者全部毁损、灭失的,承租人可以请求减少租金或者不支付租金;因租赁物部分或者全部毁损、灭失,致使不能实现合同目的的,承租人可以解除合同(《民法典》第729条)。

(2)因情事变更而引起的租金变更。在期限较长的不动产租赁关系存续期间,会出现社会生活状况与不动产价值发生巨大变化的情形,如果该种情形造成了当事人之间的权利和义务严重失衡,当事人可以根据公平原则对租金进行适当的调整和变更。

(二)按照合同约定的方法或者租赁物的性质使用租赁物的义务

《民法典》第709条规定,承租人应当按照约定的方法使用租赁物。对租赁物的使用方法没有约定或者约定不明确,依据《民法典》第510条的规定仍不能确定的,应当根据租赁物的性质使用。承租人按照约定的方法或者未根据租赁物的性质使用租赁物,致使租赁物受到损耗的,不承担赔偿责任(《民法典》第710条)。承租人未按照约定的方法或者未根据租赁物的性质使用租赁物,致使租赁物受到损失的,出租人可以解除合同并请求赔偿损失(《民法典》第711条)。

(三)保管租赁物的义务

《民法典》第714条规定了承租人妥善保管租赁物的义务,即承租人应当妥善保管租赁物,如果保管不善造成租赁物毁损、灭失的,应当承担赔偿责任。

(四)租赁物的返还义务

租赁关系终止后,承租人应当将租赁物返还给出租人。对于动产而言,返还就是将动产交还给出租人;对于不动产而言,返还就是放弃对租赁物的占有,而由出租人占有。承租人在租赁关系终止后应返还原物,这里的原物不是指始终保持了租赁合同开始状态的原物,而是指保持有正常使用、收益后的自然状态的原物。即使正常的使用导致了租赁物的磨损、损耗,导致了租赁物在外形与性能状态上有所改变,只要租赁物没有因非正常的使用而发生根本性的毁损、灭失,仍属于法律上的原物。

三、租赁合同的特别效力与风险负担

(一)租赁合同的特别效力

在租赁合同中,承租人拥有对租赁物的优先购买权,这是租赁合同具有的特别效力。承租人的优先购买权是指在租赁合同存续期间,出租人出卖租赁物时,承租人在同等条件下享有优先购买的权利。由于租赁物特别是房屋对于承租人而言具有特别意义,即租赁物通常处在承租人的占有、使用与控制之下,承租人对租赁物具有特殊的使用利益,承租人与租赁物之间的事实关系与法律关系的变动都会对承租人的生活与营业造成显著影响,因此,法律将优先购买权赋予承租人。我国《民法典》第726条规定认可了承租人的优先购买权,出租人出卖租赁房屋的,应当在出卖之前的合理期限内通知承租人,承租人享有以同等条件优先购买的权利;但是,房屋按份共有人行使优先购买权或者出租人将房屋出卖给近亲属的除外。出租人履行通知义务后,承租人在15日内未明确表示购买的,视为承租人放弃优先购买权。《民法典》第727条对房屋拍卖时的承租人优先购买权行使问题进行了规定,该条规定,"出租人委托拍卖人拍卖租赁房屋的,应当在拍卖五日前通知承租人。承租人未参加拍卖的,视为放弃优先购买权"。《民法典》第728条继续规定:"出租人未通知承租人或者有其他妨害承租人行使优先购买权情形的,承租人可以请求出租人承担赔偿责任。但是,出租人与第三人订立的房屋买卖合同的效力不受影响。"《民法典》第726条至第727条的规定表明,为了保证承租人优先购买权的实现,《民法典》要求出租人承担事前通知的附随义务。

(二)租赁合同的风险负担〔17〕

租赁合同的风险负担是指由于不可归责于出租人的事由,致使租赁物部分或全部毁损、灭失时,风险应如何分担的问题。具体可以分解为租赁物的风险负担与租金的风险负担两个方面。

〔17〕　王利明等:《合同法》,中国人民大学出版社2002年版,第388页。

1. 租赁物的风险负担

这是指由于不可归责于双方当事人的事由,致使租赁物部分或者全部灭失时,租赁物的部分或者全部损失应由谁负担的问题。根据罗马法以来形成的标的物的风险一般由所有权人承担的原则,除法律有特别规定或者当事人之间有特殊约定以外,该种风险一般都应当由出租人承担。

2. 租金的风险负担

在租赁物因不可归责于当事人的事由而部分或者全部毁损、灭失致使租赁合同部分或者全部履行不能时,承租人应如何对待给付租金的问题为租金的风险负担。我国《民法典》第729条规定:“因不可归责于承租人的事由,致使租赁物部分或者全部毁损、灭失的,承租人可以请求减少租金或者不支付租金;因租赁物部分或者全部毁损、灭失,致使不能实现合同目的的,承租人可以解除合同。”据此可知,因不可归责双方当事人的事由致使合同部分或者全部不能履行时,承租人可以减少或者全部免除对待给付义务,因此,租金风险也一般由出租人来负担。

—— 训　练 ——

【司考】甲将房屋租给乙,在租赁期内未通知乙就把房屋出卖并过户给不知情的丙。乙得知后劝丙退出该交易,丙拒绝。关于乙可以采取的民事救济措施,下列哪一选项是正确的?(2015年)

A. 请求解除租赁合同,因甲出卖房屋未通知乙,构成重大违约

B. 请求法院确认买卖合同无效

C. 主张由丙承担侵权责任,因丙侵犯了乙的优先购买权

D. 主张由甲承担赔偿责任,因甲出卖房屋未通知乙而侵犯了乙的优先购买权

【答案】 D

【解析】《民法典》第726条规定:出租人出卖租赁房屋的,应当在出卖之前的合理期限内通知承租人,承租人享有以同等条件优先购买的权利;但是,房屋按份共有人行使优先购买权或者出租人将房屋出卖给近亲属的除外。出租人履行通知义务后,承租人在15日内未明确表示购买的,视为承租人放弃优先购买权。结合本题,出租人甲在向第三人丙出卖房屋时没有通知承租人乙,因此侵犯了承租人的优先购买权,故优先购买权人乙可以要求甲承担赔偿责任。因甲是房屋所有权人,依法享有处分权,故其与善意第三人丙之间签订的房屋买卖合同合法有效,承租人乙不能请求法院解除买卖合同,丙亦没有侵犯承租人乙的优先购买权。

综上,本题的答案为D。

【法考】A公司因经营状况不佳,用自己名下房屋分别与甲乙丙丁四人签订租赁合同,现四人均要求A公司履行合同交付房屋,则应该履行的合同是哪一份?(2021年)

A. 应交付给甲,因其最先签订合同

B. 应交付给乙,因其约定的租金最高

C. 应交付给丙,因其合同进行了登记

D. 应交付给丁,因其已交租金

【答案】 C

【解析】《城镇房屋租赁合同解释》第5条规定:“出租人就同一房屋订立数份租赁合同,在合同

均有效的情况下,承租人均主张履行合同的,人民法院按照下列顺序确定履行合同的承租人:(一)已经合法占有租赁房屋的;(二)已经办理登记备案手续的;(三)合同成立在先的。不能取得租赁房屋的承租人请求解除合同、赔偿损失的,依照民法典的有关规定处理。”根据这一规定,本题不存在交付,应以登记在先为准,故只有C项正确。

综上,本题的答案是C。

——思　考——

租赁合同的当事人享有哪些权利,承担哪些义务?

第三节　租赁合同的变更与终止

一、租赁合同的变更

广义的租赁合同的变更,包括租赁合同主体的变更与租赁合同内容的变更、转租。

(一)出租人的变更

在租赁关系存续期间,如果出租人死亡,其出租人地位一般由其继承人继承,原租赁关系发生相应的变更。出租人让与租赁物的,《民法典》第725条规定,“租赁物在承租人按照租赁合同占有期限内发生所有权变动的,不影响租赁合同的效力”,即“买卖不破租赁”。在“买卖不破租赁”原则约束下,租赁关系对受让人也发生约束力,受让人取得原出租人的地位,租赁合同的出租人发生变化。

探讨　“买卖不破租赁”原则与债权物权化的问题

租赁本质上是一种债的关系,不具有对抗第三人的效力,但是现代各国民法为了保护承租人的利益,稳固社会生活关系,大多赋予了租赁权一种近似物权的效力,形成了“买卖不破租赁”原则。根据这一原则,承租人取得租赁权后,出租人将租赁物的所有权让与第三人,原租赁合同对于新的所有人将继续有效。“买卖不破租赁”原则最早为《德国民法典》所采用,但是在各国民法典中该规定仅适用于土地,苏联民法将其适用范围扩展到一切租赁物。[18]我国早在原《经济合同法》立法之时就已采纳这一原则,其第23条第2款规定:“如果出租方将财产所有权转移给第三方时,租赁合同对财产新的所有方继续有效。”我国原《合同法》第229条“租赁物在租赁期间发生所有权变动的,不影响租赁合同的效力”的规定,继承了《经济合同法》的立法精神。我国《民法典》第725条规定,“租赁物在承租人按照租赁合同占有期限内发生所有权变动的,不影响租赁合同的效力”,进一步完善了这一制度。租赁权这种特殊

〔18〕王家福等编:《合同法》,中国社会科学出版社1986年版,第233页。

的针对某个人的"相对权"在这种特殊情况下表现出来的或多或少的针对第三者的效力被学者称为"债权物权化"问题。债权物权化并不意味着租赁权已经具有了绝对性而成为物权,而仅是说基于社会政策的考虑,租赁权被法律赋予了特殊的对抗第三人的效力。由于"在微观上,某些债权出现了物权的部分特征,具备了片面的对抗效力,但其性质仍然是债权而没有转化为真正的物权;宏观上,个别的权利会呈现物权债权化、债权物权化特征,但不代表债权作为一个权利类型而整体性的物权化运动",因此,不存在一个债权物权化的潮流趋势。[19] 在此必须指出,在"买卖不破租赁"原则使承租人权利物权化而具有某种物权效力后,"不能因此而谓物权债权已无区分之必要"。[20]

(二)承租人的变更

1. 承租人的法定变更

对租赁权的法定让与作出规定的是《民法典》第732条,该条规定:"承租人在房屋租赁期限死亡的,与其生前共同居住的人或者共同经营人可以按照原租赁合同租赁该房屋。"

2. 承租人因转让而变更

除非租赁合同对此另有约定,承租人将其在租赁合同关系中权利义务关系转让给新的承租人时,应取得出租人的同意。

(三)租赁合同内容的变更

租赁合同内容的变更是指租赁合同双方当事人在约定的租赁期限协议变更租赁合同的内容。这是合同自由原则在合同变更领域贯彻的结果。现实中出现较多的租赁合同内容的变更为当事人变更租赁合同的期限。租赁合同的期限的变更不同于租赁合同的更新。后者是指租赁合同双方当事人在租赁合同规定的期限届满时延长租赁期限,续订租赁合同。

(四)转租

转租是指在承租人不脱离原租赁关系的情况下,将租赁物又出租给次承租人的情形。在承租人将房屋等租赁物转租后,承租人与次承租人之间形成了新的租赁关系,而承租人与原出租人之间的租赁关系依然保持。如果出租人允许承租人转租且他们之间没有特别约定,则承租人可以通过转租形式赚取租金的差价。在转租的情形下,如果次承租人对租赁物造成了损失,则首先由次承租人向承租人承担责任,再由承租人向出租人承担责任,即合同的相对性决定出租人不能直接向次承租人主张违约损害赔偿。转租与租赁权转让的区别在于:在租赁权转让后,承租人脱离了原租赁关系;而在转租中,承租人仍然留在原租赁关系中。转租关系中原出租人仍为出租人,承租人则成为转租人。转租之标的物既可为原租赁物的全部,也可为原租赁物的一部分。由于租赁合同当事人之间存在信任关系,承

---

〔19〕 王玉花:《物权的绝对性及其相关问题研究——与从"支配性"相对立的角度》,中国社会科学院研究生院法学系2007年博士学位论文(未刊稿),第222页。

〔20〕 谢在全:《民法物权论》(上册),中国政法大学出版社1999年版,第29页。

租人对租赁物的使用、收益状态之改变会对出租人的利益造成一定的影响，所以许多国家立法对转租都有限制。对此，我国《民法典》第 716 条规定："承租人经出租人同意，可以将租赁物转租给第三人。承租人转租的，承租人与出租人之间的租赁合同继续有效；第三人造成租赁物损失的，承租人应当赔偿损失。承租人未经出租人同意转租的，出租人可以解除合同。"我国《民法典》第 717 条对转租的期限问题进行了规定，该条规定："承租人经出租人同意将租赁物转租给第三人，转租期限超过承租人剩余租赁期限的，超过部分的约定对出租人不具有法律约束力，但是出租人与承租人另有约定的除外。"《民法典》第 718 条规定，出租人知道或者应当知道承租人转租，但是在六个月内未提出异议的，视为出租人同意转租。《民法典》第 719 条对次承租人的代位求偿权问题进行了规定，该条规定："承租人拖欠租金的，次承租人可以代承租人支付其欠付的租金和违约金，但是转租合同对出租人不具有法律约束力的除外。次承租人代为支付的租金和违约金，可以充抵次承租人应当向承租人支付的租金；超出其应付的租金数额的，可以向承租人追偿。"

二、租赁合同的终止与效力

（一）租赁合同终止的事由

租赁合同通常会因租赁期限届满而终止或者因当事人解除而终止。

1. 租赁合同因期限届满而终止

当事人在租赁合同中约定有租赁期限的，租赁期限届满通常将会导致租赁合同的终止。但是，租赁期限的届满并不必然导致租赁合同的终止。《民法典》第 734 条第 1 款规定："租赁期限届满，承租人继续使用租赁物，出租人没有提出异议的，原租赁合同继续有效，但是租赁期限为不定期。"

2. 租赁合同因当事人解除而终止

租赁合同期限虽未届满，但却出现了法律规定的解除事由或者当事人约定的解除事由，这时享有解除权的一方当事人可以通过行使解除权的方式使租赁关系消灭。另外，双方当事人也可以采取协商一致的方式解除租赁合同。

我国《民法典》及《城镇房屋租赁合同解释》针对租赁合同规定了较多的法定解除权，除不定期租赁合同当事人双方均享有任意解除权外，出租人或承租人还会在如下情形中享有法定解除权：

（1）出租人享有法定解除权的情形。第一，承租人未按照约定的方法或者未根据租赁物的性质使用租赁物，致使租赁物受到损失的，出租人可以解除合同并请求赔偿损失（《民法典》第 711 条）。第二，承租人擅自变动房屋建筑主体和承重结构或者扩建，在出租人要求的合理期限内仍不予恢复原状的（原《城镇房屋租赁合同解释》第 6 条）。第三，承租人未经出租人同意转租的，出租人可以解除合同（《民法典》第 716 条第 2 款）；出租人知道或者应当知道承租人转租，但是在六个月内未提出异议的，视为出租人同意转租（《民法典》第 718 条第 2 款）。第四，承租人无正当理由未支付或者迟延支付租金的，出租人可以请求承租人在合理期限内支付；承租人逾期不支付的，出租人可以解除合同（《民法典》第 722 条）。

（2）承租人享有法定解除权的情形。第一，因租赁物部分或者全部毁损、灭失，致使不能实现合同目的的，承租人可以解除合同（《民法典》第 729 条）。第二，租赁物危及承租人的安全或者健康的,即使承租人订立合同时明知该租赁物质量不合格,承租人仍然可以随时解除合同(《民法典》第731条)。第三,出租人就同一房屋订立数份租赁合同,不能取得租赁房屋的承租人请求解除合同(《城镇房屋租赁合同解释》第5条)。第四,有下列情形之一,非因承租人原因致使租赁物无法使用的,承租人可以解除合同:租赁物被司法机关或者行政机关依法查封、扣押;租赁物权属有争议;租赁物具有违反法律、行政法规关于使用条件强制性规定情形(《民法典》第724条)。

(二)租赁合同消灭的效力

当事人一方解除合同或者双方当事人协商一致解除合同,都会导致租赁合同的终止,使租赁合同对双方当事人失去约束力。租赁合同为继续性合同,在合同存续期间,承租人以支付租金为对价而对租赁物享有使用、收益的权利。合同消灭后,租金虽有返还可能,承租人之使用、收益却不可能返还。因此,租赁合同的消灭只能向将来发生,而不能溯及既往;其消灭的效果只能自产生终止原因之时起,向将来发生效力。[21]

—— 训　练 ——

【司考】居民甲将房屋出租给乙,乙经甲同意对承租房屋进行了装修并转租给丙。丙擅自更改房屋承重结构,导致房屋受损。对此,下列哪些说法是正确的?(2016年)

A. 无论有无约定,乙均有权于租赁期满时请求甲补偿装修费用

B. 甲可请求丙承担违约责任

C. 甲可请求丙承担侵权责任

D. 甲可请求乙承担违约责任

【答案】 CD

【解析】《城镇房屋租赁合同解释》第8条规定:承租人经出租人同意装饰装修,租赁期间届满或者合同解除时,除当事人另有约定外,未形成附合的装饰装修物,可由承租人拆除。因拆除造成房屋毁损的,承租人应当恢复原状。第10条规定:承租人经出租人同意装饰装修,租赁期间届满时,承租人请求出租人补偿附合装饰装修费用的,不予支持。但当事人另有约定的除外。结合本体分析,乙并不能在不管有无约定的情况下,于租赁期满时请求甲补偿装修费用,故A项错误。《民法典》第716条规定:"承租人经出租人同意,可以将租赁物转租给第三人。承租人转租的,承租人与出租人之间的租赁合同继续有效;第三人造成租赁物损失的,承租人应当赔偿损失。承租人未经出租人同意转租的,出租人可以解除合同。"本题中,出租人甲与次承租人丙之间并无合同关系,故无权请求丙承担违约责任,应坚持合同的相对性原理。故B项错。《民法典》第238条规定:侵害物权,造成权利人损害的,权利人可以依法请求损害赔偿,也可以依法请求承担其他民事责任。《民法典》第1165条第1款规定:行为人因过错侵害他人民事权益造成损害的,应当承担侵权责任。本题中,丙乃过错侵权,甲作为房屋的所有权人,有权要求其承担侵权责任,故C项正确。《民法典》第593条规定:当事人一方因第三人的原因造成违约的,应当依法向对方承担违约责任。当事人一方和第三人之间的纠纷,依照法律规定或者按照约定处理。结合本题,由于丙的行为,导致乙未能履

---

[21] 崔建远主编:《合同法》,法律出版社2007年版,第417页。

行其维护租赁物完整的义务,故乙应当对甲承担违约责任。故 D 项正确。

综上,本题的答案为 CD。

【法考】甲、乙公司签订租赁合同,约定甲公司将一台机器出租给乙公司,并于一周后交付。租赁合同成立次日,甲公司就同一台机器与丙公司订立买卖合同,依合同约定以占有改定方式进行交付。一周后,甲公司将机器交给乙公司使用,并按照约定收取押金若干。关于本案,下列哪些选项是正确的?(2022 年)

A. 适用买卖不破租赁规则

B. 不适用买卖不破租赁规则

C. 丙公司已取得机器所有权

D. 乙公司有权请求甲公司承担违约责任,返还押金

【答案】 BCD

【解析】《民法典》第 725 条规定,租赁物在承租人按照租赁合同占有期限内发生所有权变动的,不影响租赁合同的效力。本题中,甲公司虽然将机器出租给乙公司,但双方约定一周后交付。在甲公司将机器出卖给丙公司时,乙公司并未占有租赁物。因此,不适用买卖不破租赁规则,故 A 项错误,B 项正确。动产交付包括现实交付和观念交付,占有改定属于观念交付。本题中,甲公司将动产机器出卖给丙公司,双方约定以占有改定的方式进行交付,该约定合法有效。丙公司自该约定生效时取得机器的所有权,故 C 项正确。本题中,甲公司和乙公司之间存在合法有效的租赁合同,后甲公司在交付机器前将设备又出卖给丙公司,导致乙公司合同目的无法实现构成违约且不存在法定或约定的免责事由。因此,非违约方依法有权追究违约方甲公司的违约责任,请求其返还押金,故 D 项正确。

综上,本题的答案为 BCD。

—— 思　考 ——

A 将房屋出租给了 B,B 在未经征得 A 同意的情况下将房屋转租了给 C,那么 B 与 C 之间的租赁合同效力状况如何?

—— 重点问题梳理 ——

在租赁合同中,出租人负有提供租赁物并使租赁物处于适租状态的义务,这使出租人对租赁物负有维修义务与权利瑕疵担保义务。如果出租人出卖归其所有的房屋,则承租人享有优先购买权(同等条件下)。与承租人生前共同居住的人有权请求继续租赁。

第十五章　融资租赁合同

第一节　融资租赁合同概述

一、融资租赁合同的概念和条款

（一）融资租赁合同的概念

融资租赁合同是出租人根据承租人对出卖人、租赁物的选择，向出卖人购买租赁物，提供给承租人使用，承租人支付租金的合同（《民法典》第735条）。

融资租赁合同是适应商品经济发展的客观需要而产生并逐步发展起来的一种新型合同形式。从全球来看，融资租赁合同随着20世纪50年代及其以后融资性租赁业务的发展而产生并完善，并在70年代以后获得了充分的发展。在我国，融资性租赁作为利用外资的一种形式于20世纪70年代末80年代初产生、发展并成熟。从1981年中日合资企业——中国东方租赁公司成立开始，我国融资租赁业务经过了迅速发展，已经成为我国利用与引进外资的重要途径。[1] 除我国《民法典》合同编对融资租赁合同的法律问题进行了规定外，最高人民法院《融资租赁合同解释》对融资租赁合同的认定及效力、融资租赁合同的履行和租赁物的公示、融资租赁合同的解除等问题作出了规定。

（二）融资租赁合同的条款

我国《民法典》第736条第1款规定："融资租赁合同的内容一般包括租赁物的名称、数量、规格、技术性能、检验方法，租赁期限，租金构成及其支付期限和方式、币种，租赁期限届满租赁物的归属等条款。"由此可见，融资租赁合同通常包含如下条款：

1. 当事人。当事人即出租人和承租人，融资租赁合同的出租人为专营租赁业务的租赁公司或者其他可以兼营租赁业务的机构。

2. 租赁物的名称、数量、规格、技术性能与检验方法。租赁物的名称、数量、规格、技术性能是对租赁物的必要说明，检验方法是对承租人如何验收租赁物所作出的具体规定。《民法典》第737条规定："当事人以虚构租赁物方式订立的融资租赁合同无效。"

3. 租赁期限。出租人与承租人可以协商确定租赁合同的期限，该期限一般通过约定租赁合同的起止日、终止日的方式确定，在时间上该期限一般短于或者相当于租赁物的法定折旧年限。

---

[1] 梁慧星：《融资租赁法律问题研究》，载《梁慧星文集》，法律出版社2003年版，第319～321页。

4. 租金构成及其支付期限和方式、币种。融资租赁合同的承租人应当交付租金，该租金以承租人使用租赁物的对价形式出现，但实质上是出租人向承租人提供融资的对价，因此该租金不同于租赁合同中承租人应当支付的租金。按照《民法典》第 746 条的规定，融资租赁合同的租金，除当事人另有约定外，应当根据购买租赁物的大部分或者全部成本以及出租人的合理利润确定。通常，融资合同的承租人所支付的租金包括物件买价及利息、保险费、手续费、利润等。[2] 租金的支付可以采取按月、季、年等不同周期进行支付，也可以采取预付方式。在存在涉外因素的融资租赁中，当事人必须约定用于支付和结算的币种，防止汇率变化等因素给当事人带来不必要的损失或者带来不必要的纠纷。

5. 租赁物的归属。对于租赁物的归属，我国《民法典》第 745 条规定："出租人对租赁物享有的所有权，未经登记，不得对抗善意第三人。"对于租赁期限届满后租赁物的归属，《民法典》第 757 条规定："出租人和承租人可以约定租赁期限届满租赁物的归属；对租赁物的归属没有约定或者约定不明确，依据本法第五百一十条的规定仍不能确定的，租赁物的所有权归出租人。"

另外，当事人可以在融资租赁合同中约定涉及租赁设备的使用、保养，租赁设备的保险，合同的担保，违约责任以及合同争议解决办法等条款。

二、融资租赁合同的特征

1. 融资租赁合同的一方当事人具有特定性。根据中国银保监会颁布的《融资租赁合同监督管理暂行办法》的规定，只有经过金融管理机构许可的公司才可以从事融资租赁业务。因此，融资租赁合同的出租人不是一般的自然人、法人或其他组织，而是从事融资租赁业务的租赁公司或者其他经过批准兼营租赁业务的公司。

2. 融资租赁合同是实现承租人融资目的的融物合同。以融资为目的，以融物为手段是融资租赁合同不同于传统租赁合同的重要特征，也是融资租赁合同与借款合同相区别之所在。租赁合同中的出租人通常不会按照承租人的要求购买租赁物，而是将自己的闲置物品出租，其目的在于实现对闲置资产的利用；而融资租赁合同的重要目的在于融通资金，出租人不但要按承租人的要求购买标的物，而且还要按照承租人的选择购买，出租人购买租赁物的目的就是满足承租人租赁的需要，承租人通过对租赁物的租赁形式来实现融通资金的目的。从融资租赁合同最终运行的效果来看，承租人通过融资租赁合同方式所达到的最终利用出租人的资金购买自己需要物品的效果，与承租人从出租人处借入资金并利用其购买自己所需要物品之效果基本相同。但是，在融资租赁合同中，承租人并不是从出租人处取得租赁物或货币的所有权，而仅是通过租赁的形式取得标的物的使用权，以租金的形式偿还出租人为购买租赁物所付出的对价和费用。

3. 融资租赁合同的履行涉及另一个买卖合同的签订与履行。融资租赁合同是由两个合同——买卖合同和融资性租赁合同，三方当事人——出卖人、出租人（买受人）、承租人结合在一起有机构成的新型独立合同。融资租赁合同的履行过程中需要融资租赁公司与供应商签订一个买卖合同，以购买承租人需要的租赁标的物。在现实中，融资租赁合同在履行

〔2〕 崔建远主编：《合同法》，法律出版社 2007 年版，第 420 页。

过程中必须签订的买卖合同与融资租赁合同在效力上呈现出一种相互交错、相互影响的状态:买卖合同中的出卖人不是向买卖合同中的买受人履行现实交付标的物的义务,而是向租赁合同中的承租人交付标的物,承租人享有与受领标的物有关的买受人的权利和义务;如果出卖人不履行买卖合同中的义务,则承租人可以在一定的条件下,向出卖人主张赔偿损失。同时,由于买卖合同的目的在于帮助融资租赁合同目的的实现,所以买卖合同一旦签订,买卖合同的双方当事人都不得随意变更买卖合同中涉及融资租赁合同之承租人的合同内容等。

4. 融资租赁合同为诺成性合同、要式合同、双务合同、有偿合同。融资租赁合同在双方当事人意思表示一致时成立,因此为诺成性合同。按照我国《民法典》第736条第2款的规定,融资租赁合同应当采取书面形式,因此融资租赁合同为要式合同。同时,《民法典》第738条规定:"依照法律、行政法规的规定,对于租赁物的经营使用应当取得行政许可的,出租人未取得行政许可不影响融资租赁合同的效力。"融资租赁合同的当事人在融资租赁合同中负有相互对应的对待给付义务,因此,融资租赁合同为双务合同。承租人获取租赁物的使用权是以租金的支付为代价,因此融资租赁合同为有偿合同。

5. 出租人对租赁物不负瑕疵担保和维修义务。在一般的租赁合同中,出租人负有提供租赁物并使租赁处于适于使用状态的义务,对租赁物负有物的瑕疵担保与权利的瑕疵担保责任。但是在融资租赁合同中,由于出租人按照承租人的要求和选择去融资购买租赁物,所以出租人对于租赁物的性能、质量、瑕疵、维修与保养均不负责任,即租赁物不符合约定或者不符合使用目的的,出租人不承担责任。但是,承租人依赖出租人的技能确定租赁物或者出租人干预选择租赁物的除外(《民法典》第747条)。

6. 融资租赁合同一般不因租赁物的灭失而终止。一般而言,融资租赁合同和租赁合同一样,可以基于租赁期限的届满、合同的解除等原因而终止。但是,融资租赁合同与租赁合同又有一个重大区别,即在融资租赁合同中,如果没有特别约定,即使租赁物因不可归责于双方当事人的事由归于消灭,承租人仍要负担交付租金的义务,合同并不终止,这是由融资租赁合同的融资属性所决定的;而在租赁合同中,如果当事人没有特殊约定,一旦租赁物因不可归责于双方当事人的事由归于消灭,租赁合同即可终止。[3]

探讨　融资租赁合同与保留所有权的分期付款买卖合同的异同

保留所有权的分期付款买卖是指双方当事人约定买受人先占有、使用标的物,但在双方当事人约定的特定条件(通常表现为价金的一部或全部清偿)成就之前,出卖人仍保留标的物所有权;待条件成就后,所有权才由出卖人转移给买受人的分期付款买卖。[4] 融资租赁合同与保留所有权的分期付款买卖合同明显不同,主要表现在如下方面:(1)两者的主给付义务明显不同。在保留所有权的分期付款买卖合同中,出卖人的主给付义务为转移标的物的所有权,而买受人的主给付义务则是支付价金;在融资租赁合同中,出租人的主给付义务为提供租

---

〔3〕 王利明主编:《民法》,中国人民大学出版社2000年版,第425页。
〔4〕 崔建远主编:《合同法》,法律出版社2007年版,第420页。

赁物并使租赁物处于适于承租人使用的状态,承租人的主给付义务为支付租金。(2)在保留所有权的分期付款买卖合同中,买受人享有与出卖人的所有权处于相对状态的期待权;而在融资租赁合同中,除非当事人之间有特别约定,一般承租人无取得租赁物所有权的期待权。(3)期限届满后,标的物所有权的归属不同。在保留所有权的分期付款买卖合同中,买受人一旦支付全部价金,标的物的所有权便借助简易交付的方式转移于买受人;在融资租赁合同中,承租人只有在有特别约定的情况下,才能取得租赁物的所有权。[5] (4)融资租赁的租金与保留所有权的分期付款买卖合同的价金无论在性质上,还是在构成与量上均明显不同。前者在性质上为承租人为使用租赁物而支付的对价,后者则为买受人取得标的物所有权的代价;前者由双方当事人根据购买租赁物的大部分或者全部成本以及出租人的合理利润确定,后者由双方当事人根据标的物的市场价格以及分期付款期间合理的资金利息确定。

——— 思 考 ———

1. 融资租赁与普通租赁有哪些异同?
2. 融资租赁合同具有哪些特征?

第二节 融资租赁合同的内容

融资租赁合同的内容,是指融资租赁合同的各方当事人所享有的权利与义务。融资租赁合同从本质上讲是一种特殊的租赁合同,因而在《民法典》合同编未对融资租赁合同作出特别规定时,或者该合同未有特殊的交易惯例时,应遵循《民法典》合同编对租赁合同所作的一般规定。由于融资租赁合同的履行必然涉及融资租赁合同的出租人与租赁标的物出卖商之间订立的买卖合同,本书在本节中也对融资租赁所涉及的买卖合同的效力进行简单的讨论。

一、融资租赁合同中出租人的主要权利和义务

(一)出租人的主要权利

1. 收取租金的权利。与承租人支付租金的义务相对应,承租人享有按照合同约定收取租金的权利。除《民法典》第735条在定义融资租赁合同时,明确规定了承租人支付租金的义务外,《民法典》第751条继续规定:"承租人占有租赁物期间,租赁物毁损、灭失的,出租人有权请求承租人继续支付租金,但是法律另有规定或者当事人另有约定的除外。"

2. 在特殊情况下解除融资租赁合同的权利。我国《民法典》第752条规定:"承租人应当按照约定支付租金。承租人经催告后在合理期限内仍不支付租金的,出租人可以请求支付全部租金;也可以解除合同,收回租赁物。"如果承租人未按时支付租金,出租人应催告承

[5] 崔建远主编:《合同法》,法律出版社2007年版,第420页。

租人支付租金,并给承租人一个合理期限支付租金;若承租人仍不支付租金,出租人可再决定解除合同,这样有利于承租人的生产、经营。《民法典》第 753 条规定:“承租人未经出租人同意,将租赁物转让、抵押、质押、投资入股或者以其他方式处分的,出租人可以解除融资租赁合同。”《民法典》第 754 条规定:“有下列情形之一的,出租人或者承租人可以解除融资租赁合同:(一)出租人与出卖人订立的买卖合同解除、被确认无效或者被撤销,且未能重新订立买卖合同;(二)租赁物因不可归责于当事人的原因毁损、灭失,且不能修复或者确定替代物;(三)因出卖人的原因致使融资租赁合同的目的不能实现。”

3. 取得并保持租赁物的所有权。出租人与出卖人签订买卖合同,出卖人将租赁物交付给承租人后,出租人即获得了出租物的所有权。此后,出租人在整个租赁期间便一直享有租赁物的所有权,而承租人只能依据融资租赁合同对租赁物进行使用与收益。如果承租人因经营不善、资不抵债,达到破产边界,而在租赁期限内申请破产或被依法宣告破产时,租赁财产将因归属于出租人所有而被排除于破产财产之外。我国《民法典》第 745 条规定:“出租人对租赁物享有的所有权,未经登记,不得对抗善意第三人。”

4. 在租赁期限届满后收回租赁物并对租赁物残值进行处分的权利。租赁期限届满后,出租人可以根据租赁合同中关于合同期限届满租赁物利用的约款,或另行商定的条件将租赁物继续租赁给承租人使用。如果租赁期限届满后,承租人未续订租赁合同,融资租赁合同也未约定承租人可留购租赁物,则出租人有权收回租赁物,并按公平的市场价格将该租赁物出售给他人以收回残值或者重新将租赁物出租给其他人使用。当然,如果出租人在租赁期限届满时已经完全收回了购买租赁物的全部投资,并取得了丰厚利润,也可以按约定的价格或名义价格将租赁物出售给承租人。《民法典》第 760 条规定:“融资租赁合同无效,当事人就该情形下租赁物的归属有约定的,按照其约定;没有约定或者约定不明确的,租赁物应当返还出租人。但是,因承租人原因致使合同无效,出租人不请求返还或者返还后会显著降低租赁物效用的,租赁物的所有权归承租人,由承租人给予出租人合理补偿。”

(二)出租人的主要义务

1. 按照承租人的要求订立买卖合同购买租赁物,并通过买卖合同最终将租赁物提供给承租人使用。在履行融资租赁合同的过程中,承租人购买租赁物的目的并非为获得租赁物的所有权,而是为了以融资租赁方式满足承租人的需要以获取相应的营业利润。由于出租人只有按照承租人对出卖人、租赁物的选择购买租赁物,才能实现承租人融资的目的,因此,《民法典》第 739 条规定,出租人根据承租人对出卖人、租赁物的选择订立的买卖合同,出卖人应当按照约定向承租人交付标的物,承租人享有与受领标的物有关的买受人的权利。另外,为了保证融资租赁目的的充分实现,《民法典》第 744 条规定,“出租人根据承租人对出卖人、租赁物的选择订立的买卖合同,未经承租人同意,出租人不得变更与承租人有关的合同内容”。融资租赁合同涉及的买卖合同签订后,出租人应当按买卖合同约定的期限、方式支付价款,买受标的物。出租人未按合同约定向出卖人支付价款,致使承租人不能按照约定使用租赁物时,应向承租人承担违约责任,承租人可以解除合同或者请求减少租金或者相应地延长租期。

2. 保证承租人对租赁物的占有和使用。在融资租赁合同中,出租人应当保证出卖人将标的物交付给承租人占有，并保证承租人在租赁期间对租赁物的占有和使用。出租人作为买受人购买标的物后，虽不直接受领出卖人交付的标的物，但在租赁物交付后，出租人仍然会成为租赁物的所有权人。出租人必须保证承租人对租赁物的占有和使用，排除第三人对租赁物的权利主张，或者非法干涉承租人对租赁物的正常使用，否则应承担赔偿责任。对此，《民法典》第748条规定："出租人应当保证承租人对租赁物的占有和使用。出租人有下列情形之一的，承租人有权请求其赔偿损失：（一）无正当理由收回租赁物；（二）无正当理由妨碍、干扰承租人对租赁物的占有和使用；（三）因出租人的原因致使第三人对租赁物主张权利；（四）不当影响承租人对租赁物占有和使用的其他情形。"

3. 特殊情况下的瑕疵担保责任。在融资租赁合同中，出租人通常免于承担瑕疵担保责任，但如果承租人是依赖出租人的技能确定租赁物或者出租人干预选择租赁物的，应由出租人承担瑕疵担保责任（《民法典》第747条）。在这两种情况下，出租人必须保证交付的标的物符合国家规定的质量标准或者合同约定的标准。

4. 特殊情况下协助承租人向出卖人索赔的义务。在融资租赁合同中，出租人通常按照承租人的选择购买租赁物，出卖人也通常将租赁物直接交付给承租人，由承租人对标的物进行验收。基于融资租赁合同中租赁物购买与交付的特殊性，《民法典》第741条规定，出租人、出卖人、承租人可以约定，出卖人不履行买卖合同义务的，由承租人行使索赔的权利。承租人行使索赔权利的，出租人应当协助。《民法典》第743条规定："出租人有下列情形之一，致使承租人对出卖人行使索赔权利失败的，承租人有权请求出租人承担相应的责任：（一）明知租赁物有质量瑕疵而不告知承租人；（二）承租人行使索赔权利时，未及时提供必要协助。出租人怠于行使只能由其对出卖人行使的索赔权利，造成承租人损失的，承租人有权请求出租人承担赔偿责任。"

二、融资租赁合同中承租人的主要权利和义务

（一）承租人的权利

1. 选择租赁物的出卖人并决定租赁物条件的权利。融资租赁的标的物与出卖人是承租人根据自己的实际需要、专业知识、经验和技能选择来确定的。承租人不仅有权选定租赁标的物及其租赁物的出卖人，而且有权直接与出卖人商定标的物的条件。有时为了满足自身的特殊需要，甚至可以请求出卖人按照其要求为其制造特定的机器设备。在实务中，承租人行使对租赁物和出卖人的选择权是出租人与出卖人订立买卖合同的前提。承租人的该项权利不仅是融资租赁区别一般租赁的显著特征，也为承租人满足其生产经营实际需要提供了可能性。[6]

2. 请求出卖人直接交付标的物并就标的物的瑕疵要求出卖人承担瑕疵担保责任。融资租赁合同的履行与买卖合同的履行具有高度的依存性，出租人与出卖人通常会在买卖合同中约定由出卖人将标的物直接交付给承租人，承租人享有请求交付标的物的权利。在出卖人将标的物交付给承租人后，承租人可以对标的物进行验收，可以就标的物的瑕疵要求出卖人承担瑕疵担保责任。《民法典》第739条规定："出租人根据承租人对出卖人、租赁物的

---

〔6〕　徐德敏主编：《合同法论》，陕西人民出版社1999年版，第435页。

选择订立的买卖合同,出卖人应当按照约定向承租人交付标的物,承租人享有与受领标的物有关的买受人的权利。"《民法典》第740条继续规定:"出卖人违反向承租人交付标的物的义务,有下列情形之一的,承租人可以拒绝受领出卖人向其交付的标的物:(一)标的物严重不符合约定;(二)未按照约定交付标的物,经承租人或者出租人催告后在合理期限内仍未交付。承租人拒绝受领标的物的,应当及时通知出租人。"

3. 占有、使用租赁物的权利。承租人订立融资租赁合同的目的即在于通过融通资金的方式最终获得对租赁物的占有与使用权。

4. 可以按照约定在租赁期限届满后享有购买租赁物的选择权。租赁合同届满后,租赁物一般会归出租人所有。但是,当事人可以在合同中约定或者在事后通过补充协议明确租赁物的归属。在融资租赁中,由于出租人的目的往往并不在于取得租赁物的所有权,而是为了收回对租赁物的投资并获得相应的利润,而租赁物通常对出租人具有特殊的价值与意义,因此,出租人与承租人往往会达成租赁期限届满承租人留用租赁物的协议,从而使承租人享有留用租赁物选择权。我国《民法典》第759条规定:"当事人约定租赁期限届满,承租人仅需向出租人支付象征性价款的,视为约定的租金义务履行完毕后租赁物的所有权归承租人。"

(二)承租人的义务

1. 按照约定支付租金。这是承租人的主要义务。《民法典》第752条规定:"承租人应当按照约定支付租金。承租人经催告后在合理期限内仍不支付租金的,出租人可以请求支付全部租金;也可以解除合同,收回租赁物。"按照《融资租赁合同解释》第5条第1项和第2项规定,承租人未按照合同约定的期限和数额支付租金,符合合同约定的解除条件,经出租人催告后在合理期限内仍不支付的,以及合同对于欠付租金解除合同的情形没有明确约定,但承租人欠付租金达到两期以上,或者数额达到全部租金15%以上,经出租人催告后在合理期限内仍不支付的,出租人请求解除融资租赁合同的,人民法院应予支持。《民法典》第751条规定:"承租人占有租赁物期间,租赁物毁损、灭失的,出租人有权请求承租人继续支付租金,但是法律另有规定或者当事人另有约定的除外。"

2. 在占有租赁物期间保管、维修租赁物。在融资租赁合同中,承租人为自己使用、收益的需要,有权占有租赁物,对租赁物进行使用,获取收益。为保护出租人利益,承租人在租赁期间只得自用而不得擅自将租赁物转租、抵押,更不得出租租赁物。融资租赁合同具有较强的融资性及租赁人对租赁物的占用与使用决定了在融资租赁合同中应由承租人履行占有租赁物期间的维修义务。因此,承租人应当尽善良管理人职责,按照符合要求的安全标准和技术性能妥善保管、使用、维护租赁物,如果承租人占有租赁物期间,因租赁物出现事故等造成第三人财产或者人身伤害,承租人应负责赔偿损失,而不应由出租人承担责任。对此,《民法典》第749条规定:"承租人占有租赁物期间,租赁物造成第三人人身损害或者财产损失的,出租人不承担责任。"《民法典》第750条规定:"承租人应当妥善保管、使用租赁物。承租人应当履行占有租赁物期间的维修义务。"

3. 在合同终止时返还标的物。《民法典》第757条规定:"出租人和承租人可以约定租赁期限届满租赁物的归属;对租赁物的归属没有约定或者约定不明确,依据本法第五百一十条的规定仍不能确定的,租赁物的所有权归出租人。”如果符合该条规定的情况,在租赁期限届满时,租赁物归出租人所有,承租人有义务将租赁物返还给出租人。

三、买卖合同中出卖人的义务

融资租赁合同的履行需要出租人与出卖人签订一个租赁物买卖合同,该买卖合同与一般的标的物买卖合同并无太大不同,在该买卖合同中出卖人一般承担如下义务:

1. 向承租人交付标的物。出卖人应当按照合同规定的期限、方式、地点直接向承租人交付租赁物。如果迟延履行、变更运输方式或者交付地点不符合约定致使费用增加,出卖人应当按照合同约定支付违约金或承担赔偿责任。

2. 对租赁物的瑕疵担保责任。在通常情况下,出卖人应对其交付的标的物负有瑕疵担保责任。出卖人向承租人交付标的物,并由承租人验收,出卖人和标的物也由承租人选择确定,所以通常由出卖人向承租人负瑕疵担保责任。

——训 练——

【司考】甲融资租赁公司与乙公司签订融资租赁合同,约定乙公司向甲公司转让一套生产设备,转让价为评估机构评估的市场价200万元,再租给乙公司使用2年,乙公司向甲公司支付租金300万元。合同履行过程中,因乙公司拖欠租金,甲公司将其诉至法院。下列哪些选项是正确的?(2017年)

A. 甲公司与乙公司之间为资金拆借关系

B. 甲公司与乙公司之间为融资租赁合同关系

C. 甲公司与乙公司约定的年利率超过24%的部分无效

D. 甲公司已取得生产设备的所有权

【答案】 BD

【解析】本题命题点在“售后回租”的融资租赁合同。《融资租赁合同解释》第2条规定:承租人将其自有物出卖给出租人,再通过融资租赁合同将租赁物从出租人处租回的,人民法院不应仅以承租人和出卖人系同一人为由认定不构成融资租赁法律关系。乙将设备200万元出卖给甲融资租赁公司,乙获得了200万元的融资。甲融资租赁公司获得了该设备,之后将该设备出租给乙公司2年获得300万元租金收入。其中,出卖人是乙,承租人也是乙,系同一人,但不影响甲乙之间融资租赁合同关系的成立。A项错误,B项正确。由于甲、乙之间非民间借贷关系,故有关民间借贷的规范不适用于甲、乙,C项错误。甲通过购买方式取得了生产设备的所有权,D项正确。

综上,本题的答案为BD。

【司考】甲、乙、丙三人签订合伙协议并开始经营,但未取字号,未登记,也未推举负责人。其间,合伙人与顺利融资租赁公司签订融资租赁合同,租赁淀粉加工设备1台,约定租赁期限届满后设备归承租人所有。合同签订后,出租人按照承租人的选择和要求向设备生产商丁公司支付了价款。如租赁期间因设备自身原因停机,造成承租人损失。下列说法正确的是哪项?(2016年)

A. 出租人应减少租金

B. 应由丁公司修理并赔偿损失

C. 承租人向丁公司请求承担责任时,出租人有协助义务

D. 出租人与丁公司承担连带责任

【答案】 BC

【解析】《民法典》第 747 条规定,租赁物不符合约定或者不符合使用目的的,出租人不承担责任。但是,承租人依赖出租人的技能确定租赁物或者出租人干预选择租赁物的除外。据此可知,因设备自身原因停机而给承租人造成的损失,出资人不承担责任。A 项错误,B 项正确。《民法典》第 741 条规定,出租人、出卖人、承租人可以约定,出卖人不履行买卖合同义务的,由承租人行使索赔的权利。承租人行使索赔权利的,出租人应当协助。C 项正确。连带责任,应由法律规定,或者当事人约定。请求出租人与丁公司承担连带责任既无法律规定,也无当事人约定,D 项错误。

综上,本题的答案为 BC。

【法考】甲为一家设备制造厂,乙为某银行旗下的全资融资租赁公司,现甲向乙申请融资租赁贷款用于资金周转,金额为 3000 万元。但甲并无与金额相应的设备,后甲与乙协商,以甲自建厂房(违章建筑)作为融资租赁物签订合同,租期 3 年,每年租金为 100 万元,即融资及租金共计 3300 万元。关于本案,下列哪一说法是正确的?(2020 年)

A. 该融资租赁合同因违章建筑而无效

B. 该合同名为融资租赁合同,实际为借款合同

C. 因双方虚构标的,该融资租赁合同无效

D. 标的物真实存在,该融资租赁合同有效

【答案】 B

【解析】《融资租赁合同解释》第 2 条规定:"承租人将其自有物出卖给出租人,再通过融资租赁合同将租赁物从出租人处租回的,人民法院不应仅以承租人和出卖人系同一人为由认定不构成融资租赁法律关系。"据此,"出租人从承租人处先购买再出租"的交易方式也为融资租赁合同。这种融资租赁合同的成立,需以"出租人取得所有权后,再向承租人出租"为前提。根据《民法典》第 231 条的规定,只有合法建造的房屋,建造行为完成的,所有权取得。由于甲无法通过过户登记向乙移转该房屋的所有权,因此,甲、乙间不成立融资租赁合同,故 A、D 项错误。既然甲、乙间不存在融资租赁合同,所以其关系的本质不过是借款,故 B 项正确。在本题中,甲的房屋是客观存在的,而非虚构,故 C 项错误。

综上,本题的答案为 B。

思　考

融资租赁合同中出租人与承租人各享有哪些权利?承担哪些义务?

重点问题梳理

1. 融资租赁合同具有融资兼融物的特性,其履行涉及另外一个买卖合同的订立与履行。在融资租赁合同中,出租人一般对租赁物不负瑕疵担保和维修义务,融资租赁合同一般不会因租赁物的灭失而终止。
2. 在融资租赁合同中,出租人一般不负租赁物的维修义务,不负租赁物的侵权责任,不负瑕疵担保责任。对于租赁物的归属,出租人、承租人可以约定租赁期限届满,租赁物归承租人;若无约定,租赁物的所有权归出租人。

第十六章 保理合同

第一节 保理合同概述

一、保理合同的概念

《民法典》第761条规定："保理合同是应收账款债权人将现有的或者将有的应收账款转让给保理人，保理人提供资金融通、应收账款管理或者催收、应收账款债务人付款担保等服务的合同。"由此规定可以看出，保理合同关系至少涉及三方当事人，即保理人、应收账款债权人和应收账款债务人。保理人是指受让应收账款债权人现有或将有的应收账款，并提供资金融通、应收账款管理或催收、应收账款债务人付款担保等服务的主体。应收账款债权人与应收账款债务人，指的是以应收账款作为标的物的债权人与债务人，与一般债权人、债务人并无本质上的区别。因此，保理合同关系中，至少涉及两个合同，即供应商与买受人之间的买卖合同或者其他可以引起债权债务的交易关系、供应商和保理商之间的保理合同。

《牛津简明词典》给保理（factoring）下的定义是：从他人手中以比较低的价格买下属于该人的债权并负责收回债款从而获得盈利的行为。在美国，对保理业务还有更严格的定义：在保理商和以赊销方式销售货物或提供服务的供货商之间存在持续有效的安排，根据这一安排，保理商对通过销售货物或提供服务所产生的应收账款提供下述服务：(1)以即付方式收购所有的应收账款；(2)保留销售分户账并提供有关应收账款的其他账务服务；(3)收取应收账款；(4)承担因债务人清偿能力不足而产生的坏账损失。[1]

保理合同是由债权让与和融资、债权管理、债权催收、付款担保中至少一项服务结合而成的混合合同。此四种服务可准用借款、委托、担保等相应的典型合同规定，故保理合同的规范重心在于债权让与的一般规范。[2] 因此，《民法典》第769条规定，保理合同没有规定的，适用《民法典》合同编第六章债权转让的有关规定。

二、保理合同的法律特征

保理合同具有以下法律特征：

1. 保理合同的主体具有限定性。保理合同的主体是应收账款债权人与保理人，一般而言，二者都是从事市场经营的主体，且保理人一般是从事保理业务的专业机构，如银行。

---

〔1〕 单建保编著：《保付代理和包买票据》，中国金融出版社1993年版，第5页。

〔2〕 李宇：《保理合同立法论》，载《法学》2019年第12期。

2. 保理合同的标的是应收账款。根据会计准则,应收账款是指企业因销售商品、提供劳务等经营活动,应向购货单位或接受劳务单位收取的款项,主要包括企业销售商品或提供劳务等应向有关债务人收取的价款,以及代购货单位垫付的包装费、运杂费等。[3] 根据以上定义,应收账款的本质为经营活动中产生的债权。另外,在保理业务开展中,债权转让为基础性要素之一,那么该债权就不应属于《民法典》第545条规定的不得转让的债权。

3. 保理合同的内容应当服务于保理业务的开展,具有特殊性。根据《民法典》第762条第1款规定,保理合同的内容一般包括业务类型、服务范围、服务期限、基础交易合同情况、应收账款信息、保理融资款或者服务报酬及其支付方式等条款。其中业务类型主要包括四种:资金融通、应收账款管理、应收账款催收、应收账款债务人付款担保。这些特殊的内容使保理合同得以与其他种类的合同进行区分,也更好地服务于保理业务的开展。

4. 保理合同是要式合同。根据《民法典》第762条第2款之规定,保理合同应当采用书面形式。

5. 保理合同是双务、有偿合同。保理合同中,保理人提供资金融通、应收账款管理或者催收、应收账款债务人付款担保等服务,应收账款债权人支付相应的报酬。因此,保理合同是双务、有偿合同。

三、保理的类型

依据不同标准,可将保理划分为不同类型。例如,以是否涉外为标准,将保理分为国际保理和国内保理;依据保理商提供的是融资服务还是非融资服务,将保理分为融资性保理和非融资性保理;依据参与保理服务的保理服务机构的个数,将保理分为单保理和双保理;依据是否将应收账款转让事实通知债务人,将保理分为公开型保理和隐蔽型保理,也称明保理和暗保理;依据保理商提供的金融服务范围,将保理分为完全保理和不完全保理;等等。

我国《民法典》规定的保理有两种类型:有追索权的保理和无追索权的保理。二者的区别在于保理人是否对债权人绝对享有追索权。[4]

(一)有追索权的保理

有追索权的保理,是指保理人不负担为债务人付款提供担保的义务,仅提供资金融通、应收账款管理或者催收等其他服务的保理类型。在有追索权的保理中,保理人有权向应收账款债权人索回已付融资款项并拒付尚未收回的差额款项或者主张债权人回购应收账款债权。在有追索权的保理中,保理人一般采取在保理合同中订立回购条款的方式实现其追索权。回购条款一般约定,在债务人逾期未向保理人支付应收账款满一定期限后,保理人有权通知应收账款债权人回购应收账款。保理人可以通过对应收账款债权人实行授信管理,以防范债权人无力回购保理合同约定的应收账款的风险。

---

〔3〕 方新军:《〈民法典〉保理合同适用范围的解释论问题》,载《法制与社会发展》2020年第4期。

〔4〕 黄斌:《国际保理——金融创新及法律实务》,法律出版社2006年版,第53页。

（二）无追索权的保理

无追索权的保理，指保理人凭债权转让向应收账款债权人融通资金后，即放弃对债权人追索的权力，保理人独自承担买方拒绝付款或无力付款的风险，即保理人对应收账款债务人付款负有担保义务。保理人根据应收账款债权人所提供的债务人，承购债权人对该债务人的应收账款并提供坏账担保责任，在保理人因发生债务人信用风险（债务人清偿能力不足或破产等情形而无法收回应收账款），不能再向债权人追索已发放的融资款，或未发放融资款，对于额度内的应收账款仍在到期后一定期间内未收回时，应向债权人作出担保付款。

第二节　保理合同的内容

保理合同是应收账款债权人与保理人之间订立的民事合同，但是基于保理业务的特殊性质，其必然至少涉及第三方当事人，即应收账款债务人。因此，保理合同虽然只对应收账款债权人与保理人发生约束力，但其效力与应收账款债务人密不可分。

一、保理人的义务和权利

（一）保理人表明身份的义务

在保理业务中，应收账款债权转让是基础性要素之一，应收账款债权转让应当遵循债权转让的一般性规则，即《民法典》第 546 条第 1 款之规定，“债权人转让债权，未通知债务人的，该转让对债务人不发生效力”。不通知债务人便不对其发生效力。若保理合同中的债权转让未通知债务人，保理中的应收账款催收、管理等业务无法开展，以至于保理合同事实上归于“失效”。因此，应收账款转让的通知，是保理合同当事人应尽的基本义务。至于通知的主体，法律未作明确规定，应当认为保理人或者应收账款债权人均有义务对债务人作出债权转让的通知。

在履行通知义务时，保理人负有将其保理人身份告知债务人的义务。《民法典》第 764 条规定：“保理人向应收账款债务人发出应收账款转让通知的，应当表明保理人身份并附有必要凭证。”保理业务的开展与债务人利益密不可分，某些事项需要债务人的大力配合，尤其是应收账款管理、催收等业务。法律为保理人设定表明身份义务的原因在于：一方面，债务人明确保理人身份、核查其是否为债权转让的真实主体是维护自己利益的基本要求；另一方面，保理人表明自己身份后，使债务人确信保理人的身份，并进而对其专业性加以认识，有利于保理业务的开展。

（二）向应收账款债务人主张债权的权利

保理合同中，应收账款债权人将现有的或者将有的应收账款转让给保理人后，保理人成为新的债权人，并根据《民法典》第 546 条第 1 款之规定通知债务人之后，该债权转让对债务人生效。此时,新的债权人即保理人自然有权去行使自己的债权,即向债务人主张已经转让的应收账款债权的实现。并且,该权利的取得和行使与是否约定有追索权无关。

需要注意的是,虽然权利的取得和行使与是否约定有追索权无关,但是行使该权利之后扣除合理费用的剩余财产分配,则与是否约定有追索权而有所不同。依照《民法典》第766、767条的规定,两者的不同有:第一,当事人约定有追索权的,在保理人向应收账款债务人主张应收账款债权,并扣除保理融资款本息和相关费用后的剩余财产,应当返还给应收账款债权人;第二,在无追索权的保理中,保理人向应收账款债务人主张应收账款债权,在扣除保理融资款本息和相关费用后的剩余财产,无须向应收账款债权人返还。在无追索权的保理中,因债权人将大部分风险都转移给了保理人,保理人必然会收取较高的保理费用,保理人取得超过保理融资款本息和相关费用的部分无须返还给债权人,这也正是风险和收益匹配的资本运作原则的体现。[5] 这里的相关费用,指的是行使该权利时支付的合理费用。

(三)追索权

追索权,是指保理人享有的,在有追索权保理中,向应收账款债权人主张返还保理融资款本息或者回购应收账款的权利。追索权并非一项法定权利,而是基于当事人的约定而产生。根据《民法典》第766条的规定,"当事人约定有追索权保理的,保理人可以向应收账款债权人主张返还保理融资本息或者回购应收账款债权,也可以向应收账款债务人主张应收账款债权"。该追索权的行使并不以保理人向债务人行使转让后的债权为前提,保理人可以选择行使追索权或者向债务人主张权利。

无追索权保理是否在任何情况下保理人对应收账款债权人均无追索权呢?一般而言,无追索权保理中保理人对应收账款债权人不享有追索权,但绝对的无追索权几乎是不存在的。无追索权保理与有追索权保理的区别是,后者的保理人可对债权人行使追索权,而前者保理人不享有追索权则是相对的,可以根据合同进行约定。一般而言,在债务人发生信用风险时(无力支付或破产、清盘等情况下)不享有追索权,但是对于出口贸易纠纷争议而导致应收账款不能收回时,保理人对应收账款债权人仍享有追索权。

二、多重保理效力

多重保理效力,是指应收账款债权人就同一应收账款订立多个保理合同,致使多个保理人主张权利时,取得应收账款的优先顺序。多重保理应当具有以下特征:第一,多重保理中的标的具有同一性,即应收账款债权人的一个特定应收账款。第二,多重保理中,应收账款债权人与不同保理人订立多个保理合同。与一个保理人订立多个保理合同或者与多个保理人订立一个保理合同,均不构成多重保理。根据《民法典》第768条的规定,多重保理中,各保理人取得应收账款的优先顺序的规则为:

首先,登记与未登记保理合同并存时,已登记的保理优先于未登记的保理,已登记的保理人应当优先于未登记的保理人取得应收账款债权。

---

〔5〕 黄和新:《保理合同:混合合同的首个立法样本》,载《清华法学》2020年第3期。

其次,各个保理合同均进行登记时,应当按照登记时间的先后顺序,先登记的保理人优先取得应收账款债权。

再次,多重保理中,各保理合同均未进行登记时,由最先到达应收账款债务人的转让通知中载明的保理人取得应收账款。应当注意的是,应收账款债权的转让通知主体既可以是债权人,也可以是受让应收账款债权的保理人。

最后,以上办法均无法确定优先顺序,即多个保理合同既未进行登记,并且应收账款债权转让的通知也未向债务人作出时,则按照保理融资款或者服务报酬的比例取得应收账款。

三、保理欺诈

保理欺诈主要规定在《民法典》第763条中,是指应收账款债权人与债务人虚构应收账款作为转让标的,与保理人订立保理合同的情形。保理欺诈的主要特征是:(1)应收账款债权人与债务人之间有意思联络,保理欺诈是虚构应收账款债权进行的欺诈,而债权关系主体包括债权人与债务人双方,因此这种虚构应当在债权人与债务人之间达成合意才能形成。(2)虚构应收账款作为转让标的。虚构应收账款作为转让标的是保理欺诈所采取的手段,也是保理欺诈的核心特征。(3)须与保理人订立保理合同。未与保理人订立保理合同的,不对保理人发生效力,当然不构成保理欺诈。

发生保理欺诈时,根据《民法典》第763条的规定,原则上应收账款债务人不得以应收账款不存在为由对抗保理人。也就是说,保理人可向应收账款债务人主张该虚构应收账款债权,债务人不得拒绝履行。这样规定主要是为了保护保理人的合法权益,打击保理欺诈行为。但是,在保理人明知应收账款为债权人与债务人虚构时,则不应赋予其向债务人主张虚构的应收账款债权的权利。保理人明知该应收账款为虚构的,应该采取审慎措施以保护自己的合法权益,而非明知存在欺诈,却仍然与其订立保理合同。

四、债权人与债务人不当变更、终止基础交易合同对保理人的效力

债权人与债务人的基础交易合同是应收账款的源头,基础交易合同的变动导致应收账款发生变动。而应收账款作为保理合同的标的,其变动必然导致保理合同的变动,进而对保理人的利益产生影响。《民法典》第765条规定:"应收账款债务人接到应收账款转让通知后,应收账款债权人与债务人无正当理由协商变更或者终止基础交易合同,对保理人产生不利影响的,对保理人不发生效力。"由此可知,债权人与债务人不当变更、终止基础交易合同的,对保理人不发生效力,但须符合以下条件:

1. 发生在应收账款债务人接到应收账款转让通知后。对债务人进行通知后,应收账款债权转让对债务人发生效力。未通知之前的转让对债务人未发生效力,保理人不得向债务人主张该转让后的应收账款债权。

2. 须是债权人与债务人协商之后的变更、终止。债权债务关系主体包括债务人和债权人,债权人或者债务人单方变更、终止并不引起该债权债务关系的变动,只有双方协商达成合意才能使变动发生效力。保理合同中的标的是特定的应收账款债权,单方行为并不能导致该债权变动,该变更、终止也就不可能对保理人发生效力。

3. 变更、终止无正当理由。在有正当理由的情况下,应收账款债权人与债务人协商变更或者终止基础交易合同的,应当允许该变更、终止对保理人发生效力。

4. 变更、终止必须对保理人产生不利影响。债权人与债务人协商变更、终止基础交易合同,并未对保理人的利益有任何不利影响,则该变更、终止应当对保理人发生效力。

思　考

1. 保理合同的法律特征有哪些?
2. 简述保理合同的性质。
3. 保理合同有哪些类型?
4. 保理合同对保理人的效力表现在哪些方面?
5. 应收账款债权人与债务人协商变更或者终止基础交易合同,对保理人的效力是什么?

重点问题梳理

1. 保理合同至少涉及三方当事人,即保理人、应收账款债权人和应收账款债务人。
2. 应收账款是保理合同交易的标的。
3. 保理合同的基本规范是债权让与的一般规范。
4. 保理合同融合了借款、委托、担保等合同关系的内容,是一类复杂的混合合同。

第十七章　承 揽 合 同

第一节　承揽合同概述

一、承揽合同的概念与特征

所谓承揽合同,是指由承揽人按照定作人的要求完成工作,交付工作成果,定作人支付报酬的合同。按约定完成工作的称为承揽人,按约定给付报酬的称为定作人。

承揽合同的主要特征包括:

1. 承揽具体包括加工、定作、修理、复制、测试、检验等工作。以这些为内容的合同均可能是承揽合同,如定做西装、去理发店理发等。当然,以上仅为部分列举,其他如翻译合同、鉴定合同、设计合同等均属于承揽合同。

2. 承揽合同的标的物必定是特定物,而非种类物。因为承揽合同的标的物要么是定作人指定的,要么是按照定作人要求来完成的。

3. 承揽人的工作具有独立性,不受定作人的指挥或管理。定作人的关注重点在于特定品质的工作成果,而非承揽人的具体工作过程,因而,定作人对承揽人的工作全程控制力相当有限。

4. 承揽合同是诺成、双务、有偿合同。承揽合同一方当事人给付报酬,另一方完成特定的工作成果,并且合同自双方合意达成时成立。

5. 承揽合同具有一定的人身属性。从本质上说,承揽合同具有委托合同的一些属性,也就是说,定作人很看重承揽人的个人能力、信誉等个人性因素。这就决定了在未经定作人同意的情况下,承揽人不得将其主要工作转交给其他人来完成。

6. 承揽合同既可能涉及原材料(如定作铝合金门窗),也可能不涉及原材料(如翻译);原材料既可以是定作人提供(提供材料定作西装),也可以是承揽人自备(如指定材料定作书柜)。这些均不影响承揽合同的性质。

7. 承揽合同一般包括如下内容:承揽的标的、数量、质量、承揽方式、材料的提供、履行期限、验收标准和方法、费用与报酬、结算方式以及违约责任等。

二、承揽合同与雇佣合同的区分

在实务中,承揽合同与雇佣合同往往难以区分。二者的共同点在于均提供一定的劳务。例如,某人让街边的一个维修工为其安装窗户,结果后者失足摔伤。这里的基础法律关系究竟属于承揽还是雇佣,并非一目了然。那么,承揽合同与雇佣合同究竟如何区分呢?可以从以下几个方面进行辨别：

1. 重视结果还是重视过程。承揽合同的重心在于结果，即定作人关注的是特定品质的工作成果，因此，承揽合同中往往有“报酬以一定的工作成果为前提或依据”之类的约定。而在雇佣合同中，虽然雇佣人往往也是为了某项任务或目的才雇用劳务人员，但对于受雇人而言，其出卖的是劳动或劳务本身，其获取报酬的根据也是劳动或劳务本身，而非一定的工作成果。简言之，相对于承揽合同重视结果而言，雇佣合同更重视劳动或劳务过程。

2. 是否有指挥、管理的内容。承揽合同，定作人关注的是特定的工作成果，只要定作人按照约定提供符合要求的工作成果，至于承揽人采取何种步骤和工序，在无约定的情况下，定作人既不必也无权加以干涉。但在雇佣合同中，从选任、监督、指挥、管理等各方面，雇佣人均有较大的支配权。这也是二者重要的差别。

——— 思　考 ———

承揽合同有哪些特征，它与雇佣合同如何区分?

第二节　承揽合同的内容

承揽合同是诺成合同，合同自成立时生效。合同生效后，双方均享有一定的权利和义务。基本上，一方的主要义务即为另一方的主要权利；反之亦然。

一、定作人的主要义务

定作人的主要义务包括：

1. 协助义务。我国《民法典》第778条规定：“承揽工作需要定作人协助的，定作人有协助的义务。定作人不履行协助义务致使承揽工作不能完成的，承揽人可以催告定作人在合理期限内履行义务，并可以顺延履行期限；定作人逾期不履行的，承揽人可以解除合同。”例如，定作人请裁缝定作一套西装，则丈量尺寸的工作必须要有定作人的配合协助才能完成；尺寸不丈量准确，制作西服显然没办法完成。类似的协助义务还包括提供技术图纸、资料等。

2. 受领并验收工作成果。我国《民法典》第780条规定，当承揽人向定作人交付工作成果和有关资料时，“定作人应当验收该工作成果”。受领和验收是承揽合同履行的重要组成部分，也是检验工作成果是否符合定作人要求的基本环节。经验收，如发现质量有问题，定作人可以及时提出异议。从我国司法实践来看，工作成果明显不符合约定质量的，应当在工作成果交付之日起15日内提出；需要检验或者安装运转才能检验的，应当在工作成果交付之日起6个月内提出。[1]

---

〔1〕 余延满：《合同法原论》，武汉大学出版社1999年版，第631页。

3. 按约定给付报酬、材料费和其他费用。按照我国《民法典》的规定,定作人应当按照约定的期限支付报酬。没有约定或约定不明确的,由双方事后协商确定,若不能达成合意的,则定作人应当在承揽人交付工作成果的同时支付报酬;工作成果部分交付的,定作人应当相应支付。另外,如果定作人没有按约定支付报酬或者材料费等价款的,若无相反约定,承揽人对完成的工作成果享有留置权。

4. 变更或解除合同时承担损害赔偿义务。首先,就变更合同而言,我国《民法典》第 777 条规定:"定作人中途变更承揽工作的要求,造成承揽人损失的,应当赔偿损失。"以订制窗帘为例,原来指定亚麻布料,在承揽人准备好材料后,定作人要求改为高级遮光布。这种中途变更承揽工作要求而造成承揽人材料上的损失,理当由定作人承担。其次,就解除合同而言,我国《民法典》第 787 条〔2〕规定,定作人在承揽人完成工作前可以随时解除合同,造成承揽人损失的,应当赔偿损失。定作人之所以可以随时解约,是因为承揽合同是以定作人要求一定品质的工作成果为前提的,同时也是以对承揽人的信赖为基础的,当这二者中任何一个因素发生变化,承揽合同即无继续存在的意义。从定作人可以随时解约这一点来看,承揽合同与委托合同也是相同的,二者均有较强的人身属性。

二、承揽人的主要义务

承揽人的主要义务包括:

1. 依靠自力完成主要工作。根据我国《民法典》第 772 条的规定,承揽人应当以自己的设备、技术和劳力,完成主要工作。在双方无约定的情况下,承揽人不得擅自将其承揽的主要工作交由第三人完成,否则定作人可以解除合同,相应的损失由承揽人承担;同时,承揽人对于第三人完成的工作成果要向定作人负责。由定作人负责的理由很简单,因为完成工作的第三人不是承揽合同的当事人。

2. 按照约定选用材料并接受检验。我国《民法典》第 774 条规定:"承揽人提供材料的,应当按照约定选用材料,并接受定作人检验。"材料好坏直接影响工作成果的质量;在定作人提供材料的场合自然没有什么担心,但在承揽人提供材料的场合,材料质量的优劣就容易成为争执的问题,因而法律规定承揽人要按要求选用材料,同时赋予定作人对材料的检验权。

3. 对定作人提供的材料或图纸等资料诚信对待、处置。根据我国《民法典》第 775 条〔3〕的规定,承担人对定作人提供的材料应及时检验,发现不符合约定时,应及时通知定作人更换、补齐或采取其他补救措施;同时,承揽人不得擅自更换定作人提供的材料,不得更换不需要修理的零部件。对于定作人提供的图纸或者技术要求,承揽人发现不合理的,也应及时指出。这些均是承揽人对定作人提供的材料或资料应当有的诚信态度。

---

〔2〕《民法典》第 787 条规定:"定作人在承揽人完成工作前可以随时解除合同,造成承揽人损失的,应当赔偿损失。"

〔3〕《民法典》第 775 条规定:"定作人提供材料的,应当按照约定提供材料。承揽人对定作人提供的材料应当及时检验,发现不符合约定时,应当及时通知定作人更换、补齐或者采取其他补救措施。承揽人不得擅自更换定作人提供的材料,不得更换不需要修理的零部件。"

三、承揽合同中的风险负担

承揽合同的风险负担,分为物(原材料和工作成果)的风险负担和报酬的风险负担。前者是指原材料或定作物因不可归责于双方当事人的事由而发生毁损、灭失的风险由谁负担的问题;后者是指工作成果完成后交付前发生不可归责于双方当事人原因的毁损、灭失,定作人是否仍然应当支付报酬的问题。从定义可以看出,报酬的风险负担事实上建立在工作成果发生意外风险的前提上,因此可以说,在讨论报酬风险负担问题时,必然也会讨论工作成果风险负担的问题;反之亦然。

(一)原材料的风险负担问题

当原材料因不可归责于双方当事人的事由毁损、灭失时,其风险应当由原材料的所有人来负担。例如,当原材料是由定作人提供给承揽人进行加工的,则其意外灭失的风险由定作人承揽;当原材料是由承揽人提供的,则其意外灭失的风险应当由承揽人来负担。这意味着,定作人或承揽人应当重新提供原材料,并不得因此而增加对方的费用成本。

(二)工作成果的风险负担问题

工作成果在交付给定作人之前发生意外风险的,其风险应当由原材料所有人来负担。这条规则意味着:当由定作人提供原材料并自始享有工作成果所有权时,承揽人加工完毕但尚未交付给定作人的,此时的工作成果意外风险由定作人承担;当由承揽人提供原材料,并加工完毕但尚未交付给定作人的,此时工作成果发生意外风险的,该风险由承揽人来承担。当然,定作人迟延受领的,依据合同法理,风险应当由定作人承担。

(三)报酬的风险负担问题

在定作人提供原材料给承揽人加工,且自始享有工作成果所有权的情形下,承揽人完成工作成果但尚未交付的,工作成果由于不可归责于双方当事人的事由发生毁损、灭失的,报酬的风险应当由承揽人负担。因为此时工作成果的意外风险已经由定作人承担,再让定作人支付报酬,不符合公平的法理。

在承揽人提供原材料并自始享有工作成果所有权的情形下,工作成果交付前发生意外风险的,报酬的风险应当由承揽人负担。

—— 思　考 ——

1. 承揽合同中承揽人和定作人各有哪些主要义务?
2. 承揽合同中的风险负担规则是怎样的?

第三节 承揽合同的终止

一、承揽合同权利义务终止的事由

依据《民法典》的规定,承揽合同权利义务终止有多种事由。此处最主要的是合同履行、协议解除和当事人行使解除权而使合同权利义务归于消灭。

根据我国《民法典》的相关规定,承揽合同中当事人(主要是定作人)行使解除权,包括两种情况:

1. 定作人行使随时解除合同的权利。《民法典》第 787 条规定:“定作人在承揽人完成工作前可以随时解除合同……”这意味着,承揽合同成立生效后,承揽人没有完成工作前,定作人享有随时解除合同的权利。之所以如此规定,主要是因为:首先,承揽合同具有人身依附性,定作人(类似于委托人)当然可以随时终结这种信任关系。其次,从法经济学的效率方面考虑,定作人解除合同肯定是选择了对其更有效益的行事方法——赔偿承揽人的信赖损失比依照原约定取回一个不合心意的工作成果更理想;同时,在定作人赔偿信赖损失的前提下,这种解除对承揽人也不会造成什么损失。基于上述原因,法律赋予了定作人这种随时解除合同的权利。

2. 承揽合同的任何一方当事人因另一方当事人重大违约而解除合同。这种解除权不是承揽合同所特有的,而是《民法典》合同编中规定的一般解除权。在承揽合同的背景下,就定作人而言,承揽人的下列违约行为均构成重大违约,定作人可以行使一般解除权:第一,承揽人未按约履行合同交付工作成果,以至于继续维持合同效力对于定作人而言已无意义的;第二,承揽人未经定作人同意,将承揽合同的主要工作转由第三人完成的(《民法典》第 772 条[4]);第三,定作人在对承揽人工作进行检验监督过程中发现问题并提出修正意见,被承揽人以合理理由拒绝的;第四,有其他重大违约行为的。就承揽人而言,其行使解除权的情形主要是定作人没有按照约定或根据合同性质提供必要的协作,经催告仍未履行协作义务的。

二、当事人行使解除权后的责任承担

在定作人行使任意解除权的场合下,根据《民法典》第 787 条的规定,此种合同解除,造成承揽人损失的,应当赔偿损失。这种对信赖损失的赔偿,当然合情合理。在当事人行使一般解除权的情形下,合同归于自始无效,双方首先应各自返还,行使解除权的一方当事人不必赔偿违约方的损失;同时,此种解除权不影响解约方依据合同规定,或在有实际损失的情形下要求相对方赔偿的权利。

---

〔4〕《民法典》第 772 条规定:“承揽人应当以自己的设备、技术和劳力,完成主要工作,但是当事人另有约定的除外。承揽人将其承揽的主要工作交由第三人完成的,应当就该第三人完成的工作成果向定作人负责;未经定作人同意的,定作人也可以解除合同。”

—— 训 练 ——

【法考】方某从国外购得一匹名贵布料,为取悦女友,找到当地著名旗袍设计师包某,为女朋友量身定制旗袍。因材质复杂,包某认为需要高端裁剪设备一台,双方约定15日之内完工,价款2万元(包括设备5000元)。当包某全力赶工至第13天时,方某通知包某其已与女友分手,不需再加工旗袍。关于本案,下列哪些说法是正确的?(2022年)

A. 方某有权解除该合同

B. 方某应当支付大部分报酬

C. 设备所有权归包某所有

D. 未完工旗袍所有权归方某和包某共有

【答案】 ABC

【解析】《民法典》第787条规定,定作人在承揽人完成工作前可以随时解除合同,造成承揽人损失的,应当赔偿损失。定作人享有任意解除权,但应赔偿对方由此造成的损失,故A项正确。《民法典》第770条第1款规定,承揽合同是承揽人按照定作人的要求完成工作,交付工作成果,定作人支付报酬的合同。定作人应当按照约定的期限支付报酬。工作成果部分交付的,定作人应当相应支付。本题中,双方约定15日之内完工,当承揽人包某全力赶工至第13天时,定作人方某通知解除承揽合同。因此,定作人方某应当向承揽人包某支付大部分报酬,故B项正确。高端裁剪设备系由包某以自己的名义采购,所有权依法归包某所有,故C项正确。承揽合同是交付工作成果的合同,定作人提供材料的,材料所有权归定作人方某所有,因此,承揽人定作的未完工旗袍所有权,依法归定作人方某所有而非方某和包某共有,故D项错误。

综上,本题的答案为ABC。

—— 思 考 ——

定作人任意解除权的行使及其后果负担是怎样的?

—— 重点问题梳理 ——

1. 承揽合同与雇佣合同区分的重点在于审视合同的目的、报酬的给付规定、指挥与管理内容的有无等。
2. 承揽合同中定作人的最主要义务是按约定给付报酬,承揽人最主要的义务是按约定交付符合要求的工作成果。

第十八章　建设工程合同

第一节　建设工程合同概述

一、建设工程合同的概念与特征

建设工程合同，是指承包人进行工程的勘察、设计、施工等工程建设，发包人支付价款的合同。按照约定接受他人委托进行工程建设的人，称为承包人；委托他人施工并按约定给付工程价款的人，称为发包人。从这个定义可以看出，建设工程合同也是以一定的工作成果为基本内容的合同，因此，其本质上属于承揽合同，更具体而言，其属于承揽完成不动产工程建设项目的合同。在我国《民法典》中，之所以将其单独列出作为一项有名合同，[1]是因为考虑到其拥有的一些独特性。

建设工程合同的特征包括：

1. 建设工程合同是要式合同。按照我国《民法典》第 789 条的规定，“建设工程合同应当采用书面形式”，这意味着此类合同的成立有法定的形式要求——书面，口头约定显然不能满足要求。这与一般承揽合同为非要式合同存在明显的差异。

2. 建设工程合同的缔结往往受到特别法的规制。我国关于公共工程和政府工程建设有一系列法律法规，主要是《政府采购法》《招标投标法》，这些法律对此类工程建设合同的缔结程序、方式有严格的规定。根据我国《民法典》第 790 条的规定，建设工程的招标投标活动应当依照这些规定公开、公平、公正进行。同时，按照我国《民法典》第 792 条的规定，“国家重大建设工程合同，应当按照国家规定的程序和国家批准的投资计划、可行性研究报告等文件订立”。这同样也是对建设工程合同缔结的特别规制。

3. 建设工程合同的承包人必须具备一定资质。由于建设工程投资巨大，对安全性、技术性要求较高，因此，我国《建筑法》对承包人的资质有明确的规定。不具备相应等级的承包人不得承包有相关要求的工程。

4. 建设工程合同中，分包人的法律地位与承揽合同中的分揽人不同。在承揽合同中，分揽人不具有当事人的地位，其工作成果仍由承揽人向定作人负责；但在建设工程合同中，对于分包人的工作成果，由分包人和总承包人共同向发包人承担连带责任。

二、建设工程合同的种类

依据不同的标准，建设工程合同有不同的分类。

---

〔1〕 德国和我国台湾地区都是将其放在“承揽合同”这一部分中，未将其单列出来。

1. 以合同内容和工程建设环节为标准,可将建设工程合同分为建设工程勘察合同、建设工程设计合同和建设工程施工合同。所谓建设工程勘察合同,是指委托人(发包人)与承包人(勘察单位)就完成建设工程的地理、地质状况的调研工作而缔结的合同。所谓建设工程设计合同,是指委托人(发包人)与承包人(设计单位)就建设工程的总体设计和具体施工设计等工作而缔结的合同。所谓建设工程施工合同,是指发包人(委托人)和承包人(施工单位)就承包人为发包人完成建筑施工工程等工作而缔结的合同。

2. 以合同的标的为标准,可将建设工程合同分为总承包合同和分别承包合同。所谓总承包合同,是指发包人与承包人就某项建设工程的全部勘察、设计、施工签订的合同,其中的承包人又被称为总承包人,其要对建设工程从勘察到验收竣工的全部过程向发包人负责。所谓分别承包合同,是指发包人就工程项目的勘察、设计、施工等工作分别与勘察单位、设计单位、施工单位签订各自独立的合同,勘察人、设计人与施工人只对自身负责的那一部分工作向发包人负责。根据我国《民法典》第 791 条第 1 款[2]的规定,发包人不得将应当由一个承包人完成的建设工程支解为若干部分发包给几个承包人。

应当注意分别承包合同与分包合同、转包合同的区别。所谓分包合同,是指总承包人或承包人在承接工程任务后,将该任务的一部分交给第三人完成而签订的合同。如果承包人把自己承接的全部工程任务都转给第三人来完成,并签订合同,那么此合同被称为转包合同。根据我国《民法典》第 791 条第 2 款规定,承包人不得将其全部工程任务转包给第三人完成,无论是直接转包,还是“将其承包的全部建设工程支解以后以分包的名义分别转包给第三人”。承包人进行工程分包要符合以下规定:第一,获得发包人的准许或认可;第二,分包出去的工作不得是建设工程的主体结构的施工;第三,接受分包的人必须具备相应的资质条件;第四,禁止分包人再行分包,即整个建设过程中只能分包一次;第五,总承包人或承包人与分包人就分包的工作成果对发包人承担连带责任。

—— 思　考 ——

我国《民法典》对分包合同有哪些强行性规定?

第二节　勘察、设计合同的内容

一、勘察、设计合同的概念和内容

勘察设计合同是勘察合同和设计合同的统称,指的是工程的发包人与勘察人、设计人之间订立的,由勘察人、设计人完成一定的勘察设计工作,发包人支付相应价款的合同。之

[2] 《民法典》第 791 条第 1 款规定:“发包人可以与总承包人订立建设工程合同,也可以分别与勘察人、设计人、施工人订立勘察、设计、施工承包合同。发包人不得将应当由一个承包人完成的建设工程支解成若干部分发包给数个承包人。”

所以将勘察合同、设计合同合并对待，并与施工合同并立，是因为考虑到此二者除工作内容不同外，具有很大的相似性，这种相似性尤其体现在工作成果上。相对于施工合同的工作成果是已经验收竣工的某项实体的建设工程，勘察合同与设计合同中的工作成果均为书面文件，差别在于一个是勘察文件，另一个是设计文件。

根据我国《民法典》第 794 条，勘察设计合同的主要内容包括：(1)提交勘察或者设计基础资料、概预算等文件的期限；(2)勘察、设计的质量要求；(3)勘察、设计费用；(4)其他协作条件。

二、勘察、设计合同当事人的主要义务

(一)发包人的义务

1. 按照约定提供勘察、设计工作所需的基础资料和协作条件。与承揽合同中定作人的义务一样，发包人也应当为勘察人、设计人提供后者完成工作成果所必需的素材和必要的工作协助。根据我国《民法典》第 803 条的规定，发包人未按照约定的时间和要求提供原材料、设备、场地、资金、技术资料的，承包人(在这里当然也包括勘察人、设计人)可以顺延工程日期，并有权请求赔偿停工、窝工等损失。

2. 按照约定接收、及时检验勘察、设计成果，且不得非法处分。对于完成的勘察、设计成果，发包人有义务按照约定予以接收，并及时予以质量检验，以确定勘察人、设计人所交付的工作成果是否符合合同的约定。另外，建设工程的勘察、设计是一项极其严格的工作，未经勘察人、设计人同意，发包人不得将勘察、设计成果或其复印件用于合同以外的建设工程。特别是如果合同中含有保密条款的，则发包人应当承担勘察、设计文件的保密责任。

3. 按照约定支付勘察、设计费用。这是发包人的最主要义务。发包人如果未按照约定支付价款，则根据《民法典》第 807 条，[3] 勘察人、设计人对合同所指向的建设工程享有一种法定优先权。这种法定优先权将在下节予以详细介绍。

(二)勘察人、设计人的违约责任

《民法典》第 800 条规定："勘察、设计的质量不符合要求或者未按照期限提交勘察、设计文件拖延工期，造成发包人损失的，勘察人、设计人应当继续完善勘察、设计，减收或者免收勘察、设计费并赔偿损失。"勘察人、设计人在勘察、设计合同中的违约行为主要包括：勘察、设计的质量不符合要求和迟延提交勘察、设计文件两类。勘察人、设计人的违约行为造成工期拖延，并致发包人经济损失的，勘察人、设计人除了应继续完善勘察、设计工作外，还可以减收或者免收勘察、设计费，赔偿发包人的损失。这三种责任承担方式可以并用。

---

[3] 《民法典》第 807 条规定："发包人未按照约定支付价款的，承包人可以催告发包人在合理期限内支付价款。发包人逾期不支付的，除根据建设工程的性质不宜折价、拍卖外，承包人可以与发包人协议将该工程折价，也可以请求人民法院将该工程依法拍卖。建设工程的价款就该工程折价或者拍卖的价款优先受偿。"

—— 训　练 ——

【司考】甲公司以一地块的建设用地使用权作抵押向乙银行借款 3000 万元,办理了抵押登记。其后,甲公司在该地块上开发建设住宅楼,由丙公司承建。甲公司在取得预售许可后与丁订立了商品房买卖合同,丁交付了 80% 的购房款。现住宅楼已竣工验收,但甲公司未能按期偿还乙银行借款,并欠付丙公司工程款 1500 万元,乙银行和丙公司同时主张权利,法院拍卖了该住宅楼。下列哪些选项是正确的?(2017 年)

A. 乙银行对建设用地使用权拍卖所得价款享有优先受偿权

B. 乙银行对该住宅楼拍卖所得价款享有优先受偿权

C. 丙公司对该住宅楼及其建设用地使用权的优先受偿权优先于乙银行的抵押权

D. 丙公司对该住宅楼及其建设用地使用权的优先受偿权不得对抗丁对其所购商品房的权利

【答案】 AC

【解析】首先,根据《民法典》第 402 条的规定,以建设用地使用权抵押的,应当办理抵押登记。抵押权自登记时设立。本题中,甲公司将建设用地使用权用作抵押向乙银行借款 3000 万元,办理了抵押登记,银行取得了该宗土地的抵押权。乙银行对建设用地使用权拍卖所得价款享有优先受偿权,故 A 项正确。其次,根据《民法典》第 417 条的规定,建设用地使用权抵押后,该土地上新增的建筑物不属于抵押财产。该建设用地使用权实现抵押权时,应当将该土地上新增的建筑物与建设用地使用权一并处分,但新增建筑物所得的价款,抵押权人无权优先受偿。本题中,甲公司将建设用地使用权抵押给乙银行后,新增建筑物住宅楼不属于抵押财产,乙银行无优先受偿权,故 B 项错误。《建设工程施工合同解释(一)》第 38 条规定:"建设工程质量合格,承包人请求其承建工程的价款就工程折价或者拍卖的价款优先受偿的,人民法院应予支持。"丙公司是本案建设工程的承包人,对住宅楼拍卖的价款享有优先受偿权。故,C 项正确。由于最高人民法院《关于建设工程价款优先受偿权问题的批复》已经废止,购房人丁的权利是否应优先于丙公司的优先受偿权,尚无明确的法律依据,D 项正确与否未知,应不予选择。

综上,本题的答案为 AC。

【法考】开发商华峰公司与古观公司签订建设工程施工合同,由古观公司作为承包人承接华峰公司位于 M 市的地产项目。但该项目应招标而未招标,并且古观公司没有资质。之后,项目经验收合格之后,华峰公司以未招标、无资质为由拒绝付款。关于古观公司的权利,下列哪些说法是正确的?(2019 年)

A. 能够主张建设工程合同优先受偿权

B. 优先受偿权的范围不包括违约金

C. 行使优先受偿权不能超过 6 个月

D. 能主张参照合同支付工程款

【答案】 ABD

【解析】尽管华峰公司与古观公司的建设工程合同因应招标而未招标导致无效,但因建设工程竣工验收合格,华峰公司应当参照合同支付工程款,故 D 项正确。工程为古观公司所建,古观公司有权主张建设工程优先权,故 A 项正确。建设工程优先权的行使期间为发包人应当支付工程款之日起 18 个月,故 C 项错误。根据《建设工程施工合同解释(一)》第 40 条第 2 款的规定,承包人就逾期支付建设工程价款的利息、违约金、损害赔偿金等主张优先受偿的,人民法院不予支持,故 B 项正确。

综上,本题的答案为 ABD。

——思 考——

《民法典》第807条规定的承包人对建设工程所享有的法定优先权的权利主体是否包括勘察人、设计人?为什么?

第三节 施工合同的内容

一、施工合同的概念和内容

施工合同是指发包方(建设单位)与承包方(施工单位)就施工单位完成约定的施工工程,建设单位以给付价款为主要内容而签订的合同。在建设工程合同的诸种类型中,施工合同是内容最多、持续时间最长、法律关系最复杂,也最容易出现法律纠纷的一类合同。

根据我国《民法典》第795条,施工合同的主要内容包括:工程范围、建设工期、中间交工工程的开工和竣工时间、工程质量、工程造价、技术资料交付时间、材料和设备供应责任、拨款和结算、竣工验收、质量保修范围和质量保证期、双方相互协作等条款。

二、施工合同当事人的主要义务

(一)承包人的义务

1. 接受发包人检查、监督的义务。我国《民法典》第797条规定:"发包人在不妨碍承包人正常作业的情况下,可以随时对作业进度、质量进行检查。"这也意味着,承包人有接受检查监督的义务。此乃为保证工程顺利进行所必需的内容。

2. 隐蔽工程的通知义务。我国《民法典》第798条规定:"隐蔽工程在隐蔽以前,承包人应当通知发包人检查。发包人没有及时检查的,承包人可以顺延工程日期,并有权请求赔偿停工、窝工等损失。"其实,不仅在隐蔽工程的验收上承包人有通知义务,在施工过程中发现的其他一些突发的重大情况足以导致双方义务变化时,如隧道施工出现透水事故等,承包人都要及时通知发包人。这也是诚信原则所要求的。

3. 保证工程质量和安全的义务。根据我国《民法典》第801条的规定,因施工人原因致使建设工程质量不符合约定的,发包人有权请求施工人在合理期限内无偿修理或者返工、改建。经过修理或者返工、改建后,造成逾期交付的,施工人应当承担违约责任。同时依据《民法典》第802条的规定,因承包人原因致使建设工程在合理使用期限内造成人身和财产损害的,承包人应当承担赔偿责任。

4. 按照合同约定时间竣工并交付发包人验收。这是施工合同中承包人的最主要义务之一。承包人逾期交付将构成违约,要承担相应的违约责任。

(二)发包人的义务

1. 及时提供必要原材料或资料及其他便利条件的义务。我国《民法典》第803条规定:

“发包人未按照约定的时间和要求提供原材料、设备、场地、资金、技术资料的,承包人可以顺延工程日期,并有权请求赔偿停工、窝工等损失。”

2. 对隐蔽工程检查的义务。发包人及时检查隐蔽工程是为了确保施工能够及时衔接,不耽误总工期;如果发包人违反此义务,承包人可以顺延工期,并有权要求赔偿停工、窝工等损失。

3. 对因自身原因造成工程停建、缓建的,要承担相应的补偿或赔偿义务。《民法典》第804条规定,因发包人原因造成工程中途停建或缓建的,发包人应当采取措施弥补或减少损失,赔偿承包人因此造成的停工、窝工、倒运、机械设备调迁、材料和构件积压等损失和实际费用。

4. 受领工程并及时组织验收。我国《民法典》第799条规定:“建设工程竣工后,发包人应当根据施工图纸及说明书、国家颁发的施工验收规范和质量检验标准及时进行验收。”迟延受领将会影响承包人及时取得决算工程款,损害承包人利益。

5. 及时支付工程款的义务。发包人在工程验收合格后,应及时付清剩余的工程款,否则将构成违约,要承担相应的违约责任。

6. 未经验收程序不得擅自使用工程成果。我国《民法典》第799条第2款规定:“建设工程竣工经验收合格后,方可交付使用;未经验收或者验收不合格的,不得交付使用。”这是为了保证使用人的安全,同时也是为了明确可能发生的事故的责任原因。未经验收而使用,这在当下的商品楼开发出售中并不鲜见。在这里须谨记,发包人负有验收后再交付使用的义务,不过,由于工程质量存在问题且未经验收或验收不合格即由发包人交付第三人投入使用,从而造成第三人损害的,承包人也不能当然免责。

三、关于《民法典》第807条规定的“建设工程价款优先受偿权”

我国《民法典》第807条规定:“发包人未按照约定支付价款的,承包人可以催告发包人在合理期限内支付价款。发包人逾期不支付的,除根据建设工程的性质不宜折价、拍卖外,承包人可以与发包人协议将该工程折价,也可以请求人民法院将该工程依法拍卖。建设工程的价款就该工程折价或者拍卖的价款优先受偿。”这条规定就是引人注目并激起许多争论的“建设工程价款优先受偿权”。规定此条款的时代背景是:“拖欠工程款”在现实中屡见不鲜,并成为建设工程承包合同发生纠纷的主要原因。同时,承包人拿不到工程款直接影响一线施工工人的生计,这不可避免地会造成诸多的社会问题。

关于此项权利,须注意以下要点:

1. 该权利的性质是一种法定优先受偿的权利。对此项权利争论最多的正是该权利的性质问题,支持者最多的是“法定抵押权说”和“特别优先权说”。从历史解释的角度来看,《民法典》的起草者无疑是把它作为法定抵押权来看待的。[4] 当然,更重要的是记住它的一些特征,如无须登记、存灭依附于标的物、优先于其他担保物权如抵押权等。

2. 权利人不仅包括施工人,还包括勘察人、设计人。这从《民法典》对建设工程合同与

---

〔4〕 梁慧星:《合同法第286条的权利性质与适用》,载梁慧星主编:《民商法论丛》(第19卷),金桥文化出版(香港)有限公司2001年版,第377页。

承包人的界定即可推知。承包人不仅是施工人,还可能是勘察人或设计人。

3. 优先权的债权内容是特定的。优先权的债权内容仅限于承包人为建设工程应当支付的工作人员报酬、材料款等实际支出的费用,不包括承包人因发包人违约造成的损失,更不包括侵权、无因管理等原因产生的债权。

4. 优先权实现的前置程序。这种前置程序包括承包人对发包人付款的催告,给予后者合理的应变时间。只有在合理期限内仍未付款的,承包人才可实行此种优先权。

5. 优先权的实现方式包括折价和拍卖。前者是承包人与发包人在友好协商的基础上达成的协议,其结果是承包人以一定价格购买建设工程,工程款冲抵一部分购买价金;后者是在法院的主持下,将建设工程拍卖,优先权人就拍卖价款优先受偿。

6. 消费者商品房所有权的优先性。当建设工程是商品房时,消费者在支付购买商品房的全部或大部分款项后,承包人的优先受偿权不得对抗买受人。

7. 建设工程承包人行使优先权的期限为 6 个月,自建设工程竣工之日或约定的竣工之日起计算。根据最高人民法院《建设工程施工合同解释》第 9 条的规定,当事人对建设工程实际竣工日期有争议的,按照以下情形分别处理:建设工程经竣工验收合格的,以竣工验收合格之日为竣工日期;承包人已经提交竣工验收报告,发包人拖延验收的,以承包人提交验收报告之日为竣工日期;建设工程未经竣工验收,发包人擅自使用的,以转移占有建设工程之日为竣工日期。

——思　考——

承包人工程款项优先受偿权有哪些特征,如何实现?

第四节　监 理 合 同

一、监理合同的概念和内容

所谓监理合同,是指建设单位与拥有监理资质证书的监理公司、监理事务所等监理单位签订的、由监理单位为委托监理单位承担监理业务并收取价款的合同。建设工程实行监理,对控制建筑工程的投资、保证建设工期、确保建筑工程质量以及跟国际标准接轨都有重要意义。

根据建设工程监理的实践,监理合同的主要内容包括:工程名称、工程地点、监理职责、费用及其支付方式。另外,根据我国《民法典》第 796 条规定,发包人与监理人的权利和义务以及法律责任,“应当依照本编委托合同以及其他有关法律、行政法规的规定”。如此规定的根本原因在于,监理合同实质上具有委托合同的性质;[5]同时,工程监理往往涉及《建筑法》等强行性法律、法规,因此监理合同的内容必须与之相符。

二、监理单位的主要义务

监理合同中监理单位的主要义务包括:

1. 对建设工程质量进行监督。监理人依照法律、行政法规和有关标准、承包合同,代表建设单位对建筑工程质量实施监督。对不符合建筑工程质量要求的工程设计和施工,有权要求建筑施工企业改正,并向建设单位报告。值得注意的是,这种监督并要求改正的权利,从监理合同的角度来看,也是监理人的义务。如果监理人敷衍塞责,马虎渎职,则显然有负建设单位所托。根据我国《建筑法》第35条的规定,监理单位不按照监理合同约定履行监理职责,或者不正确履行职责的,由此对建设单位造成损失的,应当承担相应的赔偿责任。如果监理单位与施工单位串通,为承包单位谋取非法利益,对建设单位造成损失的,应当与承包单位承担连带责任。

2. 工程监理单位不得转让工程监理业务。由于监理合同具有委托合同的性质,因此其中也有相当的人身依附性,这就要求监理人不得转让工程监理业务。

——思　考——

监理合同与一般的委托合同、承揽合同分别有什么样的关系?

——重点问题梳理——

1. 建设工程合同通常既具有承揽合同的一般共性,也具有自身的一些特征,如合同的要式性、合同缔结受到若干特别法的规制、对承包人严格的资质要求、分包人独特的法律地位等。
2. 勘察人、设计人违约并造成发包人损失的,可适用《民法典》第800条规定,承担继续履行和赔偿的责任。不过,该条款并不排除双方当事人在勘察、设计合同中对违约责任作出的约定。
3. 验收既是发包人的权利,也是其义务。未经验收合格擅自投入使用并造成使用人受到损害的,承包人、发包人均要承担相应的责任。
4. 监理人作为发包人的代理人,有责任最大限度地维护发包人的利益。

---

〔5〕 监理合同实质上是监理单位受发包人(建设单位)的委托,对承包人(最主要是施工单位)的工程建设全过程予以监督,从而确保工程质量,实现法律范围内发包人的利益最大化。另外,前文叙及,建设工程合同本质上为特别的承揽合同,此处又说监理合同具有委托合同的性质,其实二者并不矛盾。因为委托与承揽在概念上区分似乎很容易,前者为"代为处理本人事务",后者为"完成一定工作成果",但实际上往往存在处于中间地带的合同情形,如监理合同即是。

第十九章　运 输 合 同

第一节　运输合同概述

一、运输合同的概念、分类和特征

所谓运输合同,是指承运人将旅客或者货物从起运地点运输到约定地点,旅客、承运人或者收货人支付票款或者运输费用的合同。其中,收取票款或运输费用、承担输送任务的为承运人;支付票款让承运人输送自身到达目的地的,为旅客;委托他人运送自身或他人货物并支付运输费用的,为托运人;从承运人处领受货物的,为收货人。至于输送方式,不限于有动力的工具(如货车、牛、马等),人力(如徒手)也包括在内。

运输合同依据不同标准有不同分类。以输送的对象为标准,运输合同可分为旅客运输合同和货物运输合同;以运输工具为标准,可分为公路运输合同、铁路运输合同、水路运输合同、航空运输合同及管道运输合同;以运输方式为标准,可分为单一运输合同和多式联运合同。

运输合同有以下基本特征:(1)运输合同为诺成合同、非要物合同,即运输合同自双方意思表示一致时即告成立,无须交付标的物。以铁路运输合同为例,旅客购买车票后,运输合同即成立。(2)运输合同是非要式合同,即运输合同的订立无须任何特别的方式,口头明示或默示均可达成订约目的。(3)运输合同一般为格式合同,即运输合同的条款通常都是由运送人或国家的相关机构事先拟定,而非由当事人协商拟定。这主要是效率和公共管理的需要。(4)运输合同是有偿合同,即票款或运输费用通常是合同的必备内容。(5)运输合同为双务合同。一方输送人或物,另一方支付金钱,互为给付。

二、运输合同当事人的主要义务

承运人的主要义务包括:(1)承运人应当在约定期限或合理期限内将旅客、货物安全运输到约定地点。(2)承运人应当按照约定或者通常的运输线路来完成运输。例如,出租车司机不得故意绕远,否则即构成对合同义务的违反。(3)对旅客或货物的安全保障、妥善照管的义务。例如,快递业务的经营者不仅要保障物品不丢失,而且要确保物品不损毁。(4)从事公共运输的承运人不得拒绝旅客、托运人通常、合理的运输要求。例如,出租车司机通常没有拒载的权利。

旅客或托运人的义务主要是按照合同约定及时支付票款或运输费用。

——思　考——

运输合同当事人的主要义务有哪些?

第二节　客运合同

一、客运合同的概念与特征

客运合同,即旅客运输合同的简称,是指由承运人将旅客及其行李按约定运送到目的地,而由旅客支付票款的合同。

客运合同具有以下特征:(1)客运合同通常采用票证形式,未经许可的无票乘车者不被视为旅客;(2)客票是客运合同的证明文件,无记名客票可自由转让,而记名客票如机票不得擅自转让;(3)客运合同中一般允许乘客携带一定种类、数量及体积的行李;(4)客运合同一般包含第三者责任强制险条款。

二、客运合同的成立与生效

客运合同是诺成合同,因而自承运人对旅客的要约为承诺时起成立。现实生活中,承运人的承诺通常采取书面形式,而其载体通常就是相应的票证。承运人将票证交付给旅客,即视为承诺到达旅客。我国《民法典》第814条规定:"客运合同自承运人向旅客出具客票时成立,但是当事人另有约定或者另有交易习惯的除外。"该条款前半句即表达了通常情形下客运合同的成立时间;后半句则指明例外情形下以约定或交易习惯为准,典型者如在先上车后买票(如乘坐公交或出租车)的交易习惯下,承诺不是承运人交付票证的行为,而是承运人允许旅客上车,即客运合同自旅客上车时成立。

如前所述,客运合同系非要式合同,因而其成立时间通常也就是生效时间。不过在需要检票的情形下,客运合同自检票后生效。

三、客运合同当事人的主要义务

(一)客运合同中承运人的义务

1. 确保旅客及其行李安全与完好地抵达目的地。

2. 按照客运合同(票证)载明的时间、班次、座位号、运输工具以及服务标准等运输旅客。若有迟延,应当根据旅客的要求安排改乘其他班次或者退票;若擅自变更工具或降低服务标准,则应根据旅客的要求退款或减收票款;提高服务标准的,不得加收票款。

3. 救助义务。承运人在运输过程中,应当尽力救助患有急病、分娩、遇险的旅客。

4. 对旅客伤亡或其行李的损坏、丢失承担赔偿的义务。根据我国《民法典》第823条的规定,除非旅客自身健康原因,或者旅客故意或重大过失造成自身伤亡,否则承运人无论有无过错均要对旅客伤亡承担赔偿责任。此规定也适用于按照规定免票、持优待票或者经承运人许可搭乘的无票旅客。至于旅客行李的损坏或丢失，承运人不承担无过错责任，而是适用货运的有关规定。

5. 告知义务。承运人应当向旅客及时告知有关不能正常运输的重要事由和安全运输应当注意的事项。

阅读　“经承运人许可搭乘的无票旅客”与“好意同乘”的关系

前者是客运合同中的一种特殊情形，它仍然受到客运合同相关规定的调整；后者是非营运性交通工具的驾驶员基于个人关系（如私交甚密的朋友）或情感（如出于同情）而同意他人搭乘其交通工具而在当事人之间发生的法律关系。在后者，如果因交通事故而给搭乘人造成人身伤亡，驾驶员或车主所承担的赔偿责任应酌情减轻。具体减轻多少，将根据驾驶员的过错程度、搭乘人的过错程度，以及他们对事故发生的原因力大小来综合判断。

（二）客运合同中旅客的义务

1. 应当持有效票证乘坐。旅客无票乘坐、超程乘坐、越级乘坐或持失效客票乘坐的，应当补交票款，承运人可以按照规定加收票款。旅客不交付票款的，承运人可以拒绝运输。

2. 不能按时搭乘的应及时办理退票或变更手续。

3. 携带行李应当遵守合同的约定。

4. 不得携带易燃易爆等危险物品或者违禁物品搭乘公共交通工具。旅客违反此义务，承运人可以将违禁物品卸下、销毁或者送交有关部门。旅客坚持携带或者夹带违禁物品的，承运人应当拒绝运输。

—— 训　练 ——

【法考】男子带着免票的儿子小宝乘坐长途客车，客车在途中遇车祸，导致男子随身携带的行李丢失，小宝也被撞成脑震荡。关于本案，下列哪些说法是正确的？（2019 年）

A. 运输公司对小宝的损害不予赔偿，因为小宝属于无票乘车

B. 运输公司对于小宝的损害，在有过错的情况下应当赔偿

C. 运输公司对于行李的丢失，在有过错的情况下应当赔偿

D. 无论运输公司是否有过错，均应对行李的丢失承担赔偿责任

【答案】　C

【解析】《民法典》第 823 条规定：“承运人应当对运输过程中旅客的伤亡承担赔偿责任；但是，伤亡是旅客自身健康原因造成的或者承运人证明伤亡是旅客故意、重大过失造成的除外。前款规定适用于按照规定免票、持优待票或者经承运人许可搭乘的无票旅客。”本题中，小宝是旅客，且承运人没有免责事由，应承担违约赔偿责任，故 A、B 项错误。《民法典》第 824 条第 1 款规定：“在运输过程中旅客随身携带物品毁损、灭失，承运人有过错的，应当承担赔偿责任。”故 C 项正确，D 项错误。

综上，本题的答案为 C。

——思　考——

1. 客运合同成立、生效的时间点在哪里?
2. 客运合同中承运人和旅客各自的主要义务是什么?

第三节　货运合同

一、货运合同的概念与特征

货运合同,系货物运输合同的简称,是指托运人支付运输费用,委托承运人将其货物运至约定地点的合同。

货运合同的特征包括:

1. 货运合同中,除托运人和承运人外,通常还有另外一个关系人,即收货人。收货人可能与托运人系同一个自然人或法人,也可能不是同一人。收货人不是合同的当事人,不过其享有合同规定的权利并承担相应的义务。

2. 货运合同中往往存在托运单或提单。[1] 如果说客票是客运合同的书面证明文件,那么托运单或提单就是货运合同的书面证明文件,表征各当事人的权利义务。

二、货运合同当事人的主要义务和权利

(一)货运合同中托运人的义务

1. 如实准确地提供托运货物的讯息及其他必要资料。此类讯息包括托运货物的名称、性质、数量、收货人姓名、收货地点等。因托运人申报不实或者遗漏重要情况,造成承运人损失的,托运人应当承担损害赔偿责任。

2. 提交相关手续的文件。货物运输需要办理审批、检验等手续的,托运人应当将办理完有关手续的文件提交承运人。

3. 妥善包装好需运输的货物。关于包装方式,有约定的按照约定,没有约定或约定不明确的由双方当事人协商,协商不成的按照通用方式包装,无通用方式的按照足以保护货物的方式包装。包装不符合约定或规定的,承运人可拒绝运输。

4. 运输危险物品时应妥善包装、明确标示并提交相关书面材料。此类材料包括危险物品的名称、性质和防范措施等。托运人违反此项义务的,承运人可拒绝运输,也可采取相应措施以避免损失的发生,因此产生的费用由托运人承担。

5. 变更或解除合同时应赔偿承运人的损失。在承运人将货物交付收货人之前,托运人可以要求承运人中止运输、返还货物、变更到达地或者将货物交给其他收货人,但应当赔偿

〔1〕 实务中,提单往往用于水路运输;而在陆上货物运输方面,托运单的运用相对而言要普遍得多。参见黄立主编:《民法债编各论》,中国政法大学出版社 2003 年版,第 665 页。

因此而给承运人带来的损失。

(二)承运人的义务

1. 及时通知收货人提货的义务。当然,承运人履行该义务的前提是托运人提供了收货人的联系方式。

2. 确保货物的安全与完好。根据我国《民法典》第 832 条的规定,承运人对货物的毁损、灭失承担的是一种特殊的过错推定责任,即在货物发生毁损、灭失的情况下,托运人无须证明承运人有过错,而承运人只有在证明“货物的毁损、灭失是因不可抗力、货物本身的自然性质或者合理损耗以及托运人、收货人的过错造成的”情况下,才能免责。在不可抗力致使货物灭失的情况下,承运人虽不承担赔偿责任,但也不得收取运费,已经收取的,应当返还。

一旦承运人要承担赔偿责任,其具体的损失额计算方法是,有约定的按约定,无约定或约定不明确的,按照当事人的补充协议或者合同条款、交易习惯确定;若还不能确定,则按照交付或者应当交付时货物到达地的市场价格计算。

(三)承运人的权利

1. 按约定收取运费。如果由于托运人的原因导致费用增加,承运人有权收取增加的费用。

2. 对托运货物依法留置的权利。托运人或收货人不支付运费、保管费或其他费用的,承运人对相应的运输货物享有留置权,但当事人另有约定的除外。

3. 对托运货物依法提存的权利。收货人不明或者收货人无正当理由拒绝受领货物的,承运人可以依法将货物或其变卖所得价款提存。

(四)收货人的权利和义务

收货人的权利主要是按照当事人的约定受领货物,其主要义务是及时提货,并在提货时按照约定的期限检验货物。若约定期限不明,收货人与承运人可通过补充协议来确定;如果达不成补充协议,则按照合同的有关条款或交易习惯确定;仍不能确定的,则收货人应当在合理的期限内检验货物。

三、相继运输中承运人的责任分担

所谓相继运输,是指两个以上承运人以同一运输方式接力运输,将托运人的货物运至目的地,而托运人只与其中某一个承运人签订运输合同的运输方式。相继运输与多式联运的区别在于,前者是以同一运送方式进行的分段运输,后者是以不同运送方式进行的分段运输。

相继运输中承运人的责任按照以下方式分担:与托运人订立合同的承运人应当对全程运输承担责任。损失发生在某一运输区段的,与托运人订立合同的承运人和该区段的承运人承担连带责任。若各承运人不能证明损失发生于某一区域,则由全体承运人承担连带责任。若能明确最终责任区段,则先行赔付的其他承运人可向最终责任区段的承运人行使追偿权。

思　考

1. 货运合同中货物毁损、灭失情况下的争议如何处理?
2. 相继运输的责任分担是怎样的?

第四节　多式联运合同

一、多式联运合同的概念与特征

所谓多式联运合同,是指托运人或旅客与多式联运的承运人达成的、由托运人或旅客一次性给付运输费用,使用同一运输凭证,而承运人使用两种以上不同的运输工具将货物或旅客运至目的地的协议。

多式联运合同的特征包括:

1. 多式联运合同必定包含两种以上不同的运输方式。这是其最基本的特征。

2. 多式联运合同的当事人只有两个人,一个是旅客或托运人,另一个是与前者签订合同的多式联运承运人(多式联运经营人)。后者可能实际参与部分区段的运输(实际承运人),也可能只负责组织实施运输,而不实际承担运输任务,但无论如何,只有签订合同的承运人才是合同的当事人,享有多式联运合同的权利义务,未参与缔约的实际承运人不具有合同当事人的地位。

3. 旅客或托运人一次性给付运费,并且使用同一运输凭证。整个运输虽然分段进行,但仍然是一个合同,旅客或托运人给付运费应一次完成,同时,运输凭证也保持不变。

二、多式联运合同当事人的主要义务

托运人的主要义务:(1)按约定一次性给付运输费用。(2)过错时的损害赔偿义务。对于因托运人托运货物时有过错而造成多式联运经营人损失的,即使托运人已经转让多式联运单据,托运人仍然承担赔偿责任。

多式联运经营人亦即缔约承运人的主要义务:(1)在收到待运输货物时签发多式联运单据。并且,依照托运人的意愿,签发可转让单据或不可转让单据。(2)确保运输货物的安全完好,并对货物的毁损、灭失承担赔偿责任。其免责事由与一般货运合同相同。不过需注意,当货物的毁损、灭失发生于多式联运合同的某一运输区段时,多式联运经营人往往受到责任限额的保护,至于具体的责任赔偿及其限额,应适用调整该区段运输方式的有关法律规定。如果不能确定毁损、灭失发生于哪一区段时,则依照一般货运合同的规定处理。

三、多式联运中各承运人之间的内部关系

由于多式联运是分区段运输,因而必定存在两个以上的实际承运人。他们之间的关系如何调整?我国《民法典》第839条规定,“多式联运经营人可以与参加多式联运的各区段

承运人就多式联运合同的各区段运输约定相互之间的责任；但是，该约定不影响多式联运经营人对全程运输承担的义务”。此规定表明，多式联运中各承运人之间的内部关系可以由他们另订协议来调整；但由于就外部关系而言，已经存在多式联运经营人与托运人签订的多式联运合同，因而内部协议不对外部的权利义务关系产生影响，亦即多式联运经营人仍然要根据多式联运合同对全程运输承担约定的义务。

——思　考——

多式联运与相继运输在各自的内外法律关系上有何区别?

——重点问题梳理——

1. 运输合同是诺成、非要式、双务、有偿合同，且一般为格式合同。
2. 承运人对旅客伤亡承担的是无过错赔偿责任，而对旅客所携带行李的损毁、灭失承担的是一种过错责任。
3. 须注意，承运人不能通过概括地证明自己无过错而免责——这与一般的过错推定责任不同，而只能具体地证明自己无过错，即仅限于《民法典》明确列举的几种无过错的情形。
4. 在相继运输中，第一承运人与发生损害事故区段的承运人要对货物损害承担连带赔偿责任；但在多式联运中，只有多式联运经营人单独对发生的货物损害承担赔偿责任。

第二十章 技 术 合 同

第一节 技术合同概述

一、技术合同的概念和特征

(一)技术合同的概念

技术合同是当事人就技术开发、转让、许可、咨询或者服务订立的确立相互之间权利和义务的合同(《民法典》第843条)。技术合同中所指的技术,是指根据生产实践经验和科学原理而形成的,可作用于自然界的物质资料并可取得一定实践效果的操作方法和技能。由于技术成果是一种特殊的无形资产,其研究、开发与转让等都具有高风险、高附加值、周期性长等特点,因此,技术合同较之其他合同更为复杂,更需要明确规定双方的权利和义务关系。技术作为商品参与社会交换,是市场经济有序运行的必然要求。1981年颁行的《经济合同法》初步改变了我国在计划时代建立的以行政手段无偿推广技术成果的做法。1985年3月中共中央《关于科学技术体制改革的决定》加速了科技成果商品化进程,推动了我国技术市场的形成和发展。在此基础上,我国于1987年6月颁布了《技术合同法》。该法共7章55条,对技术开发合同、技术转让合同、技术咨询合同和技术服务合同都作出了明确的规定。1999年3月颁行的《合同法》单设一章对原由《技术合同法》所单独规制的技术合同进行了规范。《民法典》合同编第二十章设专章对技术合同进行了全面规定。

从种类上来看,我国《民法典》合同编中的技术合同主要包括技术开发合同、技术转让合同、技术许可合同、技术咨询合同、技术服务合同,其中技术开发合同主要包括委托开发合同与合作开发合同;技术转让合同主要包括专利申请权转让合同、专利权转让合同、技术秘密转让合同等;技术许可合同包括专利实施许可、技术秘密使用许可等合同。另外,实践中也广泛存在科技成果实施与转化合同,该类合同可参照技术开发合同的相关规定订立。

(二)技术合同的特征

一般来说,技术合同具有如下特征:

1. 技术合同的标的为具有特殊性的技术成果。技术合同的标的不是一般的有形商品与具体劳务,而是特定的技术成果以及利用技术知识所提供的咨询服务等。对于何谓技术成果,《技术合同解释》第1条第1款指出:“技术成果,是指利用科学技术知识、信息和经验作出的涉及产品、工艺、材料及其改进等的技术方案,包括专利、专利申请、技术秘密、计算机软件、集成电路布图设计、植物新品种等。”

2. 技术合同是双务合同、有偿合同。在技术合同中,当事人双方都要承担互为给付的义务,所以技术合同为双务合同。技术合同当事人一方从对方取得利益,须向对方支付一定的代价,因此,技术合同为有偿合同。

3. 技术合同受多种法律的调整。技术合同首先是一种合同,合同是债产生的最重要的原因,故技术合同要受债法制度的调整。技术合同的标的为技术成果,而技术成果是知识产权制度的重要客体,因此,技术合同受到知识产权制度规范的制约。另外,法律、行政法规对技术进出口合同或者专利申请合同作出的特殊规定,也会直接影响技术合同的内容。

二、技术合同的内容

(一)技术合同的内容概述

技术合同的内容主要通过技术合同的条款反映出来,技术合同的特殊性决定了技术合同一般包括以下主要条款:(1)项目的名称;(2)标的的内容、范围和要求;(3)履行的计划、地点和方式;(4)技术信息和资料的保密;(5)技术成果的归属和收益的分配办法;(6)验收标准和方法;(7)名词和术语的解释。对此,我国《民法典》第 845 条规定:"技术合同的内容一般包括项目的名称,标的的内容、范围和要求,履行的计划、地点和方式,技术信息和资料的保密,技术成果的归属和收益的分配办法,验收标准和方法,名词和术语的解释等条款。与履行合同有关的技术背景资料、可行性论证和技术评价报告、项目任务书和计划书、技术标准、技术规范、原始设计和工艺文件,以及其他技术文档,按照当事人的约定可以作为合同的组成部分。技术合同涉及专利的,应当注明发明创造的名称、专利申请人和专利权人、申请日期、申请号、专利号以及专利权的有效期限。"

需要强调的是,技术合同一般条款中的第 4 项技术情报和资料的保密条款对于技术秘密的拥有者极为重要,因为技术秘密一旦向第三方或社会泄露,就会给技术拥有者造成巨大损失。

(二)技术合同的价款、报酬或者使用费的支付

技术合同价款、报酬或者使用费的支付方式由当事人约定,可以采取一次总算、一次总付或者一次总算、分期支付,也可以采取提成支付或者提成支付附加预付入门费的方式(《民法典》第 846 条第 1 款)。一次总算并不意味着当事人要采取一次总付的方式来履行价款、报酬或者使用费用支付义务。在实践中,当事人在一次总算后,可以一次总付,也可以分期支付。一次总算、一次总付方式的付款时间通常在技术合同订立之时或者在技术转让方的技术资料交付完毕,经受让方验收后。一次总算、分期支付时受让方把技术合同的价款总额按照约定的先后顺序分期分批地转移给转让方。提成支付是受让方按照约定提取技术实施以后所产生的经济利益的一定比例支付给转让方,作为转让方出让技术的价款、报酬或者使用费的支付方式。提成支付的总额最终要根据受让方在实施技术中最终获得的实际经济效益来决定,该种按照技术转让的实际效果进行分成的办法,被国内外普遍采用。入门费加提成支付方式要求受让方在订立合同后先一次性支付一定数额的价款,然后再按照产值和利润的一定比例支付一定的价款和费用。在实践中,入门费通常包括:复制图纸和准备资料的工本费;针对受让方的具体需要改进设计、改进描图、改进资料的工本

费;转让方人员前往受让方进行考察的差旅费;转让方提供的产品样本费;技术培训费;技术交易中,转让方指出的咨询费、谈判费、律师费和行政管理费等。[1]《民法典》第846条第2款、第3款规定:"约定提成支付的,可以按照产品价格、实施专利和使用技术秘密后新增的产值、利润或者产品销售额的一定比例提成,也可以按照约定的其他方式计算。提成支付的比例可以采取固定比例、逐年递增比例或者逐年递减比例。约定提成支付的,当事人可以约定查阅有关会计帐目的办法。"

三、技术成果及其相关权利的归属

(一)职务技术成果与非职务技术成果的区分

我国《民法典》将技术成果区分为职务技术成果与非职务技术成果,并分别对相关权利的归属作出了规定。其中,职务技术成果是执行法人或者非法人组织的工作任务,或者主要是利用法人或者非法人组织的物质技术条件所完成的技术成果(《民法典》第847条第2款)。据此,职务技术成果主要包括两类:

1. 执行法人或者非法人组织的工作任务所完成的技术成果。由于科技人员大都在所属的单位中有特定的岗位和职责,单位给研究开发者提供了必要的条件,完成法人或非法人组织的任务是其应尽的义务,执行本单位的任务所完成的职务技术成果是职务技术成果中最主要的一种。对此,《技术合同解释》第2条第1款指出,执行法人或者非法人组织的工作任务包括:履行法人或者非法人组织的岗位职责或者承担其交付的其他技术开发任务;离职后一年内继续从事与其原所在法人或者非法人组织的岗位职责或者交付的任务有关的技术开发工作,但法律、行政法规另有规定的除外。

2. 主要是利用法人或者非法人组织的物质技术条件所完成的技术成果,即主要利用本法人或者非法人组织的资金、设备、零部件、原材料或者不对外公开的技术资料等完成的技术成果。虽然不是在执行法人或者非法人组织的任务过程中完成的技术成果,但是该技术成果主要利用了法人或者非法人组织的物质技术条件,该技术成果也被认为是职务技术成果。《技术合同解释》第4条指出,该类技术成果包括:(1)职工在技术成果的研究开发过程中,全部或者大部分利用了法人或者非法人组织的资金、设备、器材或者原材料等物质条件,并且这些物质条件对形成该技术成果具有实质性影响;(2)技术成果实质性内容是在法人或者非法人组织尚未公开的技术成果、阶段性技术成果基础上完成,但下列情况除外:对利用法人或者非法人组织提供的物质技术条件,约定返还资金或者缴纳使用费的;在技术成果完成后利用法人或者非法人组织的物质技术条件对技术方案进行验证、测试的。

非职务性技术成果是指一项技术成果的完成与完成者的岗位职责无关;没有利用成果开发人所属单位的物质技术条件;或虽利用了开发人所属单位的物质技术条件,但是该条件对该项技术成果的取得并没有起到决定性作用的技术成果。通常,职务技术成果以外的其他技术成果为非职务技术成果。

---

[1] 崔建远主编:《合同法》,法律出版社2007年版,第464页。

（二）相关权利的归属

为了调动各方的积极性，合理照顾职务技术成果所涉及的法人或者非法人组织以及完成成果人的利益，促进科技发明和技术创新，《民法典》第 847 条第 1 款规定，职务技术成果的使用权、转让权属于法人或者非法人组织的，法人或者非法人组织可以就该项职务技术成果订立技术合同。法人或者非法人组织订立技术合同转让职务技术成果时，职务技术成果的完成人享有以同等条件优先受让的权利。

对于个人完成的技术成果，既属于执行原所在法人或者非法人组织的工作任务，又主要利用了现所在法人或者非法人组织达成的物质技术条件的，《技术合同解释》第 5 条指出，应当按照该自然人原所在和现所在法人或者非法人组织达成的协议确认权益。不能达成协议的，根据对完成该项技术成果的贡献大小由双方合理分享。

对于非职务技术成果，《民法典》第 848 条规定，该成果的使用权、转让权属于完成技术成果的个人，完成技术成果的个人可以就该项非职务技术成果订立技术合同。

《民法典》第 849 条明确规定，无论是职务技术成果还是非职务技术成果，完成技术成果的个人享有在有关技术成果文件上写明自己是技术成果完成者的权利和取得荣誉证书、奖励的权利。

四、技术合同无效的特别规定

《民法典》第 850 条规定：非法垄断技术或者侵害他人技术成果的技术合同无效。《技术合同解释》第 10 条指出，第 850 条所称的“非法垄断技术”包括以下几种情形：

1. 限制当事人一方在合同标的技术基础上进行新的研究开发或者限制其使用所改进的技术，或者双方交换改进技术的条件不对等，包括要求一方将其自行改进的技术无偿提供给对方、非互惠性转让给对方、无偿独占或者共享该改进技术的知识产权。

2. 限制当事人一方从其他来源获得与技术提供方类似技术或者与其竞争的技术。

3. 阻碍当事人一方根据市场需求，按照合理方式充分实施合同标的技术，包括明显不合理地限制技术接受方实施合同标的技术生产产品或者提供服务的数量、品种、价格、销售渠道和出口市场。

4. 要求技术接受方接受并非实施技术必不可少的附带条件，包括购买非必需的技术、原材料、产品、设备、服务以及接收非必需的人员等。

5. 不合理地限制技术接受方购买原材料、零部件、产品或者设备等的渠道或者来源。

6. 禁止技术接受方对合同标的技术知识产权的有效性提出异议或者对提出异议附加条件。

另外，我国《中外合资企业法实施条例》第 43 条规定要求合营企业订立的技术转让协议，应当报审批机构批准，并应符合该条第 2 款〔2〕的相关规定。因此，中外合资企业订立

〔2〕《中外合资企业法实施条例》第 43 条第 2 款规定：“技术转让协议必须符合下列规定：（一）技术使用费应当公平合理；（二）除双方另有协议外，技术输出方不得限制技术输入方出口其产品的地区、数量和价格；（三）技术转让协议的期限一般不超过 10 年；（四）技术转让协议期满后，技术输入方有权继续使用该项技术；（五）订立技术转让协议双方，相互交换改进技术的条件应当对等；（六）技术输入方有权按自己认为合适的来源购买需要的机器设备、零部件和原材料；（七）不得含有为中国的法律、法规所禁止的不合理的限制性条款。”

的技术转让合同未报审批机构批准或者不符合《中外合资企业法实施条例》第43条第2款相关规定的,也会出现技术转让合同无效的后果。

——训　练——

【司考】甲公司聘请乙专职从事汽车发动机节油技术开发。因开发进度没有达到甲公司的要求,甲公司减少了给乙的开发经费。乙于2007年3月辞职到丙公司,获得了更高的薪酬和更多的开发经费。2008年1月,乙成功开发了一种新型汽车节油装置技术。关于该技术专利申请权的归属,下列哪些选项是错误的?(2010年)

A. 甲公司　　B. 乙　　C. 丙公司　　D. 甲公司和丙公司共有

【答案】 BCD

【解析】《专利法》第6条第1款规定:执行本单位的任务或者主要是利用本单位的物质技术条件所完成的发明创造为职务发明创造。职务发明创造申请专利的权利属于该单位,申请被批准后,该单位为专利权人。《专利法实施细则》第13条规定:"专利法第六条所称执行本单位的任务所完成的职务发明创造,是指:(一)在本职工作中作出的发明创造;(二)履行本单位交付的本职工作之外的任务所作出的发明创造;(三)退休、调离原单位后或者劳动、人事关系终止后1年内作出的,与其在原单位承担的本职工作或者原单位分配的任务有关的发明创造。专利法第六条所称本单位,包括临时工作单位;专利法第六条所称本单位的物质技术条件,是指本单位的资金、设备、零部件、原材料或者不对外公开的技术信息和资料等。"据此,乙在甲公司的本职工作任务是开发汽车发动机节油技术,乙辞职后1年内在丙公司开发出的汽车发动机节油技术仍属于执行甲公司的任务所完成的职务发明创造,故专利申请权属于甲公司。故A项正确。

综上,本题的答案为BCD。

——思　考——

1. 技术合同具有什么特点?
2. 履行技术合同产生的技术成果应如何确定归属?

第二节　技术开发合同

一、技术开发合同的概念和特征

(一)技术开发合同的概念

《民法典》第851条第1款规定,技术开发合同是当事人之间就新技术、新产品、新工艺、新品种或者新材料及其系统的研究开发所订立的合同。《技术合同解释》第17条指出,所谓的新技术、新产品、新工艺、新品种或者新材料及其系统,包括当事人在订立技术合同时尚未掌握的产品、工艺、材料及其系统等技术方案,但对技术上没有创新的现有产品的改型、工艺变更、材料配方调整以及对技术成果的验证、测试和使用不包括在内。

技术开发合同包括委托开发合同和合作开发合同(《民法典》第851条第2款)。委托开发合同是当事人一方委托另一方(研究开发人)开发新技术成果的合同。根据《技术合同解释》第19条第2款的规定,技术开发合同当事人一方仅提供资金、设备、材料等物质条件或者承担辅助协作事项,另一方进行研究开发的,属于委托开发合同。合作开发合同是当事人各方共同进行技术成果研究开发的合同。具体地说,合作开发合同就是当事人各方共同投资、共同参与研究开发活动、共同承担研究开发风险、共同分享研究开发成果的协议。[3]《民法典》第851条第3款对技术开发合同的形式进行了规定,该条规定技术开发合同应当采用书面形式。为了鼓励、规范具有应用价值的科技成果的转化,我国《民法典》第851条第4款明确规定,当事人之间就具有实用价值的科技成果实施转化订立的合同,参照适用技术开发合同的有关规定。根据《技术合同解释》第18条的规定,所谓"当事人之间就具有实用价值的科技成果实施转化订立的"技术转化合同,是当事人之间就具有实用价值但尚未实现工业化应用的科技成果,包括阶段性成果,以实现该科技成果工业化应用为目标,约定后续试验、开发和应用等内容的合同。

(二)技术开发合同的特征

1. 技术开发合同的目的是研究开发具有创造性的新技术成果。技术开发合同的目的是研究开发新技术、新产品、新工艺、新品种或者新材料及其系统。这些技术成果在当事人订立合同时并不存在,只有经过研究人员的创造性科技活动才能取得。

2. 技术开发合同为诺成合同、双务合同与有偿合同。技术开发合同并不以标的物的交付为要件,其自当事人意思表示一致时成立,因此,技术开发合同为诺成合同。技术开发合同的当事人各方均负有相应的义务,而且每一方从另一方取得利益时都须支付相应对价,因此,技术开发合同是双务合同、有偿合同。

3. 技术开发合同是风险性合同。因为技术开发合同的目的是开发具有创造性的新成果,这种新成果的取得本身具有相当的难度,蕴藏着开发不出的危险。在技术开发合同的履行过程中,开发方可能会遭遇人类目前尚未克服的技术难关,导致技术开发工作全部或者部分失败。因此,技术开发合同是一种风险性的合同,当事人须承担相应的开发风险,当事人一般应当在合同中约定风险责任的承担问题。按照《民法典》的相关规定,在技术开发合同履行过程中,因出现无法克服的技术困难,致使研究开发失败或者部分失败的,该风险由当事人约定;没有约定或者约定不明确,依据《民法典》第510条的规定仍不能确定的,风险由当事人合理分担(《民法典》第858条第1款)。当事人一方发现前款规定的可能致使研究开发失败或者部分失败的情形时,应当及时通知另一方并采取适当措施减少损失;没有及时通知并采取适当措施,致使损失扩大的,应当就扩大的损失承担责任(《民法典》第858条第2款)。

---

〔3〕 施天涛主编:《合同法释论》,中国人民公安大学出版社1999年版,第380页。

二、技术开发合同的效力

(一)委托开发合同的效力

1. 委托开发合同中委托人的义务

根据我国《民法典》第852条的规定,委托开发合同中委托方主要承担如下的义务与责任:

(1)在委托开发合同中,委托方的主给付义务为按照合同约定支付研究开发费用和报酬。除委托开发合同另有约定外,委托方应当提供全部研究开发费用。因此,委托开发合同中的委托人需要有足够的经费保障,需有能力按合同约定支付研究开发费用和报酬。研究开发费用是完成研究工作所必需的成本。研究开发费用一般是在合同订立后、研究开发工作进行前支付,也可以根据情况分期支付。当事人在合同中约定研究开发费用按照实际需要支付的,委托方支付的研究费用不足时,应当补充支付;研究开发费用剩余时,研究开发方应当如数返还。研究开发报酬是研究开发方应得的收入,包括研究开发成果的使用费和研究开发人员的科研补贴等。委托方应当按照约定按时支付报酬。委托方迟延支付研究开发经费,造成研究工作停滞、延误的,研究开发方不承担迟延责任。委托方逾期支付研究开发费用或者报酬的,经催告于合理期限内仍不支付的,研究开发方有权解除合同,并请求委托方返还技术资料、补交应付的报酬,赔偿由此所造成的损失。

(2)按照约定提供技术资料。研究开发人进行技术开发必须以一定的技术资料为依据,这些资料一般为委托人所掌握。因此,委托人应当按照合同的约定,向研究开发人提供研究开发所需的数据资料,除当事人另有约定外,委托人履行该义务的范围应以研究开发人为履行合同所必需的范围为准。[4] 委托方不依合同的约定及时提供技术资料,导致研究开发工作停滞、延误、失败的,委托方应当承担相应的责任。

(3)提出研究开发要求。委托方的研究开发要求除了商务条款之外,主要是指技术方面,对功能、各项技术参数的具体要求。在合同中,主要以技术附件形式体现。

(4)完成协作事项。由于技术开发工作是一项周期长、问题复杂的工作,其需要及时掌握委托人的要求,排除一些问题,因此,委托人应当自始至终地予以协作配合。

(5)接受开发研究成果。技术成果具有很强的时效性,很容易因为时间的经过而丧失其新颖性,因此,委托方应当按照合同的约定及时接受研究开发人完成的开发成果。委托方不及时接受研究开发方已完成的成果时,应承担违约责任并支付保管费用。

2. 委托开发合同中研究开发方的义务

从我国《民法典》第853条的规定来看,委托开发合同中的委托方主要负担如下合同义务:

(1)按照合同的约定,制定和实施研究开发计划。由于技术成果的研究开发周期长,面临问题复杂,因此,研究开发方应当在接受委托后积极与委托方进行沟通,按照约定制定可行的研究开发计划,并组织实施。未经委托方的同意,研究开发方不得将研究开发的主要工作交给第三人完成,研究开发人不亲自履行研究开发人的主要义务的,委托方有权解除

---

〔4〕 魏振瀛主编:《民法》,北京大学出版社、高等教育出版社2000年版,第565页。

合同,并请求返还研究开发经费和赔偿损失。

(2)合理使用委托方提供的研究经费。研究开发方必须按照合同的约定使用研究开发经费,不得擅自改变研究开发经费的用途,不能不合理地使用研究开发经费。研究开发方将研究开发经费用于履行合同以外的目的的,委托方有权制止并要求改正。

(3)按时完成研究开发工作并交付研究成果。研究开发方在研究开发工作中不得擅自变更标的的内容、形式和要求,研究开发方应当按照合同约定按时完成研究开发工作,并将工作成果交付给委托人,否则研究开发方就应当承担违约责任。

(4)承担相应的后续任务。研究开发方依照合同的约定完成研究开发工作并交付工作成果时,还应当提供相关的技术资料,并给予必要的技术指导,对委托人进行必要的技术培训,帮助委托人掌握该项技术成果,同时应当按照约定保守相关技术秘密。

(二)合作开发合同的效力

从《民法典》第855条的规定来看,合作开发合同的各方当事人负担如下义务:

1. 按照合同约定进行投资。各方当事人可以按照合同约定,以资金、设备、材料、场地、试验条件等进行投资,也可以以技术情报资料、专利权、非专利技术成果等方式进行投资。当事人以资金以外的形式进行投资的,应当折算成相应的金额,明确当事人在投资中所占的比例。

2. 按照约定分工参与研究开发工作并相互配合。合作开发各方须按照合同约定以自己的技术力量(或技术劳务)参与开发工作,并在开发工作中相互协作、相互配合,共同完成开发工作。若一方当事人仅提供资金、设备、材料等物质条件,或者承担辅助协作事项,或者按照约定的计划和分工进行或者承担设计、工艺、试验、试制等工作,则其不应被视为合作开发合同的当事人。

3. 合作开发当事人各方均应保守技术情报、技术资料和技术成果的秘密。

三、技术开发合同中技术成果的归属与收益分享

(一)委托开发合同中的成果归属与收益分享

就可以申请专利的技术成果而言,如果委托开发合同的当事人已经在合同中对发明创造归属和收益分配办法作出了约定,则按照该约定处理即可。如果当事人没有作出约定,则可以按照以下方式处理:(1)可以申请专利的技术成果之申请专利的权利归研究开发方。专利申请权是指就特定的发明创造申请专利的权利,由于专利权中不但包括财产权利,而且包括精神性权利,因此,在没有约定技术成果归属的情况下,由具体实施研究开发工作的开发方享有申请专利的权利有助于其最终享有专利权中的精神性权利(如署名权)。(2)研究开发方取得专利权的,委托人可以免费实施该专利。委托方委托开发技术成果的目的就在于使用技术成果并取得经济利益,如果开发方获得的具有专有与排他性特征的专利权也排斥委托方利用该专利,则将使委托方的利益最终难以实现,使委托方合同目的最终落空。因此,为了保障委托开发方的利益并保证委托开发合同目的的实现,研究开发方取得专利权后,委托人应当有免费实施该专利的权利。(3)研究开发方转让专利申请权的,委托人享有以同等条件优先受让的权利。委托人曾经为研究开发方开发该技术成果进行了必要投

资,并提供了必要的技术资料,委托方开发技术成果的目的在于使用技术成果并取得经济利益,委托开发合同关系的长期存在与委托开发合同的目的共同决定了委托人应当有优先受让专利申请权的权利。

委托开发完成的技术成果,如属于不可申请专利或可申请专利但当事人不愿申请专利的技术秘密成果,其归属与利用按照委托开发合同的约定处理;如果没有约定或者约定不明确,依照《民法典》第510条的规定仍不能确定的,在没有相同技术方案被授予专利前,则当事人各方均有使用和转让的权利,但委托开发的研究人不得在向委托人交付研究开发成果之前,将研究开发成果转让给第三人(《民法典》第861条)。

(二)合作开发合同中的成果归属与收益分享

就属于可以申请专利的技术成果而言,如果合作开发合同的当事人在合同中约定发明创造专利技术成果的归属和收益分享办法的,依照合同约定执行。如果没有约定,则可以按照以下方式处理:(1)申请专利的权利属于合作开发方共有。研究开发成果是由合作者共同完成的,合作当事人之间的关系类似于合伙,因此,在没有特殊约定的情况下,专利申请权当然共有。(2)当事人一方转让其共有的专利申请权的,其他各方在同等的条件下可以优先受让其专利申请权。这是民法中共有理论在专利申请权领域应用的当然结论,也是保护合作方利益的必要措施。此外,明示放弃专利申请权的合作当事人可以免费实施所取得的专利(《民法典》第860条第2款)。申明放弃专利申请权,不等于放弃实施专利的权利,有的合作人只是看重应用技术成果带来的经济利益,而对于该技术是否申请专利并不在意。另外,合作开发的当事人一方不同意申请专利的,另一方或者其他各方不得申请专利(《民法典》第860条第3款)。权利的共同共有是不可分割的,如果一方当事人不同意申请专利,另一方或他方执意申请,就会损害该当事人的合法利益,因此,为了更好地保护合作各方当事人的合法利益,法律禁止另一方或者其他各方在合作开发的一方不同意申请专利的情况下申请专利。

合作开发完成的技术成果,如属于不可申请专利或可申请专利但当事人不愿申请专利的技术秘密成果,则当事人可以约定该成果的使用权、转让权及分配办法。如果当事人没有约定或者约定不明,依照《民法典》第510条的规定仍不能确定的,在没有相同技术方案被授予专利前,则当事人各方均有使用和转让的权利(《民法典》第861条)。

——训　练——

【司考】甲、乙两公司约定:甲公司向乙公司支付5万元研发费用,乙公司完成某专用设备的研发生产后双方订立买卖合同,将该设备出售给甲公司,价格暂定为100万元,具体条款另行商定。乙公司完成研发生产后,却将该设备以120万元卖给丙公司,甲公司得知后提出异议。下列哪一选项是正确的?(2017年)

A. 甲、乙两公司之间的协议系承揽合同

B. 甲、乙两公司之间的协议系附条件的买卖合同

C. 乙、丙两公司之间的买卖合同无效

D. 甲公司可请求乙公司承担违约责任

【答案】 D

【解析】根据《民法典》第 770 条规定，承揽合同是承揽人按照定作人的要求完成工作，交付工作成果，定作人支付报酬的合同。承揽包括加工、定作、修理、复制、测试、检验等工作。本题中，甲公司向乙公司支付 5 万元研发费用，乙公司完成某专用设备的研发生产后并未将工作成果交付给甲公司。因此，二者间的合同不属于承揽合同，故 A 项错误。根据《民法典》第 158 条规定，当事人对民事法律行为的效力可以约定附条件。附生效条件的民事法律行为，自条件成就时生效。附解除条件的民事法律行为，自条件成就时失效。据此可知，附条件的合同中的条件需对合同的效力产生影响，本题中，甲乙双方的约定即“研发生产后双方订立买卖合同，将该设备出售给甲公司，价格暂定为 100 万元，具体条款另行商定”并不会使买卖合同的效力产生影响。因此，不属于附条件的买卖合同，故 B 项错误。根据《民法典》第 861 条规定，委托开发或合作开发完成的技术秘密成果的使用权、转让权以及收益的分配办法，由当事人约定。没有约定或约定不明确，依照《民法典》第 510 条规定仍不能确定的，在没有相同技术方案被授予专利权前，当事人均有使用和转让的权利，但委托开发的研究开发人不得在向委托人交付研究开发成果之前，将研究开发成果转让给第三人。本题中，甲公司向乙公司支付 5 万元研发费用，属于委托开发合同。作为研究开发人的乙公司享有转让权，其与丙公司之间的买卖合同有效，但其行为却违反了与甲公司之间的委托开发合同之约，依法应承担违约责任，故 C 项错误，D 项正确。

综上，本题的答案为 D。

—— 思　考 ——

1. 委托开发合同双方当事人有什么权利与义务?
2. 合作开发合同双方当事人有什么权利与义务?
3. 技术开发合同的技术成果如何确定归属?

第三节　技术转让合同和技术许可合同

一、技术转让合同

(一)技术转让合同的概念

《民法典》第 862 条第 1 款规定：“技术转让合同是合法拥有技术的权利人，将现有特定的专利、专利申请、技术秘密的相关权利让与他人所订立的合同。”“合法拥有技术的权利人”为让与人，“他人”为受让人。另据《技术合同解释》第 22 条的规定，技术转让合同中关于让与人向受让人提供实施技术的专有设备、原材料或者提供有关的技术咨询、技术服务的约定，属于技术转让合同的组成部分。当事人以技术入股方式订立联营合同，但技术入股人不参与联营体的经营管理，并且以保底条款形式约定联营体或者联营对方支付其技术价款或者使用费的，视为技术转让合同。

(二)技术转让合同的特征

1. 技术转让合同的标的是现有特定的专利、专利申请、技术秘密的相关权利,统称技术成果。作为技术转让合同标的的技术成果必须为现有的,能够为某人独占的或者不具有公开性,能够在生产经营中使用并产生经济效益的技术。技术转让合同标的为现有的特殊智力成果,使技术转让合同明显不同于转移有形财产权的合同,也明显不同于技术开发合同。技术转让合同标的的特殊性使技术转让合同当事人有必要在技术转让合同中对实施专利或者使用技术秘密的范围作出相应约定,但是不得限制技术竞争和技术发展(《民法典》第864条)。

2. 技术转让合同为有偿合同、双务合同、诺成合同与要式合同。在技术转让合同中,任何一方要取得利益均须支付代价,因此,技术转让合同为有偿合同。技术转让合同中的转让方须转让技术成果的所有权、使用权或专利权,受让方须向对方支付价金或使用费,双方当事人之间互负对待给付义务,因此,技术转让合同为双务合同。技术转让合同在当事人意思表示一致时成立,而不以技术成果的实际交付为生效要件,因此技术转让合同为诺成合同。按照我国《民法典》第863条第3款的规定,技术转让合同应当采取书面形式,技术转让合同为要式合同。

(三)技术转让合同的分类

依据《民法典》第863条第1款的规定,技术转让合同包括专利权转让、专利申请权转让、技术秘密转让等合同。专利权转让合同,是指让与人将其发明创造的专利的所有权或持有权转让给受让人,受让人按照约定支付价款的合同。专利权转让合同履行的结果是使受让人取得专利权,成为专利权人。专利申请权转让合同,是指让与人将其发明创造的专利申请权转让给受让人,受让人支付约定价款的合同。专利申请权转让合同履行的结果是使让与人丧失专利申请人资格并使受让人成为适格的专利申请人。技术秘密转让合同,是指让与人将自己拥有的技术秘密转让给受让人,受让人支付使用费用的合同。

(四)技术转让合同双方当事人的义务

1. 技术转让合同中让与人的义务

根据《民法典》第870条的规定,技术转让合同的让与人负有两项主要合同义务,一是“保证自己是所提供的技术的合法拥有者”,二是“保证所提供的技术完整、无误、有效,能够达到约定的目标”。对于技术转让合同中的技术秘密转让合同,让与人还负有如下义务:(1)按照约定提供技术资料;(2)进行技术指导;(3)保证技术的实用性、可靠性;(4)保密。[5]

2. 技术转让合同中受让人的义务

根据《民法典》第869条的规定,技术转让合同的受让人负有下列合同义务:(1)按照约定使用技术;(2)支付转让费;(3)保密。

---

[5] 《民法典》第868条第1款。

技术转让合同受让人的保密义务是指受让人应对让与人提供的技术中尚未公开的秘密部分,承担保密义务。

(五)技术转让合同双方当事人的违约责任

1. 技术转让合同让与人的违约责任

根据《民法典》第 872 条的规定,让与人未按照合同约定,将现有特定的专利、专利申请、技术秘密的相关权利让与受让人,应当返还已经收取的转让费。让与人如果将已经转让的技术再次转让的,应当停止违约行为,向受让人承担违约责任。

2. 技术转让合同受让人的违约责任

根据《民法典》第 873 条的规定,受让人未支付或者未足额支付让与人转让费的,应当继续支付,并承担违约责任。

二、技术许可合同

(一)技术许可合同的概念

《民法典》第 862 条第 2 款规定:"技术许可合同是合法拥有技术的权利人,将现有特定的专利、技术秘密的相关权利许可他人实施、使用所订立的合同。""合法拥有技术的权利人"是许可人,"他人"是被许可人。

(二)技术许可合同的特征

1. 技术许可合同交易的对象是"现有特定的专利、技术秘密的相关权利"。这里的"相关权利"就是指使用权,许可人许可被许可人有偿使用这些权利。

2. 技术许可合同为有偿合同、双务合同、诺成合同与要式合同。这一点与技术转让合同的特征完全相同。

(三)技术许可合同的分类

根据《民法典》第 863 条第 2 款的规定,技术许可合同包括专利实施许可、技术秘密使用许可等合同。

专利实施许可合同,是指专利权人许可被许可人在约定的范围内实施其合法拥有的专利技术,被许可人按照约定支付使用费的合同。专利实施许可合同以许可被许可人使用专利技术为目的,许可人并不丧失对专利技术的所有权。

技术秘密使用许可合同,是指许可人将自己拥有的技术秘密许可被许可人使用,被许可人支付使用费的合同。与专利实施许可合同不同,技术秘密许可使用的交易标的是技术秘密,技术秘密是靠权利人自己采取保密措施的。交易对象的不同,决定了这两类合同在规则上存在一定的差异。

(四)技术许可合同双方当事人的义务

1. 技术许可合同中许可人的义务

根据《民法典》第 866 条之规定,专利事实许可合同的许可人负有以下义务:(1)许可被许可人实施专利;(2)交付实施专利有关的技术资料;(3)提供必要的技术指导。

根据《民法典》第868条之规定,技术秘密使用许可合同的许可人负有以下义务:(1)按照约定提供技术资料;(2)进行技术指导;(3)保证技术的实用性、可靠性;(4)保密。

除此之外,根据《民法典》第870条之规定,技术许可合同的许可人还应当保证:(1)自己是所提供的技术的合法拥有者;(2)所提供的技术完整、无误、有效,能够达到约定的目标。

许可人所负有的保密义务并不排除其申请专利的权利。

2. 技术许可合同中被许可人的义务

根据《民法典》第867条的规定,专利实施许可合同的被许可人负有以下义务:(1)按照约定实施专利;(2)不得许可约定以外的第三人实施该专利;(3)支付使用费。

根据《民法典》第869条的规定,技术秘密许可使用合同的被许可人负有以下义务:(1)按照约定使用技术;(2)支付使用费;(3)保密。

《民法典》第871条对被许可人所负有的保密义务作了进一步的扩展,即被许可人对许可人提供的技术中尚未公开的秘密部分,也应承担保密义务。

(五)技术许可合同双方当事人的违约责任

1. 技术许可合同许可人的违约责任

根据《民法典》第872条的规定,许可人未按照约定许可技术的,应当返还部分或者全部使用费,并应当承担违约责任;实施专利或者使用技术秘密超越约定的范围的,违反约定擅自许可第三人实施该项专利或者使用该项技术秘密的,应当停止违约行为,承担违约责任;违反约定的保密义务的,应当承担违约责任。

2. 技术许可合同被许可人的违约责任

根据《民法典》第873条的规定,被许可人未按照约定支付使用费的,应当补交使用费并按照约定支付违约金;不补交使用费或者支付违约金的,应当停止实施专利或者使用技术秘密,交还技术资料,承担违约责任;实施专利或者使用技术秘密超越约定的范围的,未经许可人同意擅自许可第三人实施该专利或者使用该技术秘密的,应当停止违约行为,承担违约责任;违反约定的保密义务的,应当承担违约责任。

——训　练——

【司考】甲研究院研制出一种新药技术,向我国有关部门申请专利后,与乙制药公司签订了专利申请权转让合同,并依法向国务院专利行政主管部门办理了登记手续。下列哪一表述是正确的?(2014年)

A. 乙公司依法获得药品生产许可证之前,专利申请权转让合同未生效

B. 专利申请权的转让合同自向国务院专利行政主管部门登记之日起生效

C. 专利申请权的转让自向国务院专利行政主管部门登记之日起生效

D. 如该专利申请因缺乏新颖性被驳回,乙公司可以不能实现合同目的为由请求解除专利申请权转让合同

【答案】　C

【解析】《民法典》第863条第1款规定,技术转让合同包括专利权转让、专利申请权转让、技术

秘密转让等合同。据此可知,专利申请权转让合同属于技术转让合同的一种,《民法典》对其生效条件未作出特别规定。因此,应自双方达成合意时起生效。故A、B项错误。《专利法》第10条第3款规定,转让专利申请权或者专利权的,当事人应当订立书面合同,并向国务院专利行政部门登记,由国务院专利行政部门予以公告。专利申请权或者专利权的转让自登记之日起生效。C项正确。专利申请权转让是指专利申请人将国家知识产权局已接收但仍未授权的专利依法转让给他人的行为。专利申请权转让后,让与人转让的只是受让人有权针对此专利继续进行申请的权利,不能从根本上保证受让人未来一定能够成为受让发明创造的专利权人。《技术合同解释》第23条第1款规定,专利申请权转让合同当事人以专利申请被驳回或者视为撤回为由请求解除合同,该事实发生在专利申请权转让登记之前的,人民法院应当予以支持;发生在转让登记之后的,不予支持,但当事人另有约定的除外。D项错误。

综上,本题的答案为C。

【司考】甲公司向乙公司转让了一项技术秘密。技术转让合同履行完毕后,经查该技术秘密是甲公司通过不正当手段从丙公司获得的,但乙公司对此并不知情,且支付了合理对价。下列哪一表述是正确的?(2013年)

A. 技术转让合同有效,但甲公司应向丙公司承担侵权责任

B. 技术转让合同无效,甲公司和乙公司应向丙公司承担连带责任

C. 乙公司可在其取得时的范围内继续使用该技术秘密,但应向丙公司支付合理的使用费

D. 乙公司有权要求甲公司返还其支付的对价,但不能要求甲公司赔偿其因此受到的损失

【答案】 C

【解析】《民法典》第850条规定:非法垄断技术或者侵害他人技术成果的技术合同无效。甲乙之间的技术转让合同侵犯了丙的技术成果,无效。故A项错误。甲乙均侵犯了丙的技术秘密成果权,但甲乙欠缺共同故意,不构成共同侵权,无须承担连带责任。故B项错误。《技术合同解释》第12条第1款规定:根据《民法典》第850条的规定,侵害他人技术秘密的技术合同被确认无效后,除法律、行政法规另有规定外,善意取得该技术秘密的一方当事人可以在其取得时的范围内继续使用该技术秘密,但应当向权利人支付合理的使用费并承担保密义务。故C项正确。甲乙间技术转让合同无效,乙有权请求甲返还不当得利,并请求甲承担缔约过失责任。故D项错误。

综上,本题的答案为C。

【司考】甲公司与乙公司签订一份专利实施许可合同,约定乙公司在专利有效期限内独占实施甲公司的专利技术,并特别约定乙公司不得擅自改进该专利技术。后乙公司根据消费者的反馈意见,在未经甲公司许可的情形下对专利技术做了改进,并对改进技术采取了保密措施。下列哪一说法是正确的?(2012年)

A. 甲公司有权自己实施该专利技术

B. 甲公司无权要求分享改进技术

C. 乙公司改进技术侵犯了甲公司的专利权

D. 乙公司改进技术属于违约行为

【答案】 B

【解析】根据《技术合同解释》第25条第1款第1项,在专利独占实施许可合同中,只有被许可人才能使用专利技术,即使专利权人也无权实施自己的专利技术,故A项错误。根据《民法典》第850条和《技术合同解释》第10条,技术合同中不得限制一方当事人改进技术,否则相关约定属于垄断技术或妨碍技术进步而应当认定为无效,故甲乙公司之间的特别约定属于无效条款,乙公司改

进技术不构成违约行为,也不构成侵权行为,C、D项错误。《民法典》第875条规定:"当事人可以按照互利的原则,在合同中约定实施专利、使用技术秘密后续改进的技术成果的分享办法;没有约定或者约定不明确,依据本法第五百一十条的规定仍不能确定的,一方后续改进的技术成果,其他各方无权分享。"根据《民法典》第875条,由于专利实施许可合同中没有约定改进技术成果如何分享,应当由改进方享有改进技术的知识产权,甲公司无权分享,故B项正确。

综上,本题的答案为B。

——— 思 考 ———

技术转让合同中双方当事人的权利与义务有哪些?

第四节 技术咨询合同和技术服务合同

一、技术咨询合同

(一)技术咨询合同的概念与特征

技术咨询是指咨询方运用自己所拥有的技术、知识、经验和信息为委托方解答技术疑问、提供决策方案的活动。[6] 技术咨询合同指当事人一方为另一方就特定技术项目提供可行性论证、技术预测、专题技术调查、分析评价报告等,另一方支付报酬的合同。[7] 在技术咨询合同中,有义务提供咨询服务的一方为受托人,接受技术咨询的一方为委托人。技术咨询合同的主给付义务为咨询服务行为,这是技术咨询合同区别于技术开发合同与技术转让合同的主要特征。

技术咨询合同通常具有如下特征:

1. 技术咨询合同的目的在于为对方决策提供咨询服务,技术咨询合同不涉及技术成果的转让问题。在技术咨询合同中,受托方应委托方的要求为委托方的技术目的进行可行性论证、技术预测、专题技术调查、分析评价,为委托方的决策提供参考。

2. 技术咨询合同履行的结果不是立竿见影的科技成果,而是供委托方选择采用的咨询报告,委托方对该咨询报告的采用与否有最终的决定权。

3. 技术咨询合同有特殊的风险负担原则。由于委托人提供的建议或者意见仅仅起到参考作用,因此,除当事人另有约定外,按《民法典》第881条第3款规定,技术咨询合同的委托人按照受托人符合约定要求的咨询报告和意见作出决策所造成的损失,由委托人承担,但是当事人另有约定的除外。

4. 技术咨询合同是诺成性合同、双务合同、有偿合同。技术咨询合同自双方当事人协商一致时成立,为诺成性合同;受托人须为委托人提供技术服务,委托人须支付报酬,任何一

---

〔6〕 施天涛主编:《合同法释论》,中国人民公安大学出版社1999年版,第399页。
〔7〕 魏振瀛主编:《民法》,北京大学出版社、高等教育出版社2000年版,第570页。

方取得利益都须向对方支付相应的对价或报酬，因此，技术咨询合同为双务合同、有偿合同。

（二）技术咨询合同的主要条款[8]

技术咨询合同一般包括如下主要条款：项目的名称、咨询的内容、形式和要求；履行的期限、地点和方式；委托人的协作事项；技术情报和资料的保密；验收、评价方法；报酬及其支付方式；违约金或者损失额的计算办法；争议的解决办法。

（三）双方当事人的主要义务与责任

1. 委托方的主要义务与责任

（1）按照约定阐明咨询的问题，并提供技术背景材料及技术资料。委托人应当向受托人说明具体咨询的问题，例如是进行技术预测，还是进行可行性论证。除此之外，委托方还应提供技术背景资料及有关技术资料。委托方提供技术背景资料及有关技术资料的目的在于让受托人尽可能多地了解咨询问题的实际情况，有针对性地开展工作，最终保质、保量完成咨询服务。

（2）按期接受委托人的工作成果，支付报酬。委托人应当按时接受咨询工作的成果，协助受托人完成其主给付义务；技术咨询合同是有偿合同，以合同约定支付报酬是委托人的主给付义务，因此委托人应当按时支付报酬。《民法典》第 881 条第 1 款规定，技术咨询合同的委托人未按照约定提供必要的资料，影响工作进度和质量，不接受或者逾期接受工作成果的，支付的报酬不得追回，未支付的报酬应当支付。在实践中，委托方支付报酬的方法主要有如下几种：计时收费，即按照工作天数或小时计算咨询费；工资加一定比例计算收费；总开支加固定费，总开支为实际支出和咨询酬金，固定费指实施过程中的收益及有关津贴费用；投资总额百分率；限制性收费；承包性计算，即在项目开始之前由咨询方提出固定的报酬数额；一次性收费；聘期定金。[9]

2. 受托方的主要义务与责任

（1）受托人的主要义务是按约定的期限完成咨询报告或解答问题，并使提供的咨询报告和问题解答达到约定的要求。技术咨询合同的受托人未按期提供咨询报告或者提出的咨询报告不符合约定，应当承担减收或者免收报酬的违约责任。委托人按照受托人符合合同要求的咨询报告与问题解答作出决策造成的损失，一般不应由受托人承担，而是由委托人自己承担，但是双方当事人可以对此作出特殊约定。因为咨询报告或者问题解答符合合同约定，表明受托人已经按照合同要求履行了自己的义务，至于委托人据此作出的决策正确与否，已非受托人的义务，所以由此造成的损失应由委托人自己承担。

（2）受托人应当亲自完成咨询工作。由于委托人向受托人进行技术咨询多是基于对受托人能力的信赖，因此，受托人应当亲自去完成咨询工作，而不能私自将咨询任务再交由他人来完成。

---

〔8〕 徐德敏主编：《合同法论》，陕西人民出版社 1999 年版，第 535 页。
〔9〕 余延满：《合同法原论》，武汉大学出版社 1999 年版，第 739 页。

(3)保密义务以及其他义务。受托人对于在技术咨询过程中获得涉及委托人的技术秘密、背景资料、技术资料以及完成的咨询报告都负有保密义务,不能擅自向他人泄露。在合同有效期内,受托方就同类技术项目与委托方的竞争单位订立技术咨询服务合同的,应当征得委托方的同意。

(四)技术咨询合同中新技术成果的归属

对于技术咨询合同履行过程中产生的新技术成果的归属问题,《民法典》第885条规定,在技术咨询合同履行过程中,“受托人利用委托人提供的技术资料和工作条件完成的新的技术成果,属于受托人。委托人利用受托人的工作成果完成的新的技术成果,属于委托人。当事人另有约定的,按照其约定”。基于意思自治原则,当事人完全可以约定的方式确定新技术成果的归属;如果没有作出约定,则通常要按照该条确立的“谁完成的技术成果归谁所有”的原则处理。

二、技术服务合同

(一)技术服务合同的概念、分类与特征

1. 技术服务合同的概念与分类

技术服务合同是当事人一方以技术知识为对方解决特定技术问题所订立的合同,不包括承揽合同和建设工程合同(《民法典》第878条第2款)。技术服务合同的标的是受托方为委托人提供的解决特定技术问题的技术服务行为。技术服务行为,是指当事人一方为另一方解决特定的技术难题,然后由接受技术的一方支付价款的行为。[10] 实践中的技术服务合同一般可以分为辅助技术服务合同与传授、传递科技知识和情报的合同两大类,前一类包括产品设计合同、工艺编制合同、测试分析合同、计算机程序编制合同等,后一类包括技术培训合同、传递科技情报合同与技术中介合同等。[11]

在传授、传递科技知识和情报的合同中,技术培训合同和技术中介合同在现实生活中应用得比较广泛。技术培训合同是指当事人约定,受托人为委托人指定专业技术人员,进行特定项目的技术指导和专业训练所订立的技术服务合同。技术中介合同是指当事人双方就受托人以知识、技术、经验和信息为委托人与第三方订立技术合同进行联系、介绍、组织工业化开发并对履行合同提供服务所订立的技术服务合同。[12] 我国《民法典》第887条规定:“法律、行政法规对技术中介合同、技术培训合同另有规定的,依照其规定。”

2. 技术服务合同的特征

技术服务合同一般具有如下特征:(1)技术服务合同比一般服务合同具有更为显著的智力密集型特点,技术服务合同中的服务方通常为具有一定专业技术知识的科学技术人员,技术服务工作与提供简单劳动的服务有显著的区别。(2)技术服务合同中的知识一般为公知的知识或技术,即专业人员在日常专业技术工作中反复运用的现有技术或知识,专

---

〔10〕 施天涛主编:《合同法释论》,中国人民公安大学出版社1999年版,第399页。

〔11〕 周大伟:《技术合同法导论》,中国人民大学出版社1988年版,第370页。

〔12〕 吴合振主编:《合同法理论与实践应用》,人民法院出版社2002年版,第561页。

利技术、技术秘密通常并不是技术服务合同中所应用的知识。(3)技术服务合同的目的在于解决特定的技术问题，技术服务合同与为取得特定工作成果而订立的建设工程合同与承揽合同明显不同。技术服务合同的受托人在完成技术服务的同时，还要向委托方传授有关技术问题的知识、经验。

(二)技术服务合同的条款[13]

技术服务合同一般应具备如下条款：项目名称；服务内容、方式和要求；履行期限、地点和方式；工作条件和协作事项；验收标准和方式；报酬及其支付方式；违约金或者赔偿损失额的计算办法；争议解决办法。

(三)双方当事人的主要义务

1. 委托人的主要义务

我国《民法典》第882条规定，“技术服务合同的委托人应当按照约定提供工作条件，完成配合事项，接受工作成果并支付报酬”。据此可知，技术服务合同中委托人的主要义务有两项：(1)按照约定提供工作条件，完成配合事项；(2)按期接受技术成果，并支付报酬。根据《民法典》第884条第1款的规定，技术服务合同的委托人不履行合同义务或者履行合同义务不符合约定，影响工作进度和质量，不接受或者逾期接受工作成果的行为，都是违约行为，要承担违约责任；未支付的报酬应当支付，已经支付的报酬不得追回。

2. 受托人的主要义务

我国《民法典》第883条规定：“技术服务合同的受托人应当按照约定完成服务项目，解决技术问题，保证工作质量，并传授解决技术问题的知识。”根据上述规定，技术服务合同受托人的主要义务有：(1)按照合同约定完成服务项目，解决技术问题，保证工作质量。如果因为受托方提供的技术服务存在缺陷而导致委托人损失的，应当承担违约责任，赔偿损失。(2)传授解决技术问题的知识。受托方在技术服务过程中，应当向对方传授有关的技术知识、经验，使对方能够掌握该技术并能够解决相关的技术问题。在实践中常见的农业技术服务合同中，农业科技人员一般会教授农民使用该新技术的方法。

思　考

1. 技术咨询合同与技术服务合同有何区别？
2. 技术咨询合同的当事人之间有何权利义务关系？
3. 技术服务合同的当事人之间有何权利义务关系？

重点问题梳理

1. 委托开发合同中，专利申请权之归属有约定的，从约定；如果没有约定，则归受托人(研发

[13] 徐德敏主编：《合同法论》，陕西人民出版社1999年版，第536页。

人)申请批准后,受托人为专利权人。委托人在受托人(研发人)取得专利权后,可免费实施该专利;受托人(研发人)转让专利申请权时,受托人有权利优先受让。

2. 技术转让合同中,一方后续改进的技术成果归属,有约定的从约定;无约定的,归改进人享有。

第二十一章　保 管 合 同

第一节　保管合同概述

一、保管合同的概念

保管合同亦称寄托合同、寄存合同，是保管人保管寄存人交付的保管物，并返还该物的合同（《民法典》第888条第1款）。在保管合同中，为他方保管物品的人是保管人，或称寄受人；将物品交付他人保管的人是寄存人，或称寄托人。

《民法典》第888条第2款规定："寄存人到保管人处从事购物、就餐、住宿等活动，将物品存放在指定场所的，视为保管，但是当事人另有约定或者另有交易习惯的除外。"此规定是"视为保管"的情形，是一种推定的法律事实。"视为保管"是购物、就餐、住宿等服务领域合同关系的组成部分。购物、就餐、住宿等服务提供者为顾客提供此类服务的，在性质上属于保管合同关系，提供者应当承担的是保管人的义务。罗马法上保管称为寄托，分为通常寄托与变例寄托。前者是指合同期满时，受寄托人应将原物返还寄托人；后者是指受寄托人于合同期满时得返还同种类、同质同量的物品，以免除责任。法国民法有通常寄托与讼争物寄托之分，德国与日本民法无此类划分，而统称为寄托。

二、保管合同的特征

保管合同具有以下法律特征：

1. 保管合同为实践合同。保管合同的成立，不仅要有保管人与寄存人之间关于保管寄存物品的意思表示一致，而且必须有寄存人将保管物交付给保管人的行为。因此，保管合同属实践性法律行为。寄存人交付保管物是保管合同成立的要件。保管物的交付，通常是指寄存人将保管物的占有移转给保管人。这里的交付除了现实交付，还可以是简易交付或间接交付，甚至占有改定之下亦可成立保管。

2. 保管合同可以是有偿合同，也可以是无偿合同。罗马法上，保管合同为无偿合同。现代各国有关保管合同的规定通常以无偿为原则，以有偿为补充。[1] 依照我国法律规定，保管合同是有偿合同，还是无偿合同，由当事人意思表示确定。根据《民法典》第889条第2款规定，当事人对保管费没有约定或者约定不明确的，可以协议补充；不能达成补充协议的，按照有关条款或者交易习惯确定；仍不能确定的，保管合同视为无偿合同。

---

〔1〕 王家福主编：《中国民法学·民法债权》，法律出版社1995年版，第714页。

3. 保管合同是不要式合同、双务合同。除当事人另有约定外,法律并不要求合同当事人采用特定的形式订立合同,当事人可以视不同的需要分别采取口头形式、书面形式或公证形式,故保管合同为不要式合同。

保管合同是双务合同还是单务合同,学者们有不同的观点。一种观点认为,无偿的保管合同是单务合同,有偿的保管合同是双务合同。另一种观点认为,保管合同无论有偿无偿,都是双务合同。笔者同意第二种观点,即保管合同原则上为双务合同。因为保管合同成立后,保管人和寄存人均负有一定的义务,两者所负义务是有对待给付性的。在有偿保管中,保管人的保管费有时包含报酬和保管费用。不能因保管合同的无偿性而否认其所具有的双务合同的属性,事实上,双务合同与单务合同区分的标准并不在于合同是否有偿,而在于合同的当事人在享有合同权利的同时,是否也负担一定的对待给付义务,因此,保管合同原则上为双务合同。[2]

4. 保管合同是以物的保管为目的的合同。保管合同订立的直接目的是由保管人保管物品,因此保管合同的标的物必须是物,一切物包括动产和不动产均可成为保管合同的标的物。保管合同履行的目的是保管寄存人交付保管的某类财产,而非使保管人获得保管物品的所有权或使用权,因此保管合同的标的是保管人的保管行为。保管合同属服务类合同,保管合同中双方当事人的权利义务指向的是保管行为本身,保管人的主要义务是保管寄存人交付其保管的物品。

探讨 保管合同与类似合同的区别

1. 保管合同与承揽合同。相同点是二者都将标的物置于对方(承揽人或受托人)的实质控制之下。不同点是,保管合同中的受托人只能保存标的物,不得利用、加工或改造。承揽合同中承揽人则可利用、加工或改造。

2. 保管合同与借贷租赁合同。在保管合同中,受托人对标的物无使用权。而在借贷、租赁合同中,借贷人或承租人对标的物有使用权。

第二节 保管合同的内容

一、保管人的义务

1. 出具保管凭证的义务。保管合同成立时,保管人负有向寄存人出具保管凭证的义务,除非当事人另有约定或依交易习惯无须出具。保管凭证是保管合同成立和存在的重要标志,也是寄存人领取保管物时的有效单据。保管凭证对确定保管人与寄存人、保管物的性质和数量、保管的时间和地点等具有重要作用,因此,保管凭证也是解决双方纠纷的重要证据。

---

〔2〕 韩松主编:《民法学》,中国政法大学出版社2004年版,第589页。

2. 妥善保管寄存物的义务。保管人的主要义务就是保管寄存物品,包括以下几方面内容:(1)保管人对寄存物品应尽相当的注意,有如处理自己事务一样保管寄存物品。当事人在保管合同中特别约定了保管场所或保管方法的,除非遇有紧急情况或者为了寄托人的利益,保管人不得擅自更改;未特别约定的,保管人应当根据寄存物的性质、合同目的,依据诚信原则确定保管方法和保管场所。(2)保管人必须亲自为保管行为,除非当事人另有约定或者保管人因特殊事由不能亲自履行保管行为,保管人不得将保管义务转托给他人履行。(3)保管人原则上不得使用寄存物,也不能让第三人使用寄存物,但经寄存人同意或者基于寄存物的性质必须使用的除外。擅自使用或者许可第三人使用寄存物的,无论保管人主观上是否有过错,都应当向寄存人支付相应的报酬,以资补偿。报酬的数额可比照租金标准计算,保管物为金钱的,保管人应自使用之日起支付利息。[3]

3. 危险通知义务。危险通知,是指第三人就寄存物主张权利或因自然原因发生保管人不能返还寄存物于寄存人的危险时,保管人应将有关情事及时通知寄存人,以便寄存人及时采取措施维护其利益。保管人的危险通知义务是与其返还义务相关的,因为危险的发生会导致保管人不能返还保管物。因此,《民法典》第896条规定:"第三人对保管物主张权利的,除依法对保管物采取保全或者执行措施外,保管人应当履行向寄存人返还保管物的义务。第三人对保管人提起诉讼或者对保管物申请扣押的,保管人应当及时通知寄存人。"另外,在寄存物受到意外毁损、灭失或者寄存物的危险程度增大时,保管人也应及时将有关情况通知寄存人。[4]

4. 返还寄存物的义务。保管合同期限届满或者寄存人提前领取保管物的,保管人应当将原物及其孳息返还寄存人。若保管合同没有约定保管期限或者约定不明确的,保管人可以随时请求寄存人领取保管物,寄存人亦可随时领取保管物;若保管合同明确约定保管期限的,保管人无特别事由,不得请求寄存人提前领取保管物。若寄存人提前领取寄存物品而因此造成保管人损失的,应予补偿。保管人返还的物品应为原物,原物生有孳息的,保管人应一并返还保管期间的孳息;若保管的物品是货币,则可以返还相同种类、数量的货币;保管其他可替代物的,可以按照约定返还相同种类、品质、数量的物品。

5. 赔偿责任。《民法典》第897条规定:"保管期内,因保管人保管不善造成保管物毁损、灭失的,保管人应当承担赔偿责任。但是,无偿保管人证明自己没有故意或者重大过失的,不承担赔偿责任。"根据该规定,保管人对于保管物的毁损、灭失,是依据过错责任原则承担赔偿责任的,且根据保管合同的有偿无偿而使保管人过错责任的承担有所区别。就有偿保管合同而言,保管人应负抽象轻过失之责任,其应以善良管理人的注意为标准,违反此种注意义务,就应承担赔偿责任;就无偿保管合同而言,保管人仅就其故意或者重大过失负责,承担赔偿责任。

二、寄存人的义务

1. 支付保管费的义务。保管合同为有偿时,寄存人负有向保管人支付保管费的义务。

---

[3] 唐德华主编:《合同法条文释义》(下),人民法院出版社2000年版,第1627页。

[4] 王家福主编:《中国民法学·民法债权》,法律出版社1995年版,第716页。

若有关部门对保管费有规定标准,当事人按照标准支付即可。若无标准可依,当事人可就保管费的数额、支付时间、支付方式通过协商达成。保管合同为无偿时,寄存人则不负有支付保管费的义务。

2. 负担必要费用的义务。保管人因保管物所支出的必要费用,寄存人应当予以偿还。无论保管合同为有偿还是无偿,寄存人都负有此项义务,但若当事人特别约定必要费用从保管费中支出的,则依其约定。所谓必要费用,以能维持保管物的原状为准,包括重新包装、防腐、防虫、防火等项费用以及修缮、饲养、治疗等费用。

3. 有关情况的告知义务。按照《民法典》第893条规定,寄存人交付的保管物有瑕疵或者按照保管物的性质需要采取特殊保管措施的,寄存人应当将有关情况告知保管人。所谓保管物本身的性质,是指保管物为易燃、易爆、有毒等危险物品或者易腐物品的情形。所谓保管物本身的瑕疵,是指保管物自身存在破坏性缺陷的情形。[5]《民法典》第893条进一步规定,寄存人未告知,致使保管物受损失的,保管人不承担赔偿责任;保管人因此受损失的,除保管人知道或者应当知道并且未采取补救措施外,寄存人应当承担责任。

4. 特定情形下的声明义务。根据《民法典》第898条的规定,寄存人寄存货币、有价证券或者其他贵重物品的,应当向保管人声明,由保管人验收或者封存;寄存人未声明的,若该保管物毁损、灭失,保管人可以只按一般物品价值予以赔偿。这是因为寄存人未声明其寄存的物品为贵重物品时,意味着双方仅就一般物品确立了保管关系,保管人对此类贵重物品不负有特别注意义务,一旦发生上述物品的毁损、灭失,只需依照一般保管合同规定承担赔偿责任。

5. 赔偿责任。由于保管物本身的性质或者瑕疵使保管人遭受损害的,寄存人应当承担赔偿责任。但保管人于保管合同成立时已知保管物有发生危险的性质或瑕疵的情况下,寄存人可免除赔偿责任。在保管人因过失而不知上述情形时,寄存人虽不能免除责任,但可主张适用过失相抵原则而减轻自己责任的承担。在因保管物的性质或瑕疵给第三人造成损害的情形下,寄存人也应负赔偿责任,只是此种责任为侵权责任而非合同责任。

思　考

无偿保管中,保管人仅在重大过失的情形下承担保管物毁损、灭失的赔偿责任。实务中,如何判断无偿保管人的重大过失?

重点问题梳理

1. 保管合同是实践性法律行为,既可有偿亦可无偿。
2. 保管合同中保管人的违约赔偿责任因保管合同的有偿无偿而适用不同的归责原则。

---

[5] 唐德华主编:《合同法条文释义》(下),人民法院出版社2000年版,第1625页。

第二十二章 仓 储 合 同

第一节 仓储合同概述

一、仓储合同的概念

仓储合同又称仓储保管合同,是指当事人双方约定由仓库营业人为存货人保管储存的货物,存货人为此支付仓储费用的合同。在仓储法律关系中,从事储存业务的一方称为保管人,又称仓库营业人,寄存货物的一方称为存货人。仓储合同在性质上属商事合同。

仓储营业是一种专为他人储藏、保管货物的商业营业活动。它发端于中世纪西方的一些沿海城市。随着国际和地区贸易的不断发展,仓库营业的作用日渐重要。在现代,仓库营业已经成为社会化大生产和国际、国内商品流转中一个不可或缺的环节。

阅读 **仓库营业和仓储合同的立法例**

大致有以下三种:其一,将仓储合同规定在商法典中。大陆法系中采民商分立立法体例的国家,如日本、德国采取此种立法例。其二,将仓储合同规定在民法典中。大陆法系中采民商合一立法体例的国家,如瑞士采取此种立法例。其三,制定有关单行法规,英美法系国家多采取此种立法例。我国民事立法采民商合一的立法体例,因此在《民法典》中规定了仓储合同。

二、仓储合同的法律特征

仓储合同具有以下法律特征:

1. 保管人须为有仓储设备并专事仓储保管业务的仓库营业主体。这是仓储合同主体上的重要特征。从事仓储营业的人必须具有仓储营业人的资格,即具有仓储设备,专门从事仓储保管业务并取得专门或者兼营仓储保管业务的营业许可,办理了仓储营业登记。[1] 所谓仓储设备,是指能够满足储藏和保管物品需要的设施,既包括有房屋、有锁之门等外在表征的设备,也包括可供堆放木材、石料等原材料的地面。所谓专事仓储保管业务,是指经过仓储营业登记专营或兼营仓储保管业务。保管人应当办理仓储营业登记,并取得营业许可。

---

〔1〕 杨立新:《合同法专论》,高等教育出版社2006年版,第458页。

2. 仓储合同的保管对象须为动产、特定物。依仓储合同的法律规定,其所指向的标的物须为动产,即存货人交付保管人保管的对象只能是动产,存货人不能以不动产为保管对象而与保管人订立仓储合同。另外,该交付保管的动产只能是特定物或是特定化了的种类物,这是因为仓储合同期满后,保管人要将保管的货物完好无损地交还于存货人。

3. 仓储合同为诺成合同。仓储合同是诺成合同,又称为不要物合同,即双方当事人意思表示一致就可成立、生效的合同。《民法典》第905条规定:“仓储合同自保管人和存货人意思表示一致时成立。”而保管合同则属于实践性合同,也称要物合同,保管合同除双方当事人达成合意外,还必须有寄存人交付保管物的行为,合同从保管物交付时起成立。这是仓储合同和保管合同的根本区别。仓储合同为诺成性合同,理由在于,保管人是专门从事仓储保管业务的民事主体。也就是说,其营业的目的就是从仓储保管营业中获利。正是基于保管人的这种专业性和营利性,在保管的物品入库前,保管人必然会做出一定的履行合同的准备,支出一定的费用。若认定仓储合同为实践性质的合同,就意味着一旦存货人在交付货物前改变交易的意愿,不向保管人交存货物,保管人就其所受到的损失只能依缔约过失责任或侵权责任向存货人主张损害赔偿,这对保管人极为不利。因此,承认仓储合同为诺成合同,有助于保管人于前述情况下,基于违约责任主张赔偿责任。

与此同时,认定仓储合同为诺成合同也有利于保护存货人的利益。仓储合同中的存货人一般为营利性法人,若认为仓储合同为实践合同,在存货人交存货物前合同不成立,则在其交存货物时若保管人拒绝储存,存货人也不能依违约责任请求损害赔偿,这对存货人同样是不利的。因此,从维护双方当事人利益的角度出发,仓储合同应为诺成合同。

4. 仓储合同为双务合同、有偿合同、不要式合同。仓储合同的当事人双方于合同成立后互负给付义务:保管人须提供仓储服务,存货人须给付报酬和其他费用,双方的义务具有对应性和对价性,所以,仓储合同为双务合同、有偿合同。

对于仓储合同是否为要式合同,学者有不同的看法:有的认为仓储合同为要式合同,应当采取书面形式;有的认为仓储合同并不要求具备特定的形式,因而为不要式合同。我国并未规定仓储合同需采取某种特定形式。通说认为,虽然仓储合同的保管人于接受储存的货物时应当给付存货人仓单或其他凭证,但开具仓单是保管人合同义务的履行,仓单并非合同的书面形式,也不是合同的成立要件。因此,仓储合同应为不要式合同。

5. 存货方主张货物已交付或行使返还请求权时须以仓单为凭证。这是仓储合同的重要特征,也是其不同于保管合同的重要表现。仓单作为一种有价证券,记载着当事人所享有的权利,存货人持有仓单表明仓储物已经交付,并有权凭仓单提取储存的货物,同时也可以以背书的方式并经仓储营业人签名将仓单上所载明的物品所有权转移给他人或设立质权来担保债权从而实现仓单上权利的融资功能。

思　考

仓储合同的法律特征是什么?

第二节　仓　　单

一、仓单的概念

仓单是保管人在收到仓储物时,向存货人出具的表明收到了一定数量的仓储物的法律文书。[2] 保管人依据存货人的要求,应当向存货人开具由其签名的仓单。

对于仓单的规定,有三种立法例:(1)以法国为代表的两单主义,又称复券主义。采取两单主义的,仓库营业人应同时填发两个仓单:一为提取仓单,用以提取保管物,并可转让;二为出质仓单,可用以担保。(2)以德国商法为代表的一单主义。采取一单主义的,仓库营业人仅填发一仓单。该仓单既可用以转让,又可用于出质。(3)以日本商法为代表的两单与一单并用主义。采两单与一单并用主义的,仓库营业人应存货人的请求填发两单或者一单。

我国法上采取一单主义的立法主张。保管人应存货人的请求一般仅填发一仓单。

二、仓单的性质

仓单具有以下性质:

1. 仓单是有价证券。有价证券为表明一定财产权利的证券,其权利的行使或处分必须借助于证券的占有或移转。根据法律规定,持有仓单即表明持有人享有仓单上所记载的物品的权利,持有人通过行使寄存物返还请求权实现仓单上所记载的权利,同时请求交付寄存物也必须交还仓单。

2. 仓单是物权证券。仓单属于处分证券,仓单上记载的货物的转移必须转移仓单才发生所有权转移的效力。换言之,仓单即代表所记载的物品,仓单的交付与寄存物的交付具有同一效力,占有仓单本身即对物品本身之占有,故仓单物权证券,权利人凭仓单即可行使寄存物的返还请求权。

3. 仓单是要式证券。仓单上记载的事项必须符合法律的规定,如仓单必须经保管人署名,必须具备一定的必要记载事项等。

4. 仓单是文义证券、自付证券。文义证券是指证券上权利义务的范围,以证券的文字记载为准。仓单记载的事项即当事人主张权利义务的凭据,若仓单上记载的内容出现不实,保管人仍要依据仓单记载承担交付物品的义务;若仓单记载物品与实际保管物品不符时,仓单持有人有权拒绝受领,并有权请求保管人承担责任。仓单是自付证券,是因为仓单要由保管人自己填发并负担给付义务。

三、仓单的内容

仓单是保管人收到仓储物后给存货人开具的提取仓储物的凭证,根据我国《民法典》的

---

〔2〕 杨立新:《合同法专论》,高等教育出版社2006年版,第459页。

规定,仓单必须包括下列事项:

1. 存货人的姓名或者名称和住所。存货人为个人的,应当写明存货人个人的姓名和住所、联系方式等。存货人为单位的,应当写明单位的名称和住所,或者主要办事机构所在地,以及联系人、联系方式等。

2. 仓储物的品种、数量、质量、包装及其件数和标记。仓储物是特定物或者特定化了的种类物,仓单应当写明该仓储物的品名和种类。仓储物的数量应当准确并使用标准的计量单位,而且应当精确到最小的计量单位,如以包、扎、捆、把等计算的,必须写明件数,明确每包、每扎、每捆、每把有多重或者有多少块、多少根;仓储物的质量应当依法使用国家或者主管部门规定的国家标准、行业标准,没有国家标准、行业标准的,当事人可以约定使用企业标准。仓储物的包装一般由存货人负责,存货人应当依法按照国家标准、行业标准的规定执行;没有国家标准、行业标准的,一般由当事人按照仓储物的性能以及便于保管的原则确定。仓储物的品名、种类、质量、数量、规格等应当在外包装上或者货物上予以标记。

3. 仓储物的损耗标准。仓储物的损耗是指货物在储存过程中,由于自然因素(如风化、干燥、挥发、黏结、散失等)和货物本身的性质或者计量的误差等原因,不可避免地要发生一定数量的减少、破损或者计量误差。仓储物的损耗标准是处理实际损耗的依据,当事人应当在仓单中载明。

4. 储存场所。由于仓储物的性质不同,对储存场所的外界条件、温度、湿度等有不同的要求。如肉类食品需要在冷藏条件下储存;纸张、布匹、木材、水泥等需要在干燥条件下储存;精密仪器等要在恒温、防潮、防尘条件下储存;易燃、易爆、易渗透、有害等危险品需要专门的仓库、设备以及专门的技术要求。仓单中应当明确仓储物的储存场所的要求。

5. 储存期限。储存期限是指当事人约定的从交付仓储到返还仓储物的时间期限。这是保管人对仓储物承担保管义务的时间期限,仓单中应予以明确。

6. 仓储费。仓单中应当明确存货人支付保管人仓储费用项目(包括保管费、养护费、整理费等)、计费标准、支付方式、支付时间和地点。

7. 仓储物已经办理保险的,其保险金额、期间以及保险公司的名称。对仓储物已办保险的,仓单上要写明保险公司名称、保险金额以及保险期间等。

8. 填发人、填发地和填发日期。保管人要在仓单上写明仓储业者的名称或者盖章,并写明填发的日期和地点。

四、仓单的效力

仓单上所载明的权利与仓储物是不可分离的,所以仓单具有以下效力:[3]

1. 受领仓储物的效力。保管人一经填发仓单,持单人对于保管物的受领不仅应提示仓单,而且应交回仓单。

2. 移转仓储物的效力。仓单上所记载的货物非由货物所有人在仓单上背书,并经保管人签名,不发生所有权转移的效力。仓单的持有人可以请求保管人将保管的货物分割为数部分,分别填发仓单,同时持有人须交还原仓单。这在学说上称为仓单的分割,其目的是便

---

〔3〕 杨立新:《合同法专论》,高等教育出版社2006年版,第460页。

于存货人处分保管物。分割仓单所支出的费用由存货人支付或偿还。如因仓单损毁或遗失、被盗而灭失，存货人或仓单持有人丧失仓单的，得依我国《民事诉讼法》的规定，通过公示催告程序以确认其权利。

3. 以仓单处置的效力。仓单作为有价证券可以流通：一方面，仓单持有人可以转让仓单，即转让仓单项下仓储物的所有权；另一方面，存货人或者仓单持有人可以凭仓单设立质权。

—— 思　考 ——

仓单在仓储合同中的性质和作用有哪些？

第三节　仓储合同的内容

一、保管人的义务

1. 给付仓单的义务。存货人交付仓储物的，保管人应当向存货人给付仓单。这既是保管人向存货人交付仓储物的必要手续，也是向存货人履行的一项义务。[4]

2. 接收、验收义务。保管人应按合同的约定，接受存货人交付储存的仓储物。保管人不能按合同约定的时间、品名（品类）、数量接受仓储物入库的，应承担违约责任。根据我国《民法典》第907条的规定，保管人在接受存货人交存仓储物入库时，应当按照合同的约定对入库仓储物进行验收。保管人验收时发现入库仓储物与约定不符合的，应当及时通知存货人。验收包括实物验查和样本验查。保管物有包装的，验收时应以外包装或仓储物标记为准；无标记的，以存货人提供的验收资料为准。保管人未按规定的项目、方法、期限验收或验收不准确的，应承担由此造成的实际损失。在双方交接仓储物中发现问题的，保管人应妥善暂存，并在有效验收期间内通知存货人处理，暂存期间所发生的一切损失和费用由存货人负担。仓储物验收时保管人未提出异议的，视为存货人交付的仓储物符合合同约定的条件。保管人验收后，发生仓储物的品种、数量、质量不符合约定的，保管人应当承担赔偿责任。我国台湾地区"民法"规定，仓库营业人应寄托人或仓单持有人之请求，应许其检点寄托物或摘取样本。

3. 妥善保管义务。保管人应当按照合同约定的储存条件和保管要求，妥善保管仓储物。这是保管人应负担的主合同义务。保管人储存易燃、易爆、有毒、有腐蚀性、有放射性等危险物品的，应当具备相应的保管条件，应当按照国家或合同规定的要求操作和储存；在储存保管过程中不得损坏货物的包装物，如因保管或操作不当使包装发生毁损的，保管人应当负责修复或按价赔偿。因保管人保管不善而非因不可抗力、自然因素或货物（包括包装）本身的性质而发生储存的货物灭失、短少、变质、损坏、污染的，保管人均应承担赔偿责任。因仓

〔4〕 杨立新：《合同法专论》，高等教育出版社2006年版，第460页。

储物的性质、包装不符合约定或者超过有效仓储期造成仓储物变质、损坏的,保管人不承担赔偿责任。

4. 通知义务。在储存的仓储物出现危险时,保管人有义务及时通知存货人或者仓单持有人。所谓仓储物出现危险,主要包括仓储物有变质或者其他损坏,例如,发现仓储物出现异状,仓储物发生减少或价值减少的变化,保管人应及时通知存货人或者仓单持有人;对于外包装或仓储物标记上标明或者合同中申明了有效期的仓储物,保管人应当提前通知失效期。遇有第三人对保管人提起诉讼或者对保管物申请扣押时,保管人也应及时通知存货人或者仓单持有人。保管人对入库仓储物发现有变质或者其他损坏,危及其他仓储物的安全和正常保管的,应当催告存货人或者仓单持有人作出必要的处置。因情况紧急,保管人可以作出必要的处置,但事后应当将该情况及时通知存货人或者仓单持有人。

5. 容忍义务。保管人根据存货人或仓单持有人的要求,应当同意其检查仓储物或者提取样品,这就是保管人的容忍义务。所谓检查仓储物,实际上就是仓储物的检点,存货人或仓单持有人可以进行何种程度的检查,应根据仓库的状况及习惯决定。存货人或仓单持有人请求样品的提取时,保管人可以请求其交付证明书或请求相当的担保。在存货人或仓单持有人请求对仓储物为一定的保存行为时,保管人除非有正当理由,应予允许。

6. 返还仓储物的义务。保管人应当依照合同约定的期间将仓储物返还存货人或仓单持有人。对储存期限没有约定或者约定不明确的,存货人或者仓单持有人可以随时提取仓储物。保管人根据自己的储存能力和业务需要,也可以随时要求存货人或者仓单持有人提取仓储物,但应当给予必要的准备时间。所谓给予必要的准备时间,是指保管人预先通知提货,然后确定一个合理的期限,以给存货人或者仓单持有人留出必要的准备时间,在期限届至前提货即可,并不是在通知的当时就必须提取仓储物。

二、存货人的义务

1. 支付仓储费及其他必要费用的义务。仓储合同为有偿合同,除非当事人之间另有约定,存货人应负担向保管人支付仓储费的义务。仓储费的数额、支付方式、支付时间、支付地点,均由双方当事人约定。

2. 存货人的说明义务。《民法典》第906条规定:“储存易燃、易爆、有毒、有腐蚀性、有放射性等危险物品或者易变质物品的,存货人应当说明该物品的性质,提供有关资料。存货人违反前款规定的,保管人可以拒收仓储物,也可以采取相应措施以避免损失的发生,因此产生的费用由存货人负担。保管人储存易燃、易爆、有毒、有腐蚀性、有放射性等危险物品的,应当具备相应的保管条件。”如果保管人不具备相应的保管条件,就对上述危险物品予以储存,对自身造成的损害,存货人不负赔偿责任。根据《化学危险物品安全管理条例》的规定,化学危险物品必须储存在专用仓库、专用场地或者专用储存室内,并设有专人管理;储存化学危险物品应设置相应的通风、防爆、泄压、防火、防雷、报警、灭火、防晒、调温、消除静电、防护围堤等安全措施。违反上述规定,由政府有关主管部门责令限期改进或者停业整顿,整顿后仍达不到要求的,吊销其经营许可证,构成犯罪的,由司法机关依法追究其刑事责任。

3. 提取仓储物的义务。当事人对储存期限没有约定或者约定不明确的,存货人或者仓单持有人可以随时提取仓储物,保管人也可以随时要求存货人或者仓单持有人提取仓储物,但应当给予其必要的准备时间。合同中约定有储存期限的,存货人或者仓单持有人应当按照合同的约定及时提取仓储物,逾期提取的,应当加收仓储费。在仓储合同期限届满前,保管人不得要求返还或要求由存货人或者仓单持有人取回保管物。在存货人或者仓单持有人要求返还时,保管人不得拒绝返还,但不减收仓储费。存货人或者仓单持有人对于临近失效期或有异状的货物,应当及时提取或予以处理。合同约定的期限届满或者未约定期限而收到保管人合理的货物出库通知时,存货人或者仓单持有人应及时办理货物的提取。存货人或者仓单持有人提取货物时须提示仓单并交回仓单。由于存货人或者仓单持有人的原因不能使货物如期出库造成压库时,存货人或者仓单持有人应负违约责任。

三、关于仓储合同法律适用的特别规定

仓储合同系由一般的保管合同发展、演变而来,在法律对仓储合同有特别规定时,应适用法律的特别规定,在法律对其未设特别规定时,应适用法律关于一般保管合同的规定。可见,法律关于一般保管合同的规定与法律关于仓储合同的规定,系一般法与特别法的关系。

—— 训　练 ——

【司考】关于保管合同和仓储合同,下列哪些说法是错误的?(2010 年)

A. 二者都是有偿合同

B. 二者都是实践性合同

C. 寄存人和存货人均有权随时提取保管物或仓储物而无须承担责任

D. 因保管人保管不善造成保管物或仓储物毁损、灭失的,保管人承担严格责任

【答案】 ABCD

【解析】《民法典》第 889 条规定:"寄存人应当按照约定向保管人支付保管费。当事人对保管费没有约定或者约定不明确,依照本法第五百一十条的规定仍不能确定的,视为无偿保管。"由此条规定可以看出,A 项表述错误,属于正确选项。

《民法典》第 890 条规定:"保管合同自保管物交付时成立,但是当事人另有约定的除外。"保管合同原则上是实践合同。但对仓储合同,《民法典》第 905 条规定,仓储合同自保管人和存货人意思表示一致时成立。仓储合同是诺成合同。B 项表述错误,属于正确选项。

《民法典》第 899 条第 1 款规定,寄存人可以随时领取保管物。但对仓储合同,《民法典》第 914 条规定,当事人对储存期限没有约定或者约定不明确的,存货人或者仓单持有人可以随时提取仓储物,保管人也可以随时请求存货人或者仓单持有人提取仓储物,但应当给予必要的准备时间。仓储合同中随时提取而无须承担责任是不正确的。C 项可选。

《民法典》第 893 条规定,寄存人交付的保管物有瑕疵或者根据保管物的性质需要采取特殊保管措施的,寄存人应当将有关情况告知保管人。寄存人未告知,致使保管物受损失的,保管人不承担赔偿责任;保管人因此受损失的,除保管人知道或者应当知道且未采取补救措施外,寄存人应当承担赔偿责任。由此可见,保管人的法律责任是过错责任,而非严格责任。D 项可选。

综上,本题的答案为 ABCD。

思　考

仓储合同中,保管人的义务和存货人的义务是什么?

重点问题梳理

1. 在我国,从事仓储营业的主体必须经国家工商行政管理机关核准登记,即保管人应当办理仓储营业登记,并取得营业许可。
2. 不动产以及种类物均不能成为仓储合同的保管对象。
3. 仓储合同为诺成、双务、有偿、不要式合同。这有利于平等保护双方当事人的利益。
4. 仓单是表示一定数量的货物交付或返还请求权的文书,属于有价证券。
5. 仓单是提取仓储物的凭证。存货人或者仓单持有人在仓单上背书并经保管人签字或者盖章的,即可以转让提取仓储物的权利。

第二十三章　委托合同

第一节　委托合同概述

一、委托合同的概念

委托合同又称委任合同，是指委托人和受托人约定，由受托人处理委托人事务的合同（《民法典》第919条）。在委托合同中，委托他人处理自己事务的人称为委托人，接受委托的人称为受托人。受托人可以是一人也可以是数人，受托人为数人时对委托人承担连带责任。委托合同的双方当事人可以是自然人也可以是法人。如果双方都是自然人，受托人应当是具有完全行为能力的人。委托人是无行为能力人或者限制行为能力人的，其委托权由法定代理人行使。[1]

委托合同是一种比较古老的合同类型，早在《汉谟拉比法典》中就有关于委托合同的专门规定。罗马帝政时期也出现了委任、代理等方面的法律规定。当时的委任制度有单纯委任、互惠委任、利他委任、为第三人及委任人利益的委任、为受任人及第三人利益的委任五种，并认为委任契约中已经含有代理权的授予，从而将委托合同与代理混为一体，不加区分。法国民法因袭了罗马法的这一体例，而德国民法则将委托契约与代理明确区分，后世大陆法系国家与地区的民法亦随德国体例，一般将代理规定在总则中，而将委托合同规定在债编中。我国民事立法亦明确区分委托合同与代理，在《民法典》总则编中设专章规定代理，而在合同编中具体规定委托合同。

二、委托合同的特征

委托合同具有以下法律特征：

1. 委托合同的标的是处理委托人的事务。委托制度的发达得益于商品经济的发展，商品社会追求的是交易的便捷与快速，通过委托合同，人们在经济活动中不必事必躬亲，特别是对涉及某些专业技术知识和特殊能力要求的经济活动通过专业人士的处置，可以免于自己承受不必要的商业风险。现代社会，委托的事务范围越来越广，可以是法律行为，可以是准法律行为，也可以是事实行为；委托人既可以特别委托受托人处理一项事务，也可以概括委托受托人处理一切事务。与此同时，委托的事务范围自始就要受到一定限制，即与人身紧密相连者不得成为委托之标的。当然，委托的事务还要受到民法基本原则的制约。

---

〔1〕 谢怀栻等：《合同法原理》，法律出版社2000年版，第590页。

2. 委托合同可以是无偿合同,也可以是有偿合同。市场经济下,委托的事务大多是交易行为,因此,受托人提供的往往是有偿服务,这是等价有偿的市场经济一般特征的体现,当然亦不排除约定无偿服务的情形。一般而言,委托事务为非交易行为时,受托人提供的往往是无偿服务,但亦会存在约定报酬的情形。实践中,因当事人未在合同中明确约定报酬而发生争议时,应区别委托标的之性质做出解释。通常,商事委托合同一般推定为有偿合同,自然人之间的民事委托合同一般推定为无偿合同。[2]

3. 委托合同是以委托人与受托人的相互信任为基础而订立的。委托合同之所以能够订立,是因为委托人基于对受托人的了解,敢于将自己的事务交与受托人处理;受托人之所以愿意承担委托,也是基于对委托人的信任。故受托人不能将受托事务擅自转委托给第三人处理。委托人如将同一事务又委托给第三人处理,则应当征得受托人的同意。此外,《民法典》还规定基于信任关系产生的解除权,即委托人或者受托人可以随时解除委托合同。

4. 委托合同是诺成、不要式合同。委托合同的成立以当事人意思表示一致为条件。受托人的实际履行并非合同成立的要件,故委托合同为诺成合同。委托合同可由当事人自由决定合同的形式,故委托合同又属不要式合同。

5. 委托合同是双务合同。委托合同无论是有偿还是无偿都不会影响其双务性,即使是无偿的委托合同,委托人也负有支付费用的义务,如《民法典》第921条规定,委托人应当预付处理委托事务的费用。而受托人则负有向委托人报告委托事务、亲自处理委托事务、转交委托事务所取得的财产等义务。但在理论上,关于无偿委托合同究竟是双务性还是单务性一直存在争论。有学者认为,有偿的委托合同为双务合同,无偿的委托合同为单务合同。[3] 另有学者认为,无偿委托合同为不完全的双务合同,理由是在无偿的委托合同中,一方面,受托人负有处理委托人事务的给付义务(《民法典》第919条);另一方面,受托人为处理委托事务垫付的必要费用,委托人应当偿还该费用并支付利息(《民法典》第921条)。但委托人偿还费用及其利息的义务,一方面,并非与受托人的给付义务(处理事务)立于对待给付义务的地位;另一方面,费用是否实际发生亦非固定,在有的合同中可能发生,在有的合同中可能根本没有发生。这两点使无偿委托合同具有特殊性,故其被称为不完全双务合同。[4]

探讨　委托合同与代理[5]

代理权的发现被誉为法学上的重大发现。罗马法上并未就委托与代理做出区分,认为委托契约中必有代理权的授予;反之亦然。《法国民法典》继承了罗马法的体例。自从德国学者拉班德发表《代理权授予及其基础关系的区别》一文后,委托与代理的不同关系才被提出。《德国民法典》吸收了这一理论,将委托与代理作区别规定。委托与代理的区别如下:(1)委托合同为双方法律行为。代理权的授予为单方法律行为。(2)委托事务不以法律行为为限,

---

〔2〕 陈小君主编:《合同法学》,中国政法大学出版社2007年版,第310页。

〔3〕 史尚宽:《债法各论》,中国政法大学出版社2000年版,第363页。

〔4〕 韩世远:《合同法总论》,法律出版社2006年版,第56~57页。

〔5〕 李永军:《合同法》,中国人民大学出版社2005年版,第467页以下。

还可以是事实行为。代理人因为要有独立的意思表示,所以代理事务以法律行为为限。(3)委托事务可以不具有对外性。代理事务则一定具有对外性。委托与代理虽然是不同的法律制度,但二者的关系很密切,通常相伴而生。此时,委托合同就是代理关系的基础法律关系。在委托合同无效或者被撤销时,代理关系是否受影响,学说上存在有因与无因之争,通说认为代理关系不受委托合同效力的影响,即代理关系具有无因性。

第二节 委托合同的内容

一、委托人的主要权利和义务

1. 任意解除权。委托合同的基础在于信任关系,信任关系如动摇则合同的基础也就消失了。信任关系动摇这一事实可能随时发生,且客观上是否有理由在所不问,因而委托人和受托人享有任意解除权,可以随时解除合同。因解除合同给对方造成损失的,除不可归责于该方当事人的事由外,无偿委托合同的解除方应当赔偿因解除时间不当造成的直接损失,有偿委托合同的解除方应当赔偿对方的直接损失和合同履行后可以获得的利益(《民法典》第933条)。

2. 预付费用的义务。委托人应当预付处理委托事务的费用。受托人为处理委托事务垫付的必要费用,委托人应当偿还该费用并支付利息。这里的费用除了包括办理委托事务必需的差旅费、手续费外,还应包括因委托事务的性质所需要的费用。但对于明显不当的支出,不应计入费用之内,以防受托人滥用权利,辜负委托人的信任。

3. 支付报酬的义务。受托人完成委托事务的,委托人应当依约向其支付委托费用;当事人之间没有约定报酬,但是依照交易习惯或者委托的性质应当由委托人支付报酬的,委托人亦应支付报酬。另外,因不可归责于受托人的事由,委托合同解除或者委托事务不能完成的,委托人仍应依约向受托人支付相应的报酬;当事人另有约定的,按照其约定。

4. 债务清偿义务与赔偿义务。受托人因为处理委托事务而负担债务时,所发生的债务可以请求委托人代其清偿,委托人亦有义务承担受托人因处理委托事务而发生的债务。

受托人处理委托事务时,因不可归责于自己的事由受到损失的,委托人应当向受托人赔偿此损失。这种损失可以是因为委托人的过错造成,也可以是因第三人加害造成的。在损失是由第三人造成时,受托人既可以请求第三人赔偿,也可以请求委托人赔偿,受托人要求委托人赔偿的,委托人在向受托人承担赔偿责任后,得请求受托人让与其对第三人的损害赔偿请求权。另外,委托人经受托人同意,可以同时委托第三人处理事务,因此给受托人造成损失的,受托人可以向委托人请求赔偿损失。

5. 委托人的介入权。委托人的介入权是指委托人介入受托人与第三人订立的合同,直接对第三人行使权利和履行义务的权利。我国《民法典》第925条对此作了明确规定。委托人介入权的行使必须符合以下条件:(1)受托人以自己名义在委托授权范围内与第三人订立合同。这是委托人介入权存在的前提,若受托人是以委托人名义与第三人订立合同,委托人本身即合同关系之一方当事人,无所谓介入之说。(2)受托人与第三人订立的合同不存在该合同只约束受托人与第三人的情况。例如,第三人订立合同时明知受托人与委托人之间存在委托关系,而仍然在合同中约定第三人仅对受托人行使合同权利,履行合同义务,这就表明该合同只约束受托人与第三人,此时,委托人即对该合同不得行使介入权。(3)第三人在订立合同时知道受托人与委托人之间的代理关系。

二、受托人的主要权利和义务

1. 任意解除权。受托人享有与委托人一样的任意解除权,因解除合同给委托人造成损失的,受托人要承担赔偿责任。

2. 事务处理权。所谓事务处理权指受托人得处理委托人事务的权限。受托人的权限应该由委托合同约定,无约定则依照委托事务的性质确定。此外,《民法典》规定有特别委托与概括委托。在特别委托的情形下,受托人只能在特定的权限内处理委托事务,不得逾越;在概括委托的情形下,则不受委托权限范围的限制,但此时其权限范围并非绝对不存在。依照学说,下列事务还需要特别授权:(1)不动产之出卖与设定负担;(2)赠与;(3)和解;(4)起诉;(5)提起仲裁。

3. 按照委托人的指示处理事务的义务。受托人必须在委托人的授权范围内处理事务。委托人的指示可以是具体的,也可以是原则性的,受托人依不同情形享有不同程度的裁量权,但即使该指示是原则性的,受托人也要受到该原则的制约,总之自由裁量权是有边界的。依《民法典》第922条规定,受托人需要变更委托人指示的,应当征得委托人同意;情况紧急的,难以和委托人取得联系的,受托人应当妥善处理委托事务,事后应当将该情况及时报告委托人。这是例外之规定,但此时受托人之自由裁量权仍然受到限制,前者可视为程序上的限制(实体上委托人变更了指示),后者受到诚信原则的限制。应当指出的是,情况紧急,受托人变更委托人指示并非权利而是义务,因为受托人变更指示是为了委托人的利益,这与订立合同基础的信任关系是一致的。

4. 亲自处理事务的义务。委托合同建立在委托人与受托人相互信任的基础上,故受托人应当亲自处理委托事务。经委托人同意,受托人可将受托事务转委托给第三人处理。转委托关系一旦成立,委托人可以就委托事务直接指示第三人。转委托关系的成立并未导致原合同的解除,因此,受托人应当对第三人的选任和对其的指示承担责任。如受托人转委托行为未经委托人同意,除情况紧急外,应该对该行为承担责任。

5. 向委托人如实报告的义务。在委托合同存续期间,委托人可以随时要求受托人报告事物的处理情况。《民法典》第924条明确规定:“受托人应当按照委托人的要求,报告委托事务的处理情况。委托合同终止时,受托人应当报告委托事务的结果。”依此规定,在委托事务的处理过程中,应委托人之要求,受托人应积极履行报告义务,告知委托人事务处理的情况。委托人虽未要求受托人汇报,但有报告的必要时,如处理事务遇有障碍或发生情事变更等,受托人应当及时汇报。委托合同终止时,受托人应该报告事物的处理结果,同时应提交必要的证明文件。

6. 受托人的披露义务。受托人的披露义务是指受托人向委托人披露第三人、向第三人披露委托人的义务。依据《民法典》第926条的规定,受托人以自己名义与第三人订立合同时,第三人不知道受托人与委托人之间的代理关系的,受托人因第三人的原因对委托人不履行义务时,即负有向委托人披露第三人的义务。同样,受托人因委托人原因不能向第三人履行义务时,亦负有向第三人披露委托人的义务。

7. 向委托人转移权利和利益的义务。受托人乃委托人的延伸,对于委托事务的处理结果自然应由委托人承担。因此,受托人在办理委托事务中所得的一切利益,包括金钱、物品、所得收益等,都应及时转交给委托人。

8. 向委托人赔偿损失的义务。在有偿的委托合同中,因受托人的过错给委托人造成损失的,委托人可以请求赔偿损失。无偿的委托合同中,因受托人的故意或者重大过失给委托人造成损失的,委托人可以请求赔偿损失。受托人超越权限造成委托人损失的,应当赔偿损失。

三、委托合同当事人与第三人的关系

(一)委托人承受受托人与第三人的权利义务关系

受托人一般以委托人的名义处理委托事务,但根据委托人的授权和指示,受托人也可以自己的名义与第三人订立合同。如果第三人知道与自己订立合同的人与委托人存在代理关系,第三人可以直接向委托人履行其与受托人订立合同约定的义务,委托人也可以直接要求第三人向其履行。如果受托人与第三人明确约定,双方的权利义务关系只约束受托人与第三人,或者有确切的证据证明该合同只约束合同双方,委托人则不能直接受领或者要求履行。

(二)委托人、第三人对合同权利的行使

委托人隐名代理的,如果受托人因为第三人的原因,不能对委托人履行义务时,受托人应该向委托人报告第三人的情况,以便委托人直接向第三人行使受托人与第三人订立的合同中约定受托人的权利。但是,《民法典》第926条规定,隐名代理的,如果第三人针对该委托人绝对不会与其订约的,委托人并不能直接要求第三人履行。如果受托人因为委托人的原因,不能对第三人履行义务时,受托人应向第三人说明情况,以便第三人选择委托人或者受托人为合同相对方。

阅读　复委托

所谓复委托,又称为转委托,是指受托人经委托人同意,将委托人委托的部分或全部事务转由第三人处理,在委托人与第三人之间直接发生委托合同关系的行为。转委托关系成立后,委托人可以就委托事务直接指示转委托的第三人。转委托关系的成立,并未解除原委托合同,受托人与委托人的权利义务关系依然存在,原委托合同并未解除,受托人仅就转委托的第三人的选任及其对第三人的指示承担责任。如果受托人未经委托人同意,即将委托事务转委托给第三人处理,除在紧急情况下受托人为保护委托人的利益需要转委托的情形外,受委托人应当对转委托的第三人的行为承担责任。所谓紧急情况,指受托人自己处理委托事务受阻碍,而委托人将会因该委托事务处理的中断而受损害,且时机紧迫,来不及或无法通知委托人的情况。在此种情况下的转委托,受托人应及时告知委托人。

—— 思 考 ——

委托合同中委托人与受托人之间的权利义务关系是怎样的?

四、委托合同的终止

委托合同的终止分为一般原因终止与特殊原因终止两种情形。前者为基于合同终止的一般原因而终止。例如,委托事务处理完毕;委托合同履行已不可能;委托合同中约定的合同存续期限届满;委托合同约定的解除条件成就等。后者为导致委托合同终止的特殊原因。

(一)因当事人一方行使任意解除权而终止

委托合同之基础在于双方的信赖关系,因此双方都享有任意解除权,以便该基础动摇之时解除合同。对此,《民法典》第933条明确规定:"委托人或者受托人可以随时解除委托合同。因解除合同造成对方损失的,除不可归责于该当事人的事由外,无偿委托合同的解除方应当赔偿因解除时间不当造成的直接损失,有偿委托合同的解除方应当赔偿对方的直接损失和合同履行后可以获得的利益。"当事人一方解除合同时,只要将其解除合同的意思通知对方,委托合同即可解除,委托合同一经解除,委托关系即行终止,但因此而给对方带来损失的要承担赔偿责任。

(二)因一方当事人丧失主体资格而终止

1. 委托人死亡。委托关系是以双方信任关系为前提基础,委托人既已死亡或丧失行为能力,委托关系当然随之消灭。但根据委托事务的性质不宜终止的,委托合同继续存在。另外,若因上述原因终止委托关系会损害委托人利益的,受托人在委托人的继承人或者法定代理人承受委托事务之前,应当继续处理委托事务。

2. 受托人死亡或者丧失民事行为能力。受托人接受委托是要为委托人办理受托事项,既然受托人已死亡或丧失行为能力,即无继续维持委托关系之必要,但若因此损害委托人利益的,在委托人作出善后处理之前,受托人的继承人或者法定代理人应当采取必要措施。

3. 作为委托人或受托人的法人的终止。法人之终止有如自然人之死亡,均会引起以信任关系为基础的委托关系的终止。

—— 训 练 ——

【司考】某律师事务所指派吴律师担任某案件的一审、二审委托代理人。第一次开庭后,吴律师感觉案件复杂,本人和该事务所均难以胜任,建议不再继续代理。但该事务所坚持代理。一审判决委托人败诉。下列哪些表述是正确的?(2013年)

A. 律师事务所有权单方解除委托合同,但须承担赔偿责任

B. 律师事务所在委托人一审败诉后不能单方解除合同

C. 即使一审胜诉,委托人也可解除委托合同,但须承担赔偿责任

D. 只有存在故意或者重大过失时,该律师事务所才对败诉承担赔偿责任

【答案】 AC

【解析】根据《民法典》第933条规定,委托人或者受托人可以随时解除委托合同。因解除合同给对方造成损失的,除不可归责于该当事人的事由以外,应当赔偿损失。据此可知,委托合同双方当事人都享有任意解除权,只是给对方造成损失应当赔偿。A、C项正确,B项错误。

《民法典》第929条第1款规定,有偿的委托合同,因受托人的过错给委托人造成损失的,委托人可以请求赔偿损失。无偿的委托合同,因受托人的故意或者重大过失给委托人造成损失的,委托人可以请求赔偿损失。受托人承担责任不以胜、败诉为要件,D项错误。

综上,本题的答案为AC。

思　考

委托合同终止的原因有哪些?

重点问题梳理

1. 委托合同是以委托人与受托人的相互信任为基础而订立的。委托合同之所以能够订立,是因为委托人基于对受托人的了解,敢于将自己的事务交与受托人处理;受托人之所以愿意承担委托,也是基于对委托人的信任。
2. 委托人和受托人享有任意解除权,可以随时解除合同。因解除合同给对方造成损失的,除不可归责于该方当事人的事由外,无偿委托合同的解除方应当赔偿因解除时间不当造成的直接损失,有偿委托合同的解除方应当赔偿对方的直接损失和合同履行后可以获得的利益。
3. 受托人负有按照委托人的指示处理事务、亲自处理事务的义务、向委托人如实报告的合同义务。
4. 转委托是指受托人经委托人同意,将委托人委托的部分或全部事务转由第三人处理,在委托人与第三人之间直接发生委托合同关系的行为。

第二十四章　物业服务合同

第一节　物业服务合同概述

一、物业服务合同的概念

物业服务(property service)是指物业服务人根据物业所有人的委托在一定的物业区域内对物业进行养护、修缮,并对相关环境和秩序进行服务的活动。传统民法中并无物业服务合同,《合同法》分则中也没有该合同,物业服务合同是随着我国房地产实践的发展和物业管理的需要而出现的。在我国,房屋从公房向商品房的转化,实现了住宅的商品化,商品化的房屋大多采用建筑物区分所有权的形式。与此同时,城市化进程的加快使土地资源日益稀缺,人们的居住方式开始从独门独户向建筑物区分所有权状态发展。区分所有权的建筑中,业主人数众多,公共事务繁杂,如果所有事务都由业主自行管理,可能会导致区分所有权建筑中的公共事务运转效率低下,管理成本增加,而物业服务企业具有提供专业化物业服务的能力,能够有效提升区分所有权建筑中物业管理的水平。

业主既可以自己管理小区物业,也可以委托给物业服务企业来管理。物业管理产生于业主的共同管理权,当业主委托物业服务企业管理小区物业时,应当与物业服务企业订立物业服务合同。虽然《合同法》中未规定物业服务合同,但由于《物业管理条例》《物业服务纠纷解释》等有关法律、法规和司法解释都规定了物业服务合同及其相关内容,因而它是特别法所规定的有名合同。[1] 直至《民法典》将物业服务合同作为典型合同规定于合同编分则之中。

根据《民法典》第937条的规定,物业服务合同是指物业服务人在物业服务区域内,为业主提供建筑物及其附属设施的维修养护、环境卫生和相关秩序的管理维护等物业服务,业主支付物业费的合同。物业服务合同就是明确物业服务人和业主之间在物业服务活动中权利义务关系的协议。其中,物业服务人指的是与业主订立物业服务合同,并且按照法律规定或者合同约定提供物业服务的主体,主要为物业服务企业,也包括其他管理人。业主是指物业的所有权人,即已经建成并投入使用的各类房屋及与之相配套的设备、设施和场地的所有权人。业主与物业服务人订立物业服务合同,业主支付费用,物业服务人提供物业服务。

---

〔1〕 王利明:《合同法研究》,中国人民大学出版社2013年版,第178～179页。

二、物业服务合同的法律特征

物业服务合同除具有一般民事合同的法律特征外,其自身还具有以下特征。

1. 物业服务合同的主体是特定的。物业服务合同的当事人是相对固定的。在前期物业服务合同里,主要是物业的建设单位与其选聘的物业服务人;在普通物业服务合同里,合同主体是享有建筑物区分所有权的业主和物业服务人。

2. 物业服务合同的目的是为业主以及业主团体处理物业管理事务提供服务。这里包含三层意思:一是物业服务合同法律关系的客体是服务行为,是一类典型的提供服务的合同。二是物业服务合同是具有人身信赖特征的合同。因为基于彼此的信任,所以物业管理企业才接受业主的委托为其处理物业管理事务。三是物业管理服务的对象是物业管理事务。物业管理事务具有综合性特征,有指向物业本体的事务,也有指向物业管理辖区内业主、物业使用人的事务,还有指向业主自治团体活动的其他公共事务。这些物业管理事务主要可分为三类:一是物业管理的专项业务,它包括工程管理、治安保卫、消防安全、环境卫生、园艺绿化、车辆管理等;二是物业管理的特色业务,它包括特约服务和便民服务;三是物业管理的多种经营业务。对这些物业管理事务的处理实质上是一种提供服务或付出劳务的过程。

3. 物业服务合同的主要内容是物业服务人在物业服务区域内提供的各项管理和服务。物业服务合同的内容一般包括服务事项、服务质量、服务费用的标准和收取办法、维修资金的使用、服务用房的管理和使用、服务期限、服务交接等条款。物业服务人通过广告、宣传等形式公开作出的有利于业主的服务承诺,也构成合同的组成部分。《物业管理条例》第 34 条第 2 款规定:“物业服务合同应当对物业管理事项、服务质量、服务费用、双方的权利义务、专项维修资金的管理与使用、物业管理用房、合同期限、违约责任等内容进行约定。”进一步明确了物业服务合同的内容。

4. 物业服务合同是诺成、有偿合同。物业服务合同是有偿还是无偿,原则上由当事人约定。一般而言,物业服务人是专业化的营利性法人,其受托提供物业管理服务,不可能是无偿的;况且,物业服务事项虽然是综合性的,但其主要事务或工作重心还是落在物业保值增值这一财产性或经济事务方面,业主及业主委员会把物业经营管理的事务托交物业服务公司具有民商事关系的特征。因此,物业服务合同应属于民商事合同,当然应以有偿为原则。物业服务合同也是一种诺成性合同,即物业服务合同当事人意思表示一致时即可成立。

5. 物业服务合同是要式合同。依照《民法典》第 938 条第 3 款的规定,物业服务合同应当采用书面形式。《物业管理条例》第 21 条规定:“在业主、业主大会选聘物业服务企业之前,建设单位选聘物业服务企业的,应当签订书面的前期物业服务合同。”第 34 条第 1 款规定:“业主委员会应当与业主大会选聘的物业服务企业订立书面的物业服务合同。”这些条文分别规定了前期物业服务合同与普通物业服务合同均应当以书面形式订立。

三、物业服务合同的类型

我国物业服务合同的类型包括两种:一是前期物业服务合同;二是普通的物业服务合同。

1. 前期物业服务合同。前期物业服务合同,是指在业主、业主大会选聘物业服务人之前,建设单位与其选聘的物业服务人订立的物业服务合同。前期物业服务合同是一个过渡性合同,它存在于业主大会成立并选聘物业管理人之前的过渡时期。房地产项目竣工之后,物业的销售、业主的入住都需要一个过程。从开始出售物业到符合成立业主大会之间存在一个时间差,这段时间建设单位仍拥有较多的所有权比例,而业主入住率较低尚不能成立业主大会。因而,对物业的管理不由业主或者业主团体来行使,而由建设单位与其聘任的物业服务人订立前期物业服务合同。

2. 普通物业服务合同。普通物业服务合同,即由业主与物业服务人订立的物业服务合同。进一步讲是由业主支付费用,物业服务人在物业服务区域内为业主提供建筑物及其附属设施的维修养护、环境卫生和相关秩序的管理维护等物业服务的合同。实践中,业主往往组建业主大会,并通过其执行机构业主委员会与物业服务人签订物业服务合同。由于业主大会是业主意志的代表,所以从本质上讲,物业服务合同仍然是业主与物业服务人双方意思表示一致的产物。物业服务人与业主或业主委员会是平等的民事主体,物业服务人的管理权来自业主的委托授权。这种授权通过物业服务合同进行。一旦合同成立,双方的法律关系即成立。因此,物业服务合同是物业管理企业进驻小区,开展物业管理工作的法律文件,也是市场经济中物业管理的基础。

普通物业服务合同是物业服务合同的主要表现形式,是一个常态,而前期物业服务合同则是过渡性合同。因此,本书中如果没有特别的说明,就是将前期物业服务合同与普通物业服务合同一并进行讨论。

第二节　物业服务合同的内容

根据《民法典》第 939 条的规定,建设单位依法与物业服务人订立的前期物业服务合同,以及业主委员会与业主大会依法选聘的物业服务人订立的物业服务合同。《物业管理条例》第 25 条规定:“建设单位与物业买受人签订的买卖合同应当包含前期物业服务合同约定的内容。”物业服务合同的内容即物业服务人与业主的合同义务与合同权利。

一、物业服务人的合同义务和权利

(一)委托第三人管理专项服务事项与禁止将全部物业服务转委托

《民法典》第 941 条规定:“物业服务人将物业服务区域内的部分专项服务事项委托给专业性服务组织或者其他第三人的,应当就该部分专项服务事项向业主负责。物业服务人不得将其应当提供的全部物业服务转委托给第三人,或者将全部物业服务支解后分别转委托给第三人。”《物业管理条例》第 39 条规定:“物业服务企业可以将物业管理区域内的专项服务业务委托给专业性服务企业,但不得将该区域内的全部物业管理一并委托给他人。”物业服务人是业主大会、业主委员会或者建设单位依其资质和管理业务水平等因素选聘的,其在接受选聘后,若不亲自进行物业服务便失去了选聘的意义。但当专项服务事项具有专业性质,物业服务人无法胜任或须委托他人进行的,法律允许委托第三人负责。但此种委托只能是部分委托,其不得以直接或支解的方式将全部物业服务委托给第三人。根据合同相对性原理,物业服务人将物业服务区域内的部分专项服务事项委托给专业性服务组织或者其他第三人的,应当就该部分专项服务事项向业主负责。

(二)物业服务职责范围

物业服务人履行物业服务职责的依据,是物业服务合同的约定和物业的使用性质。[2]依照《民法典》第942条规定的"物业服务人应当按照约定和物业的使用性质,妥善维修、养护、清洁、绿化和经营管理物业服务区域内的业主共有部分,维护物业服务区域内的基本秩序,采取合理措施保护业主的人身、财产安全。对物业服务区域内违反有关治安、环保、消防等法律法规的行为,物业服务人应当及时采取合理措施制止、向有关行政主管部门报告并协助处理"以及《物业管理条例》的相关规定,物业服务人的职责具体包括:

1. 妥善维修、养护、清洁、绿化和经营管理物业服务区域内的业主共有部分。物业服务人的义务首先是对物业服务区域内所有建筑物中的共有部分进行维修、养护等,这是物业服务人的主要合同义务。[3] 维修、养护是针对建筑物及其附属设施的本身功能、寿命,主要包括日常保养和定期检查,其目的在于保持物业整体功能的正常运转,达到业主对物业的保值甚至增值的功能。清洁、绿化是对物业区划内环境的美化和保持,使业主的生活环境能够保持适宜。一般而言,周围的环境,是业主购买物业时考虑的重要因素之一,因此对物业的价值也有相当大的影响。经营管理是对业主共有部分的利用并获得收益。

2. 维护物业服务区域内的基本秩序。物业服务区域内的基本秩序,包括公共生活秩序、道路交通秩序、环境管理秩序等。在物业区域内,为保障业主正常的生产、生活,物业服务人应当负有维护共同生活秩序的义务。这与对物的管理不同,属于对人的管理。为了保障物业服务人履行该义务,有必要对业主的权利进行一定的限制,尤其是在业主行使其专有权可能损害其他业主的利益时,物业服务人也可以对其行为进行限制。[4]

3. 采取合理措施保护业主的人身、财产安全。此种义务也称为安全保障义务,防止建筑物对业主的危害,防范违法犯罪人员实施侵害业主人身的财产的行为;对于业主之外接近或者进入物业服务区域的人员的人身安全,也应负有职责,防止建筑物的脱落致害他人。对此,《物业管理条例》第46条有更为详细的规定:"物业服务企业应当协助做好物业管理区域内的安全防范工作。发生安全事故时,物业服务企业在采取应急措施的同时,应当及时向有关行政管理部门报告,协助做好救助工作。物业服务企业雇请保安人员的,应当遵守国家有关规定。保安人员在维护物业管理区域内的公共秩序时,应当履行职责,不得侵害公民的合法权益。"

4. 对违法、违规行为的制止、报告以及协助义务。对物业服务区域内违反有关治安、环保、消防等法律法规的行为,行为主体包括外来人员及业主,物业服务人应当及时采取合理措施制止、向有关行政主管部门报告并协助处理。《物业管理条例》第45条第1款有此规

[2] 杨立新:《物业服务合同:从无名合同到典型合同的蜕变》,载《现代法学》2020年第4期。
[3] 姚辉、段睿:《物业服务合同履行的相关法律问题研究》,载《法律适用》2010年第1期。
[4] 徐海燕:《区分所有建筑物管理的法律问题研究》,法律出版社2009年版,第278页。

定:“对物业管理区域内违反有关治安、环保、物业装饰装修和使用等方面法律、法规规定的行为,物业服务企业应当制止,并及时向有关行政管理部门报告。”

(三)应定期公开履行管理职责的情况

物业服务人在履行管理职责中,应贯彻公开原则,以合理方式向业主以及业主大会、业主委员会定期报告和公开相关事项。《民法典》第943条规定:“物业服务人应当定期将服务的事项、负责人员、质量要求、收费项目、收费标准、履行情况,以及维修资金使用情况、业主共有部分的经营与收益情况等以合理方式向业主公开并向业主大会、业主委员会报告。”物业服务人的公开事项包括但不限于:

1. 服务的事项。物业服务人应当依据物业服务合同的内容在物业服务报告中将服务事项一一列明。

2. 负责人员。负责人员与物业服务事项、质量等息息相关,物业服务人应当将物业服务企业的人员列明,包括总负责人和各项事项的负责人。

3. 质量要求。物业服务人应当对每一种具体服务事项的质量要求明确说明。一般来说,法律很难对物业服务质量的标准作出明确界定,但当事人可以在合同中对其作出特别约定,并将质量标准要求加以公开。

4. 收费项目。物业服务人应当在报告服务事项中,说明哪些事项是收费事项,哪些项目不是收费项目。

5. 收费标准。物业服务人应当说明服务收费执行的是何种标准,是否超出约定的标准。根据《物业服务纠纷解释》第2条规定,物业服务人不得违反物业服务合同约定或者法律、法规和部门规章的规定,擅自扩大收费范围、提高收费标准或者重复收费,否则,都构成违规收费。因此,物业服务人应当提前说明收费标准,以利于业主对收费进行监督。

6. 履行情况。物业服务人应当对各项服务事项的履行情况一一进行说明。

7. 维修资金使用情况。所谓维修资金,就是指由业主缴纳的专门用于住宅共用部分、共用设施和设备维修所需的资金。物业服务人应当对使用维修资金依据何种根据使用、使用标准、使用数额、结余数额等作出明确的报告和说明。

8. 业主共有部分的经营与收益情况。业主是物业区域内共有部分真正的权利人,是共有部分经营与收益的最终受益人。因此,物业服务人应当将业主共有部分的经营与收益情况如实报告和公开,特别是报告和公开如何处置的结果。

二、业主的权利和义务

(一)按照约定向物业服务人支付物业费

依约定向物业服务人支付物业费,是业主须履行的支付合同对价的义务,也是物业区域获得正常管理与维护的条件。《民法典》第944条规定:“业主应当按照约定向物业服务人支付物业费。物业服务人已经按照约定和有关规定提供服务的,业主不得以未接受或者无须接受相关物业服务为由拒绝支付物业费。业主违反约定逾期不支付物业费的,物业服务人可以催告其在合理期限内支付;合理期限届满仍不支付的,物业服务人可以提起诉讼或者申请仲裁。物业服务人不得采取停止供电、供水、供热、供燃气等方式催交物业费。”

《物业管理条例》第7条规定:“业主在物业管理活动中,履行以下义务:……(五)按时交纳物业服务费用……”业主是物业服务的受益人,支付物业费是业主的基本义务。[5] 基于公共利益,业主享有公益权利,也应当承担相应的义务。对于经业主大会或业主委员会作出决议的物业费,各业主即使有异议,也并不就此免除其支付的义务。业主违反此义务的,应强制履行。对此,物业服务人可先行催告并确定宽限期,宽限期后业主仍未支付物业费的,可提起诉讼或申请仲裁,但不得采取停止供电、供水、供暖、供燃气等方式催交物业费。

(二)对专有部分装饰装修、转让、出租等负事先告知义务

在区分所有权建筑物中,专有部分之外尚有共用部分和共同管理的问题,全体业主共居同一个小区,一举一动均关涉其他业主的利益。故业主对自己的专有部分进行装饰装修应当事先告知物业服务人,遵守物业服务人提示的合理注意事项,并配合其进行必要的现场检查。业主转让、出租物业专有部分、设立居住权或者依法改变共有部分用途的,应当及时将相关情况告知物业服务人。对此,《民法典》第945条专门规定:“业主装饰装修房屋的,应当事先告知物业服务人,遵守物业服务人提示的合理注意事项,并配合其进行必要的现场检查。业主转让、出租物业专有部分、设立居住权或者依法改变共有部分用途的,应当及时将相关情况告知物业服务人。”

(三)依照法定程序共同决定解聘物业服务人的权利

《民法典》第946条规定了解聘物业服务人的相关事项:“业主依照法定程序共同决定解聘物业服务人的,可以解除物业服务合同。决定解聘的,应当提前六十日书面通知物业服务人,但是合同对通知期限另有约定的除外。依据前款规定解除合同造成物业服务人损失的,除不可归责于业主的事由外,业主应当赔偿损失。”物业服务合同是委托合同,故业主在物业服务合同中享有的解除权是任意解除权。但基于物业服务合同的特殊性,此种任意解除权之行使需遵守以下规则:其一,业主行使解除权,须依照法定程序共同决定并通知物业服务人;其二,决定行使解除权的,应提前60日书面通知物业服务人,合同另有约定的依其约定;其三,因解除物业管理合同造成物业服务人的损失,业主承担赔偿责任以过错为要件,解除合同具有可归责于业主的事由。

第三节 物业服务合同的终止与继续服务

物业服务合同期限届满后,依据意思自治原则,业主可以依其自由意志选择续聘、继续服务或者终止物业服务。

一、续聘与拒绝续聘

续聘,是指在物业服务合同期限届满前,业主依法共同决定继续选聘原物业服务人提

---

[5] 刘文清:《物业服务合同实务研究》,法律出版社2007年版,第96页。

供本物业区域内的物业管理服务,并支付物业费的行为。《民法典》第947条规定:“物业服务期限届满前,业主依法共同决定续聘的,应当与原物业服务人在合同期限届满前续订物业服务合同。物业服务期限届满前,物业服务人不同意续聘的,应当在合同期限届满前九十日书面通知业主或者业主委员会,但是合同对通知期限另有约定的除外。”业主行使续聘权,应取得物业服务人的同意,双方达成合意的,与原物业服务人在合同期限届满前续订物业服务合同,且续聘须遵循一定的程序。物业服务人在合同到期不同意续聘的,原物业服务合同终止,双方当事人的权利义务终止,不再受该合同的约束。物业服务期限届满前,物业服务人不同意续聘的,应当在合同期限届满前90日书面通知业主或者业主委员会,但是合同对通知期限另有约定的除外。这样规定的原因在于避免物业区域内基本物业服务的缺失,导致区域内生活秩序的紊乱以及建筑设施的维修养护得不到基本保障等。

二、不定期物业服务合同

不定期物业服务合同,指的是在物业服务合同期限届满后,业主没有依法作出续聘的决定,也没有另聘物业服务人时,物业服务人继续提供该物业区域内的物业服务,原物业服务合同转换成不定期合同,并且赋予当事人随时解除权。合同履行期限届满后,物业服务人继续提供服务,业主未拒绝的,物业服务合同继续存在。因此,物业服务合同转变为不定期物业服务合同后,适用不定期合同的规则,双方均享有任意解除权,但须以书面方式通知并予以60日宽限期。《民法典》第948条的规定即是如此:“物业服务期限届满后,业主没有依法作出续聘或者另聘物业服务人的决定,物业服务人继续提供物业服务的,原物业服务合同继续有效,但是服务期限为不定期。当事人可以随时解除不定期物业服务合同,但是应当提前六十日书面通知对方。”

三、物业服务合同终止后原物业服务人的义务

一般而言,合同终止后,该合同规定的权利义务一并消灭。但是基于诚信原则以及物业服务事务的特殊性,在物业服务合同终止后,原物业服务人应当在合理范围内承担一定的义务。《民法典》第949条规定:“物业服务合同终止的,原物业服务人应当在约定期限或者合理期限内退出物业服务区域,将物业服务用房、相关设施、物业服务所必需的相关资料等交还给业主委员会、决定自行管理的业主或者其指定的人,配合新物业服务人做好交接工作,并如实告知物业的使用和管理状况。原物业服务人违反前款规定的,不得请求业主支付物业服务合同终止后的物业费;造成业主损失的,应当赔偿损失。”据此,物业服务人在物业服务合同终止后应当承担如下义务:

1. 在物业服务合同终止后,物业服务人员应当做好善后工作。

第一,退出义务。原物业服务人应当在物业服务合同终止后在约定期限或者合理期限内退出物业服务区域,以便给接任的物业服务人占有、使用,履行服务职责。

第二,交还义务。原物业服务人应当在物业服务合同终止后将物业服务用房、相关设施、物业服务所必需的相关资料交还给业主委员会、决定自行管理的业主或者其指定的人。

第三,配合新的物业服务人做好交接工作,使物业服务的新旧交替正常进行。

第四,如实告知物业的使用和管理情况,便于新的物业服务人做好物业服务工作。

应当注意的是,物业服务合同终止后,物业服务人在善后期间内违反《民法典》第 949 条第 1 款之义务,就不得请求业主支付该善后期间内的物业费。并且,在该期间内进行善后工作时造成业主损失的,还应当赔偿损失。

2. 原物业服务人于交接前负有继续服务的义务,并享有报酬请求权。《民法典》第 950 条规定:“物业服务合同终止后,在业主或者业主大会选聘的新物业服务人或者决定自行管理的业主接管之前,原物业服务人应当继续处理物业服务事项,并可以请求业主支付该期间的物业费。”在物业服务合同终止后,原物业服务人员应当继续提供该物业区域内的物业服务,直至业主或者业主大会选聘出新的物业服务人或者在决定自行管理的业主接管物业服务,以保证该物业区域内物业服务在时间上的连续性。

训　练

【法考】某小区在设立初期雇佣了一家物业公司,后该物业公司在物业房周围搭建了一圈房子,物业公司又将小区草地出租给洗车公司。关于本案,下列哪些选项是正确的?(2022 年)

A. 该小区业主可以经过法定程序解聘该物业公司

B. 在物业房周围搭建房子的行为侵犯了业主的建筑物区分所有权

C. 将草地出租给洗车公司的行为侵犯了业主的建筑物区分所有权

D. 除去合理成本,剩余租金应归全体业主共有

【答案】 ABCD

【解析】根据《民法典》第 937 条规定,物业服务合同的当事人是物业服务人(物业公司)和业主。《民法典》第 946 条规定:“业主依照法定程序共同决定解聘物业服务人的,可以解除物业服务合同。决定解聘的,应当提前六十日书面通知物业服务人,但是合同对通知期限另有约定的除外。依据前款规定解除合同造成物业服务人损失的,除不可归责于业主的事由外,业主应当赔偿损失。”故 A 项正确。业主的建筑物区分所有权由三项权利构成:专有权、共有权和成员权。其中,物业服务用房和小区内的草地均属于全小区业主共有,物业公司未经业主同意,擅自搭建和出租的行为构成侵权,故 B、C 项正确。建设单位、物业服务企业或者其他管理人等利用业主的共有部分产生的收入,在扣除合理成本之后,属于业主共有。本题中,物业公司将全小区共有的草地出租给洗车公司的,租金归全体业主共有,物业公司可以扣除合理成本,故 D 项正确。

综上,本题的答案为 ABCD。

思　考

1. 物业服务合同有哪些法律特征?

2. 物业服务的职责范围有哪些?

3. 物业服务合同终止后原物业服务人的义务有哪些?

重点问题梳理

1. 在没有约定的情况下,小区业主共有部分在物业服务人管理期间产生的收益属于全体业主

共有,物业服务人可以享有一定比例的收益。

2. 形成事实物业服务合同的,物业服务人有权请求业主交纳相应的物业费。

3. 物业服务人对小区共有车位进行管理,并不必然享有收取停车费的权利。

4. 在无特别约定的情况下,物业服务人对业主室内财产的丢失不承担责任。

第二十五章　行 纪 合 同

第一节　行纪合同概述

一、行纪合同的概念

行纪合同是行纪人以自己的名义为委托人从事贸易活动，委托人支付报酬的合同（《民法典》第951条）。在行纪合同中，以自己名义从事贸易活动的一方称为行纪人，向行纪人给付报酬的人称为委托人。

行纪是经济行为中的一种方式，它是随着商品经济的发展而逐渐产生和发展起来的。与委托合同一样，行纪合同也是基于双方信任，一方接受委托为另一方办理委托事务的合同，因此行纪合同就其内部关系而言也是一种委托关系，故《民法典》第960条规定："本章没有规定的，参照适用委托合同的有关规定。"但行纪合同是不同于委托合同的一种独立的服务类合同。行纪合同的事务通常限定在购买、寄售等商事行为，行纪人一旦接受委托，即享有对行纪业务的处理权。在处理事务的过程中，行纪人参与法律关系的程度较委托合同中的受托人要深，以致其享有的权利更广，承担的责任更重，其地位相当于委托人。因此，如果说委托合同重在规范委托人与受托人之间的关系，那么，行纪合同则重在规范受托人的行纪行为。[1]

探讨　行纪合同与委托合同的比较

就行纪合同的实质而言，其具有委托合同的一般特征，表现为：(1)二者均为提供服务的合同；(2)二者均以当事人双方信任为基础；(3)受托人均受委托处理一定的事务。

但二者又有明显的区别：(1)行纪合同中的事务为特定的，仅限于购买、寄售等法律行为，而委托合同中的事务通常不受限制，可以是法律行为亦可以是事实行为；(2)行纪合同中，行纪人只能以自己名义进行活动，其与第三人订立的合同不对委托人直接产生效力，而委托合同中，受托人可以自己名义亦可以委托人名义从事活动，其与第三人订立的合同可以对委托人直接产生效力；(3)行纪合同均为有偿合同，而委托合同可以有偿亦可以无偿；(4)行纪合同中行纪人只能是专门从事行纪业务的法人或自然人，而委托合同中对受托人的资格身份通常没有特别限制。

---

〔1〕 魏振瀛主编：《民法》，北京大学出版社、高等教育出版社2000年版，第549页。

阅读 行纪合同与信托制度

行纪合同虽亦可称为“信托”,但与英美信托制度不同。英美法的信托制度源于英国中世纪的用益权制度。其所称信托实质上是一种管理财产的法律关系。在此项关系中,一人拥有财产所有权,同时负有为另一人利益使用该财产的义务,此项财产称信托财产。成立信托应有三方主体,即财产授予人(信托人)、受托人和信托受益人。行纪合同与英美信托制度的主要区别在于:(1)英美法的信托为财产管理关系,类似于大陆法系的某些他物权制度,而行纪为一种合同关系;(2)信托法律关系中涉及三方当事人,而行纪法律关系只涉及两方当事人;(3)信托法律关系中的信托财产发生所有权转移,而行纪法律关系中的受托财产不发生所有权转移;(4)违反行纪合同发生违约责任,而在英美法中则有完全不同于合同责任的信托责任。〔2〕

二、行纪合同的特征

1. 行纪人以自己的名义为委托人办理委托事务。行纪人在处理委托事务过程中以自己名义建立法律关系,成为一方主体,而无须以委托人身份建立法律关系,更无须向对方表明其与委托人之间有委托关系,委托人并不参与该法律关系。

2. 行纪人为委托人的利益办理委托事务。行纪人虽以自己名义对外活动,但其所生之经济上实益最终仍要由委托人承担。如果合同目的在于为委托人的利益办理事务,但同时约定行纪人也可以参与其利益的分配,仍然可以认定其为行纪合同。

3. 行纪合同的标的是行纪人为委托人进行贸易活动。行纪合同属于劳务合同之一种,行纪人提供的劳务应是与第三人进行贸易行为。所谓贸易行为本是经济学上的语汇,其相应的法律意义乃是进行以产生、变动、消灭财产权为目的的法律行为,故事实行为不得为行纪合同的标的,涉及人身属性的事务亦不能采取此一形式进行委托。通常行纪人为委托人办理的事务,仅限于代购、代销物品等贸易活动。

4. 行纪合同是双务合同、有偿合同、诺成合同、不要式合同。行纪合同中,行纪人负有为他方办理买卖或其他商事交易的义务,委托人则负有给付报酬的义务,双方彼此义务相互对应,故属双务合同;行纪人从事行纪行为的目的是获取报酬,委托人要依照合同约定向行纪人支付报酬,故行纪合同是有偿合同;行纪合同的成立只需当事人双方意思表示一致即可,无须标的物的交付或履行行为作为合同成立要件,同时行纪合同的成立也不需做成特定的形式,因此,行纪合同是诺成、不要式合同。

5. 行纪主体资格的限定性。从事行纪业务的行纪人必须是经过批准经营行纪业务的自然人、法人或非法人组织,未经法定手续批准或者核准经营行纪业务的自然人、法人和非法人组织不得经营行纪业务。

行纪行为本属经济行为的一种方式,行纪合同在民商分立的国家立法上属于商事法律,是一种纯粹的商行为,在采民商合一的国家,学说上也认为其属于一种纯粹的商事之债。〔3〕

---

〔2〕 王家福主编:《中国民法学·民法债权》,法律出版社1995年版,第726~727页。
〔3〕 邱聪志:《新订债法各论》,中国人民大学出版社2005年版,第246页。

第二节　行纪合同的内容

一、委托人的义务

1. 委托人有接受行纪人处理事务结果的义务。委托人应及时接受行纪人所完成的行纪事务，对按约定购进的委托物应及时验收。否则，行纪人对该物品的瑕疵不承担责任。如果委托人无故拒绝接受委托物的，经行纪人催告仍不接受的，行纪人可以将委托物提存。委托人委托行纪人出卖物品的，委托物不能卖出或者委托人撤回出卖的，委托人应当及时取回或者处分该物。

2. 委托人应向行纪人支付报酬或者支付约定的其他费用。支付报酬或者约定的其他费用，是委托人的主要义务。委托人应该按照约定支付上述费用。行纪人部分完成委托事务的，委托人应当向其支付部分报酬。委托人逾期不支付报酬的，除当事人另有约定的以外，行纪人对委托物享有留置权。

二、行纪人的主要权利和义务

1. 行纪人对委托人的报酬费用请求权。（1）报酬请求权。行纪合同为有偿合同，故报酬与其所提供的劳务互为对价，两者间可使用同时履行抗辩权。报酬数额应以双方约定为准，如无约定依照习惯解释。此外，委托人通常会约定奖励之方式以鼓励行纪人努力完成受托事务，该约定符合行纪合同目的，应为有效。（2）费用请求权。行纪本为营业，故原则上除报酬外，不应另收费用，因此必须依约定或者习惯才可请求偿还费用。此费用具体包含何种项目，《民法典》并未予以规定，依照我国台湾地区“民法”第 203 ~ 207 条的规定，此费用包含三种：寄存费、运送费、代垫付之为委托人利益而支出之费用及其利息。

2. 行纪人就委托物享有的提存权。（1）买入物之提存权。行纪人按约定买入委托物，委托人应当及时受领。经行纪人催告，委托人无正当理由拒绝受领的，行纪人可以提存。（2）卖出物之提存权。委托物不能卖出或者委托人撤回出卖，经行纪人催告，委托人不取回或者不处分该物的，行纪人可以提存委托物。

3. 行纪人的介入权。介入权是指行纪人接受委托出卖或者买入有价证券或者其他有公示价格的物品时，有权以自己的名义充当买受人或者出卖人。由于介入权的行使对双方当事人尤其是委托人的利益有重大影响，所以，只有在委托人委托行纪人出卖或者买入有价证券或者其他共识价格的物品，且行纪合同无相反的约定时，行纪人才可以行使介入权。

4. 行纪人的留置权。委托人逾期不支付报酬的，行纪人对委托物享有留置权，但当事人另有约定的除外。

5. 行纪人依委托人的要求办理行纪事务的义务。行纪人为委托人进行交易时，应依照委托人的指示。若行纪人低于委托人指定的价格卖出或者高于委托人指定的价格买入，应当经委托人同意，否则，委托人可以不承认该买卖对其发生效力。若行纪人愿意补偿其差额时，则该买卖合同对委托人发生效力。若行纪人高于委托人指定的价格卖出或者低于委托人指定的价格买入时,如合同约定行纪人可以增加报酬的,从约定;没有约定或者约定不明的,依照《民法典》第510条确定;不能确定的,该利益归属于委托人。但委托人对价格有特别指示的,行纪人不得违背。

6. 行纪人妥善保管,认真检验委托物的义务。行纪人占有委托物的,应当妥善保管委托物。行纪人如果发现委托物交付时有瑕疵或者容易腐烂变质的,应当及时通知委托人,经委托人同意,可以处分该物。不能与委托人及时取得联系的,行纪人可以进行合理处分。行纪人因保管不善或者疏于检验造成委托物损失的,应当负赔偿责任。

7. 行纪人负担行纪费用的义务。行纪活动为营业活动,其支出费用乃其营业成本,应由行纪人负担,但当事人另有约定的,从约定。

三、行纪关系的消灭

有关行纪关系的消灭,《民法典》未作规定,依该法第960条规定,类推适用有关委托关系消灭的规定。

四、违反行纪合同的违约责任

1. 违约事由。(1)行纪人不能在约定时间内完成委托事务。(2)行纪人未经委托人同意或事后不补偿差额买入或者卖出委托物的,或者违反委托人对价格的特别指示的约定的。(3)委托人不能按照约定支付报酬的。(4)委托人未按照约定及时受领行纪人买入的委托物的。

2. 违约责任形态。无论是委托人还是行纪人违反合同义务的,对方都可依合同编关于违约责任的规定为基础主张另一方承担违约责任。当事人另一方也可依合同编的相应规定行使提存权或者留置权。

思　考

行纪合同中行纪人的权利和义务有哪些?

重点问题梳理

1. 行纪合同中的事务为特定的,仅限于购买、寄售等法律行为,而委托合同中的事务通常不受限制,可以是法律行为,亦可是事实行为。
2. 行纪合同中行纪人只能以自己名义进行活动,其与第三人订立的合同不对委托人直接产生效力。
3. 行纪合同中行纪人只能是专门从事行纪业务的法人或自然人,行纪合同均为有偿合同。
4. 行纪人的介入权是指行纪人接受委托出卖或者买入有价证券或者其他有公示价格的物品时,有权以自己的名义充当买受人或者出卖人。

第二十六章 中 介 合 同

第一节 中介合同概述

一、中介行为之意义

中介是指在他人经济活动中，为他人提供媒介服务，促使他方合同订立的商行为。中介行为在古希腊罗马时代即已有之，当时无论何人均可自由为之。[1] 到中世纪时期，中介具有了公职的特色，即只有属于中介人团体的成员才可从事中介活动。德国旧商法亦有将中介人视为一种官吏的规定。近现代社会，随着商品经济的发展，中介活动越来越频繁，各国为适应经济发展的需要，一方面对中介人采自由营业主义，另一方面不断扩大中介的适用范围，不仅规定传统商品交换中介，还出现了海事、保险、借贷、运输、婚姻、证券交易、职业介绍等各种中介。[2] 相应的立法亦不断完善。在采民商分立的国家，中介有民事中介与商事中介之分，并分别由民法典与商法典来调整；而在采民商合一的国家，中介由民法典统一规定，如《瑞士债务法》即属此种立法体例。

我国古代亦有关于中介的规定。民间将中介人称为“牙行”或“牙纪”，用来指称促进双方成交而从中取酬的中间人。随着我国市场经济的确立与迅速发展，中介行业亦随之发展起来。市场经济下，经济主体广泛存在且其需求内容不一，中介行为作为较初级经纪行为的形式，其特点在于服务对象广泛，服务程度较浅，对于媒介一定主体之间的合同成立自然起着不可替代的作用。目前，中介已经成为我国市场经济发展不可或缺的“润滑剂”。

二、中介合同的概念及特点

中介合同，也称居间合同，是指中介人向委托人报告订立合同的机会或者提供订立合同的媒介服务，委托人支付报酬的合同（《民法典》第 961 条）。在中介合同中，报告订约机会或提供交易媒介的一方为中介人，给付报酬的一方为委托人。

根据《民法典》第 961 条之规定，中介合同有以下特征：

1. 中介合同是中介人为委托人报告订约机会或者提供订约媒介的合同。在中介合同中，中介人作为委托人与第三人之间签订合同的介绍人，只是为委托人寻找或报告可以与委托人订立合同的第三方，为委托人订约提供机会；或是斡旋于委托人与第三人之间，促进双方交易的达成。当然，中介行为本身并不一定产生法律后果。

---

〔1〕 史尚宽：《债法各论》，中国政法大学出版社 2000 年版，第 461 页。

〔2〕 唐德华主编：《合同法条文释义》（下），人民法院出版社 2000 年版，第 1720 页。

中介合同的主体是委托人与中介人,中介行为是承委托人之约提供媒介服务的行为,委托人与第三人因中介商的媒介行为而订立合同只是中介合同的结果,第三方并非中介合同的一方主体。

2. 中介合同是双务、有偿合同。中介行为为商行为之一种,故中介合同均为有偿合同,中介人负有提供媒介服务之义务,享有报酬请求权,但此请求权只在中介活动成功时生效。

3. 中介合同为诺成、不要式合同。中介合同自双方意思表示一致时成立,不以现实的中介服务为要件,故中介合同属诺成合同。另外,法律未规定中介合同须采取特定的形式,当事人采取口头或书面形式均可成立中介关系,故中介合同为不要式合同。

探讨　中介与类似概念的区别

1. 中介合同与委托合同。二者均是一方当事人接受另一方当事人之委托处理受托事务,是特殊与一般的关系。但二者有本质的区别:一是中介仅限于充当媒介或为委托人报告订约机会,而委托则是为他人处理事务,既包括处理法律行为,也包括处理事实行为。二是中介人在中介活动中并不介入委托人与第三人的订约活动,而委托人要在委托授权内与第三人为独立意思表示,直接介入订约活动。三是中介合同是有偿合同,委托合同则可以是有偿合同也可以是无偿合同。

2. 中介合同与行纪合同。中介与行纪一样,也是一方接受另一方委托处理事务,但二者亦有根本不同:一是行纪属于广义代理之一种,行纪人从事行纪业务时进行独立的意思表示,中介只是提供媒介服务,中介人不能在具体法律行为中进行意思表示。二是行纪人受托处理的事务主要是办理购销、寄售等动产买卖或其他商事交易事务,中介人受托内容限于为委托人报告订约机会或介绍委托人与第三人订约,至于具体受托事项法律未予限制。

思　考

中介合同与委托合同、行纪合同的区别是什么?

第二节　中介合同的内容

一、中介人的主要权利和义务

1. 如实报告义务。如实报告义务是中介人的主要义务,指中介人应当将自己所知的有关合同订立的相关内容如实报告给委托人,包括相对人的资信、货物的种类规格与质量等。对于中介人不知的事项,中介人不负调查义务,调查与否只是中介人之间业务竞争的问题。《民法典》第962条规定,中介人应当就有关订立合同的事项向委托人如实报告。中介人故意隐瞒与订立合同有关的重要事实或者提供虚假情况,损害委托人利益的,不得请求支付报酬并应当承担赔偿责任。

2. 报酬请求权。中介人促成合同成立时享有报酬请求权。中介人未促成合同成立之场合，不得请求报酬，但可以要求支付必要支出费用。在中介人未履行如实报告义务时，也不得请求支付报酬。报酬的数额依约定支付，未有约定依《民法典》第 510 条确定，仍不能确定时则按劳务合理确定。

3. 依委托人要求对中介事务进行保密的义务。中介人在中介活动中获悉委托人的有关商业秘密，以及委托人提供的不宜公开的其他信息的，应当依照合同的约定保守秘密。

探讨　中介人是否负有尽力的义务？

对此问题有不同的看法。一种观点认为，中介人并不负有尽力的义务，因为中介人是以达到中介目的为取得报酬条件的，中介人不尽力，达不到中介目的，不过是不能取得报酬而已，不能再承担其他责任。另一种观点认为，中介人应负有尽力义务，因为中介人接受了委托，就应从维护委托人的利益出发，尽力促成交易，而不得随意地消极对待其接受的中介事务。笔者认为，中介人接受委托后，就应依合同约定的内容，积极促成委托人与第三人的交易，至于中介是否成功并非尽力义务的判断标准，而是中介人能否获得报酬的依据，不能因此而否定中介人的尽力义务。

二、委托人的主要义务

1. 支付报酬义务。这是委托人的主要义务。依《民法典》第 963 条的规定，中介人促成合同成立的，委托人应当按照约定支付报酬。对中介人的报酬没有约定或者约定不明确，当事人又协商不成的，依照交易习惯确定，依交易习惯不能确定的，根据中介人的劳务合理确定。因中介人提供订立合同的媒介服务而促成合同成立的，由该合同的当事人平均负担中介人的报酬。

《民法典》第 965 条规定："委托人在接受中介人的服务后，利用中介人提供的交易机会或者媒介服务，绕开中介人直接订立合同的，应当向中介人支付报酬。"这是对中介人正当权益的必要保护。

2. 支付中介活动费用义务。根据《民法典》第 964 条规定，中介人未促成合同成立的，不得请求支付报酬；但是，可以按照约定请求委托人支付从事中介活动支出的必要费用。另依该法第 963 条第 2 款规定，中介人促成合同成立时，中介活动的费用由中介人负担。此时中介活动期间的费用乃作为中介人获利的必要成本，可以通过获取报酬获得补偿。

—— 训　　练 ——

【司考】刘某与甲房屋中介公司签订合同，委托甲公司帮助出售房屋一套。关于甲公司的权利义务，下列哪一说法是错误的？（2015 年）

A. 如有顾客要求上门看房时，甲公司应及时通知刘某

B. 甲公司可代刘某签订房屋买卖合同

C. 如促成房屋买卖合同成立，甲公司可向刘某收取报酬

D. 如促成房屋买卖合同成立,甲公司自行承担中介活动费用

【答案】 B

【解析】根据《民法典》第962条第1款的规定,中介人应当就有关订立合同的事项向委托人如实报告。A选项正确。

根据《民法典》第961条规定,中介合同是中介人向委托人报告订立合同的机会或者提供订立合同的媒介服务,委托人支付报酬的合同。由此,中介人仅是向委托人提供订立合同的机会或媒介服务,而不能代委托人签订房屋买卖合同。B项错误。

根据《民法典》第963条规定,中介人促成合同成立的,委托人应当按照约定支付报酬。对中介人的报酬没有约定或者约定不明确,依照本法第510条的规定仍不能确定的,根据中介人的劳务合理确定。因中介人提供订立合同的媒介服务而促成合同成立的,由该合同的当事人平均负担中介人的报酬。中介人促成合同成立的,中介活动的费用,由中介人负担。C、D项正确。

综上,本题的答案为B。

【法考】甲欲承租房屋,委托乙房产中介寻找房源,约定了中介报酬。两周后,甲得知丙通过乙房产中介与出租人订立了租赁合同,且丙获得的房源与甲的要求相同,而丙对乙房产中介的委托在甲之后,约定的中介报酬与甲相同。甲遂向乙房产中介通知解除合同,并自己通过网络寻找到了房源。下列哪些说法是正确的?(2020年)

A. 甲有权追究乙房产中介的违约责任

B. 甲有权解除中介合同

C. 甲应向乙房产中介依约支付中介报酬

D. 甲应向乙房产中介依约支付中介费用

【答案】 BD

【解析】本题中,甲、丙先后与乙房产中介订立中介合同,均对乙房产中介享有债权请求权。根据债权的平等性,甲对乙房产中介委托在先,并不会导致乙房产中介需先对甲履行债务的结果,故A项错误。《民法典》第966条规定,本章(中介合同)没有规定的,参照适用委托合同的有关规定。根据《民法典》第933条"委托人或者受托人可以随时解除委托合同"之规定,委托合同中的当事人双方均享有任意解除权的规则可适用于中介合同,故B项正确。《民法典》第964条规定:"中介人未促成合同成立的,不得请求支付报酬;但是,可以按照约定请求委托人支付从事中介活动支出的必要费用。"本题中,乙房产中介并未完成中介事项,所以甲无须支付中介报酬,但需支付必要费用,故C项错误,D项正确。

综上,本题的答案为BD。

思　考

中介合同中中介人的权利和义务有哪些?

重点问题梳理

中介成功,中介人才能要求委托人给付报酬;中介不成功,则无报酬请求权,但可以要求委托人支付中介活动期间所支出的必要费用。

第二十七章　合 伙 合 同

第一节　合伙合同概述

一、合伙合同的概念

合伙是一种集资本与劳动于一体的古老的组织形式，这种组织形式在市场经济高度发达的现代社会仍具有顽强的生命力。合伙具有组织简便与灵活、运营成本低、应变能力强等显著优势。我国关于合伙合同的立法，最早体现在《民法通则》第31条，该条规定："合伙人应当对出资数额、盈余分配、债务承担、入伙、退伙、合伙终止等事项，订立书面协议。"1997年制定、2006年修订的《合伙企业法》第4条、第5条，分别规定了合伙协议须以书面形式订立，以及合伙协议订立的基本原则，第18条规定了合伙协议的内容，等等。有关合伙合同的准确定义出现在《民法典》第967条，该条规定："合伙合同是两个以上合伙人为了共同的事业目的，订立的共享利益、共担风险的协议。"其中，为了共同的事业目的设立合伙的是合伙人。合伙成立后，该合伙成为独立的民事主体得以存续。

二、合伙合同的法律特征

1. 合伙合同是双方或多方法律行为。合伙合同是由两个或者两个以上的合伙人订立的共享利益、共担风险的协议，是各方当事人共同意思表示一致的协议。

2. 订立合伙合同是为了共同的事业目的。合伙合同与一般的合同不同，各合伙人具有共同的利益追求，即各合伙人为实现共同的民事生活目的，经营共同事业，共享收益、共担风险，该事业是各合伙人利益的共同指向。这使合伙合同得以区别于双方当事人各自实现对应的民事生活目的的意思表示一致的协议。

3. 合伙合同的内容是明确合伙人共同经营合伙事业的目的，共同出资，对合伙事务的共同管理与执行，共享利益、共担风险的协议。合伙人订立合伙合同的目的是共同的事业，各个合伙人之间就应当相互合作，因而合伙合同在内容上就与一般合同中具有对立、竞争性质的特点具有不同，这使合伙合同得以与交易行为所达成的协议有明确的区分。

4. 合伙合同以不要式为原则。合伙合同原则上是不要式合同，并不需要以书面形式订立，但是法律另有规定时，则以书面形式订立。《合伙企业法》第4条规定："合伙协议依法由全体合伙人协商一致、以书面形式订立。"该法第14条也规定，设立合伙企业应当"有书面合伙协议"。因此，如果设立合伙企业，则各合伙人必须依照《合伙企业法》规定采用书面形式订立合伙合同。

第二节 合伙合同的内容

一、合伙人的出资与合伙财产

(一)合伙人的出资义务

合伙人的出资,就是指合伙人基于合伙合同为经营共同的事业而对合伙作出投资。由于合伙人对外要承担无限连带责任而不是有限责任,即以个人全部财产担保合伙债务的履行。所以,法律不必对合伙的出资作过多的要求。依照《民法典》第968条的规定:"合伙人应当按照约定的出资方式、数额和缴付期限,履行出资义务。"出资义务是各个合伙人必须履行的法定义务,只是出资的方式、数额和缴付期限等,可以由合伙人协商一致,并在合伙合同中明确。

(二)合伙财产

合伙财产指的是全体合伙人共有的用于共同的合伙事业的财产,包括合伙人出资、经营合伙事业积累的财产以及依法取得的其他财产。合伙合同成立后,各个合伙人按照合伙合同的约定缴纳出资构成本合伙的原始财产;合伙人出资后,经营合伙事业所取得的合伙利润收益是为经营合伙事业积累的财产;依法取得的其他财产指的是合伙人出资以及经营合伙事业积累财产以外,合伙依据法律、行政法规规定的法律事实所取得的财产。鉴于此,《民法典》第969条第1款规定:"合伙人的出资、因合伙事务依法取得的收益和其他财产,属于合伙财产。"

(三)不得随意分割合伙财产

《民法典》第969条第2款明确规定,在合伙合同终止前,合伙人不得请求分割合伙财产。首先应当明确的是,合伙人出资以后,其出资不再为该合伙人单独所有,而将其出资转为合伙财产由全体合伙人共有。另外,经营合伙事业积累的财产以及依法取得的其他财产均为全体合伙人所共有,而非某一合伙人单独所有。因此,合伙人不得在合伙的存续期间内主张对其出资部分的占有、使用或者处分,也不能主张将该合伙的部分财产分割为单独所有。对于出资以外的合伙财产部分,合伙人也只能依据损益分配规则分享利润,而不能请求分割。

二、合伙的内部关系

合伙的内部关系包括合伙事务的决策、执行与合伙损益的分配。合伙事务,就是指合伙关系存续期间,所有与合伙事业相关的、涉及团体利益的事务,既包括对外的交易事务,也包括对内的管理事务等。无论是对外的交易事务还是对内的管理事务,在合伙内部均需一定的决策与执行程序。合伙损益的分配,指的是各合伙人对本合伙经营损失的分担以及收益的分配。

(一)合伙事务的决策

合伙事务的决策,指的是有关合伙中的共同合伙事业的经营、合伙事务的执行等作出决定的过程和结果。合伙事务的决策权原则上属于全体合伙人共有,但是就决策的程序而言,如何确定各合伙人对于合伙事务决定权的大小,完全属于私法范围内意思自治的范畴,即合伙人可以约定各自决策权的大小。[1]《民法典》第 970 条第 1 款规定:"合伙人就合伙事务作出决定的,除合伙合同另有约定外,应当经全体合伙人一致同意。"原则上,对于合伙事务的决定,应当经全体合伙人一致同意。但是在合伙合同中对于合伙事务的决策有约定的,法律则应当尊重各合伙人的意思自由,以合同约定的决策过程和结果为准。

(二)合伙事务的执行

1. 合伙人共同执行合伙事务

《民法典》第 970 条第 2 款规定了合伙事务执行的一般性规则,即合伙事务由全体合伙人共同执行。也就是说,全体合伙人依据法律的规定当然地成为合伙事务共同执行人,对合伙事务执行享有同等的权利,合伙事务可由全体合伙人共同执行。[2] 除合同另有约定外,合伙人均有执行合伙事务的权利和义务,任一合伙人都是合伙事务的执行人,无须另外特别授权就有权执行合伙事务。具体来说,合伙人同等享有的权利包括对内同等地享有事务管理权以及对外同等地享有合伙代表权。合伙人享有平等对内、对外执行事务权利的原因在于,合伙的财产基础是全体合伙人的投资财产,该财产一经投资便成为全体合伙人共有的财产,基于这种财产共有,共有人应当有权决定、执行合伙事务。另外,从责任承担上看,合伙人对外承担无限连带责任。因此,需要赋予合伙人管理合伙事务、控制交易风险的能力和资格,这是合伙人维护自身权益的根本保障。

2. 合伙事务执行人

合伙事务执行人,是指按照合伙合同的约定或者全体合伙人的决定,受托执行合伙事务的一名或者数名合伙人。虽然合伙的决策权由所有合伙人享有,但是合伙事务的具体执行却未必要求所有人参与,基于某些特定事务的专业性要求,以及各合伙人个体能力的差异,委托一人或者数人执行合伙事务,往往更有效率也更见成效。《民法典》第 970 条第 2 款规定:"合伙事务由全体合伙人共同执行。按照合伙合同的约定或者全体合伙人的决定,可以委托一个或者数个合伙人执行合伙事务;其他合伙人不再执行合伙事务,但是有权监督执行情况。"因此,合伙事务执行人确定以后,就应当由事务执行人处理合伙对内和对外事务。当然,由于合伙具有很强的人身信任关系,原则上每个合伙人都可以对外代表合伙从事合伙事务的执行,其法律效果归属于合伙,因此关于合伙于事务执行人的确定属于内部约定,不得对抗善意第三人。

执行合伙事务的合伙人有权对外代表合伙从事经营活动等民事行为,由此产生的法律

---

[1] 马俊驹主编:《民法学》,清华大学出版社 2007 年版,第 117 页。

[2] 江平主编:《民法学》,中国政法大学出版社 2011 年版,第 674 页。

后果归属于本合伙,责任应当由全体合伙人承担。事务执行人执行合伙事务所得的收益归全体合伙人。如果对执行事务事先约定有报酬的,事务执行人有权向合伙组织请求支付报酬。

3. 监督权与异议权

确定合伙事务执行人以后,并不意味着其他合伙人都已经放弃了参与合伙事务的权利。除了合伙事务执行权,其他合伙人亦享有参与合伙事务的其他权利,如监督权、异议权。

监督权,是指在合伙确定合伙事务执行人之后,其他合伙人对于合伙事务执行人执行合伙事务的情况所享有的监督权利。《民法典》第 970 条第 2 款规定:“……其他合伙人不再执行合伙事务,但是有权监督执行情况。”因此,合伙事务执行人以外的其他合伙人在执行人执行合伙事务时,享有对合伙事务执行情况予以监督的权利,避免事务执行人违背诚信原则,不认真履行其职责,损害合伙的正当权益。

异议权,指在合伙人分别执行合伙事务时,执行事务合伙人享有的对其他合伙人执行的合伙事务提出异议,并使该项事务暂停执行的权利。合伙具有很强的人合性特征,各合伙人对本合伙债务承担无限连带责任,各合伙人对合伙事务的执行均对合伙以及其他合伙人的利益具有直接的重要影响。异议权的目的就在于保护合伙事务执行过程中,本合伙以及其他合伙人的合法权益免受合伙事务执行人不当行为的损害。《民法典》第 970 条第 3 款规定:“合伙人分别执行合伙事务的,执行事务合伙人可以对其他合伙人执行的事务提出异议;提出异议后,其他合伙人应当暂停该项事务的执行。”据此,各个执行事务合伙人对合伙事务具体执行情况都可以提出异议,该异议直接导致合伙事务执行的暂停,以充分保护各合伙人的利益。待导致异议的情形消失后,合伙可以决定继续执行该项合伙事务。

4. 执行合伙事务的报酬

我国《民法典》第 970 条对于合伙事务的决策与执行作出了明确的规定,即共同决策共同执行为原则,合同约定与委托执行为例外。应当注意的是,基于合伙的特性与法律的规定,执行合伙事务既是每个合伙人的权利,同时也是其应负的义务。[3] 在这种前提下,合伙人执行合伙事务原则上不应请求支付报酬,合伙人执行事务乃履行合伙合同义务的行为。《民法典》第 971 条规定的“合伙人不得因执行合伙事务而请求支付报酬”即明确肯定了这一点。基于合伙关系的私法性,《民法典》第 971 条但书条款又规定了“合伙合同另有约定的除外”。也就是说,合伙合同中可以约定合伙事务执行人享有报酬请求权,充分体现了私法自治原则。

(三)合伙内部的损益分配

合伙是以共同的事业为目的而成立的。合伙成立后经营共同的事业,按照市场运行的规律,既可能产生一定的亏损,也有可能取得一定的收益,这就涉及合伙内部损益分配的问题。合伙的特质决定了各个合伙人应当共同承担本合伙的风险和损失,并共同享受经营的利润,这是合伙人所应负担的基本义务和应享有的基本权利。

根据《民法典》第 972 条的规定,有关合伙的利润分配和亏损分担,按照合伙合同的约

---

〔3〕 高富平等编著:《合伙企业法原理与实务》,中国法制出版社 1997 年版,第 213 ~ 214 页。

定办理;合伙合同没有约定或者约定不明确的,由合伙人协商决定;协商不成的,由合伙人按照实缴出资比例分配、分担;无法确定出资比例的,由合伙人平均分配、分担。合伙内部损益分配基本上按照约定—协商—比例—均分的程式进行。第一,在合伙产生利润或者亏损时,首先应当按照合伙合同中各合伙人共同意思进行分配。合伙合同对于合伙利润与损失分配有约定,该约定就应当约束全体合伙人,成为承担合伙亏损和分配利润的首要依据。第二,当合伙合同对于合伙内部的损益分配没有约定或者约定尚不明确时,由于没有合伙合同这一损益分配的首要依据,则应当由合伙人共同协商决定。也就是说,合伙人可以事后达成补充协议。第三,合伙合同没有明确约定并且合伙人事后协商不一致,则应当由各合伙人按照实缴出资比例分配、分担。例如,甲乙订立合伙合同,甲实际出资3/10,乙实际出资7/10,在合伙产生损益时,其损益分配比例就应当是3∶7。第四,在合伙合同没有约定,合伙人事后也无法达成共识,并且合伙的出资比例也无法确认时,合伙的损益则由各合伙人平均分配、分担。

三、合伙的外部关系

(一)合伙份额的对外转让

合伙的成立是以合伙人相互之间的人身信任关系为基础的,具有很强的人合色彩,所以合伙人的相对稳定是合伙事务顺利进行的重要前提。就合伙的份额转让而言,合伙人之间可以没有限制地进行份额的转让,如果份额受让人是合伙人以外的人,则会影响合伙成员的构成,实质上改变合伙的基础。因此,法律必须对合伙份额的对外转让加以限制。但是,在合伙人由于某种正当原因转让其合伙份额时,出于尊重当事人自由意志的考虑,也绝不能完全禁止合伙人对外转让其份额。例如,某合伙人因急需医疗费而意欲转让其合伙份额来进行医疗救治,其他合伙人也没有资金收购其合伙份额,此时若直接禁止其合伙份额的转让无疑是违背了最基本的社会正义的要求。因此,各国法律均对合伙份额的禁止转让规则作了灵活宽松处理。

我国《民法典》第974条规定,除合伙合同另有约定外,合伙人向合伙人以外的人转让其全部或者部分财产份额的,须经其他合伙人一致同意。明确了合伙份额对外转让的一般性规则,即须经其他合伙人一致同意。“一致同意”是合伙人合性的必然反映。如果有人反对,对外转让显然无法进行。能否参考有限责任公司股权对外转让的规则,使反对的合伙人以同等条件购买拟转让的合伙份额呢?《民法典》对此未作规定。

(二)债权人代位权的行使

债权人代位权是指当债务人怠于行使对第三人的债权,危害到债权人债权的实现时,债权人可以自己的名义代替债务人向第三人行使权利的一种保全权,债权人代位权属于债权保全的一种措施。合伙人对于合伙的权利是以合伙人的身份为前提的,具有较强的身份专属性,不能与合伙地位相分离。若债权人代位权得以实现,相当于债权人得以替代债务人即合伙人,享有其在合伙中的权利。这显然与合伙强烈的人合性不符。但是合伙人享有的利益分配请求权,是一种单纯的财产性权利,并无对于债务人的身份专属性,所以完全可以由合伙人的债权人代位行使。我国《民法典》第975条对于合伙中债权人代位权的行使的规定也是如此:“合伙人的债权人不得代位行使合伙人依照本章规定和合伙合同享有的权利,但是合伙人享有的利益分配请求权除外。”

四、合伙债务的承担

合伙债务,指的是合伙成立后经营共同的事业过程中产生的,由合伙承担的债务。应当明确的是,合伙债务的主体应当是合伙而不是合伙人。虽然合伙的债务最终可能由各个合伙人承担,但在法律上,应当将合伙的债务与合伙人的个人债务进行区分。[4] 合伙债务必须是该合伙以自己的名义对第三人所负有的债务,通常是合伙事务执行过程中所产生的。依据《民法典》第973条之规定,合伙人对合伙债务承担连带责任。所谓连带责任,是对于共同债务而言,即债务人为多人时,债权人有权向共同债务人中的任意一个或者几个债务人主张部分或者全部债权,偿还了共同债务的债务人有权向其他债务人追偿其多偿还的部分。也就是说,对于合伙债务的承担,各合伙人都可因债权人的主张成为合伙债务的偿还者。

在合伙关系中,各个合伙人按照一定的份额行使权利和承担义务,例如合伙损益分配,各合伙人的份额首先应当在合伙合同中明确,在合同没有约定的情况下,则按照出资比例、均分等确定份额。因此,合伙人对合伙债务承担连带责任后,可以在合伙人内部按照份额重新分担责任,多承担责任的合伙人可向其他合伙人追偿。对此,《民法典》第973条明确规定:“合伙人对合伙债务承担连带责任。清偿合伙债务超过自己应当承担份额的合伙人,有权向其他合伙人追偿。”

第三节　合伙合同的到期与终止

一、合伙到期

合伙的到期,指的是合伙的存续期限届满。合伙的存续期限通常由合伙人在合伙合同中事先约定。一般而言,合伙期限届满后,合伙人决定不再继续经营的,合伙终止。

(一)合伙期限

合伙期限,指的是合伙的存续期限。对于合伙的存续期限,一般来讲应当由各合伙人在合伙合同中进行约定。但是对于合伙期限没有约定或者约定不明确的情况,《民法典》第976条第1款则规定:“合伙人对合伙期限没有约定或者约定不明确,依据本法第五百一十条的规定仍不能确定的,视为不定期合伙。”《民法典》第510条规定:“合同生效后,当事人就质量、价款或者报酬、履行地点等内容没有约定或者约定不明确的,可以协议补充;不能达成补充协议的,按照合同相关条款或者交易习惯确定。”这样,确定合伙期限的规则应当包括四个层次:第一,以合伙合同中约定的合伙期限为首要准据,这是最通常的做法。第二,合伙合同对于合伙期限没有约定或者约定不明确时,各合伙人可以在事后达成补充协议,

---

〔4〕 王利明:《民法总论》,中国人民大学出版社2009年版,第198～199页。

确定合伙期限。第三,在合同没有约定,事后也无法达成补充协议的情形下,合伙期限应当按照合同相关条款或者交易习惯确定。例如,订立合伙合同是以实现某种特定具体的事业为目的,则应当按照该特定具体合伙事业的执行情况确定合伙期限。第四,在以上方法均不能确定合伙期限时,将该合伙视为不定期合伙。不定期合伙,指的是合伙期限为不定期,合伙人可以随时解除合伙的合伙形式。

(二)合伙到期后的法律后果

合伙到期后的法律后果,主要指的是合伙期限届满后合伙的继续与终止。对于附期限的合同,在期限届满后产生生效或者解除的法律后果。但合伙合同基于其特殊的性质,法律作出了不同于一般附期限合同的特殊规定。首先,合伙期限届满,合伙人决定不再继续经营合伙,不再执行合伙事务,则合伙关系即行终止。其次,在合伙期限届满后,若合伙人决定继续执行合伙事务,并且其他合伙人没有提出异议的,则视为各合伙人达成共同的意思即合伙合同的延期。在这种情形下,原有的合伙合同继续有效,合伙关系不消灭,但是合伙期限为不定期,合伙转化为不定期合伙。

需要注意的是,不定期合伙并非意味着该合伙的无限存续。对于不定期合伙合同,不论是依照《民法典》第563条关于不定期合同的一般规则,“以持续履行的债务为内容的不定期合同,当事人可以随时解除合同,但是应当在合理期限之前通知对方”,抑或是依照《民法典》第976条第3款之规定,“合伙人可以随时解除不定期合伙合同,但是应当在合理期限之前通知其他合伙人”,都可以通过附解除权的形式对不定期合伙合同的期限作出限制。

二、合伙合同的终止

合伙合同的终止,指由于出现特定的法律事实,已存在并生效的合伙合同法律关系以及因合伙关系产生的权利义务归于消灭。

(一)合伙合同终止事由

合伙合同的终止事由多种多样,包括合伙合同期限届满并且合伙人不再继续、不定期合伙被合伙人行使解除权后解除合同、合伙人协商一致终止合伙合同等。此外,《民法典》第977条特别规定了“合伙人死亡、丧失民事行为能力或者终止的,合伙合同终止;但是,合伙合同另有约定或者根据合伙事务的性质不宜终止的除外”。合伙人死亡、丧失民事行为能力或者终止的,合伙合同即终止,这无须多言。该条但书条款基于合伙合同的特殊性,对合伙合同的终止进行了限制性的规定,即合伙合同另有约定或者根据合伙事务的性质不宜终止的,合伙合同继续有效。

(二)合伙合同终止后的财产分配

合伙合同终止后,该合伙即终止,合伙也不再作为合伙财产权的主体。因而,合伙财产在合伙终止后应当按照一定程序进行清偿和分配。对此,《民法典》第978条规定了合伙合同终止后,合伙财产在支付因终止而产生的费用以及清偿合伙债务后有剩余的,依据《民法典》第972条的规定进行分配。《民法典》第972条规定:“合伙的利润和亏损分担,按照合伙合同的约定办理;合伙合同没有约定或者约定不明确的,由合伙人协商决定;协商不成的,由合伙人按照实缴出资比例分配、分担;无法确定出资比例的,由合伙人平均分配、分担。”由此可知,针对合伙终止后,合伙财产的处理,应当按照以下步骤进行:

第一,合伙财产应当首先用来支付因终止而产生的费用以及清偿合伙债务。因终止而产生的费用,指的是合伙终止过程中产生的各项合理费用。合伙债务则如本章第二节所述,指的是合伙成立后经营共同的事业过程中产生的,由合伙承担的债务。这两种费用和债务在合伙终止后,应当优先于合伙人剩余财产分配而进行清偿,这也是维护交易安全和秩序的必然要求。

第二,合伙财产在支付因终止而产生的费用以及清偿合伙债务后仍有剩余的,依照第972条的规定进行分配。也就是说,合伙终止后,对于清偿合伙终止费用以及合伙债务后的剩余部分,按照“约定—协商—比例—均分”的程式进行。该程式在本章第二节已作详细解释,此处不再赘述。

—— 训　练 ——

【司考】甲、乙、丙三人签订合伙并开始经营,但未取字号,未登记,也未推举负责人。其间,合伙人与顺利融资租赁公司签订融资租赁合同,租赁淀粉加工设备一台,约定租赁期限届满后设备归承租人所有。合同签订后,出租人按照承租人的选择和要求向设备生产商丁公司支付了价款。

如果承租人不履行支付价款的义务,出租人起诉,适格被告是哪些?(2016年)

A. 合伙企业

B. 甲、乙、丙全体

C. 甲、乙、丙中的任何人

D. 丁公司

【答案】 BC

【解析】根据《民法典》第973条之规定:“合伙人对合伙债务承担连带责任。清偿合伙债务超过自己应当承担份额的合伙人,有权向其他合伙人追偿。”债权人既可以将全体合伙人列为被告,也可以只向其中任一合伙人主张全部债务之承担。

综上,本题的答案为BC。

—— 思　考 ——

1. 合伙有哪些法律特征?
2. 合伙事务的执行规则是什么?
3. 合伙财产转让的规则是什么?
4. 合伙终止的情形有哪些?

—— 重点问题梳理 ——

1. 合伙合同是两个以上合伙人为了共同的事业目的,订立的共享利益、共担风险的协议。

2. 合伙人应当按照约定的出资方式、数额和缴付期限，履行出资义务。合伙出资由合伙人通过合伙协议自治。
3. 执行合伙事务的合伙人有权对外代表合伙从事经营活动等民事行为，由此产生的法律后果归属于本合伙，责任应当由全体合伙人承担。
4. 合伙人死亡、丧失民事行为能力或者终止的，合伙合同终止。合伙财产应当首先用来支付因终止而产生的费用以及清偿合伙债务。

参 考 文 献

1. 周枏:《罗马法原论》,商务印书馆 1994 年版。
2. 韩世远:《合同法总论》,法律出版社 2008 年版。
3. 彭万林主编:《民法学》,中国政法大学出版社 2002 年版。
4. 寇志新等:《民法学》,陕西人民出版社 1998 年版。
5. 史尚宽:《民法总论》,中国政法大学出版社 2000 年版。
6. 魏振瀛主编:《民法》,北京大学出版社、高等教育出版社 2000 年版。
7. 王泽鉴:《民法总则》,台北,三民书局 2000 年版。
8. 王家福:《中国民法学・民法债权》,法律出版社 1991 年版。
9. 邱鹭风、叶金强、龚鹏程:《合同法学》,南京大学出版社 2000 年版。
10. 王泽鉴:《债法原理》(第 1 册),中国政法大学出版社 2001 年版。
11. 林诚二:《民法债编总论——体系化解说》,中国人民大学出版社 2003 年版。
12. 崔建远主编:《合同法》,法律出版社 2007 年版。
13. 梁慧星:《民法总论》,法律出版社 1996 年版。
14. 施天涛主编:《合同法释论》,中国人民公安大学出版社 1999 年版。
15. 谢怀栻:《谢怀栻法学文选》,中国法制出版社 2002 年版。
16. 徐德敏主编:《合同法论》,陕西人民出版社 1999 年版。
17. 孙宪忠主编:《民法总论》,社会科学文献出版社 2004 年版。
18. 苏号朋主编:《企业经营陷阱与法律防范丛书——合同篇》,中国经济出版社 2001 年版。
19. 王利明主编:《合同法要义与案例析解》,中国人民大学出版社 2001 年版。
20. 李永军:《合同法原理》,中国人民公安大学出版社 1999 年版。
21. 郑玉波:《民法债编总论》,中国政法大学出版社 2004 年版。
22. 谢怀栻等:《合同法原理》,法律出版社 2000 年版。
23. 尹田:《法国现代合同法》,法律出版社 1995 年版。
24. 王利明、崔建远:《合同法新论・总则》,中国政法大学出版社 1996 年版。
25. 李永军:《合同法》,法律出版社 2004 年版。
26. 邱聪智:《新订民法债编通则》(上),中国人民大学出版社 2003 年版。
27. 孙森焱:《民法债编》(下册),法律出版社 2006 年版。
28. 林诚二:《民法理论与问题研究》,中国政法大学出版社 2000 年版。
29. 苏惠祥主编:《中国当代合同法论》,吉林大学出版社 1992 年版。
30. 韩松主编:《民法学》,中国政法大学出版社 2004 年版。
31. 梅仲协:《民法要义》,中国政法大学出版社 1998 年版。
32. 张长青主编:《合同法》,清华大学出版社、北京交通大学出版社 2005 年版。
33. 车辉、李敏:《担保法律制度新问题研究》,法律出版社 2005 年版。

34. 陈本寒主编:《担保法通论》,武汉大学出版社 1999 年版。
35. 郑玉波:《民法债编各论》(下),台北,三民书局 1981 年版。
36. 史尚宽:《债法总论》,荣泰印书馆股份有限公司 1978 年版。
37. 马永双主编:《合同法》,中国社会出版社 2007 年版。
38. 胡长清:《中国民法债篇总论》(下册),商务印书馆 1947 年版。
39. 陈小君主编:《合同法学》,中国政法大学出版社 2007 年版。
40. 房绍坤:《民商法问题研究与适用》,北京大学出版社 2002 年版。
41. 唐德华主编:《合同法条文释义》(上),人民法院出版社 2001 年版。
42. 黄立主编:《民法债编各论》(上),中国政法大学出版社 2003 年版。
43. 谢在全:《民法物权论》(上册),中国政法大学出版社 1999 年版。
44. 梁慧星:《梁慧星文集》,法律出版社 2003 年版。
45. 余延满:《合同法原论》,武汉大学出版社 1999 年版。
46. 梁慧星:《市场经济与公序良俗原则》,载《民商法论丛》第 1 卷,法律出版社 1994 年版。
47. 韩世远:《论债权迟延》,载《法制与社会发展》1999 年第 3 期。
48. 孔祥俊:《保证期间再探讨》,载《法学》2001 年第 7 期。
49. [意]彼德罗・彭梵得:《罗马法教科书》,黄风译,中国政法大学出版社 1992 年版。
50. [德]海因・克茨:《欧洲合同法》,周忠海等译,法律出版社 2001 年版。
51. [德]梅迪库斯:《德国民法总论》,王晓晔等译,法律出版社 2000 年版。
52. [美]亨利・马瑟:《合同法与道德》,戴孟勇、贾林娟译,中国政法大学出版社 2005 年版。
53. [美]科宾:《要约与承诺及其产生的法律关系》,载《耶鲁法学杂志》1917 年第 20 期。
54. [德]康德:《法的形而上学原理——权利的科学》,沈叔平译,商务印书馆 1997 年版。
55. [英]梅因:《古代法》,沈景一译,商务印书馆 1996 年版。
56. [美]A. L. 柯宾:《柯宾论合同》,王卫国译,中国大百科全书出版社 1998 年版。